电子商务 ERP 应用教程

贾祥素　王海颖　主　编
金　波　王雪敏　应玉龙　副主编

电子工业出版社
Publishing House of Electronics Industry
北京·BEIJING

内 容 简 介

全书共分 4 章，主要内容为：第 1 章 ERP 与电子商务，主要介绍 ERP 和电子商务的基础知识；第 2 章电子商务平台，主要介绍电子商务平台前台、后台及订单交易；第 3 章电子商务 ERP 系统简介，主要包括系统概述、系统功能、系统手册约定、系统登录及界面；第 4 章电子商务 ERP 系统功能介绍，主要介绍管理中心、通告管理、产品管理、仓库管理、采购管理、订单管理、售后管理、会员管理、结算管理、报表管理、信息查询及财务查询。

本书取材新颖，内容通俗易懂，适合作为高职高专计算机信息管理专业、电子商务专业的电子商务 ERP 相关课程的教材或参考用书，也可作为社会从业者的自学参考书及培训教材。

未经许可，不得以任何方式复制或抄袭本书之部分或全部内容。
版权所有，侵权必究。

图书在版编目（CIP）数据

电子商务 ERP 应用教程/贾祥素，王海颖主编. —北京：电子工业出版社，2018.7
ISBN 978-7-121-34754-2

Ⅰ. ①电… Ⅱ. ①贾…②王… Ⅲ. ①企业管理—计算机管理系统—高等职业教育—教材 Ⅳ. ①F270.7

中国版本图书馆 CIP 数据核字（2018）第 159544 号

策划编辑：贺志洪
责任编辑：贺志洪　　　　　　特约编辑：吴文英　徐　堃
印　　刷：北京七彩京通数码快印有限公司
装　　订：北京七彩京通数码快印有限公司
出版发行：电子工业出版社
　　　　　北京市海淀区万寿路 173 信箱　邮编 100036
开　　本：787×1092　1/16　印张：17.75　字数：454.4 千字
版　　次：2018 年 7 月第 1 版
印　　次：2021 年 1 月第 2 次印刷
定　　价：44.00 元

凡所购买电子工业出版社图书有缺损问题，请向购买书店调换。若书店售缺，请与本社发行部联系，联系及邮购电话：（010）88254888，88258888。
质量投诉请发邮件至 hzh@phei.com.cn，盗版侵权举报请发邮件至 dbqq@phei.com.cn。
本书咨询联系方式：（010）88254609 或 hzh@phei.com.cn。

前　言

ERP 与电子商务都是随着 IT 技术的产生和发展逐步演化而来的，电子商务 ERP 把传统 ERP 中的采购、生产、销售、库存管理等物流及资金流模块与电子商务中的网上采购、网上销售、资金支付等模块整合在一起，以电子技术为手段，以商务为核心，打破国家与地区间有形无形的壁垒，让企业从传统的注重内部资源的管理利用转向注重外部资源的管理利用，从企业内的业务集成转向企业间的业务协同。如果把电子商务看成是企业运作的前台，那么在企业内部进行协调控制的 ERP 就可成为电子商务运作的后台。ERP 是企业发展电子商务的基石，开展电子商务是 ERP 发展的必然趋势，而电子商务的发展也需借助 ERP 后台的支持与协助。ERP 与电子商务之间发挥各自的优势，取长补短，互为补充，对企业的管理运作大有裨益。

由于电子商务 ERP 是基于电子商务的，里面的订单也大部分从电子商务平台抓取过来，所以我们在讲解电子商务 ERP 时需要用到电子商务平台和电子商务 ERP 系统。电子商务平台有很多，常见的有淘宝、天猫、京东、亚马逊、当当、1 号店、企业官网等，这里我们使用的是方便教学的 ECSHOP 平台。电子商务 ERP 系统也有很多，比如科云电子商务 ERP，百胜 ERP 等，这里我们使用的是科云电子商务 ERP 系统。

本书以服装企业的电子商务 ERP 的运营为例，讲解电子商务 ERP 的相关知识。涉及的知识点有电子商务平台、电子商务 ERP 的产品管理、仓库管理、采购管理、订单管理、售后管理、会员管理、结算管理、报表管理、信息查询及财务查询。

电子商务 ERP 属于技术应用类课程，应该注重实践教学。本书的实践教学内容以能力培养为核心进行设计，将理论与实践课程融为一体，以案例为主线组织教学内容，使学生学习更具系统性，而不是零散地接受知识。通过课程的学习，学生应该掌握当前电子商务 ERP 的基本知识与应用技能，为后续课程的学习及顺利地走向工作岗位打下坚实的基础。

本书特色如下：

（1）图文并茂。本书配备大量的图片，可读性强，能激发学生学习的兴趣，适合高职高专学生学习。

（2）任务驱动。为了完成课程案例，设计了很多任务，通过任务驱动的方法让学生亲历真实任务的解决过程，在解决实际技术问题的过程中掌握相应的知识点内容，做到"做中学"。

（3）方便教与学。每章都按"任务"附有详细操作步骤和相应练习，方便教师教和学生学。

（4）案例贯穿。以服装企业电子商务 ERP 的实施为课堂教学的贯穿案例。

本书主编为贾祥素、王海颖，副主编为金波、王雪敏、应玉龙。本书的编者均为浙江纺织服装职业技术学院教师。具体分工如下：第 1 章由贾祥素编写，第 2 章由王雪敏、金波、贾祥素编写，第 3 章由贾祥素编写，第 4 章由贾祥素、应玉龙、王海颖编写。全书由贾祥素策划和统稿。

本书适合作为高职高专计算机信息管理专业、电子商务专业的电子商务 ERP 相关课程的教材或参考用书，也可作为社会从业者的自学参考书及培训教材。

由于时间仓促和作者水平有限，书中的错误和不妥之处在所难免，敬请读者批评指正。

编者
2018 年 3 月

目　　录

第1章　ERP 与电子商务 .... - 1 -
1.1　ERP 简介 .... - 1 -
1.2　电子商务 .... - 2 -
1.2.1　电子商务基本概念 .... - 3 -
1.2.2　电子商务模式 .... - 6 -
1.2.3　电子支付 .... - 6 -
1.2.4　电子商务物流 .... - 9 -
1.2.5　网络营销 .... - 10 -
1.2.6　移动电子商务 .... - 10 -
1.3　电子商务 ERP .... - 11 -
1.3.1　电子商务 ERP 简介 .... - 11 -
1.3.2　电子商务与 ERP 系统整合的重要性 .... - 12 -
1.3.3　电子商务 ERP 功能特点 .... - 12 -
1.4　电子商务 ERP 涉及的软件系统 .... - 13 -

第2章　电子商务平台 .... - 14 -
2.1　前台介绍 .... - 14 -
2.1.1　用户注册 .... - 14 -
2.1.2　管理收货地址 .... - 16 -
2.1.3　资金管理 .... - 18 -
2.1.4　留言管理 .... - 21 -
2.2　后台介绍 .... - 23 -
2.2.1　商品分类管理 .... - 23 -
2.2.2　商品品牌管理 .... - 26 -
2.2.3　商品管理 .... - 27 -
2.2.4　文章管理 .... - 30 -

	2.2.5	订单管理	- 33 -
	2.2.6	会员管理	- 34 -
	2.2.7	权限管理	- 39 -
	2.2.8	系统设置	- 44 -
	2.2.9	报表统计	- 52 -
	2.2.10	模板管理	- 58 -
2.3		订单交易	- 61 -

第 3 章 电子商务 ERP 系统简介 - 80 -

3.1	系统概述	- 80 -
3.2	系统功能介绍	- 80 -
3.3	系统手册约定	- 81 -
3.4	系统登录相关操作	- 82 -
3.5	系统界面介绍	- 84 -

第 4 章 电子商务 ERP 系统功能介绍 - 86 -

4.1		管理中心	- 86 -
	4.1.1	组织结构	- 86 -
	4.1.2	员工管理	- 92 -
	4.1.3	权限管理	- 94 -
	4.1.4	问题及意见	- 95 -
4.2		通告管理	- 97 -
4.3		产品管理	- 98 -
4.4		仓库管理	- 108 -
	4.4.1	仓库档案	- 108 -
	4.4.2	打印管理	- 115 -
	4.4.3	物流设定	- 118 -
	4.4.4	入库管理	- 128 -
	4.4.5	配货管理	- 133 -
	4.4.6	发货管理	- 134 -
	4.4.7	出库管理	- 135 -
	4.4.8	装箱管理	- 139 -
	4.4.9	库存管理	- 142 -
	4.4.10	配货方案	- 162 -
	4.4.11	调拨上架单	- 164 -

4.5	采购管理	- 169 -
4.6	订单管理	- 174 -
	4.6.1 订单管理操作	- 175 -
	4.6.2 订单合并	- 194 -
	4.6.3 活动设置	- 200 -
4.7	售后管理	- 207 -
4.8	会员管理	- 216 -
4.9	结算管理	- 219 -
	4.9.1 结算日期锁定	- 220 -
	4.9.2 销售发票管理	- 220 -
	4.9.3 货款回笼（在途）	- 222 -
	4.9.4 货款回笼	- 223 -
	4.9.5 押金录入管理	- 224 -
	4.9.6 销售清单	- 225 -
4.10	报表管理	- 231 -
	4.10.1 报表时间	- 231 -
	4.10.2 关闭单据	- 232 -
	4.10.3 成本价管理	- 233 -
	4.10.4 仓库出入库报表	- 234 -
	4.10.5 仓库出入库（渠道）	- 236 -
	4.10.6 仓库出入库（渠道汇总）	- 237 -
	4.10.7 渠道变更	- 239 -
	4.10.8 商场收发存报表	- 240 -
	4.10.9 独立考核分公司收发存（渠道）	- 241 -
	4.10.10 独立考核分公司收发存（渠道汇总）	- 242 -
	4.10.11 仓库出入库（金额）	- 244 -
	4.10.12 内销收发存月报表	- 246 -
	4.10.13 快递报表时间	- 247 -
	4.10.14 快递费用月报表	- 248 -
4.11	信息查询	- 250 -
	4.11.1 产品信息查询	- 250 -
	4.11.2 店铺信息查询	- 252 -
	4.11.3 订单查询	- 252 -

4.11.4　快递、称重查询 .... - 255 -
　　4.11.5　退单查询 .... - 257 -
　　4.11.6　出库单查询 .... - 258 -
　　4.11.7　装箱单查询 .... - 259 -
　　4.11.8　库存查询 .... - 260 -
　　4.11.9　入库单查询 .... - 262 -
　　4.11.10　调整单查询 .... - 263 -
　　4.11.11　调拨单查询 .... - 264 -
　　4.11.12　盘点单查询 .... - 265 -
4.12　财务查询 .... - 266 -
　　4.12.1　销售查询 .... - 266 -
　　4.12.2　结算查询 .... - 268 -
　　4.12.3　报表查询 .... - 269 -
　　4.12.4　利润查询 .... - 272 -
参考文献 .... - 273 -

第1章 ERP与电子商务

1.1 ERP简介

企业资源计划即 ERP（Enterprise Resource Planning），由美国 Gartner Group 公司于 1990 年提出。ERP 是现代企业提升管理效能的有效工具之一。它主要作用于改善企业经营管理的各个流程环节，充分利用先进信息技术及互联网传输技术建立起的信息网络系统，为实现资源的最优配置，加快企业对市场的适应能力，提高企业的内控效能，并最终提高企业的收益和市场竞争力。

企业资源计划是 MRP Ⅱ（Manufacture Resource Plan 制造资源计划）下一代的制造业系统和资源计划软件。除了 MRP Ⅱ 已有的生产资源计划、制造、财务、销售、采购等功能外，还有质量管理，实验室管理，业务流程管理，产品数据管理、存货、分销与运输管理，人力资源管理和定期报告系统。ERP 充分贯彻了供应链的管理思想，将用户的需求和企业内部的制造活动以及外部供货商的制造资源全部包括进来，体现了完全按照客户需求制造的思想。目前，在我国 ERP 所代表的含义已经被扩大，用于企业的各类软件，已经统统被纳入 ERP 的范畴。它跳出了传统企业边界，从供应链范围去优化企业的资源，是基于网络经济时代的新一代信息系统。它主要用于改善企业业务流程以提高企业核心竞争力。

ERP 系统借助高效的信息技术，以系统化的管理思想管理企业的资金流、物流和信息流，降低企业的经营成本，提高企业的运营效率，帮助企业的管理人员对相关问题及时作出决策。它是一个从产品供应链出发运营的新式管理系统，从 MRP（Material Requirement Planning，物料需求计划）发展而来并拓展 MRP 的功能。与传统企业思想不同，ERP 从整个供应链着眼来优化配置企业资源。ERP 系统拥有先进的管理思想并以信息技术为基础，管理各类企业的资金流、物流以及信息流，从而达到最大化企业的利益，成为现代企业的一种高效运行模式。

ERP 系统之所以能够被现代企业广泛应用采纳，主要原因是它集中了大量的现代化管理理念和思想，为企业在信息化的建设中提供了理论基石和发展依据。同时，在提升企业业务流程和竞争力方面也有着很重要的意义，ERP 是将 IT 技术与管理思想进行融合，实现企业的内在业务及管理的透明处理。

ERP 的构建思路就是将企业各个分模块整合、协调为一个既可多项并联也可独立运作的组织，再将企业自身、各分销商、渠道网络以及最终客户等各个环节紧密连接成供应链。企业自身内部可划分成几个相互协同作业的子模块，如财务模块、业务模块、生产模块、质检模块、服务支持模块、技术支持模块等，还包括对竞争对手的监控及对老客户的管理

（CRM）。由此，企业同供货商、销售代理和客户的关系已不再是传统中简单的业务往来关系，而是整体利益共享的多赢合作伙伴关系。

ERP 对企业具有以下几个作用。

（1）缩短投入品采购期和成品供应提前期。

（2）减少停工待料的时间成本和机会成本。

（3）减少向批发商或顾客延期供货现象，提高顾客满意度。

（4）提高产品质量和降低人工成本。

（5）管理资源共享，节省管理人员，降低管理费用。

从 IT 技术的角度来讲，ERP 自身的发展基本经历了三个阶段：第一阶段是主机/工作站技术阶段，第二阶段是客户机/服务器技术阶段，第三阶段是互联网技术阶段。如果说从第一阶段转向第二阶段只是一个技术平台转变的话，那么第三阶段的变化就不仅限于此了，而更是一种业务平台、商业平台和经济平台的改变。互联网的广泛性、共享性和交互性改变了人们的生活，也同样改变了商业环境。企业要面对更庞大的外部信息和快速变化，就必须紧密整合内部的管理与外部的商业运作。

1.2　电子商务

电子商务是依靠计算机网络和计算机来进行网上交易，从而实现整个交易过程数字化管理的过程。它是 20 世纪 90 年代起源于美国等发达国家的一种企业经营方式，凭借现代丰富的网络信息，高效便利地开展各种商务活动。

电子商务是因特网爆炸式发展的直接产物，是网络技术应用的全新发展方向。因特网本身所具有的开放性、全球性、低成本、高效率的特点，也成为电子商务的内在特征，并使得电子商务大大超越了作为一种新的贸易形式所具有的价值，它不仅会改变企业本身的生产、经营、管理活动，而且将影响到整个社会的经济运行与结构。

作为一种新的商务模式，电子商务正在受到越来越多的现代企业的关注。从现代企业的经营过程来说，电子商务涵盖了收集与研究分析市场信息、产品研发、对所需原材料的采购与查询、销售产品和产品结算以及售后服务与回访等过程。而且更加成熟一点的电子商务还应包括产品信息的发布、网上支付、交易购物和配套物流等内容。

电子商务将传统的商务流程电子化、数字化，一方面以电子流代替了实物流，可以大量减少人力、物力，降低了成本；另一方面突破了时间和空间的限制，使得交易活动可以在任何时间、任何地点进行，从而大大提高了效率。电子商务所具有的开放性和全球性的特点，为企业创造了更多的贸易机会。电子商务使企业可以以相近的成本进入全球电子化市场，使得中小企业有可能拥有和大企业一样的信息资源，提高了中小企业的竞争能力。电子商务重新定义了传统的流通模式，减少了中间环节，使得生产者和消费者的直接交易成为可能，从而在一定程度上改变了整个社会经济运行的方式。电子商务一方面破除了时空的壁垒，另一方面又提供了丰富的信息资源，为各种社会经济要素的重新组合提供了更多的可能，这将影响到社会的经济布局和结构。

电子商务这个全新的市场模式随着互联网技术及电子终端设备的快速发展与完善，伴随全球经济一体化进程的加快，在世界范围内迅速抢占了传统销售企业的市场份额。电子商务模式的飞速发展，使得传统企业经营业务模式得到了变革，随之而来的是企业间的竞争规则也发生了重大变化。对企业而言，电子商务模式带来的机遇远远超越它所带来的挑战。企业能否快速了解并实现客户个性化的需求，正是企业在当今市场开放下的竞争环境中能否生存的重中之重。

随着信息技术的进步和互联网在全球的迅猛发展，电子商务已经成为当今社会经济发展中的最强劲的潮流之一。电子商务作为一种新的沟通方式和商贸方式，是人类不断追求效率的产物。电子商务将给整个社会经济带来一场史无前例的变革，形成新的经济形态，对社会经济发展、人民生活和就业、政府职能和法律制度、文化教育等都会产生巨大的冲击和影响。

从国内形式看，我国电子商务起步于 20 世纪 90 年代，但发展的步伐相当快。电子商务概念首次引入中国是在 1993 年，第一笔网上交易发生在 1996 年。1997 年随着各种电子商务广告和宣传的大量出现，电子商务在中国开始了高速发展的历程。1998 年，以推动国民经济信息化为目标，北京、上海等城市启动电子商务示范工程；1993 年 3 月 10 日阿里巴巴网站正式推出；1999 年 5 月 18 日，北京珠穆朗玛电子商务网络服务有限公司正式成立，并推出 8848 网站，从此中国电子商务开始进入快速发展时期，中国电子商务由此"正式启动"。电子商务经过二十多年时间从萌芽状态发展为初具规模的成长型产业，网商、网企、网银等专业化服务和从业人员呈几何级数膨胀，已成为引领现代服务业发展的新兴产业，在促进现代服务业融合、推进创业环境改变、完善商务环境等方面所起的作用越来越明显。同时，电子商务在助力节能减排，促进绿色消费，带动 4G 和物联网等新兴技术发展等方面都有着广阔的应用空间，对帮助解决我国发展中存在的产业结构不合理、投资和消费关系失衡、就业总量压力和结构性矛盾并存等问题起着积极作用，将成为后金融危机时代我国的战略性投资方向。

从国际上看，欧美日韩等发达国家和地区从 20 世纪 90 年代末开始，纷纷把电子商务作为有效拓展海外市场、调整国内产业结构和谋求国际经济合作领域主导权及话语权的重要手段，抢占新经济发展的战略制高点，其信息基础设施建设、互联网资源、电子商务交易规模和应用水平等方面均大幅度领先于其他国家和地区，对全球经济的控制力进一步增强。同时，以中国、印度、俄罗斯、巴西为代表的新兴经济体和发展中国家经济快速增长，其电子商务也加速发展，已成为全球电子商务的重要组成部分，地位和作用不断提高。

1.2.1 电子商务基本概念

1. 什么是电子商务

电子商务源于英文 Electronic Commerce，简写为 EC。顾名思义，其内容包含两个方面：一是电子方式，二是商贸活动。电子商务指的是利用简单、快捷、低成本的电子通信方式，买卖双方不见面地进行各种商贸活动。电子商务可以通过多种电子通信方式来完成。简单的，比如你通过打电话或发传真的方式来与客户进行商贸活动，似乎也可以称为电子商务；但是，现在人们所探讨的电子商务主要是以 EDI（电子数据交换）和 Internet 来完成的。尤其是随着 Internet 技术的日益成熟，电子商务真正的发展是建立在 Internet 技术上的。所以也有人把电子商务简称为 IC（Internet Commerce）。实际上，电子商务是为了适应以全球为市场的变化而出现和发展起来的，它可以使销售商与供货商更紧密地联系起来，尽快地满足客户的需求，也可以让商家在全球范围内选择最佳供货商，在全球市场上销售产品。

2. 电子商务的定义

事实上，对于电子商务，目前还没有一个较为全面、较为确切的定义。各种组织、政府、公司、学术团体都是依据自己的理解和需要来给电子商务下定义的，下面是一些有代表性的定义。

定义 1：电子商务是通过电子方式，并在网络基础上实现物资、人员过程的协调，以实现商业交换活动。

定义 2：电子商务是数据（资料）电子装配线（Electronic Assembly Line of Data）的横向（Horizontal）集成。

定义 3：电子商务是由 Internet 创造的计算机空间（Cyber Space）超越时间和空间的制约，以极快的速度实现电子式商品交换。

定义 4：电子商务是在计算机与通信网络的基础上，利用电子工具实现商业交换和行政作业的全部过程。

定义 5：电子商务是一组电子工具在商务中的应用。这些工具包括电子数据交换（Electronic Data Interchange，EDI）、电子邮件（E-mail）、电子公告系统（BBS）、条码（Bar Code）、图像处理、智能卡等。

定义 6：《中国电子商务蓝皮书：2001 年度》认为，电子商务指通过 Internet 网完成的商务交易。交易的内容可分为商品交易和服务交易，交易是指货币和商品的易位，交易要有信息流、资金流和物流的支持。

定义 7：加拿大电子商务协会给电子商务的定义是：电子商务是通过数字通信进行商品和服务的买卖以及资金的转账，它还包括公司间和公司内利用 E-mail、EDI、文件传输、传真、电视会议、远程计算机联网所能实现的全部功能（如：市场营销、金融结算、销售以及商务谈判）。

定义 8：美国政府在其《全球电子商务纲要》中比较笼统地指出，电子商务是指通过 Internet 进行的各项商务活动，包括广告、交易、支付、服务等活动，全球电子商务将会涉及全球各国。

定义 9：欧洲经济委员会在比利时首都布鲁塞尔举办了全球信息社会标准大会，会上明确提出了电子商务的定义：电子商务是各参与方之间以电子方式而不是以物理交换或直接物理接触方式完成任何形式的业务交易。这里的电子方式包括电子数据交换（EDI）、电子支付手段、电子订货系统、电子邮件、传真、网络、电子公告系统、条码、图像处理、智能卡等。

定义 10：世界贸易组织（World Tourism Organization，WTO）认为，电子商务是通过电子方式进行货物和服务的生产、销售、买卖和传递。这一定义奠定了审查与贸易有关的电子商务的基础，也就是继承关贸总协定（General Agreement on Tariffs and Trade，GATT）的多边贸易体系框架。

定义11：IBM提出了一个电子商务的定义公式，即：电子商务 = Web+IT，它所强调的是在网络计算机环境下的商业化应用，是把买方、卖方、厂商及其合作伙伴在因特网（Internet）、企业内部网（Intranet）和企业外部网（Extranet）结合起来的应用。

定义12：惠普提出电子商务以现代扩展企业为信息技术基础结构，电子商务是跨时域、跨地域的电子化世界 E-World，EW = EC（Electronic Commerce）+ EB（Electronic Business）+ EC（Electronic Commerce）。惠普电子商务的范畴按定义包括所有可能的贸易伙伴：用户、商品和服务的供货商、承运商、银行保险公司以及所有其他外部信息源的收益人。

以上定义分别出自中外专家、知名公司、电子商务协会、国际组织和政府部门，从中不难看出，这些定义是人们从不同角度各抒己见。从宏观上讲，电子商务是计算机网络的第二次革命，是通过电子手段建立一个新的经济秩序，它不仅涉及电子技术和商业交易本身，而且涉及诸如金融、税务、教育等社会其他层面；从微观角度说，电子商务是指各种具有商业活动能力的实体（生产企业、商贸企业、金融机构、政府机构、个人消费者等）利用网络和先进的数字化传媒技术进行的各项商业贸易活动。一次完整的商业贸易过程是复杂的，包括交易前了解商情、询价、报价、发送订单、应答订单、发送接收送货通知、取货凭证、支付汇兑过程等，此外还有涉及行政过程的认证等行为。电子商务涉及资金流、物流、信息流的流动。严格地说，只有上述所有贸易过程都实现了无纸贸易，即全部是非人工介入，使用各种电子工具完成，才能称为一次完整的电子商务过程。

从广义上讲，电子商务不仅包括企业间的商务活动，还包括企业内部的商务活动，如生产、管理、财务等，它不仅仅是硬件和软件的结合，而且是把买家与卖家、厂家与合作伙伴在 Internet，Intranet 和 Extranet 上利用 Internet 技术与原有的系统结合起来进行业务活动，在网络化的基础上重塑各类业务流程，实现电子化、网络化的运营方式。从这个意义上讲，电子商务所指的商务不仅包含交易，而且涵盖了贸易、经营、管理、服务和消费等各个业务领域，其主题是多元化的，功能是全方位的，涉及社会经济活动的各个层面。从最初的电话、电报，到电子邮件以及20多年前就开始应用的电子数据交换技术（Electronic Data Interchange，EDI），都可以说是电子商务的某种形式。发展到今天，人们提出了通过网络实现包括从原材料的查询、采购、产品的展示、订购到产品制造、储运以及电子支付一系列贸易活动在内的完整电子商务的概念。

一般而言，电子商务应包含以下5点含义：
- 采用多种电子方式，特别是通过 Internet 方式进行相关操作。
- 实现商品交易、服务交易（其中含人力资源、资金、信息服务等）。
- 包含企业间的商务活动，也包含企业内部的商务活动（生产、经营、管理、财务）。
- 涵盖交易的各个环节，如询价、报价、订货、售后服务等。
- 采用电子方式是形式，跨越时空、提高效率是主要目的。

综合以上分析，我们可以为电子商务做出如下定义。电子商务是各种具有商业活动能力和需求的实体（生产企业、商贸企业、金融企业、政府机构、个人消费者……），为了跨越时空限制，提高商务活动效率，而采用计算机网络和各种数字化传媒技术等电子方式实现商品交易和服务交易的一种贸易形式。

1.2.2 电子商务模式

电子商务模式，就是指在网络环境和大数据环境中基于一定技术基础的商务运作方式和盈利模式。研究和分析电子商务模式的分类体系，有助于挖掘新的电子商务模式，为电子商务模式创新提供途径，也有助于企业制定特定的电子商务策略和实施步骤。

电子商务模式可以从多个角度建立不同的分类框架，最简单的分类莫过于 B2B、B2C 和 C2C 这样的分类。电子商务模式随着其应用领域的不断扩大和信息服务方式的不断创新，电子商务的类型也层出不穷，主要可以分为以下 4 种类型。

1. 企业与消费者之间的电子商务

企业与消费者之间的电子商务（Business to Consumer，B2C）指的是企业与个人消费者之间通过互联网进行商品或服务的交易，即网上零售。B2C 电子商务是普通消费者广泛接触的一类电子商务，也是电子商务应用最普遍、发展最快的领域。B2C 的典型代表有天猫、京东商城、亚马逊、当当网、唯品会等。

2. 企业与企业之间的电子商务

企业与企业之间的电子商务（Business to Business，B2B）指的是企业与企业之间通过互联网进行的商务活动。B2B 的典型代表有阿里巴巴、敦煌网、中国制造网、慧聪网等。

3. 消费者与消费者之间的电子商务

消费者与消费者之间的电子商务（Consumer to Consumer，C2C）指的是个人消费者之间通过网络商务平台实现交易的一种电子商务模式。C2C 的典型代表有淘宝、易趣、拍拍等。

4. 线下商务与互联网之间的电子商务

线下商务与互联网之间的电子商务（Online to Offline，O2O）指的是线上与线下相结合的电子商务。O2O 让消费者在享受线上优惠价格的同时，又可享受线下贴心的服务。中国较早转型 O2O 并成熟运营的企业代表为家具网购市场领先的美乐乐家居网，其 O2O 模式具体表现为线上家具网与线下体验馆的双平台运营。美团、拉手、窝窝团这类传统团购网站，它们的模式既包含了 O2O 的成分，也包含 O2O 以外的东西，完全可以称为采用 O2O 模式运营的网站非常少，美乐乐家居网算是比较典型的例证。美乐乐家居网通过线上引流将客户流量转化至线下体验馆进行体验购物，进而完成 O2O 的生态闭环，美乐乐家居网的体验馆提供家具产品摆展陈列，营造真实度很高的购物体验。

1.2.3 电子支付

随着电子商务的发展，传统支付方式已不能适应网上交易对资金结算效率的要求，必须由电子支付来代替。电子支付是电子商务发展的必然产物，随着网络技术的不断发展，电子支付也在不断发展，比较有代表性的是阿里巴巴的支付宝，支付宝成立于 2004 年 12 月，使用的人群众多，也给电子商务支付和人们的日常生活带来了诸多便利。

电子支付是指单位、个人直接或授权他人通过电子终端发出支付指令，实现货币支付与资金转移的行为。

1. 电子支付的发展阶段

第一阶段是银行利用计算机及网络处理银行之间的业务，办理结算。

第二阶段是银行计算机与其他机构计算机之间资金的结算，如代发工资等业务。

第三阶段是利用网络终端向客户提供各项银行服务，如自助银行。

第四阶段是利用银行销售终端（POS）向客户提供自动的扣款服务。

第五阶段是通过互联网直接进行在线支付结算。

2. 电子支付的特点

电子支付与传统的支付方式相比，具有以下特征：

（1）电子支付是采用先进的技术通过数字流转来完成信息传输的，其各种支付方式都是通过数字化的方式进行的；而传统的支付方式则是通过现金的流转、票据的转让及银行的汇兑等物理实体来完成款项支付的。

（2）电子支付的工作环境是基于一个开放的系统平台（即互联网）；而传统支付则是在较为封闭的系统中运作。

（3）电子支付使用的是最先进的通信手段，如 Internet、Extranet，而传统支付使用的则是传统的通信媒介；电子支付对软、硬件设施的要求很高，一般要求有联网的微机、相关的软件及其他一些配套设施，而传统支付则没有这么高的要求。

（4）电子支付具有方便、快捷、高效、经济的优势。用户只要拥有一台上网的 PC 机，便可足不出户，在很短的时间内完成整个支付过程。支付费用仅相当于传统支付的几十分之一，甚至几百分之一。

3. 电子支付方式

按照电子支付指令发起方式，电子支付的类型可分为网上支付、电话支付、移动支付、销售点终端（POS）交易、自动柜员机（ATM）交易和其他电子支付。这里需要注意的是，电子支付并不仅仅指网上支付，而是包括了多元化的支付途径，不仅仅是互联网，固定电话、手机、ATM 机、POS 机都可以完成电子支付。

（1）网上支付（Net Payment 或 Internet Payment）是通过互联网，以电子信息传递形式来实现资金的流通和支付。网上支付是基于电子支付而发展起来的，是基于互联网并且适合电子商务发展的电子支付方式。网上支付相对于 ATM 支付和 POS 支付等基于专用网络的电子支付而言更先进、更方便，是支撑电子商务发展的主要支付手段。常用的网上支付工具有：电子现金、银行卡、电子票据等。

（2）电话支付是电子支付的一种线下实现形式，是指消费者使用电话（固定电话、手机、小灵通）或其他类似电话的终端设备，通过银行系统就能从个人银行账户里直接完成付款的方式。电话支付真正实现了脱离互联网限制的电子支付，将固定电话、手机、小灵通变身为"POS"机，实现了随时随地支付。但是，拨打电话开通银行卡的电话支付功能步骤烦琐、支付信息通过电话语音传输有可能被窃听等多种原因，电话支付市场并非如人们预期那么美好。

（3）移动支付指的是用户使用手机、PDA 等移动设备完成支付的方式。随着移动电子商务的发展，移动支付技术也在不断发展、成熟。

（4）销售点终端交易（POS）是指银行在酒店、商场等消费场所设置售货终端机，客户在消费时凭银行卡在 POS 机上进行支付。

（5）自动柜员机交易（ATM）是指客户在银行营业网点、酒店、商场等场所的自动柜员机上获得包括存款、取款、转账及查询在内的各种电子支付服务。

4. 网上银行

网上银行是指利用互联网/内联网及其相关技术处理传统银行业务并支持电子商务网上支付的新型银行。它是随着互联网的普及和电子商务的发展逐步成长起来的新一代电子银行，实现了银行与客户之间安全、便捷、实时、友好的对接，为银行客户提供账户查询、转账、网上证券、投资理财等全方位的服务。网上银行是传统银行柜台在互联网上的延伸和拓展。网上银行不受时间、地点限制，为客户提供很多便捷，也降低了银行的经营成本。

（1）网上银行的分类
- 按服务对象分类，可以分为：个人网上银行和企业网上银行。
- 按组织形式分类，可以分为：纯网上银行和依托于传统银行业务发展的网上银行。

（2）网上银行的优势
- 运营成本低。网上银行可以减少银行的网点数，同时减少人力成本，从而降低了银行的运营成本。
- 不受时空限制。网上银行不受时间和空间的限制，人们可以随时随地通过互联网来享受银行的在线服务。

5. 第三方支付平台

第三方支付平台是阿里巴巴集团的 CEO 马云于 2005 年在瑞士达沃斯世界经济论坛上首先提出的，他表示，电子商务，首先应该是安全的电子商务，一个没有安全保证的电子商务环境，是没有真正的诚信和公平可言的，要解决安全问题，必须先从交易环节入手，彻底解决支付问题。尤其是在 C2C 中，需要解决的核心问题就是支付问题，使用支付宝可以解决交易环节买卖双方资金的安全。

第三方支付平台介于银行和用户之间，具备一定实力和信誉保障的第三方支付机构，通过和国内外各大银行签约，代理银行支付业务，面向客户提供个性化支付产品和服务。在通过第三方支付平台的交易中，买方选购商品后，先将货款支付到第三方支付平台提供的账户，由第三方支付平台通知卖家货款到达可以发货；买方确认收货后，第三方支付平台将款项转到卖家账户。第三方支付平台与各个银行之间需签订有关协议，使第三方支付平台与银行之间可以进行数据交换和信息确认。这样，第三方支付平台就能实现在持卡人、消费者、银行、收款人或商家之间建立一个支付流程，完成网上交易。目前，国内知名的第三方支付企业有：支付宝（阿里巴巴旗下）、财付通（腾讯旗下）、PayPal（贝宝，eBay 公司产品）、网易宝（网易旗下）、网银在线（京东旗下）、百付宝（百度 C2C）等。下面介绍一下支付宝和财付通。

（1）支付宝最初是淘宝网为解决网络交易安全所设的一个支付功能，该功能首先使用"第三方担保交易模式"。它是由买家将货款打到支付宝账户，由支付宝通知卖家发货，买家收到商品确认后,支付宝将货款打到卖家账户,至此完成一笔交易。2003年10月18日,淘宝网首次推出支付宝服务,2004年12月独立为浙江支付宝网络技术有限公司,成为全球最大电子商务公司阿里巴巴集团的子公司,定位于电子商务支付领域。

(2)财付通是腾讯公司于2005年9月正式推出的在线支付平台,致力于为互联网用户和企业提供安全、便捷、专业的在线支付服务。财付通与拍拍网、腾讯QQ有着很好的融合,每个QQ都有钱包标志,点击会出现我的钱包窗口,在窗口的左上角点击可以立即激活,输入自己的姓名,支付密码,身份证号,然后点击发送验证码,QQ上绑定的手机号就会接到验证码,再输入这个验证码就可以提示数字证书安装成功。以后就可以正常使用财付通了。财付通通过了中国国家信息安全测评认证中心的安全认证,成为国内首家经权威机构认证的电子支付平台,也标志着中国电子支付行业在人们最关心的安全方面开始走向标准化、规范化。中国国家信息安全评测认证中心按照严格的认证程序,对财付通支付系统进行了全面审查,最终授予其一级安全认证资格。

1.2.4 电子商务物流

我国在2001年颁布的《物流术语》国家标准,统一物流的定义为:物品从供应地向接收地的实体流动过程。根据实际需要,将运输、储存、装卸、搬运、包装、流通加工、配送、信息处理等基本功能实施有机结合。

电子商务物流模式主要有3种,分别是:自营物流、物流联盟和第三方物流。

1. 自营物流

企业自身经营物流,称为自营物流。自营物流是企业早期物流活动的重要特征。自营物流有利于企业掌握对顾客的控制权,提高物流效率和服务水平,但是成本高。自营物流直接支配物流资产,保证了供货的及时和正确,保证了顾客服务的质量,维护了企业和顾客间的长期关系。但自营物流所需的投入非常大,建成后对规模的要求很高,大规模应用后才能降低成本,否则将会长期处于不盈利的境地。而且投资成本较大、时间较长,对于企业有不利影响。另外,自建庞大的物流体系,需要占用大量的企业流动资金。更重要的是,自营物流需要较强的物流管理能力,建成之后需要工作人员具有专业化的物流管理能力。

2. 物流联盟

物流联盟是制造业、销售企业、物流企业基于正式的相互协议而建立的一种物流合作关系,参加联盟的企业汇集、交换或统一物流资源以谋取共同利益;同时,合作企业仍保持各自的独立性。

3. 第三方物流

第三方物流(Third-Party Logistics,3PL或TPL)是由供方和需方之外的专业物流企业提供物流服务的一种业务模式,是目前电子商务下的主要物流模式。对于商家和销售商而言,把不属于自己企业的核心业务交给更专业的物流公司运作,这样可以发挥自身最大的优势。第三方物流是物流专业化的重要形式,是物流社会化、合理化的有效途径。

1.2.5 网络营销

网络营销就是以互联网为主要载体开展的营销活动。

网络营销是随着互联网进入商业应用而产生的，尤其是万维网（WWW）、电子邮件、搜索引擎等得到广泛应用之后，其价值体现得越来越明显。网络营销是一门新兴的学科，是市场营销的一个重要组成部分，其本质与市场营销是相同的，只是在技术手段和应用背景上有其自身的特点。网络营销是企业整体营销战略的一个组成部分，网络营销活动不可能脱离一般营销环境而独立存在，网络营销理论是传统市场营销理论在互联网环境中的应用和发展。

目前，互联网覆盖的群体只是整个市场的一部分，还有很多消费者由于个人的生活方式、购物习惯、消费观念以及对网络安全性的怀疑等原因不愿接受新兴的沟通方式和营销渠道。营销需要面对的是顾客，传统营销中以顾客为本的人本主义营销策略是网络营销中所不能很好体现的，因此网络营销不可能完全取代传统营销。网络营销和传统营销这两种营销手段将相辅相成，互相促进，共同形成企业的总体营销策略。

网络营销具有较强的实践性，有很多可操作的网络营销方法。根据所应用的网络营销工具或信息载体的不同，网络营销的主要方法包括：搜索引擎营销、电子邮件营销、网络广告等。

（1）搜索引擎营销是指企业或个人根据潜在用户使用搜索引擎的可能方式，将企业的营销信息尽可能传递给目标客户。

（2）电子邮件营销是在得到客户许可的情况下，通过电子邮件的方式向客户传递有价值信息的一种营销手段。电子邮件营销也可称为许可电子邮件营销，未经许可的电子邮件一般称为垃圾邮件。电子邮件营销的功能主要体现在产品促销、在线调查、顾客服务、顾客关系等。

（3）网络广告指的是以互联网为载体，通过多媒体的方式发布的以广告宣传为目的的信息。和传统广告相比，网络广告具有传播范围广、信息量大、针对性强、较强的互动性、易于统计等优点，也是常用的网络营销方法之一。

1.2.6 移动电子商务

移动电子商务（Mobile Business，MB；或 Mobile Commerce，MC）也称为无线电子商务，是由电子商务的概念衍生而来的，它是通过手机、PDA（个人数字助理）或掌上电脑等无线终端设备来进行电子商务的交易，是对传统电子商务的有益补充。

无线技术的发展带动了移动电子商务的发展，无线网络购物快速便捷、随处可用，正是由于其移动性的特点，必将成为未来电子商务发展的主要方向。

移动电子商务与传统电子商务相比，具有如下的优势：

（1）不受时空限制。移动电子商务的最大特点便是用户使用手机等方便携带的移动设备，可以随身携带，随时随地都可以进行电子商务活动，不受时间和地点的限制。

（2）交易支付方式灵活。移动电子商务交易的付费方式较多，可以使用的方式有：电话支付、短信支付、手机银行支付、微信支付、支付宝支付等。

（3）用户规模大。电子商务的目标群体是互联网用户，而移动电子商务的目标群体是移动电话用户，相比较，移动电子商务的用户规模更大，特别是对农村和偏远地区来说。

1.3 电子商务 ERP

1.3.1 电子商务 ERP 简介

电子商务侧重于企业与外部的沟通，运行于企业的前端，而 ERP 主要是企业内部资源的管理，相当于企业的后台。电子商务前台的顺利开展离不开 ERP 后台的支撑和维护。在企业的经营发展中，电子商务与 ERP 互为补充，共同帮助企业管理信息流、资金流和物流。

为了提高市场竞争能力，许多企业在实现内部信息化管理的同时，都积极投身于电子商务领域的发展，而 ERP 作为一种能有效促进企业管理朝着更加科学化、合理化和规范化方向发展的方法，被更多的企业及时掌握和应用。企业在建立电子商务模式的过程中，最重要的是建设核心的业务管理和应用系统，而这个系统中最有代表性的就是企业内部的 ERP 系统。ERP 是信息化科学管理思想的计算机实现，它对产品的研发和设计、作业控制、生产计划、投入品采购、市场营销、销售、库存、财务和人事等方面以及相应的模块组成部分采取集成优化的方式进行管理。ERP 不是机械地适应企业现有的流程，而是对企业流程中不合理的部分提出改进和优化建议，并可能导致组织机构的重新设计和业务流程的重组。因此，电子商务应建立在 ERP 基础之上，两者之间并不是相互独立的，应该把它们有机地联系在一起进行认识。

尽管 ERP 的产生比电子商务要早很多，但是它们之间具有很大的关联：
（1）基于 SCM（Supply Chain Management）的兼容性。
（2）基于 CRM（Customer Relationship Management）的关联性。
（3）业务流程方面的相互辅助性。
（4）应用方面的互补性。

可以说，ERP 是电子商务发展的基石，而电子商务是 ERP 发展的必然趋势。

ERP 与电子商务都是随着 IT 技术的产生和发展逐步演化而来的，而且它们本身的运作都要借助于 IT，随着 Internet 和电子商务的广泛应用，企业内外部的运行方式发生了很大改变，企业管理的内涵得到了进一步的延伸。ERP 作为成熟的现代企业管理模式，对企业运作的科学管理作出了巨大的贡献，但是随着时代的变迁，开始慢慢显示出它固有的局限性。电子商务对 ERP 提出了更高的要求，并开始变革传统的 ERP。

电子商务 ERP 把传统 ERP 中的采购、生产、销售、库存管理等物流及资金流模块与电子商务中的网上采购、网上销售、资金支付等模块整合在一起，以电子及电子技术为手段，以商务为核心，打破国家与地区有形无形的壁垒，让企业从传统的注重内部资源管理利用转向注重外部资源管理利用，从企业内的业务集成转向企业间的业务协同。

传统 ERP 系统是由 MRP、闭环 MRP、MRP II 等企业管理理论发展而来的，主要注重企业内部管理的改革和理论变迁，无法考虑到整个市场"价值链"给企业带来的影响和冲击，特别是 Internet 应用的革命性变化，为广大企业客户也为许多企业管理系统供货商带来新的挑战和机会。

电子商务的开放式经营模式和全球经济一体化强调的是全球供应链的管理和整合，即不仅要注重企业内部资源的管理，更要注重由供货商、企业自身和客户所组成的供、产、销链条上的物流、信息流和资金流的管理。在电子商务时代，企业管理的核心应从以制造为中心和以提高生产率、降低成本及提高产量为目标的 ERP 转向以供应链管理为中心和以满足客户需求为目标的 ERP。因此将 ERP、Internet 和电子商务联系起来是 ERP 发展的必然趋势。

随着电子商务技术的发展，企业各种对外的业务活动也已经延伸到了 Internet 上。新一代的 ERP 系统应当支持 Internet 上的信息获取及网上交易的实现。作为 ERP 互联网技术阶段的产物——电子商务 ERP 具有应用层面上的双重作用：一方面为电子商务的运行提供了即时传递信息的平台。它为公司建立了所有产品的信息库，包括产品的库存和价格信息等，使公司可以迅速查找和提供产品情况；另一方面电子商务 ERP 又具有外部沟通交互能力。把从网上获得的信息，和企业内部信息很好地结合，共享数据，降低资源的浪费。电子商务 ERP 是开拓企业市场的有效渠道及管理核心。

因此，如果把电子商务看成是企业运作的前台，那么在企业内部进行协调控制的 ERP 就可成为电子商务运作的后台。ERP 是企业发展电子商务的基石，开展电子商务是 ERP 发展的必然趋势，而电子商务的发展也需借助 ERP 后台的支持与协助。ERP 与电子商务之间发挥各自的优势，取长补短，互为补充，对企业的管理运作大有裨益。

1.3.2　电子商务与 ERP 系统整合的重要性

对于企业来说，电子商务和 ERP 系统就像战场上的前线与后方，两者关系密切、息息相关。比如，企业内部通过网上商城获取用户订单后，能够立刻将订单信息传递至内部的 ERP 系统，用以采购、计算、财务等各部门之间组织协调，核算库存、资金和销售。倘若前端商城系统与后台 ERP 系统脱节，就会导致信息流和数据相对封闭、独立、无法流通、整合，电子商务平台获得的订单信息、市场信息无法传递至后台 ERP 系统，前后台信息完全脱节。

这样的后果使企业的信息流、资金流、物流不能够有机统一，数据的一致性、完整性和准确性在进销存软件中不能得到保证，中小企业内部之间重复着冗余的工作，不能对用户需求作出迅速及时的响应，工作效率下降、运营成本上升，有百害而无一利。

所以，企业的电子商务网上商城和 ERP 系统的整合对接迫不及待、不容忽视。

1.3.3　电子商务 ERP 功能特点

1. 不受平台限制

实现真正意义上的多平台运行，即：ERP 系统可以不受任何操作系统限制，以便企业可以根据业务需要和投资能力选择最佳平台，并且帮助企业顺利实现不同应用水平阶段的平滑过渡。在企业建设管理系统初期，可以选择普通的 PC 网络，投资相对较低，但随着应用规模的扩大，需要具有更大处理能力的硬件环境，但并不希望更改应用软件系统。这样一来，B/S ERP 形式的跨平台商务软件系统就显示出优势，也能充分保护用户的投资。

2. 多种应用集成

多种应用集成就是围绕核心企业，通过电子商务、进销存供应链、客户关系管理、国际贸易、生产制造、财务等应用模块整合企业信息流、物流、资金流等，将供货商、制造商、分销商、零售商直到最终用户连成一个整体的功能网链结构模式。提升企业间（特别是企业与供货商之间、企业与客户之间）的数据交换，帮助企业提高整个供应链的竞争力。

3. 数据高度整合

进入系统的数据能根据业务流程以及管理工作的内在规律和内在联系及各应用功能之间的相互关系，经过转换、整合再传递到相关的功能模块中，使数据和信息能够在应用系统之间畅通流动，使得各应用系统能协同运作，达到数据高度共享和系统的高度集成，完成企业的整个业务流程的管控。

4. 高度模块化

电子商务 ERP 系统在设计和开发过程中可以保证各模块、模块中的各项功能高度模块化。实现对系统的自由增减与配置。对系统的增减不仅是对各模块的取舍，还包括对各模块内部各项功能的增减，这样可以达到根据用户的规模及需求点不同配置系统的目的。

5. 电子商务化

大大缩短了供应链上采购信息从下游传递到上游的时间，信息流动时间的缩短提高了物流和资金流的流动速度，而第三方物流和电子支付方式又保证了物流和资金流按照预定的速度流动。物流、资金流、信息流的流动速度的加快使得供应链能够在更短的时间内实现价值的增值。

1.4 电子商务 ERP 涉及的软件系统

由于电子商务 ERP 是基于电子商务的，其中的订单也大部分从电子商务平台抓取过来，所以我们在讲解电子商务 ERP 时需要用到电子商务平台和电子商务 ERP 系统。

电子商务平台有很多个，常见的有淘宝、天猫、京东、亚马逊、当当、1 号店、官网等，这里我们使用的是方便教学的 ECSHOP 平台。

电子商务 ERP 系统也有很多，比如科云电子商务 ERP，百胜 ERP 等，这里我们使用的是科云电子商务 ERP 系统。

第2章 电子商务平台

2.1 前台介绍

2.1.1 用户注册

本节主要介绍新用户的注册，进行用户信息及登录密码的修改。本节任务列举如下。
- 任务1：注册新用户，用户名为"liming"。
- 任务2：修改用户信息及用户登录密码。

任务1：注册新用户，用户名为"liming"。

【步骤1】登录ECSHOP电子商务平台，如图2-1所示。

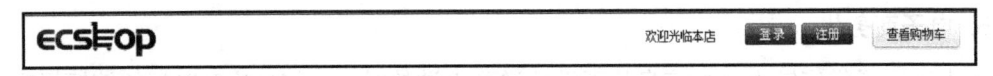

图2-1 ECSOP首页头部

【步骤2】单击右上角的"注册"按钮，打开注册新用户页面，如图2-2所示。

图2-2 注册新用户页面

【步骤3】输入注册信息，单击"立即注册"按钮，即可完成新用户的注册操作。注册之后的页面如图2-3所示。

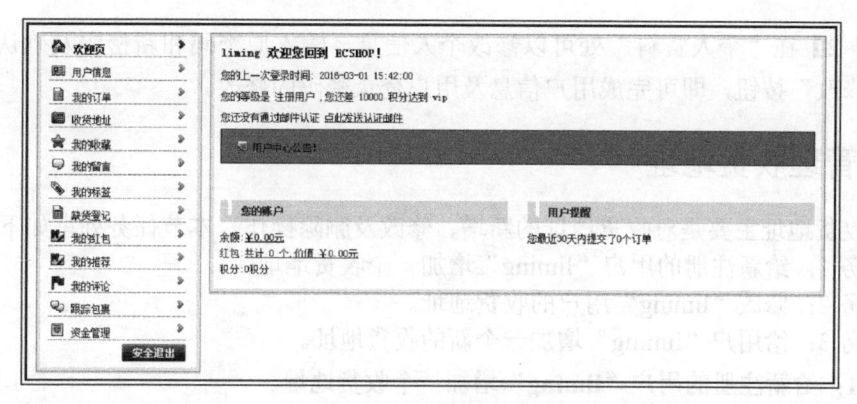

图 2-3 注册成功页面

【步骤4】单击"点此发送认证邮件",弹出如图 2-4 所示页面。

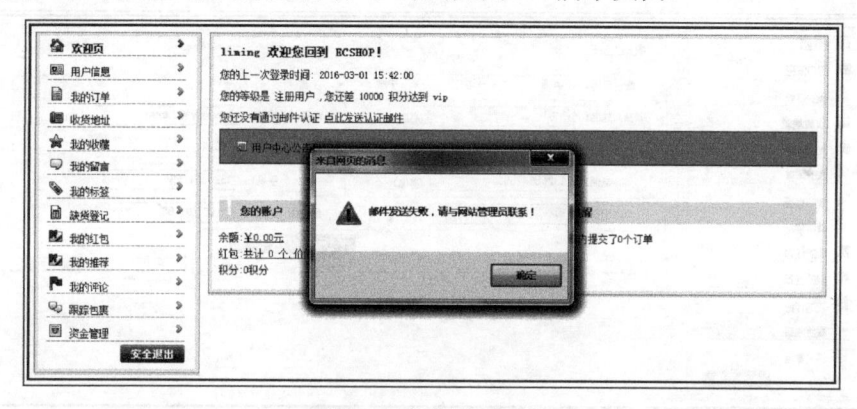

图 2-4 邮件认证页面

任务 2：修改用户信息及用户登录密码。

【步骤1】登录"liming"账户,进入用户中心,单击左侧的"用户信息",如图 2-5 所示。

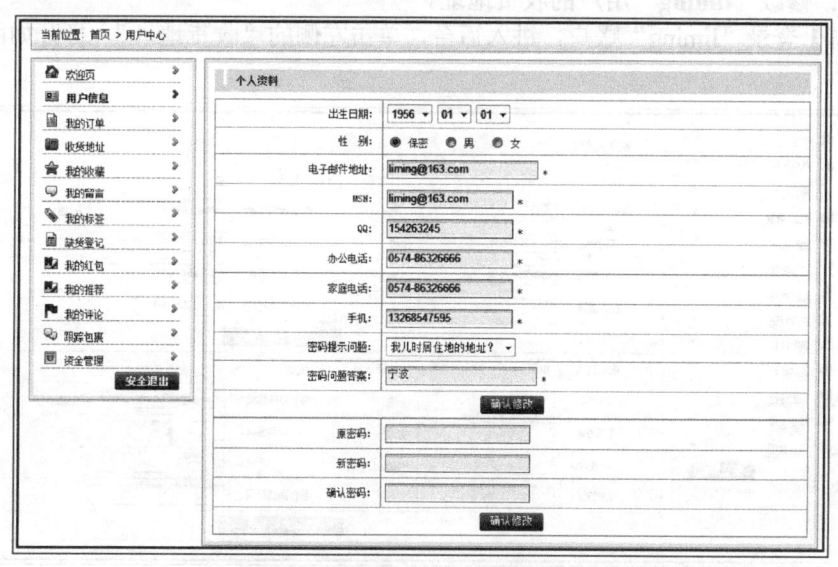

图 2-5 修改用户信息及登录密码

【步骤 2】在"个人资料"处可以修改个人信息，输入原密码和新密码及确认密码，单击"确认修改"按钮，即可完成用户信息及用户登录密码的修改。

2.1.2 管理收货地址

管理收货地址主要是对收货地址的新增、修改及删除操作。本节任务列举如下。
- 任务 1：给新注册的用户"liming"增加一个收货地址。
- 任务 2：修改"liming"用户的收货地址。
- 任务 3：给用户"liming"增加一个新的收货地址。

任务 1：给新注册的用户"liming"增加一个收货地址。

【步骤1】登录"liming"账户，进入用户中心，单击左侧的"收货地址"，填写好收货人信息，如图 2-6 所示。

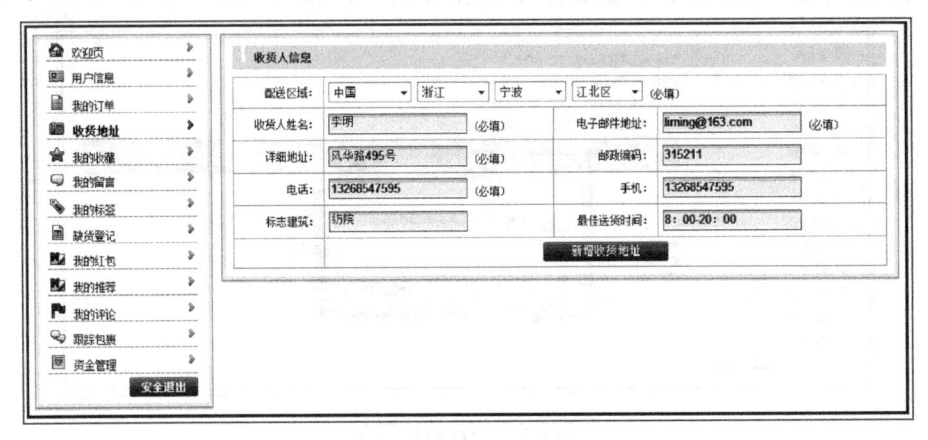

图 2-6　新增用户收货地址

【步骤2】单击"新增收货地址"按钮，即可完成收货地址的添加。

任务 2：修改"liming"用户的收货地址。

【步骤1】登录"liming"账户，进入后台，单击左侧的"收货地址"，打开如图 2-7 所示页面。

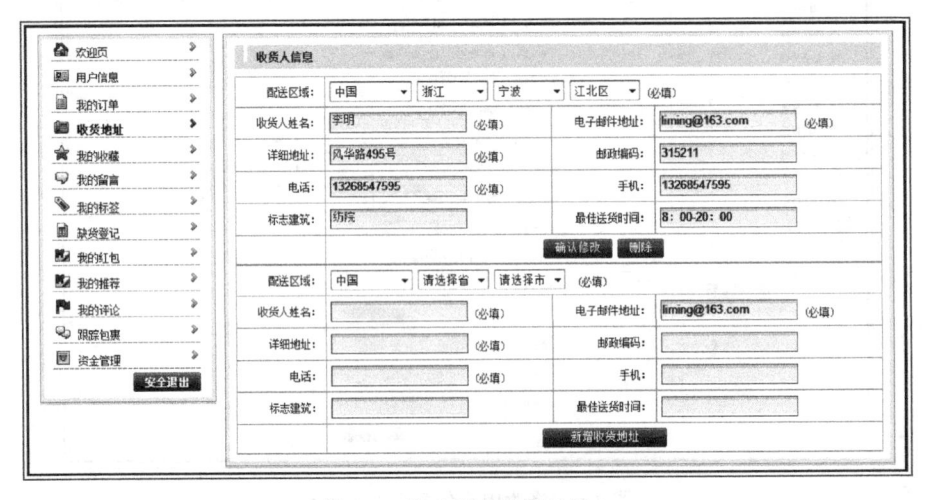

图 2-7　修改用户收货地址 1

【步骤2】在"收货人信息"处将"标志建筑"改为"浙江纺织服装职业技术学院",如图2-8所示。

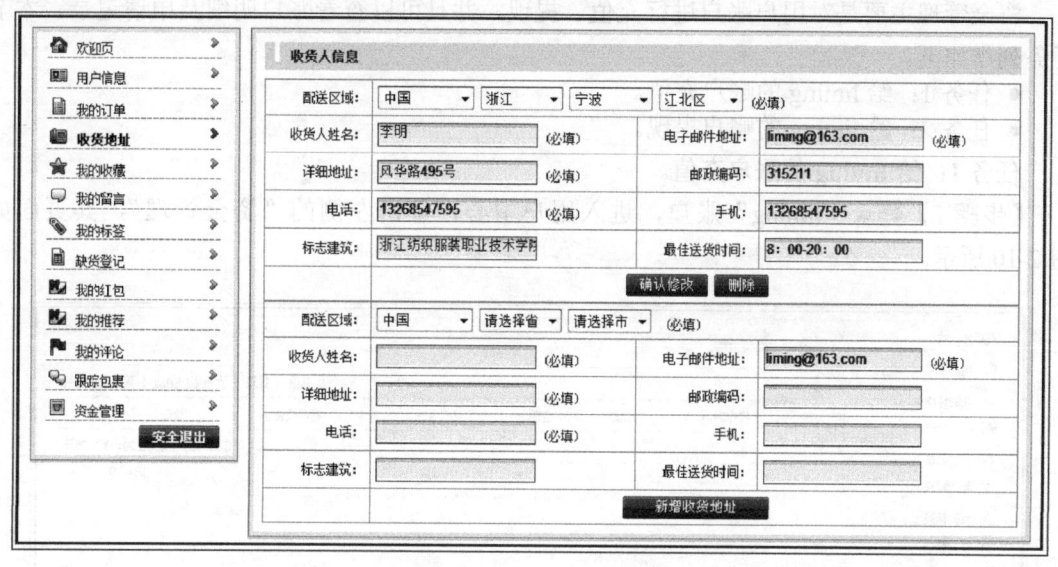

图2-8 修改用户收货地址2

【步骤3】单击"确认修改"按钮,即可完成对收货地址的修改(注:单击"删除"按钮可以进行收货地址的删除操作)。

任务3:给用户"liming"增加一个新的收货地址。

【步骤1】登录"liming"账户,进入后台,单击左侧的"收货地址",在空白的"收货人信息"处填写收货地址,如图2-9所示。

图2-9 新增收货地址

【步骤2】单击"新增收货地址",即可完成对收货地址的添加。

2.1.3 资金管理

资金管理主要是对用户账户进行充值、提现，并且可以查看账户明细及申请记录。本节任务列举如下。
- 任务 1：给 liming 的账户充值。
- 任务 2：给 liming 的账户提现。

任务 1：给 liming 的账户充值。

【步骤 1】登录"liming"账户，进入用户中心，单击左侧的"资金管理"，其页面如图 2-10 所示。

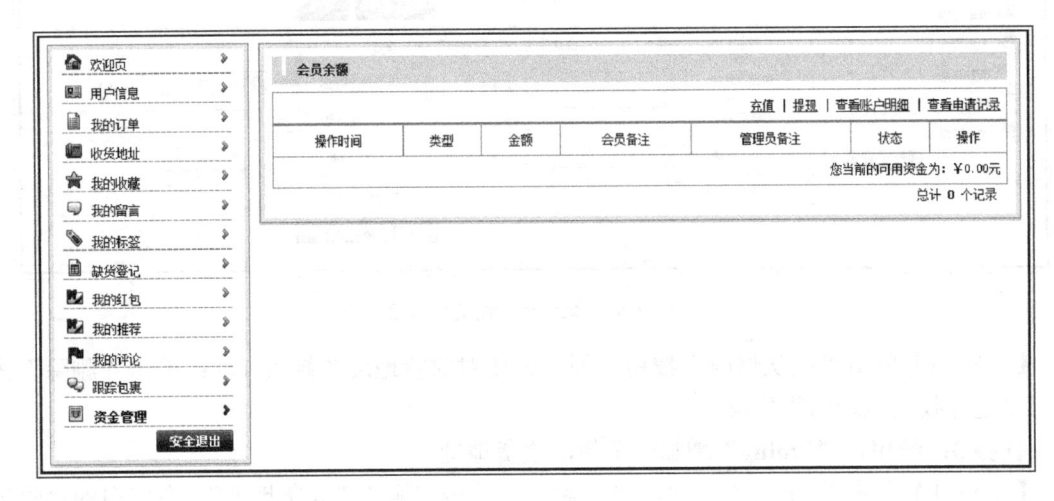

图 2-10 "资金管理"页面

【步骤 2】单击"充值"超链接，进入"会员充值"页面，如图 2-11 所示。

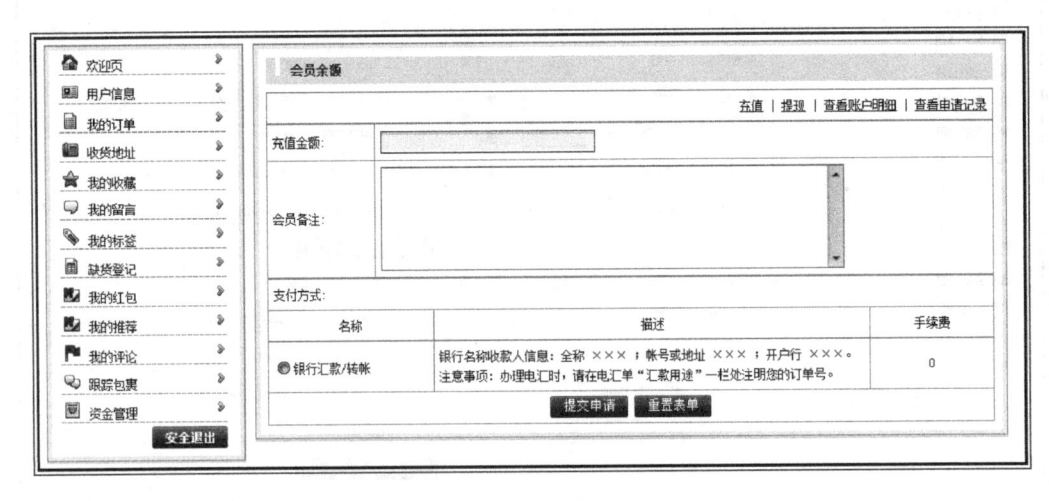

图 2-11 "会员充值"页面

【步骤 3】输入"充值金额""会员备注"信息，再选中"银行汇款/转账"，单击"提交申请"按钮，即完成充值，等待 ECSHOP 后台审核，如图 2-12 所示。

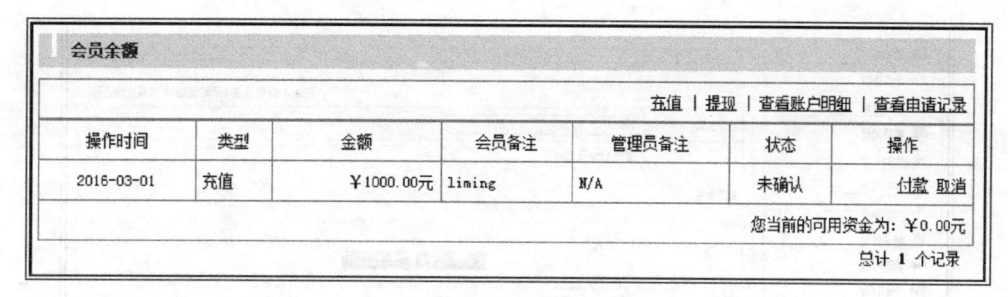

图 2-12 提交充值申请

【步骤 4】ECSHOP 后台审核好之后的状态（充值成功）如图 2-13 所示（后台审核操作参见 2.2.6 节会员管理）。

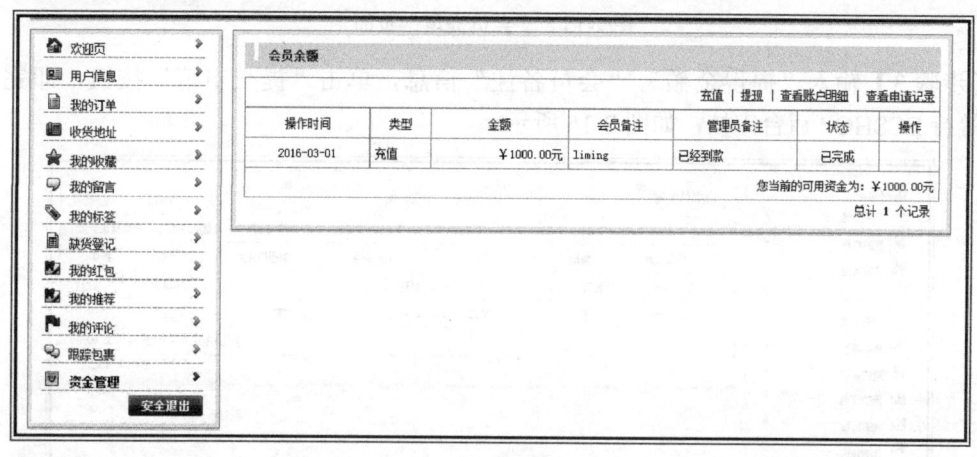

图 2-13 充值成功

任务 2：给 liming 的账户提现。

【步骤 1】登录"liming"账户，进入用户中心，单击左侧的"资金管理"，其页面如图 2-14 所示。

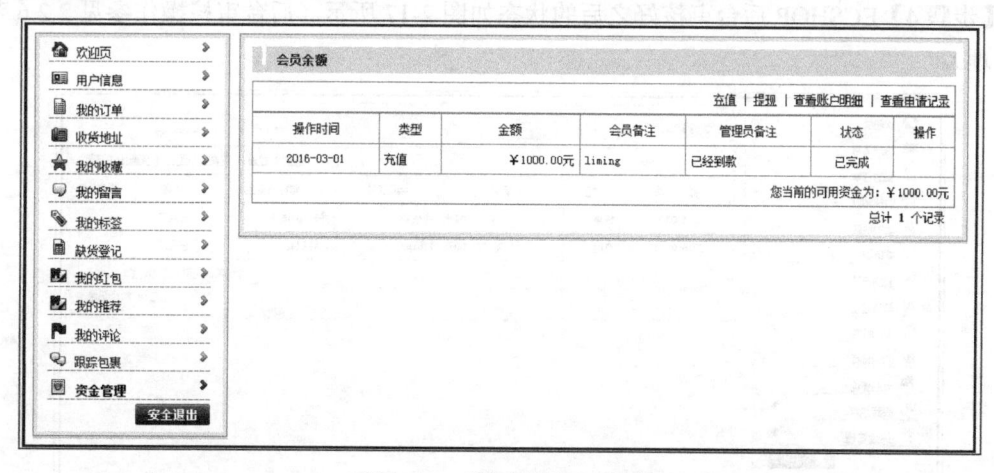

图 2-14 "资金管理"页面

【步骤 2】单击"提现"超链接，进入会员提现页面，如图 2-15 所示。

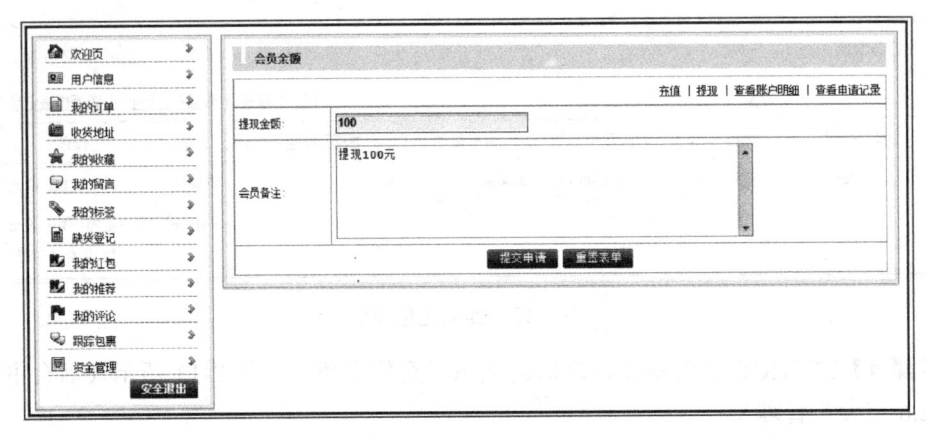

图 2-15 "会员提现"页面

【步骤 3】输入"提现金额","会员备注"信息,单击"提交申请"按钮,即完成提现,等待 ECSHOP 后台审核,如图 2-16 所示。

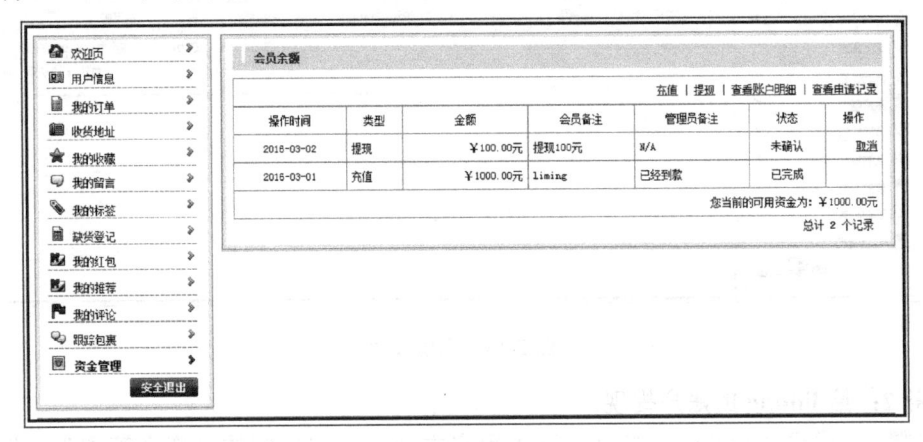

图 2-16 提交提现申请

【步骤 4】ECSHOP 后台审核好之后的状态如图 2-17 所示(后台审核操作参见 2.2.6 节会员管理)。

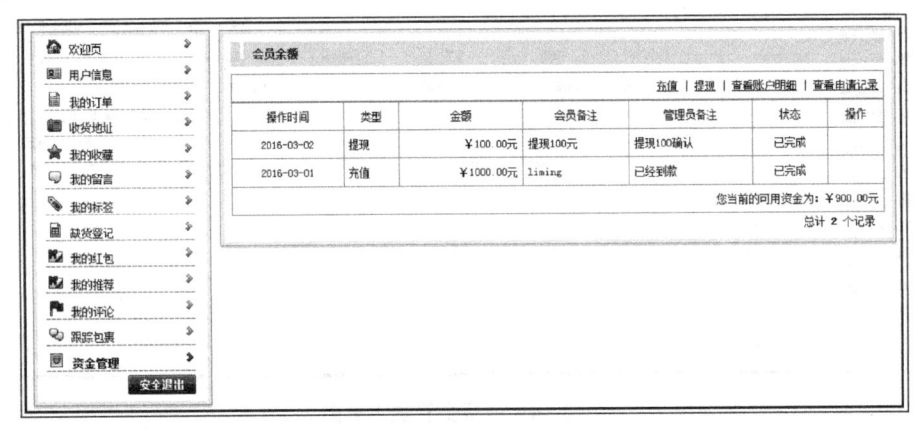

图 2-17 提现成功

【步骤 5】单击"查看账户明细",可以看到账户的充值提现情况及当前可用资金,如图 2-18 所示。

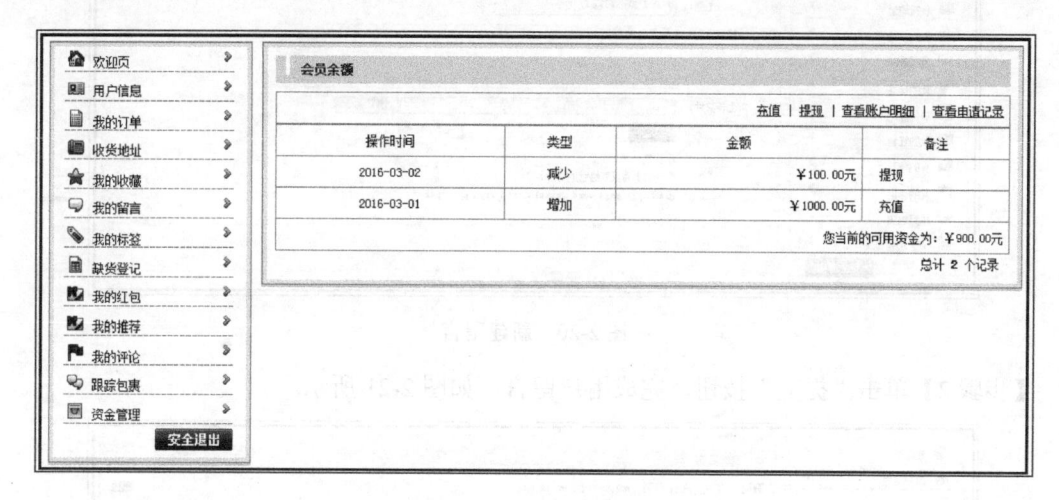

图 2-18　查看账户明细

【步骤 6】单击"查看申请记录",可以看到账户的充值提现申请情况,如图 2-19 所示。

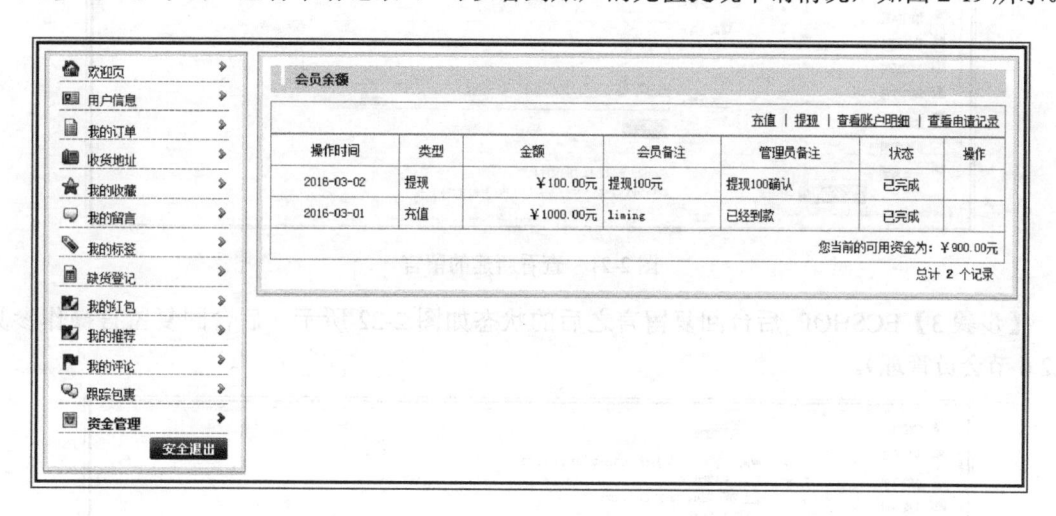

图 2-19　查看申请记录

2.1.4　留言管理

留言管理主要用于给商家留言。本节任务列举如下。

- 任务:给商家留言。询问产品上新时间。

任务:给商家留言。询问产品上新时间。

【步骤 1】登录"liming"账户,进入用户中心,单击左侧的"我的留言",选择"留言类型"为"询问",输入"主题"和"留言内容",如图 2-20 所示。

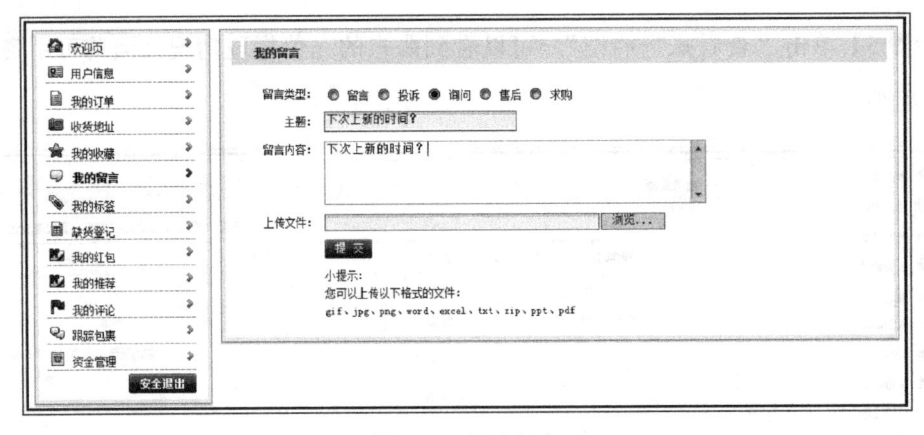

图 2-20 新建留言

【步骤 2】单击"提交"按钮，完成用户留言，如图 2-21 所示。

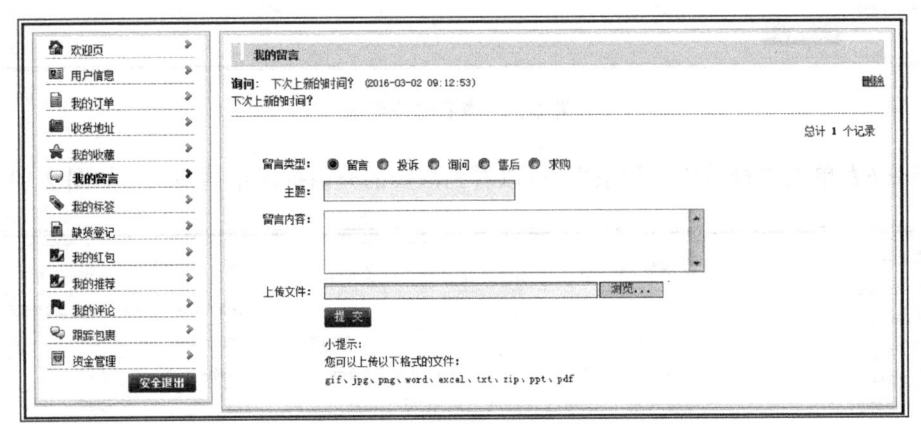

图 2-21 查看新建的留言

【步骤 3】ECSHOP 后台回复留言之后的状态如图 2-22 所示（后台回复留言操作参见 2.2.6 节会员管理）。

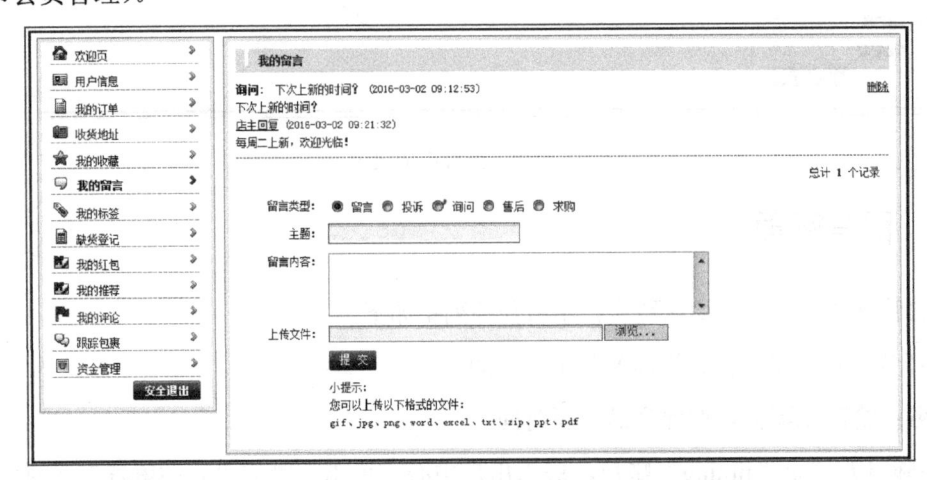

图 2-22 回复留言

2.2 后台介绍

2.2.1 商品分类管理

商品分类管理包括进行商品类别的添加、修改及删除,可以添加顶级分类及子类。本节任务列举如下:

- 任务1:添加一个"服装"大类。
- 任务2:在"服装"大类下面添加子类"女装"。
- 任务3:修改"女装"子类的信息。
- 任务4:删除"女装"这个子类。

任务1:添加一个"服装"大类。

【步骤1】进入后台,单击"商品管理"下面的"商品分类",打开如图2-23所示页面。

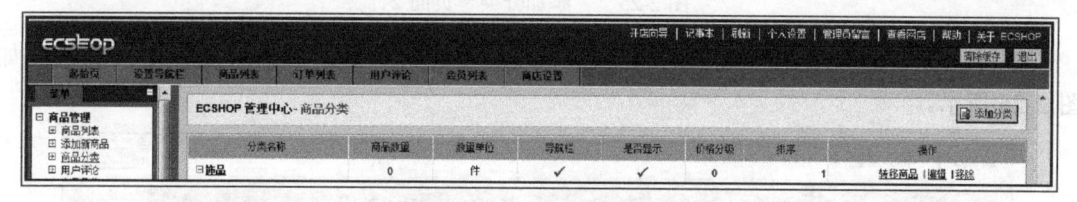

图2-23 "商品分类"页面

【步骤2】单击"添加分类"按钮,打开如图2-24所示页面。

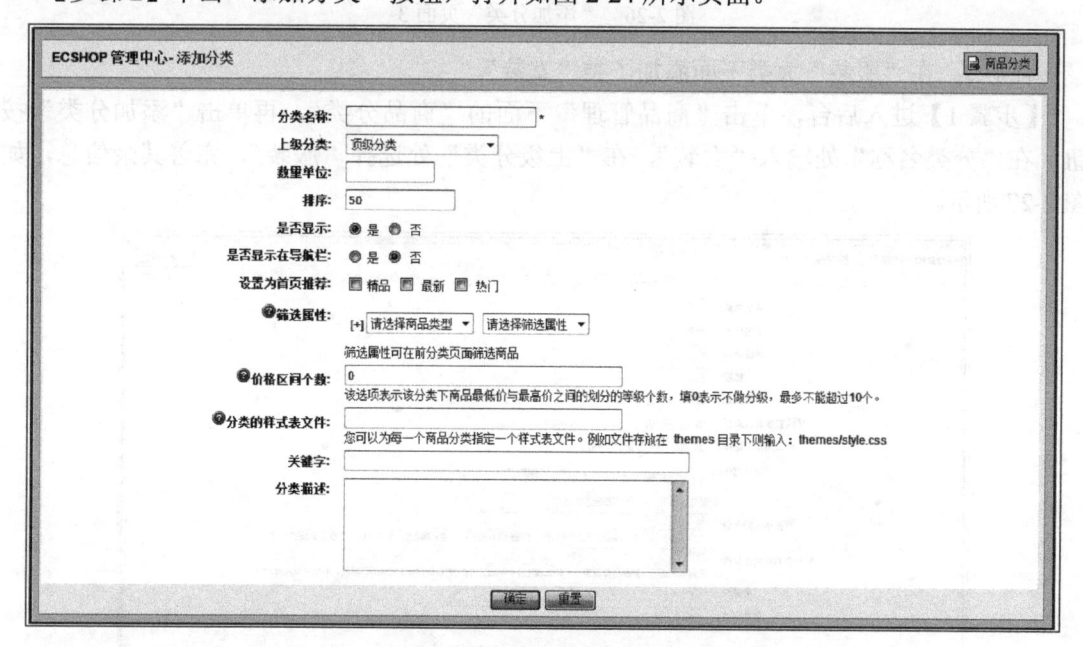

图2-24 "添加分类"页面1

【步骤3】输入商品分类信息,这里我们添加一个"服装"大类,如图2-25所示。

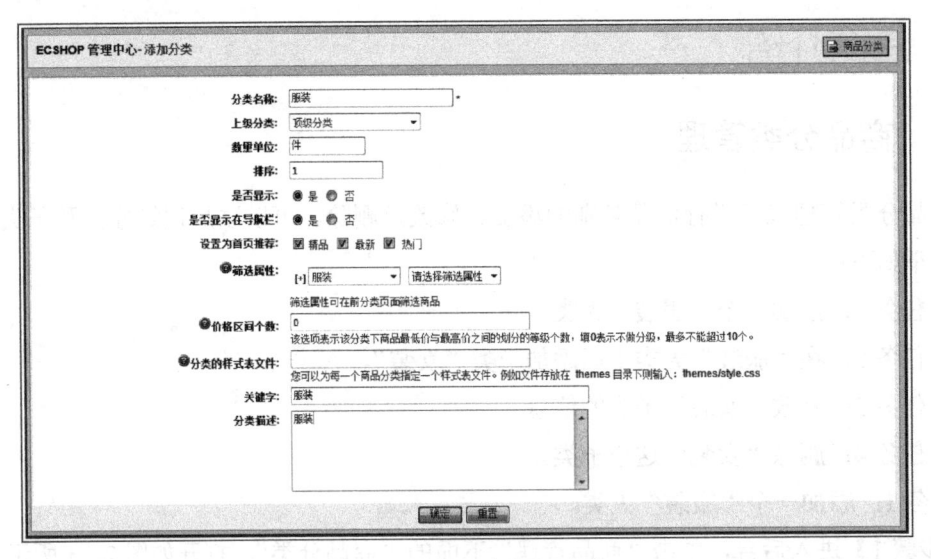

图 2-25 "添加分类"页面 2

【步骤 4】单击"确定"按钮，即可完成商品类别的添加，添加好之后的页面截图如图 2-26 所示。

图 2-26 "添加分类"页面 3

任务 2：在"服装"大类下面添加子类"女装"。

【步骤 1】进入后台，单击"商品管理"下面的"商品分类"，再单击"添加分类"按钮，在"分类名称"处输入"女装"，在"上级分类"处选择"服装"，完善其余信息，如图 2-27 所示。

图 2-27 "添加子类"页面

【步骤2】填写好信息,单击"确定"按钮,即可完成子类的添加。

任务3:修改"女装"子类的信息。

【步骤1】进入后台,单击"商品管理"下面的"商品分类",如图2-28所示。

分类名称	商品数量	数量单位	导航栏	是否显示	价格分级	排序	操作
□ 服装	0	件	✓	✓	0	1	转移商品 | 编辑 | 移除
□ 女装	0	件	✓	✓	0	2	转移商品 | 编辑 | 移除

图 2-28 修改分类1

【步骤2】找到类别名称为"女装"的这条记录,单击该行记录对应的"编辑"超链接,如图2-29所示。

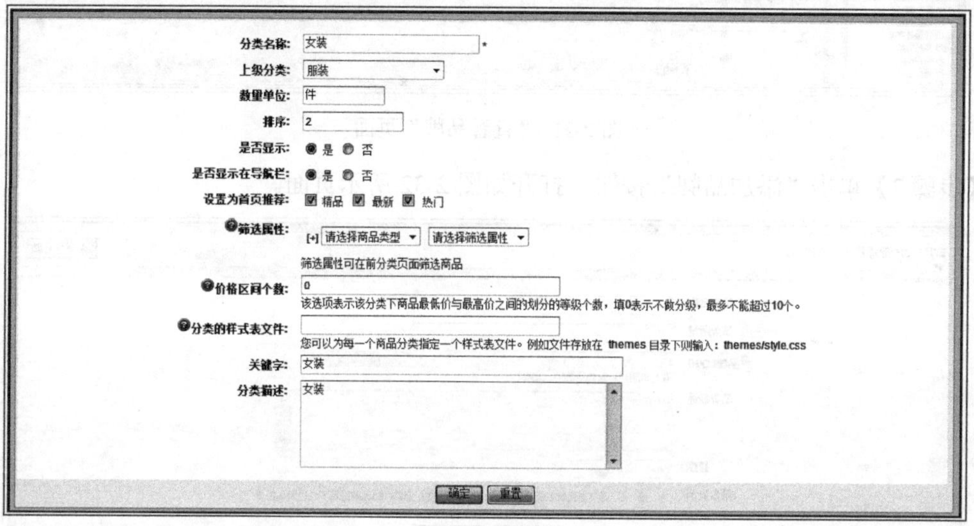

图 2-29 修改分类2

【步骤3】修改好类别信息,单击"确定"按钮,即可完成对类别的修改。

任务4:删除"女装"这个子类。

【步骤1】进入后台,单击"商品管理"下面的"商品分类",如图2-30所示。

分类名称	商品数量	数量单位	导航栏	是否显示	价格分级	排序	操作
□ 服装	0	件	✓	✓	0	1	转移商品 | 编辑 | 移除
□ 女装	0	件	✓	✓	0	2	转移商品 | 编辑 | 移除

图 2-30 删除分类

【步骤2】找到类别名称为"女装"的这条记录,单击该行记录对应的"移除"超链接,即可完成对此类别的删除操作。

练习

(1)在"服装"大类下面添加"女装""男装""童装"三个子类。

(2)在"女装""男装""童装"三个子类下面添加各自的子类(比如,"女装"下面可以添加子类"上衣""裤装""半身裙""连身裙"等)。

2.2.2 商品品牌管理

商品品牌管理包括品牌的添加、修改及删除。本节任务列举如下。
- 任务1：添加一个品牌，品牌名称为"太平鸟"。
- 任务2：品牌的修改及删除。

任务1：添加一个品牌，品牌名称为"太平鸟"。

【步骤1】进入后台，单击"商品管理"下面的"商品品牌"，打开如图2-31所示页面。

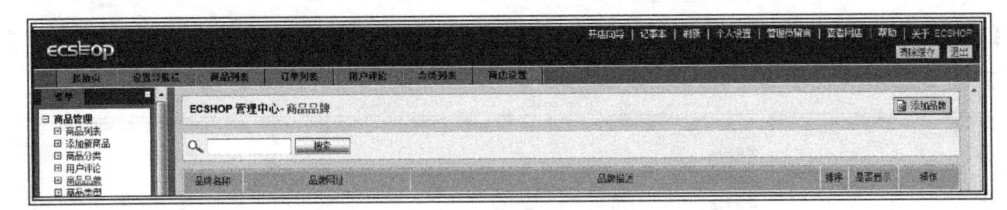

图2-31 "查看品牌"页面

【步骤2】单击"添加品牌"按钮，打开如图2-32所示页面。

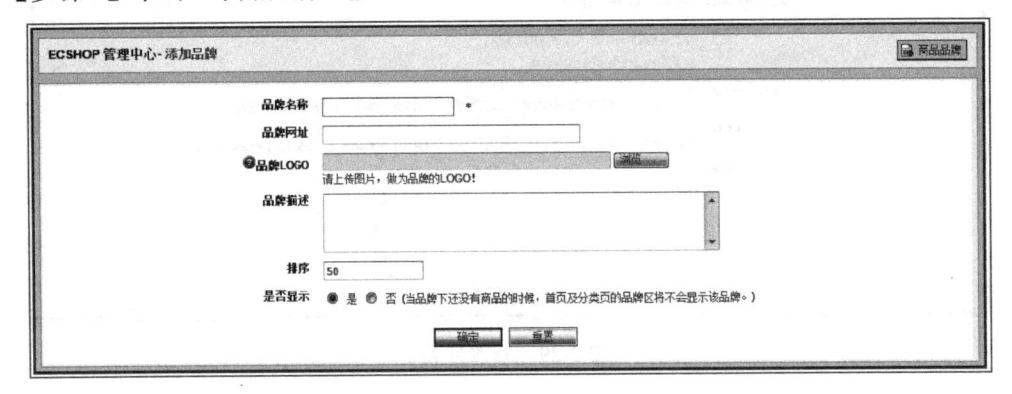

图2-32 "添加品牌"页面1

【步骤3】输入品牌名称等相关信息，如图2-33所示。

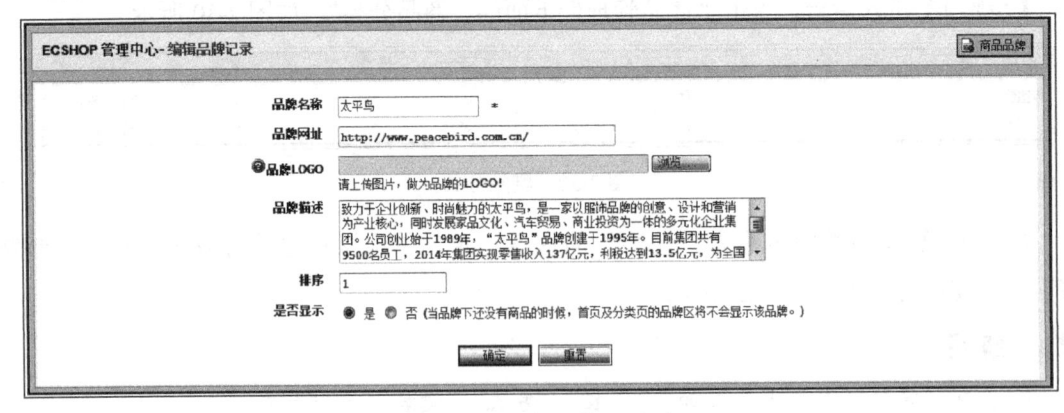

图2-33 "添加品牌"页面2

【步骤4】单击"确定"按钮，即可成功添加品牌，如图2-34所示。

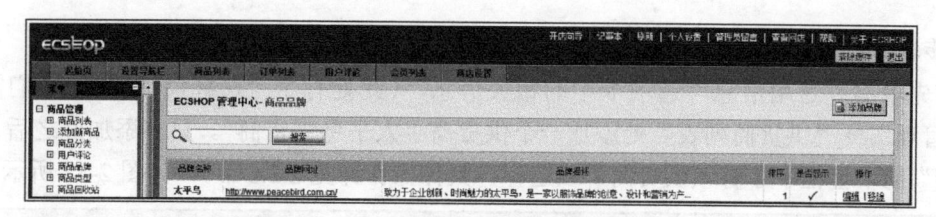

图 2-34 成功添加品牌

任务 2：品牌的修改及删除。
【步骤 1】进入后台，单击"商品管理"下面的"商品品牌"，打开如图 2-35 所示页面。

图 2-35 品牌的修改及删除

【步骤 2】单击该品牌对应那条记录右侧的"编辑"或"移除"超链接即可进行品牌的修改及删除操作。

练习

添加几个女装、男装以及童装的品牌。

2.2.3 商品管理

商品管理包括商品的添加、修改及删除，还可以设置商品是否上架、新品、精品及热销。本节任务列举如下。

- 任务：添加一件"太平鸟"品牌的女装。

任务：添加一件"太平鸟"品牌的女装。

【步骤 1】进入后台，单击"商品管理"下面的"添加新商品"，打开如图 2-36 所示页面。

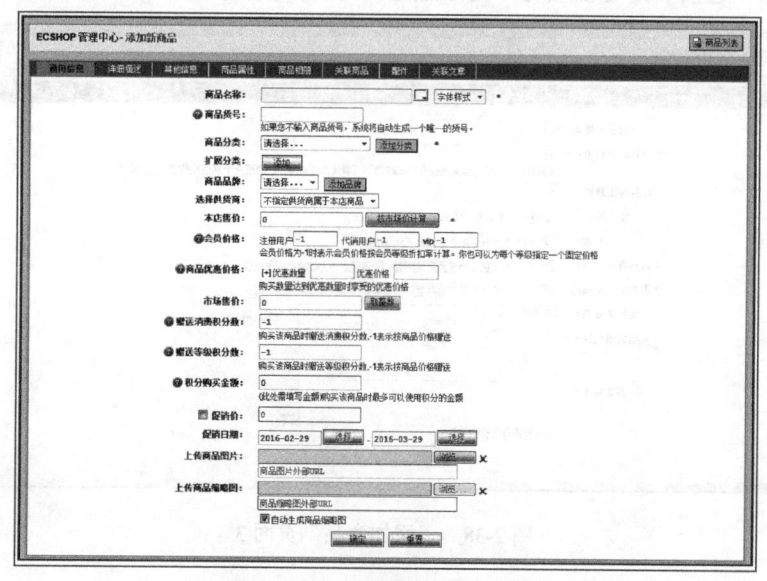

图 2-36 "添加新商品"页面 1

【步骤2】 输入商品相关的信息。

首先填写"通用信息"选项卡中的相关信息，（此处有个"选择供货商"，我们需要在"权限管理"→"供货商列表"处添加一个供货商"太平鸟供货商"。只有添加好之后"选择供货商"的下拉框中才有该供货商可以选择，具体操作详见 2.2.6 节），如图 2-37 所示。

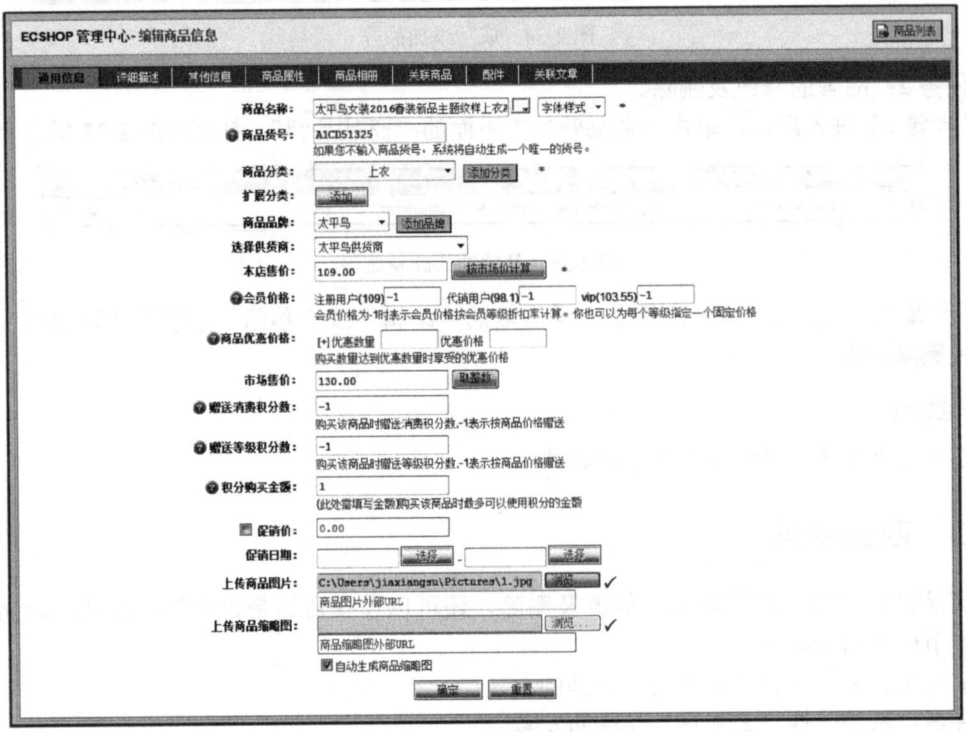

图 2-37 "添加商品"页面 2

"其他信息"选项卡处可以填写"商品重量""商品库存数量"等信息，如图 2-38 所示。

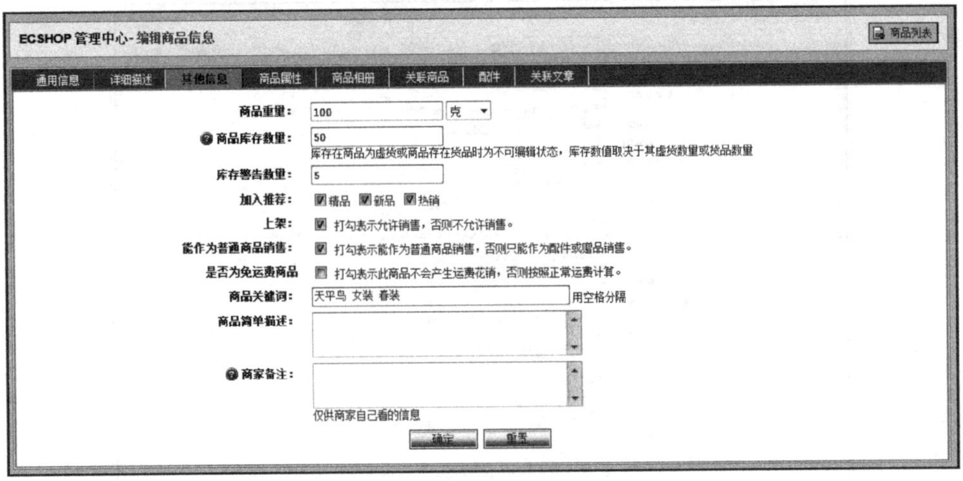

图 2-38 "添加商品"页面 3

在"商品相册"选项卡中可以上传商品相关的图片，如图 2-39 所示。

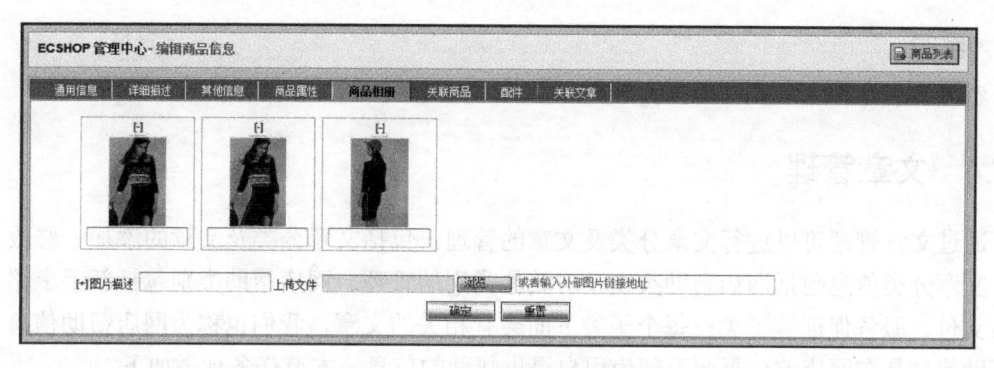

图 2-39 "添加商品"页面 4

【步骤 3】填写好以上信息之后,单击"确定"按钮,即可成功添加一件商品,如图 2-40 所示。

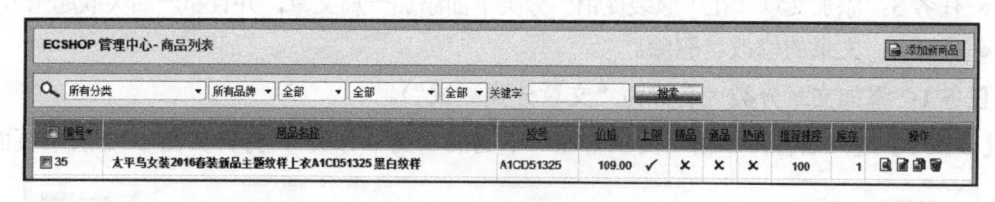

图 2-40 "添加商品"页面 5

说明:可以单击精品、新品及热销下面的叉号来改变商品的状态。

【步骤 4】访问 ECSHOP 前台查看刚才上架产品的信息,如图 2-41 所示。

图 2-41 从 ECSHOP 前台查看上架产品

练习

添加几个女装、男装以及童装的产品。

2.2.4 文章管理

通过文章管理可以进行文章分类及文章的管理，包括文章分类及文章的添加、修改和删除。文章分类信息包括网店帮助类别及对其他类别的管理。网店帮助类别包括新手上路、配送与支付、服务保证等子类，每个子类下面会有相关的文章，我们也称为网店帮助信息。网店帮助信息是在网店前台页面下部为用户提供帮助的信息。本节任务列举如下。

- 任务1：添加文章分类（名称为"文章分类测试"）。
- 任务2：文章分类的修改、删除（操作对象为"文章分类测试"）。
- 任务3：添加文章（在"服装促销"分类下面添加一篇文章，并且和产品关联起来）。
- 任务4：文章的修改、删除。

任务1：添加文章分类（名称为"文章分类测试"）。

【步骤1】进入后台，单击"文章管理"下面的"文章分类"，打开如图2-42所示页面。

图2-42 "文章分类"页面

【步骤 2】单击"添加文章分类"按钮，填写"文章分类名称"为"文章分类测试"，如图2-43所示。

图2-43 添加文章分类1

【步骤3】单击"确定"按钮，完成文章分类的添加操作，如图2-44所示。

图2-44 添加文章分类2

任务2：文章分类的修改、删除（操作对象为"文章分类测试"）。
【步骤1】进入后台，单击"文章管理"下面的"文章分类"，打开如图2-45所示页面。

图2-45 文章分类修改

【步骤2】找到"文章分类名称"为"文章分类测试"的这条记录，单击右侧"编辑"及"移除"超链接，即可进行文章分类的修改和删除操作。

任务3：添加文章（在"服装促销"分类下面添加一篇文章，并且和产品关联起来）。
【步骤1】进入后台，单击"文章管理"下面的"文章列表"，打开如图2-46所示页面。

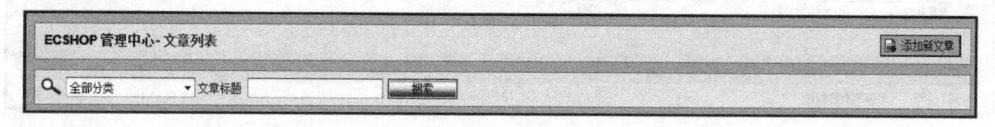

图2-46 添加文章1

【步骤2】单击"添加新文章"按钮，打开添加新文章页面，在"通用信息"选项卡中填写文章的通用信息，如图2-47所示。

图 2-47 添加文章 2

【步骤 3】在"关联商品"选项卡中搜索出需要关联的商品,单击 图片按钮,在右侧选中产品,如图 2-48 所示。

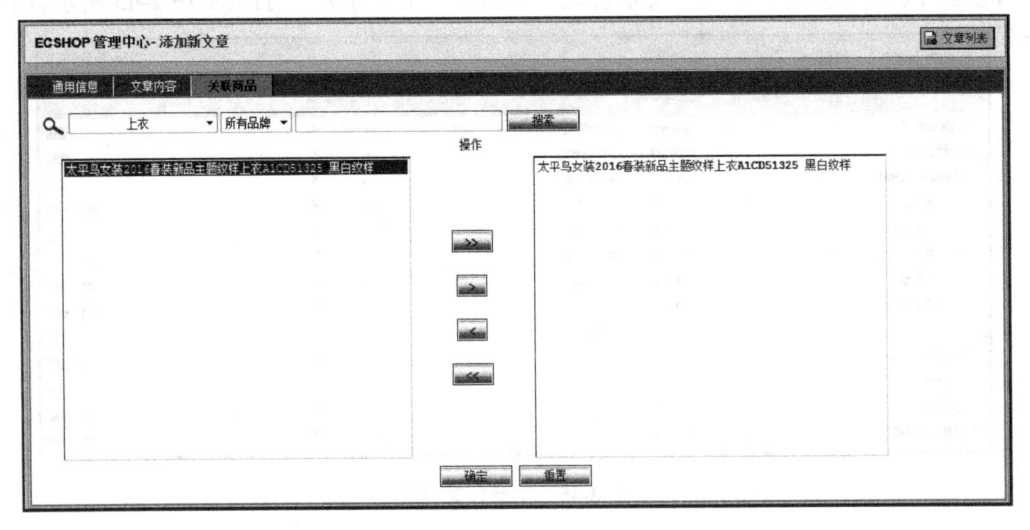

图 2-48 添加文章 3

【步骤 4】单击"确定"按钮,完成文章的添加,如图 2-49 所示。

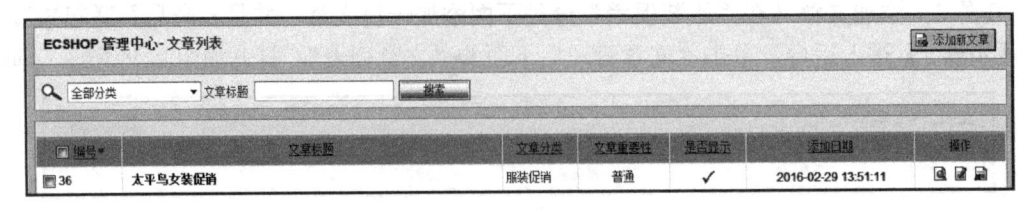

图 2-49 添加文章 4

【步骤 5】登录 ECSHOP 前台,查看文章,在左下方可以看到其关联的产品,如图 2-50 所示。

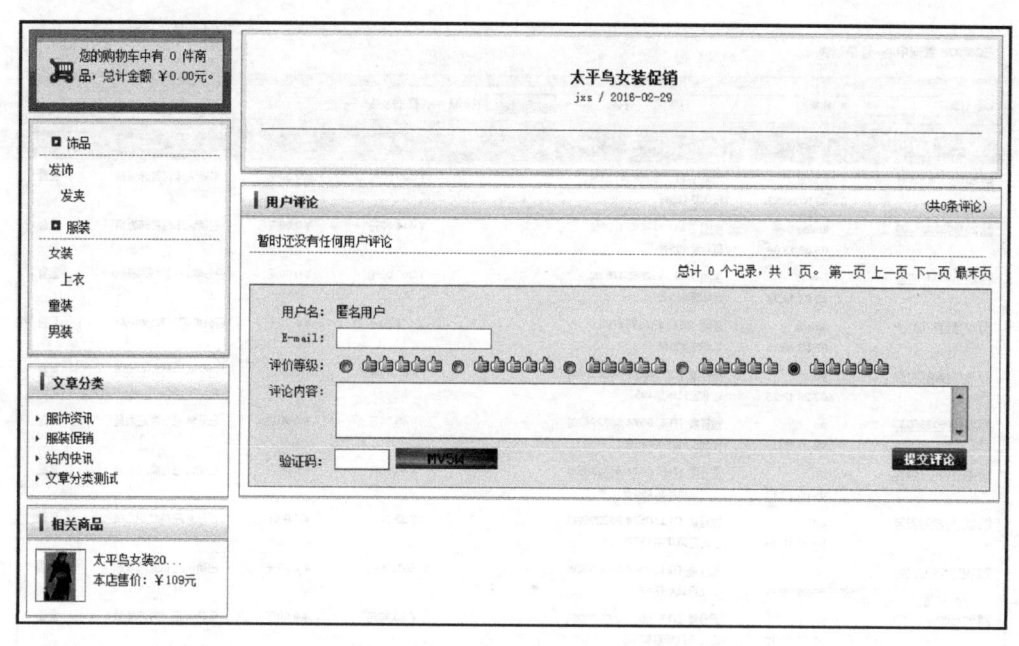

图 2-50 ECSHOP 前台查看文章

任务 4：文章的修改、删除。

【步骤 1】进入后台，单击"文章管理"下面的"文章列表"，打开如图 2-51 所示页面。

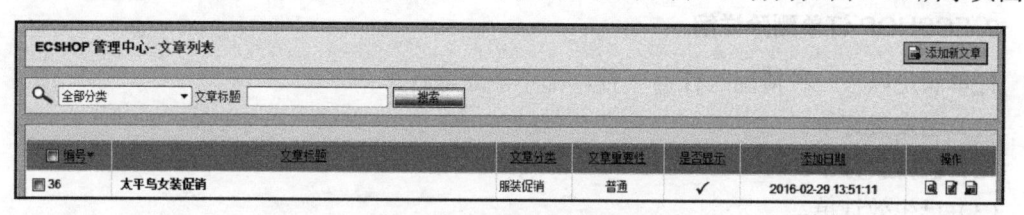

图 2-51 文章的修改及删除

【步骤 2】找到要管理的文章，单击右侧的"编辑"图标按钮 ，在打开的页面中可以进行文章的编辑，单击"移除"图标按钮 即可删除该篇文章。

练习

（1）添加网店帮助类别和网店帮助相关的文章。
（2）进行网店帮助类别和文章的修改、删除。

2.2.5 订单管理

订单管理可以进行订单的添加、查询、合并、打印及删除等操作。

1. 订单查看

使用管理员账户登录 ECSHOP 后台，单击"订单管理"下面的"订单列表"，如图 2-52 所示。

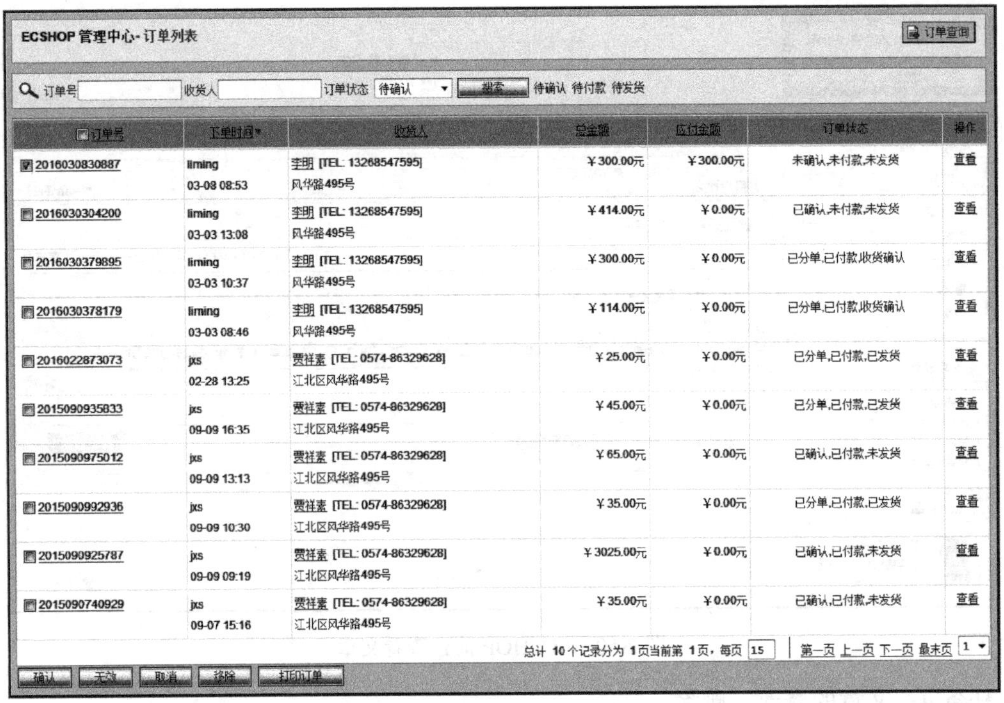

图 2-52　从 ECSHOP 后台查看订单

2. ECSHOP 订单删除详解

订单满足以下三种情况的任何一种，都不能删除订单：

（1）已发货订单。

（2）已付款订单。

（3）已生效订单。

第一种情况，已发货订单删除流程：后台→订单管理→订单列表→查看→设置未发货→设置未付款→设置无效→移除。

第二种情况，已付款订单删除流程：后台→订单管理→订单列表→查看→设置未付款→设置无效→移除。

第三种情况，已生效订单删除流程：后台→订单管理→订单列表→查看→设置无效→移除。

通过以上操作即可解决删除订单的问题了，可以进行订单的正常移除。

2.2.6　会员管理

会员管理包括新建会员、对会员信息的修改及对会员的删除、回复会员的留言，还可以审核用户的充值和提现申请。本节任务列举如下。

- 任务 1：会员信息管理（会员信息修改及会员删除）。
- 任务 2：添加新会员 "zhangsan"。
- 任务 3：对会员 "liming" 的充值进行审核。
- 任务 4：对会员 "liming" 的提现进行审核。
- 任务 5：对会员 "liming" 的留言进行回复。

任务1：会员信息管理（会员信息修改及会员删除）。

【步骤1】进入后台，单击"会员管理"下面的"会员列表"，打开如图2-53所示页面。

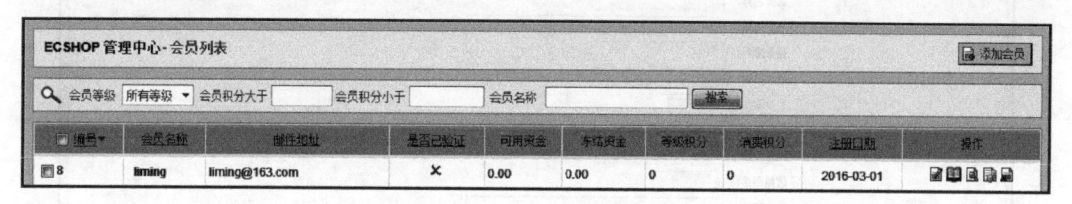

图2-53 "会员信息管理"页面

【步骤 2】可以对已经存在的会员（liming）进行信息的修改，单击该条会员记录右侧的编辑图标按钮 ，打开"编辑会员账号"页面，如图2-54所示，可以修改会员信息，单击"确定"按钮即可完成会员信息的修改操作。

图2-54 "编辑会员账号"页面

【步骤3】如果要删除会员，只需单击该条会员记录右侧的移除图标按钮 即可。

任务2：添加新会员"zhangsan"。

【步骤1】进入后台，单击"会员管理"下面的"会员列表"，打开如图2-55所示页面。

图2-55 "会员列表"页面

【步骤2】单击"添加会员"按钮，打开如图2-56所示页面。

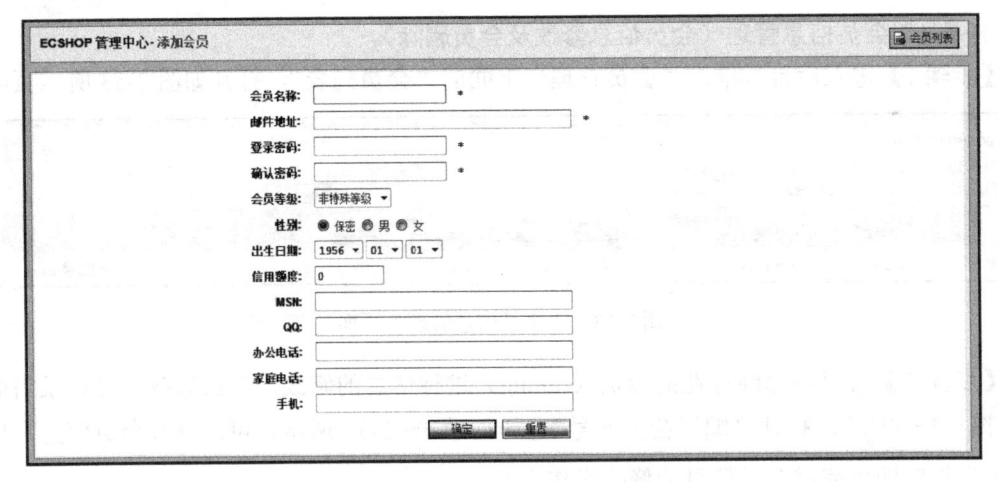

图 2-56　添加会员 1

【步骤 3】输入会员的相关信息，即可完成会员的添加操作，添加之后页面如图 2-57 所示。

图 2-57　添加会员 2

任务 3：对会员"**liming**"的充值进行审核。

【步骤 1】进入后台，单击"会员管理"下面的"充值和提现申请"，打开如图 2-58 所示页面。

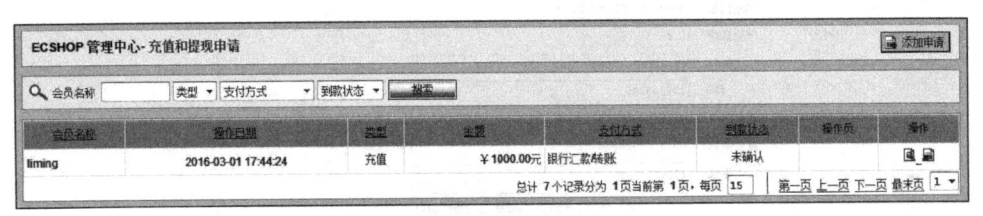

图 2-58　审核会员充值 1

【步骤 2】单击"到款审核"图标按钮，打开如图 2-59 所示页面。

图 2-59　审核会员充值 2

【步骤3】填写"管理员备注"信息,将"到款状态"设置为"已完成",如图2-60所示。

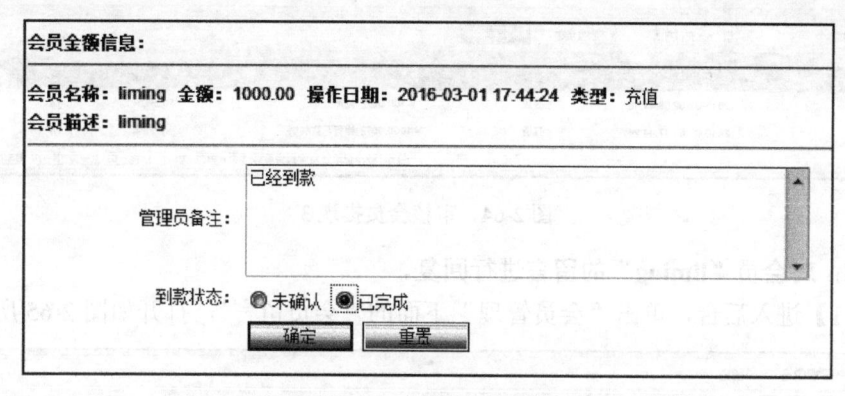

图2-60 审核会员充值3

【步骤4】单击"确定"按钮,即可完成充值操作,如图2-61所示。

图2-61 审核会员充值4

任务4:对会员"liming"的提现进行审核。

【步骤1】进入后台,单击"会员管理"下面的"充值和提现申请",打开如图2-62所示页面。

图2-62 审核会员提现1

【步骤2】单击"到款审核"图标按钮,填写"管理员备注"信息,将"到款状态"设置为"已完成",如图2-63所示。

图2-63 审核会员提现2

【步骤3】单击"确定"按钮,即可完成提现操作,如图2-64所示。

图 2-64　审核会员提现 3

任务 5：对会员"liming"的留言进行回复。

【步骤1】进入后台，单击"会员管理"下面的"会员留言"，打开如图 2-65 所示页面。

图 2-65　回复留言 1

【步骤2】单击需要回复那条留言右侧的"查看详情"图标按钮，打开回复的页面，如图 2-66 所示。

图 2-66　回复留言 2

【步骤3】输入回复内容，完成用户留言回复，如图 2-67 所示。

图 2-67　回复留言 3

2.2.7 权限管理

权限管理可以进行管理员账户的添加、修改及删除,还可以给管理员账户分派权限,查看各个管理员的操作日志;另外还可以进行供货商的添加、修改及删除。本节任务列举如下。

- 任务 1:添加管理员(用户名为 01)。
- 任务 2:修改管理员(用户名为"01")的登录密码。
- 任务 3:删除管理员(用户名为"01")。
- 任务 4:管理员日志的查看及清除。
- 任务 5:管理员权限修改。
- 任务 6:供货商管理(添加、修改及删除)。

任务 1:添加管理员(用户名为 01)。

【步骤 1】进入后台,单击"权限管理"下面的"管理员列表",会列出现存的管理员,如图 2-68 所示。

图 2-68 添加管理员 1

【步骤 2】单击右上角的"添加管理员"按钮,打开"添加管理员"页面,输入用户名、Email 地址、密码及确认密码,如图 2-69 所示。

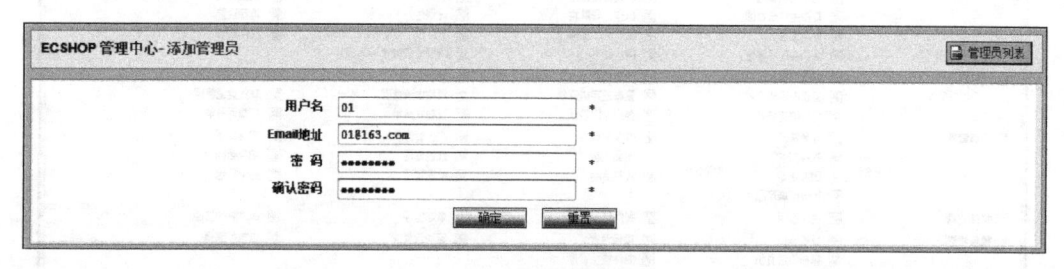

图 2-69 添加管理员 2

【步骤 3】单击"确定"按钮,会跳转到给新创建的管理员分派权限的页面,如图 2-70 所示。

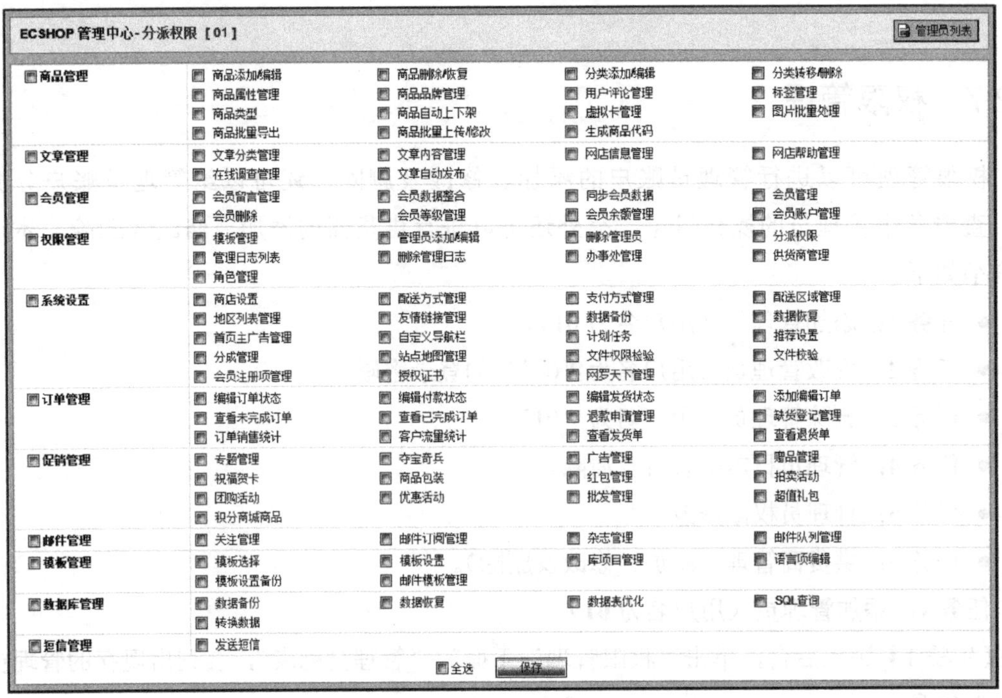

图 2-70 添加管理员 3

【步骤 4】勾选出该管理员应该具备的权限，如图 2-71 所示。

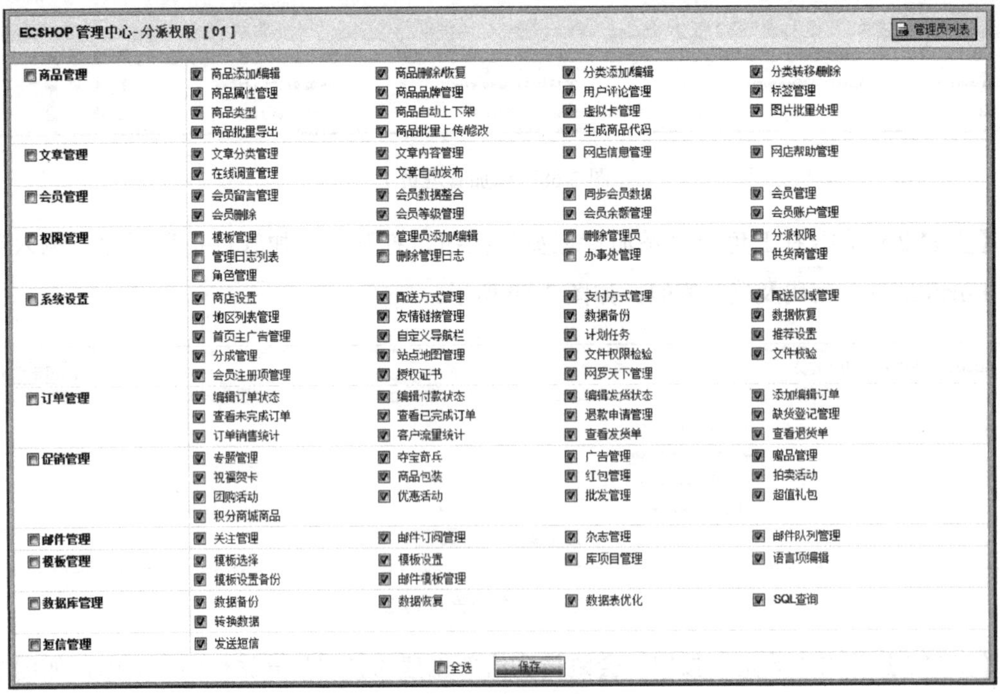

图 2-71 添加管理员 4

【步骤 5】单击"保存"按钮，即可完成对管理员的添加，如图 2-72 所示。

图 2-72 添加管理员 5

任务 2：修改管理员（用户名为"**01**"）的登录密码。

【步骤 1】进入后台，单击"权限管理"下面的"管理员列表"，会列出现存的管理员，如图 2-73 所示。

图 2-73 修改管理员登录密码 1

【步骤 2】找到 01 管理员那条记录，单击右侧的"编辑"图标按钮，打开"编辑管理员"页面，如图 2-74 所示。

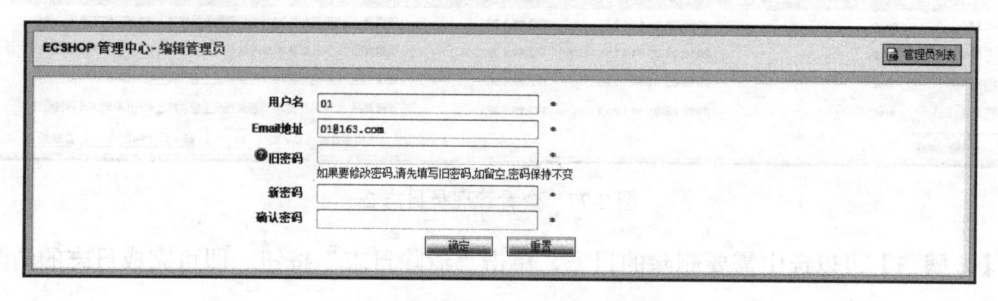

图 2-74 修改管理员登录密码 2

【步骤 3】填写旧密码、新密码和确认密码，单击"确定"按钮，即可完成对该管理员密码的修改（**说明**：此处也可修改用户名）。

任务 3：删除管理员（用户名为"**01**"）。

【步骤 1】进入后台，单击"权限管理"下面的"管理员列表"，会列出现存的管理员，如图 2-75 所示。

图 2-75 删除管理员

【步骤 2】找到 01 管理员那条记录，单击右侧的"移除"图标按钮 ![]，即可完成对该管理员账户的删除操作。

任务 4：管理员日志的查看及清除。

【步骤 1】进入后台，单击"权限管理"下面的"管理员列表"，会列出现存的管理员，如图 2-76 所示。

图 2-76 查看管理员日志 1

【步骤 2】找到要查询管理员（例如：test）这条记录，单击右侧"查看日志"图标按钮 ![]，即可查看该管理员的日志，如图 2-77 所示。

图 2-77 查看管理员日志 2

【步骤 3】可以选中需要删除的日志，单击"清除日志"按钮，即可完成日志的清除操作，如图 2-78 所示。

图 2-78 清除管理员日志

说明：除了上面的方法之外，还可以通过另外一个方法进行日志的查看及清除。进入后台，单击"权限管理"下面的"管理员日志"，会列出所有的管理员日志，通过翻页可以找到你要查找的日志，就可以选中日志进行清除，如图 2-79 所示。

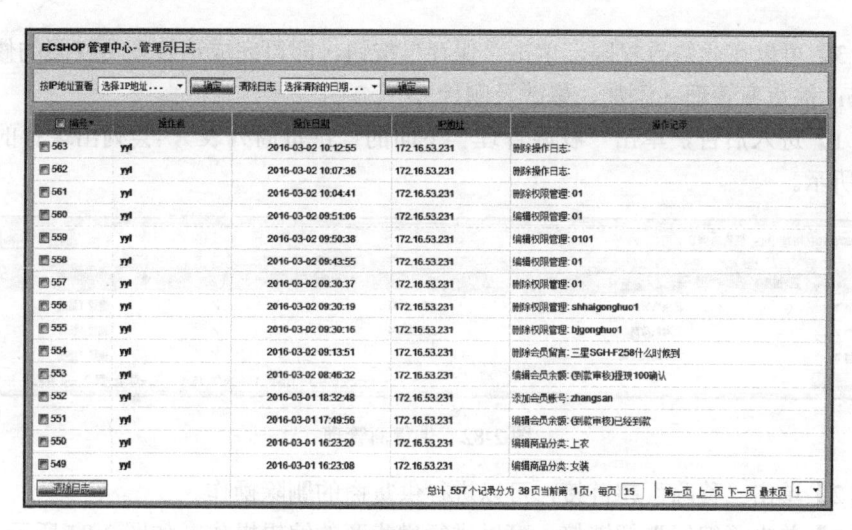

图 2-79 管理员日志查看及清除

任务 5：管理员权限修改。

【步骤1】进入后台，单击"权限管理"下面的"管理员列表"，会列出现存的管理员，如图 2-80 所示。

图 2-80 管理员权限修改 1

【步骤 2】找到要修改权限的管理员（例如：test）这条记录，单击右侧"分派权限"图标按钮 ，如图 2-81 所示。

图 2-81 管理员权限修改 2

【步骤3】可以在此修改权限，单击"保存"按钮，即可完成该管理员权限的修改。

任务 6：供货商管理（添加、修改及删除）。

【步骤1】进入后台，单击"权限管理"下面的"供货商列表"，会列出现存的供货商，如图 2-82 所示。

图 2-82　供货商管理

【步骤2】单击"移除"超链接，可以进行供货商的删除操作。

【步骤3】单击"编辑"超链接，可以进行供货商的编辑操作，如图 2-83 所示。

图 2-83　供货商修改

【步骤4】单击"添加供货商"按钮，可以进行供货商的添加操作，如图 2-84 所示。

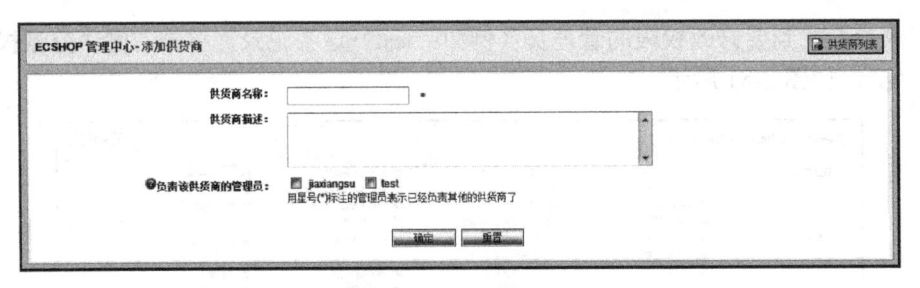

图 2-84　供货商添加

2.2.8　系统设置

系统设置包括会员注册项设置、支付方式设置、物流方式设定，首页主广告管理、自定义导航栏及友情链接。本节任务列举如下。

- 任务1：会员注册项设置——设置"MSN"不显示，并且将"办公电话"和"家庭电话"设置为非必填项。
- 任务2：支付方式设置——卸载"货到付款"这种支付方式。
- 任务3：物流方式设定——添加"顺丰速运"，并进行区域设置。
- 任务4：首页主广告管理——广告图片的管理及广告图片显示特效设置。

- 任务5：自定义导航栏。
- 任务6：友情链接的管理（增加、修改及删除）。

任务1：会员注册项设置——设置"MSN"不显示，并且将"办公电话"和"家庭电话"设置为非必填项。

【步骤1】进入ECSHOP前台查看注册页面，如图2-85所示。

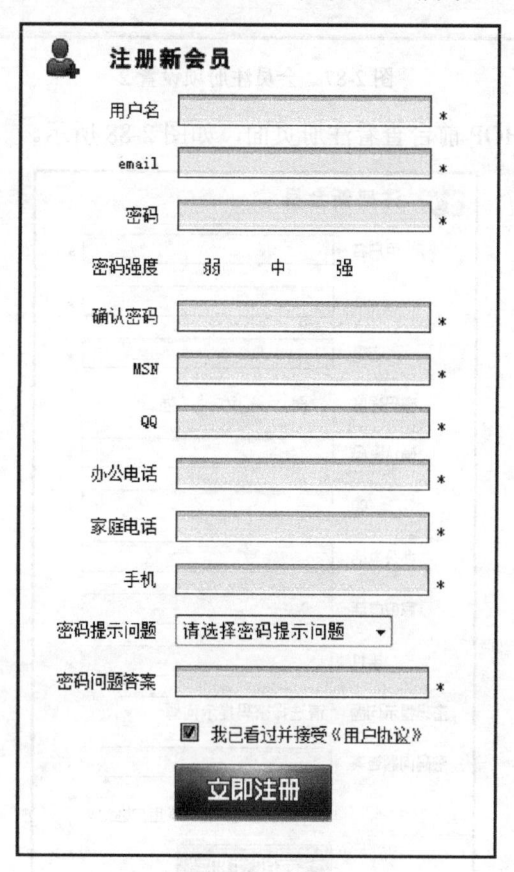

图2-85　ECSHOP前台注册页面

【步骤2】用管理员账户进入ECSHOP后台，单击"系统设置"下面的"会员注册项设置"，如图2-86所示。

图2-86　会员注册项设置1

【步骤3】设置"MSN"不显示，并且将"办公电话"和"家庭电话"设置为非必填项，如图2-87所示。

图 2-87 会员注册项设置 2

【步骤 4】进入 ECSHOP 前台查看注册页面，如图 2-88 所示。

图 2-88 会员注册项设置 3

任务 2：支付方式设置——卸载"货到付款"这种支付方式。

【步骤 1】在 ECSHOP 前台购买一件商品，会要求用户选择支付方式，如图 2-89 所示。

图 2-89 前台支付方式

【步骤 2】登录 ECSHOP 后台，单击"系统设置"下面的"支付方式"，打开如图 2-90

所示页面。

余额支付	使用账户余额支付。只有会员才能使用，通过设置信用额度，可以透支。	1.0.0	ECSHOP TEAM	0	0	卸载 编辑
银行汇款转帐	银行名称 收款人信息：全称 ×××；账号或地址 ×××；开户行 ×××。 注意事项：办理电汇时，请在电汇单"汇款用途"一栏处注明您的订单号。	1.0.0	ECSHOP TEAM	0	0	卸载 编辑
首信易支付	首信易支付作为具有国家资质认证、政府投资背景的中立第三方网上支付平台拥有雄厚的实力和卓越的信誉。同时，它也是国内唯一首家通过 ISO 9001：2000质量管理体系认证的支付平台。规范的流程及优异的服务品质为首信易支付在2005和2006年连续两年赢得"电子支付用户信任奖"和2006年度"B2B支付创新奖"殊荣奠定了坚实的基础。点击这里立即注册首信易	V4.3	ECSHOP TEAM	0		安装
网银在线	网银在线（www.chinabank.com.cn）与中国工商银行、招商银行、中国建设银行、农业银行、民生银行等数十家金融机构达成协议。全面支持全国19家银行的信用卡及借记卡实现网上支付。 立即在线申请	1.0.1	ECSHOP TEAM	1%		安装
货到付款	开通城市：××× 货到付款区域：×××	1.0.0	ECSHOP TEAM	配送决定	0	卸载 编辑

图 2-90 卸载支付方式 1

【步骤 3】找到"货到付款"这条记录，单击其右侧的"卸载"超链接，完成卸载工作。登录 ECSHOP 前台购买商品的时候支付方式中便少了"货到付款"这种支付方式，如图 2-91 所示。

支付方式			
	名称	订购描述	手续费
○	余额支付	使用账户余额支付。只有会员才能使用，通过设置信用额度，可以透支。	￥0.00元
○	银行汇款/转账	银行名称收款人信息：全称 ×××；账号或地址 ×××；开户行 ×××。注意事项：办理电汇时，请在电汇单"汇款用途"一栏处注明您的订单号。	￥0.00元

图 2-91 卸载支付方式 2

说明：如果想把这个支付方式加进来，只需登录后台，单击"系统设置"下面的"支付方式"，找到"货到付款"这条记录，单击其右侧的"安装"超链接，即可完成支付方式的安装，如图 2-92 所示。

| 货到付款 | 开通城市：×××
货到付款区域：××× | 1.0.0 | ECSHOP TEAM | 配送决定 | | 安装 |

图 2-92 安装支付方式

任务 3：物流方式设定——添加"顺丰速运"，并进行区域设置。

【步骤 1】在 ECSHOP 前台购买一件商品，会要求用户选择配送方式，如图 2-93 所示。目前只有一个"圆通速递"。

配送方式				
	名称	订购描述	费用	免费额度	保价费用
●	圆通速递	上海圆通物流（速递）有限公司经过多年的网络快速发展，在中国速递行业中一直处于领先地位。为了能更好的发展国际快件市场，加快与国际市场的接轨，强化圆通的整体实力，圆通在东南亚、欧美、中东、北美洲、非洲等许多城市运作国际快件业务	￥5.00元	￥1000.00元	不支持保价
				□ 配送是否需要保价

图 2-93 前台配送方式

【步骤 2】登录 ECSHOP 后台，单击"系统设置"下面的"配送方式"，打开如图 2-94 所示页面。

图 2-94 物流方式设定 1

【步骤 3】找到配送方式名称为"顺丰速运"的那条记录，单击右侧的"安装"超链接，即可添加该配送方式，如图 2-95 所示。

图 2-95 物流方式设定 2

【步骤 4】单击配送方式名称为"顺丰速运"那条记录右侧的"设置区域"超链接，打开如图 2-96 所示页面。

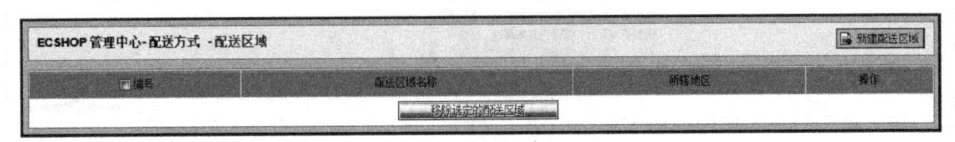

图 2-96 物流方式设定 3

第 2 章 电子商务平台

【步骤 5】单击"新建配送区域"按钮,输入相关内容,选择"所辖地区",如图 2-97 所示。

图 2-97 物流方式设定 4

【步骤 6】单击"确定"按钮,完成配送区域设置。设置好之后用户购物时可以选择该配送方式,如图 2-98 所示。

图 2-98 物流方式设定 5

任务 4:首页主广告管理——广告图片的管理及广告图片显示特效设置。

【步骤 1】进入 ECSHOP 后台,单击"系统设置"下面的"首页主广告管理",可以设置广告图片,如图 2-99 所示。

图 2-99 首页主广告管理 1

【步骤 2】单击"添加图片"按钮,可以进行广告图片的添加操作,如图 2-100 所示。

图 2-100　首页主广告管理 2

【步骤 3】选择"可用 Flash 轮播图片样式"下面相应的样式,可以设置广告图片显示特效,如图 2-101 所示。

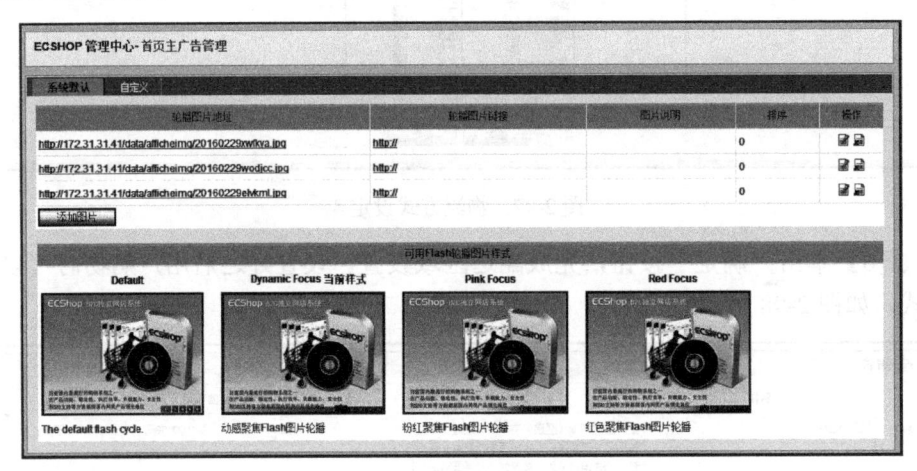

图 2-101　首页主广告管理 3

任务 5:自定义导航栏。

【步骤 1】进入 ECSHOP 后台,单击"系统设置"下面的"自定义导航栏",打开如图 2-102 所示页面。

图 2-102　自定义导航栏 1

【步骤2】单击名称为"女装"的这条记录右侧的"编辑"图标按钮 ，打开如图 2-103 所示页面。

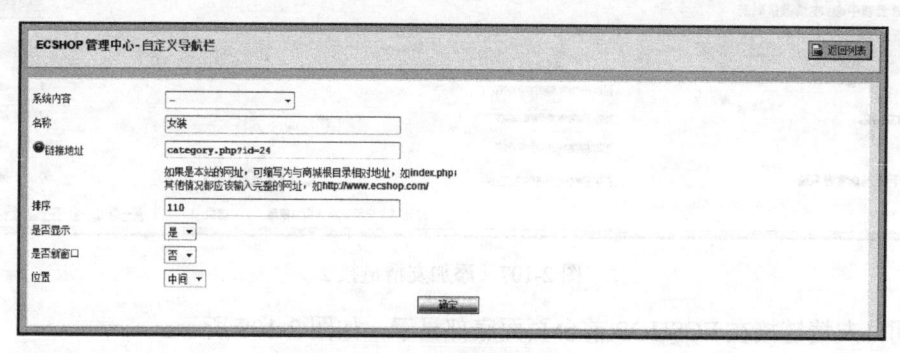

图 2-103　自定义导航栏 2

【步骤3】可以在此设置"是否显示""位置"等信息。

任务 6：友情链接的管理（增加、修改及删除）。

【步骤1】进入 ECSHOP 后台，单击"系统设置"下面的"友情链接"，打开如图 2-104 所示页面。

图 2-104　后台友情链接列表

说明：友情链接在 ECSHOP 前台页面底部显示，如图 2-105 所示。

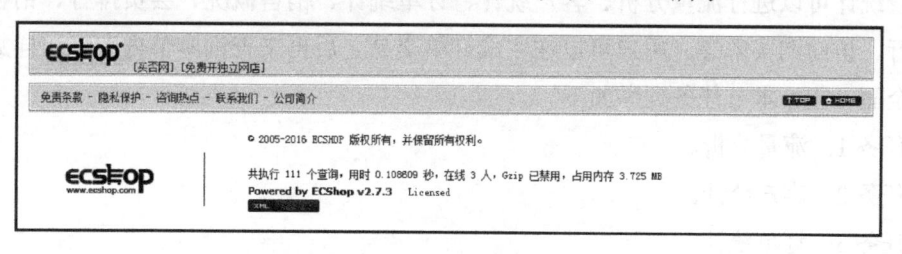

图 2-105　前台友情链接显示

【步骤2】在图 2-104 中单击"添加新链接"按钮，打开如图 2-106 所示页面。

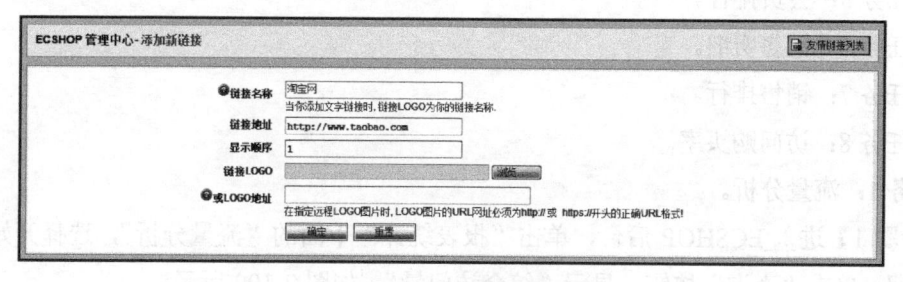

图 2-106　添加友情链接 1

【步骤3】填写好相关信息，单击"确定"按钮，完成友情链接的添加，如图 2-107 所示。

图 2-107 添加友情链接 2

说明：友情链接在 ECSHOP 前台页面底部显示，如图 2-108 所示。

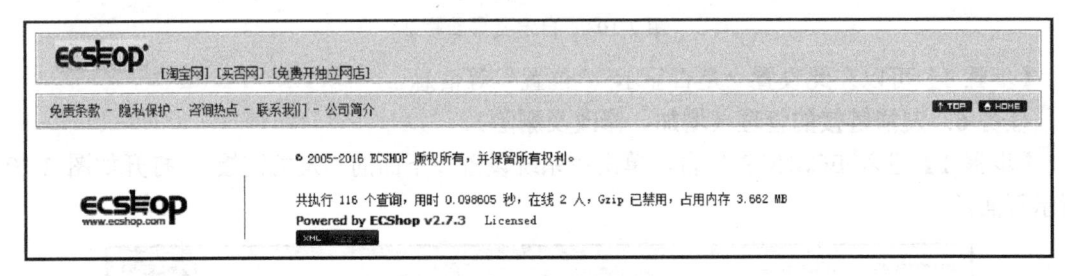

图 2-108 添加友情链接 3

【步骤4】单击"编辑"图标按钮 ，可以进行友情链接的编辑操作；单击"移除"图标按钮 可以进行友情链接的删除操作。

2.2.9 报表统计

报表统计可以进行流量分析、客户统计、订单统计、销售概况、会员排行、销售明细、销售排行、访问购买率等。用户可以在完成订单交易之后再来查询本节内容，这样数据信息会比较全面一些。本节任务列举如下。

- 任务 1：流量分析。
- 任务 2：客户统计。
- 任务 3：订单统计。
- 任务 4：销售概况。
- 任务 5：会员排行。
- 任务 6：销售明细。
- 任务 7：销售排行。
- 任务 8：访问购买率。

任务 1：流量分析。

【步骤1】进入 ECSHOP 后台，单击"报表统计"下面的"流量分析"，选择开始日期和结束日期，单击"查询"按钮，显示"综合访问量"，如图 2-109 所示。

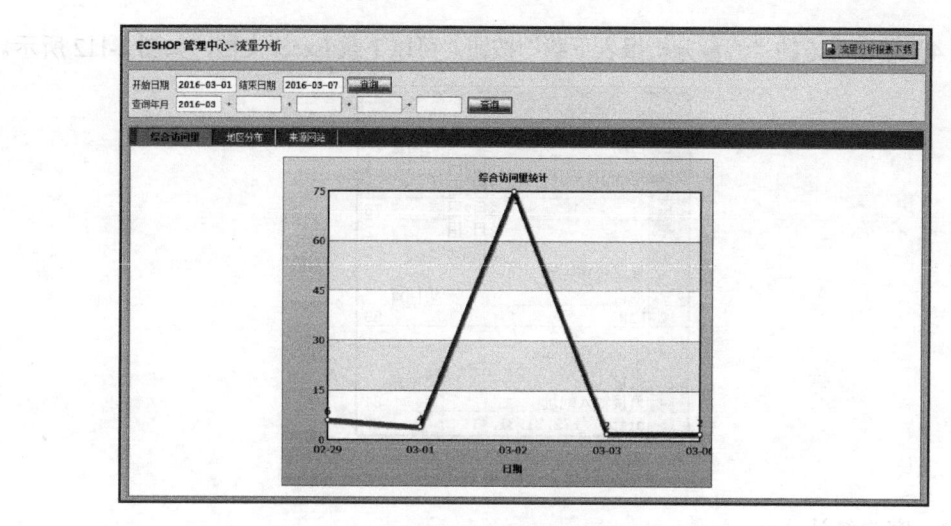

图 2-109　流量分析 1

【步骤 2】选择"地区分布"选项卡,打开如图 2-110 所示页面。

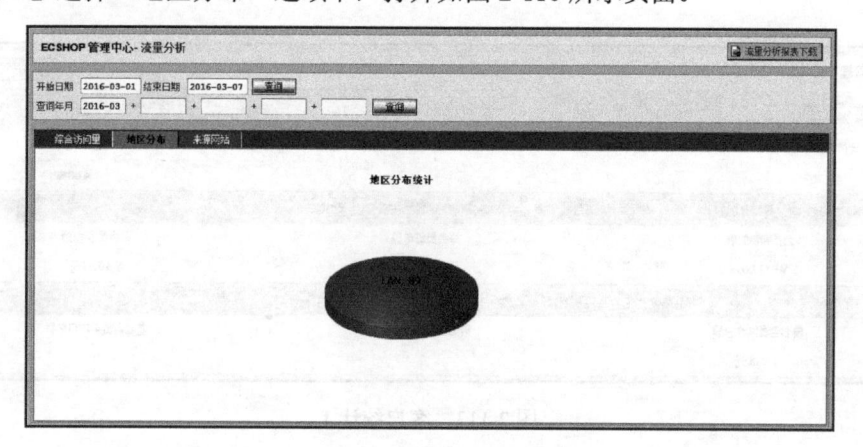

图 2-110　流量分析 2

【步骤 3】选择"来源网站"选项卡,打开如图 2-111 所示页面。

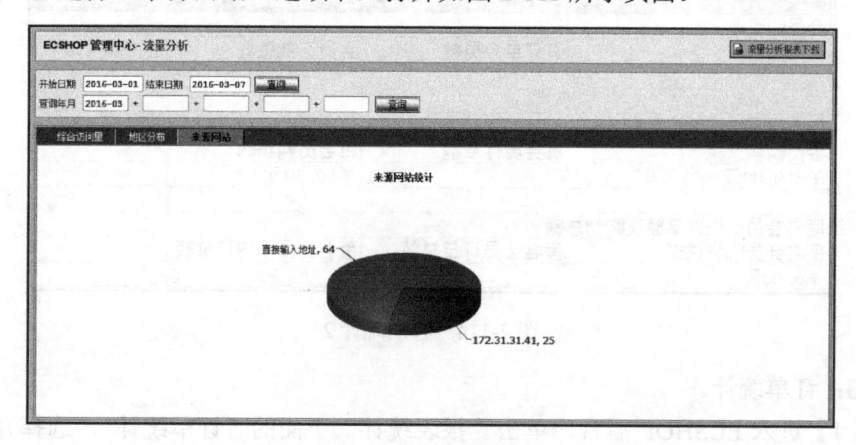

图 2-111　流量分析 3

【步骤4】单击上方的"流量分析报表下载"按钮,可以下载Excel文档,如图2-112所示。

	A	B
1	综合访问量统计	
2	日期	访问量
3	2月29日	6
4	3月1日	4
5	3月2日	75
6	3月3日	2
7	3月6日	2
8	地区分布统计	
9	地区	访问量
10	LAN	89
11		
12	来源网站统计	
13	地址	访问量
14	直接输入地址	64
15	http://172.31.31.41	25

图2-112 流量分析4

任务2:客户统计。

【步骤1】进入 ECSHOP 后台,单击"报表统计"下面的"客户统计",打开如图 2-113 所示页面。

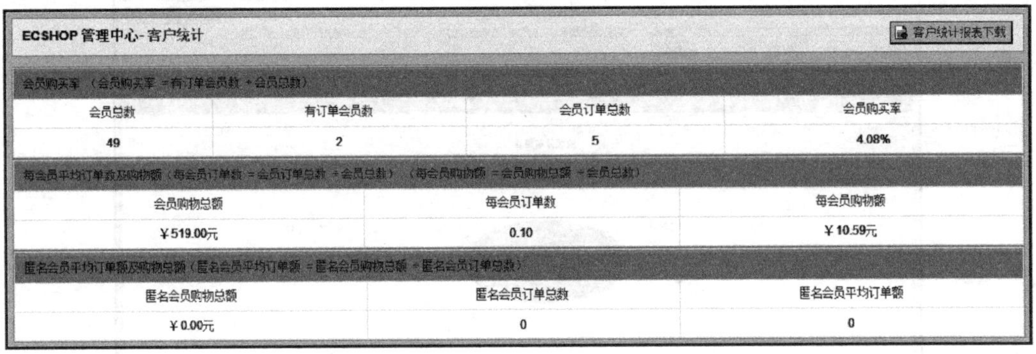

图2-113 客户统计1

【步骤2】单击"客户统计报表下载"按钮,可以下载Excel文档,如图2-114所示。

A	B	C	D
会员购买率			
会员总数	有订单会员数	会员订单总数	会员购买率
49	2	5	4.08
每会员平均订单数及购物额			
会员购物总额	每会员订单数	每会员购物额	
¥519.00元	0.1	¥10.59元	
匿名会员平均订单额及购物总额			
匿名会员购物总额	匿名会员订单总数	匿名会员平均订单额	
¥0.00元	0	0	

图2-114 客户统计2

任务3:订单统计。

【步骤1】进入 ECSHOP 后台,单击"报表统计"下面的"订单统计",选择开始日期和结束日期,单击"查询"按钮,显示"订单概况"信息,如图2-115所示。

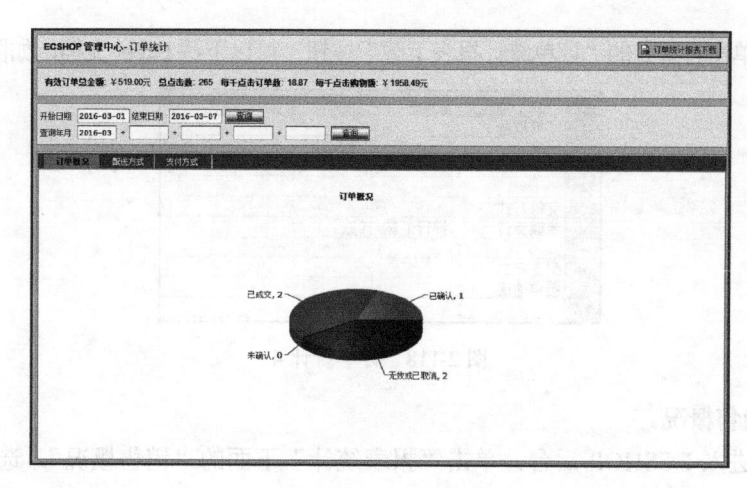

图 2-115 订单统计 1

【步骤 2】选择"配送方式"选项卡,打开如图 2-116 所示页面。

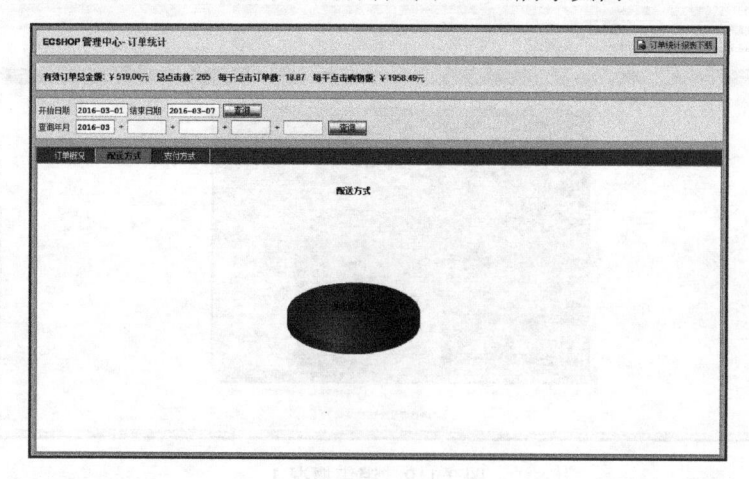

图 2-116 订单统计 2

【步骤 3】选择"支付方式"选项卡,打开如图 2-117 所示页面。

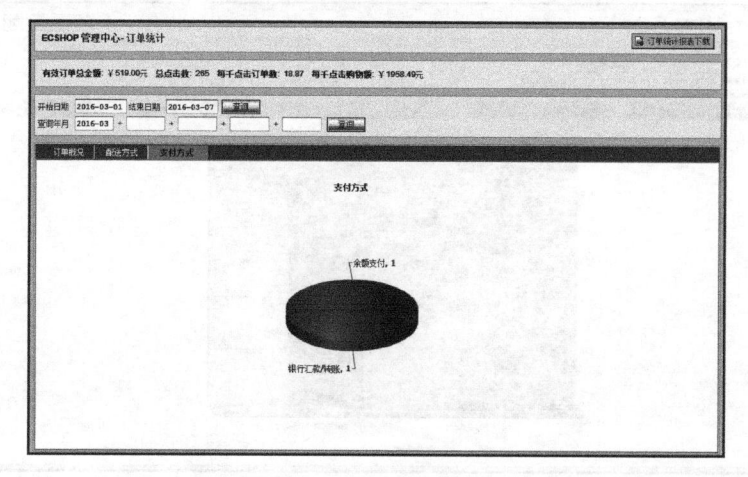

图 2-117 订单统计 3

【步骤 4】单击右上方的"订单统计报表下载"按钮,可以下载 Excel 文档,如图 2-118 所示。

图 2-118　订单统计 4

任务 4：销售概况。

【步骤 1】进入 ECSHOP 后台,单击"报表统计"下面的"销售概况",选择起始年份和月份,单击"查询"按钮,显示"订单走势",如图 2-119 所示。

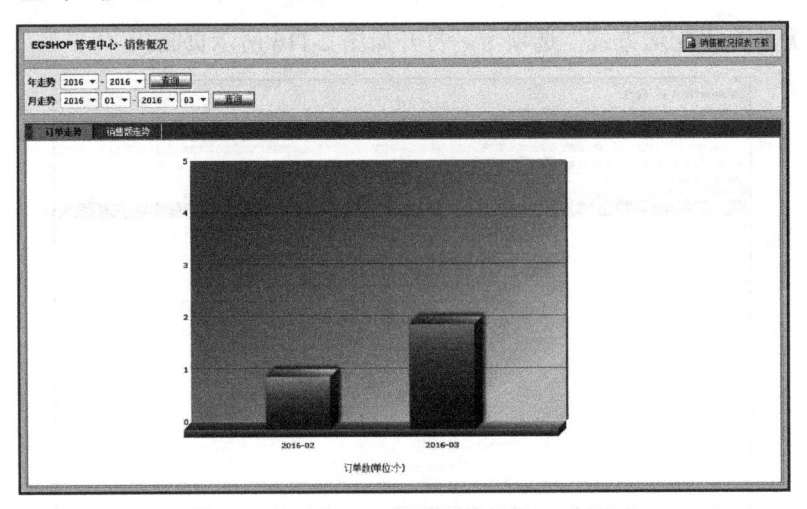

图 2-119　销售概况 1

【步骤 2】选择"销售额走势",打开如图 2-120 所示页面。

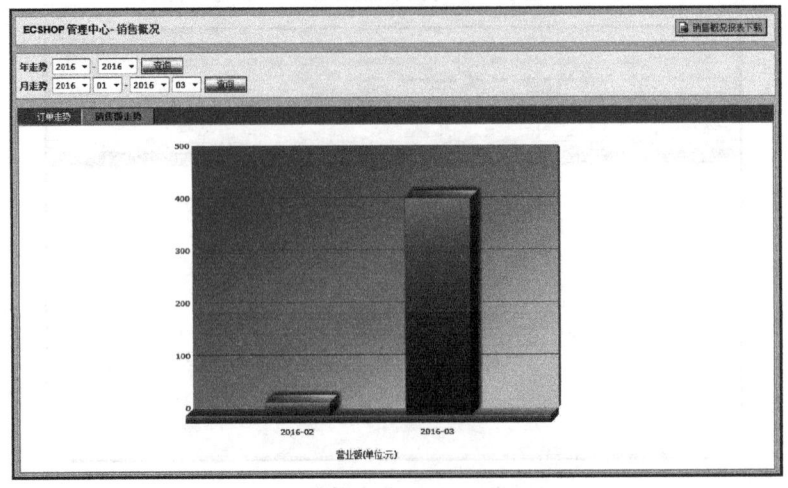

图 2-120　销售概况 2

【步骤 3】 单击右上方的"销售概况报表下载"按钮,可以下载 Excel 文档,如图 2-121 所示。

图 2-121 销售概况 3

任务 5:会员排行。

【步骤 1】 进入 ECSHOP 后台,单击"报表统计"下面的"会员排行",打开如图 2-122 所示页面。

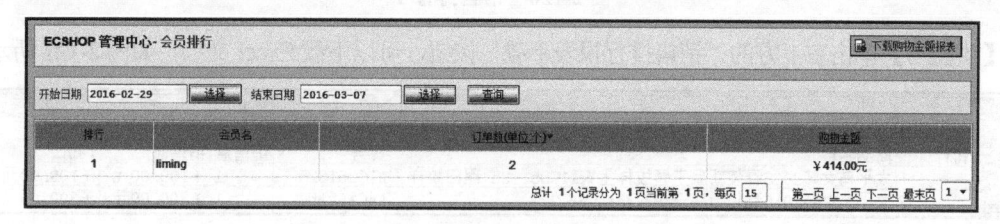

图 2-122 会员排名 1

【步骤 2】 单击右上方的"下载购物金额报表"按钮,可以下载 Excel 文档,如图 2-123 所示。

图 2-123 会员排名 2

任务 6:销售明细。

【步骤 1】 进入 ECSHOP 后台,单击"报表统计"下面的"销售明细",选择开始日期和结束日期,单击"查询"按钮,如图 2-124 所示。

图 2-124 销售明细 1

【步骤 2】 单击右上方的"下载销售明细"按钮,可以下载 Excel 文档,如图 2-125 所示。

图 2-125 销售明细 2

任务 7：销售排行。

【步骤 1】进入 ECSHOP 后台，单击"报表统计"下面的"销售排行"，选择开始日期和结束日期，打开如图 2-126 所示页面。

图 2-126 销售排行 1

【步骤 2】单击右上方的"销售排行报表下载"按钮，可以下载 Excel 文档，如图 2-127 所示。

图 2-127 销售排行 2

任务 8：访问购买率。

【步骤 1】进入 ECSHOP 后台，单击"报表统计"下面的"访问购买率"，选择"商品分类"和"商品品牌"，单击"查询"按钮，打开如图 2-128 所示页面。

图 2-128 访问购买率 1

【步骤 2】单击右上方的"下载访问购买率报表"按钮，可以下载 Excel 文档，如图 2-129 所示。

图 2-129 访问购买率 2

2.2.10 模板管理

模板管理主要进行页面整体模板的更换以及对各个页面进行详细的设置。本节任务列举如下。

- 任务1：更换模板。
- 任务2：设置模板。

任务1：更换模板。

【步骤1】进入 ECSHOP 后台，单击"模板管理"下面的"模板选择"，出现如图 2-130 所示页面。

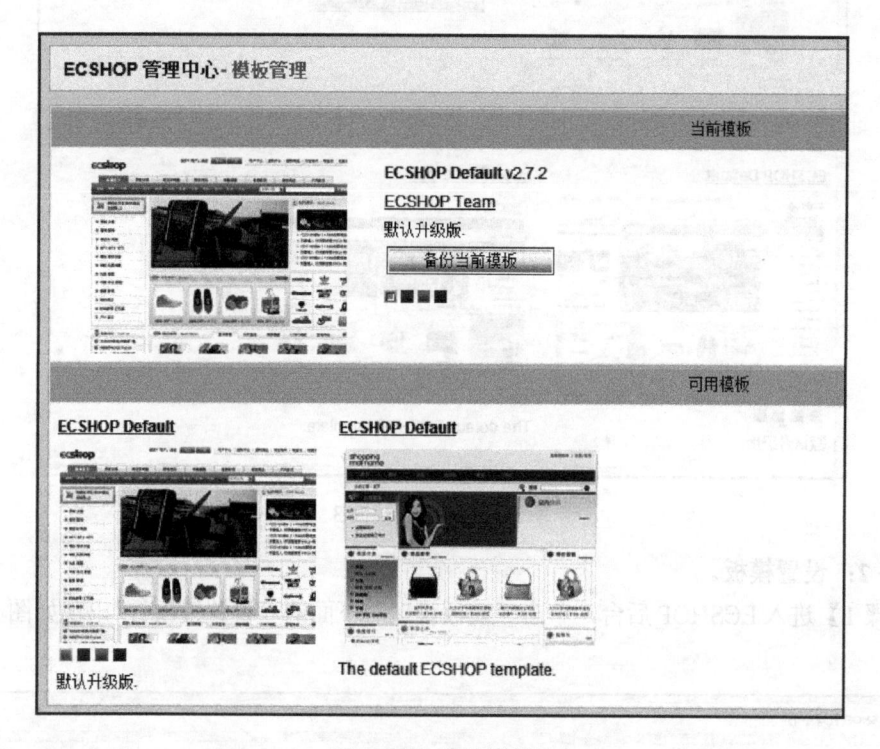

图 2-130　更换模板 1

【步骤2】选择右下方的模板，弹出如图 2-131 所示信息。

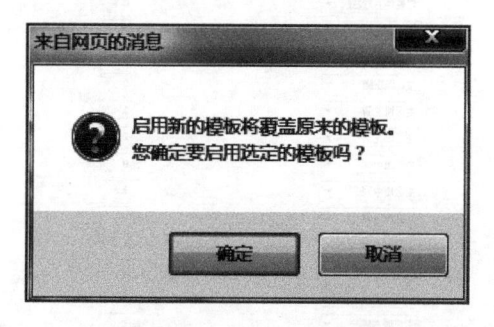

图 2-131　更换模板 2

【步骤3】单击"确定"按钮，即可完成模板的更换，如图 2-132 所示。

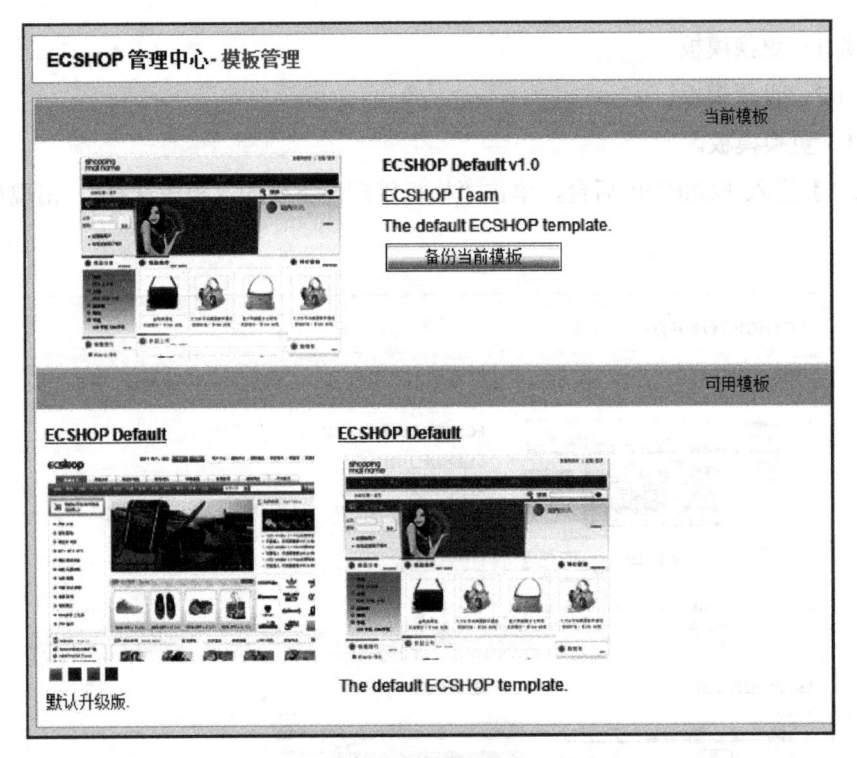

图 2-132 更换模板 3

任务 2：设置模板。

【步骤 1】进入 ECSHOP 后台，单击"模板管理"下面的"设置模板"，出现如图 2-133 所示页面。

图 2-133 设置模板

【步骤2】可以对首页及其他页面设置模板，也可以设置页面中的内容是否显示及显示的位置。

2.3 订单交易

订单交易主要是用户在 ECSHOP 前台下单，由 ECSHOP 后台管理员进行配货、发货，订单处理包含订单合并、订单删除、退货等操作。ECSHOP 用户收货后进行收货确认及产品评价。本节任务列举如下。

- 任务1：用户"liming"在 ECSHOP 前台购买一件产品，支付方式选择"余额支付"；ECSHOP 后台管理员进行配货、发货，用户收到货物之后进行收货确认及产品评价。
- 任务2：用户"liming"在 ECSHOP 前台购买一件产品，支付方式选择"银行汇款/转账"；ECSHOP 后台管理员进行确认、收款、配货、发货，用户收到货物之后进行收货确认及产品评价。
- 任务3：用户"liming"在 ECSHOP 前台购买一件产品，过了一会儿又看中一件产品，两件产品的收货地址完全一样，"liming"咨询卖家得知产品还未发货，这时商家进行订单合并。（说明：该系统只有未付款的才可以合并，付款后不能合并了）
- 任务4：用户"liming"在 ECSHOP 前台购买一件产品，还未付款，不想要了，这时商家可以设置订单为无效，然后删除订单。
- 任务5：用户"liming"在 ECSHOP 前台购买一件产品，已经收到货物，但是想退货。

任务1：用户"liming"在 ECSHOP 前台购买一件产品，支付方式选择"余额支付"；ECSHOP 后台管理员进行配货、发货，用户收到货物之后进行收货确认及产品评价。

【步骤1】用户"liming"登录 ECSHOP 前台，如图 2-134 所示。

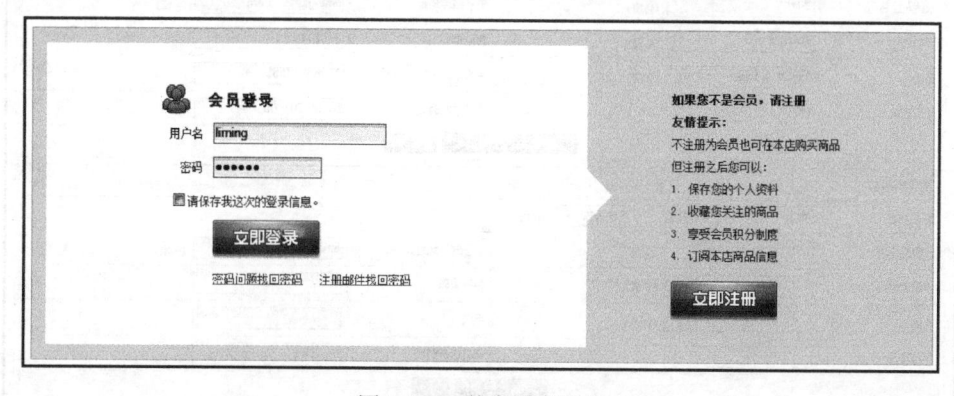

图 2-134　前台用户登录

【步骤2】单击要购买的衣服，打开衣服详情页面，如图 2-135 所示。

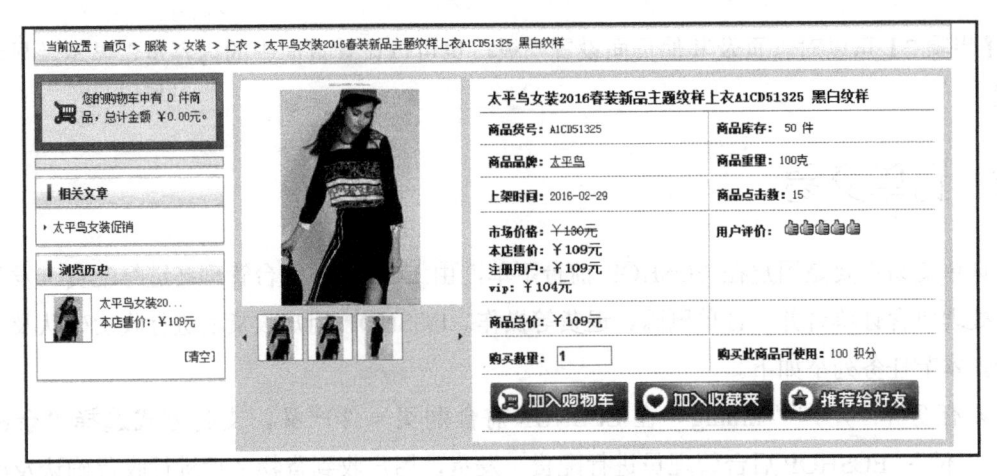

图 2-135 前台衣服详情页面

【步骤 3】单击"加入购物车"按钮，打开购物车页面，如图 2-136 所示。

图 2-136 前台购物车页面

【步骤 4】单击"结算中心"按钮，打开收货人信息页面，如图 2-137 所示。

图 2-137 收货人信息页面

【步骤 5】单击上方的"配送至这个地址"按钮，打开如图 2-138 所示页面。

配送方式					
	名称	订购描述	费用	免费额度	保价费用
●	申通快递	江、浙、沪地区首重为15元/kg，其他地区18元/kg，续重均为5~6元/kg，云南地区为8元	￥15.00元	￥0.00元	不支持保价
●	城际快递	配送的运费是固定的	￥10.00元	￥100000.00元	不支持保价
●	邮局平邮	邮局平邮的描述内容。	￥3.50元	￥50000.00元	不支持保价
●	圆通速递	上海圆通物流（速递）有限公司经过多年的网络快速发展，在中国速递行业中一直处于领先地位。为了能更好的发展国际快件市场，加快与国际市场的接轨，强化圆通的整体实力，圆通已在东南亚、欧美、中东、北美洲、非洲等许多城市运作国际快件业务	￥5.00元	￥1000.00元	不支持保价
●	顺丰速运	江、浙、沪地区首重15元/kg，续重2元/kg，其余城市首重20元/kg	￥20.00元	￥0.00元	不支持保价
●	中通速递	中通快递的相关说明。保价费按照申报价值的2%交纳，但是，保价费不低于100元，保价金额不得高于10000元，保价金额超过10000元的，超过的部分无效	￥10.00元	￥0.00元	2%

配送是否需要保价 □

支付方式			
	名称	订购描述	手续费
●	余额支付	使用账户余额支付。只有会员才能使用，通过设置信用额度，可以透支。	￥0.00元
●	银行汇款/转账	银行名称收款人信息：全称×××｜账号或地址×××｜开行×××。注意事项：办理电汇时，请在电汇单"汇款用途"一栏处注明您的订单号。	￥0.00元
●	货到付款	开通城市：××× 货到付款区域：×××	￥0.00元

图 2-138 前台选择配送方式和支付方式

【步骤 6】选择好配送方式和支付方式之后（"配送方式"选择"圆通速递"，"支付方式"选择"余额支付"），单击"提交订单"按钮，结果如图 2-139 所示。

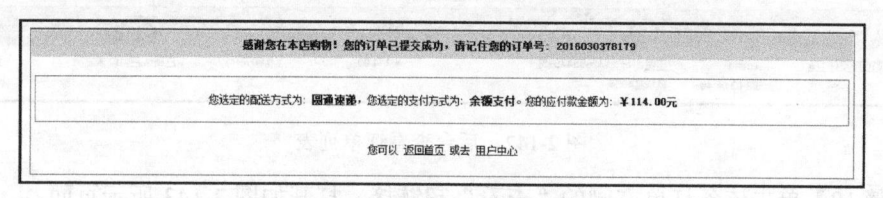

图 2-139 前台提交订单

【步骤 7】进入"liming"的用户中心，单击"我的订单"，查看刚才订单的"订单状态"为"已确认，已付款，未发货"，如图 2-140 所示。

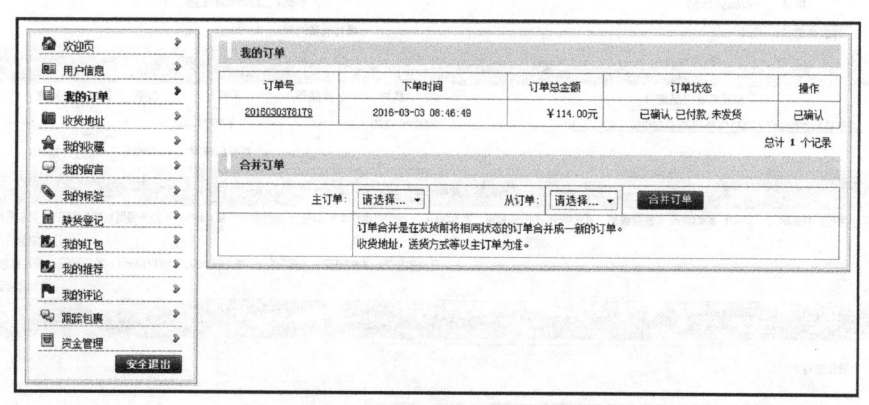

图 2-140 前台会员查看订单状态

【步骤8】单击"资金管理"→"查看账户明细",可以看到使用卡的扣款情况,如图2-141所示。

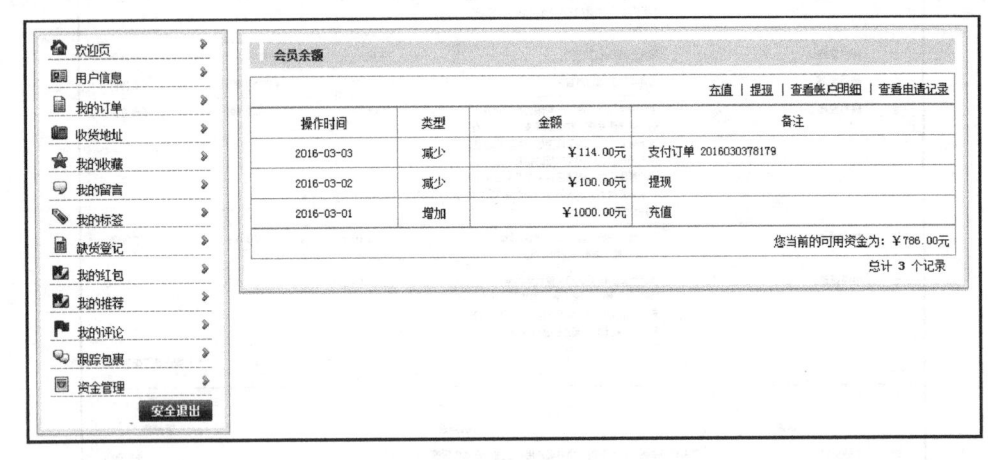

图2-141　前台查看账户明细

【步骤9】使用管理员账户登录ECSHOP后台,单击"订单管理"下面的"订单列表",如图2-142所示。

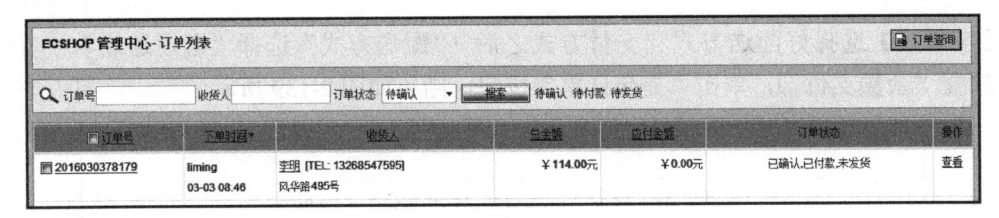

图2-142　后台查看订单列表

【步骤10】单击该条订单右侧的"查看"超链接,打开如图2-143所示页面。

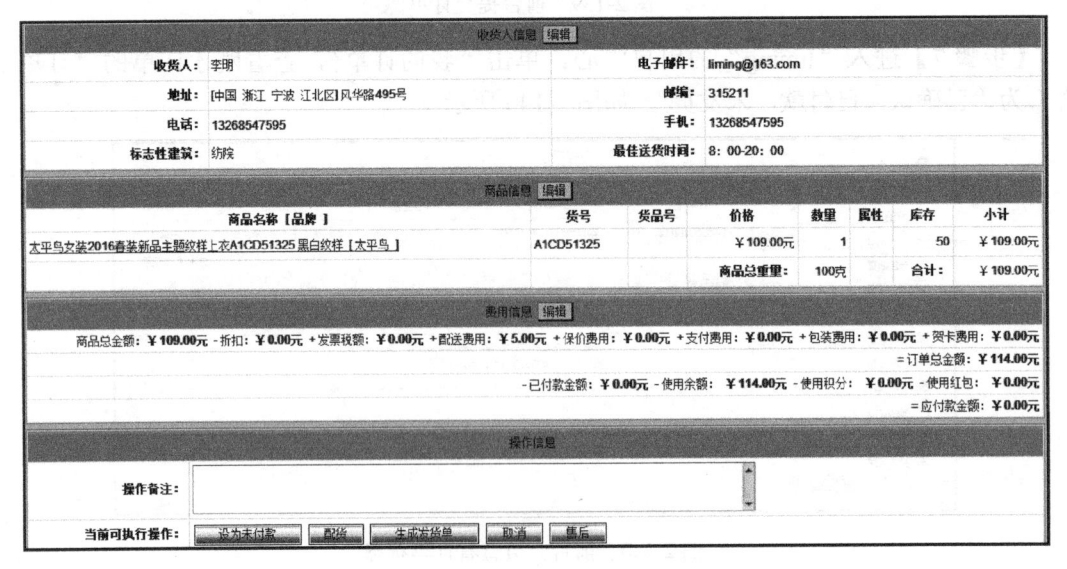

图2-143　后台查看订单详情页

【步骤 11】单击"配货"按钮，之后再单击"生成发货单"按钮，打开如图 2-144 所示页面。

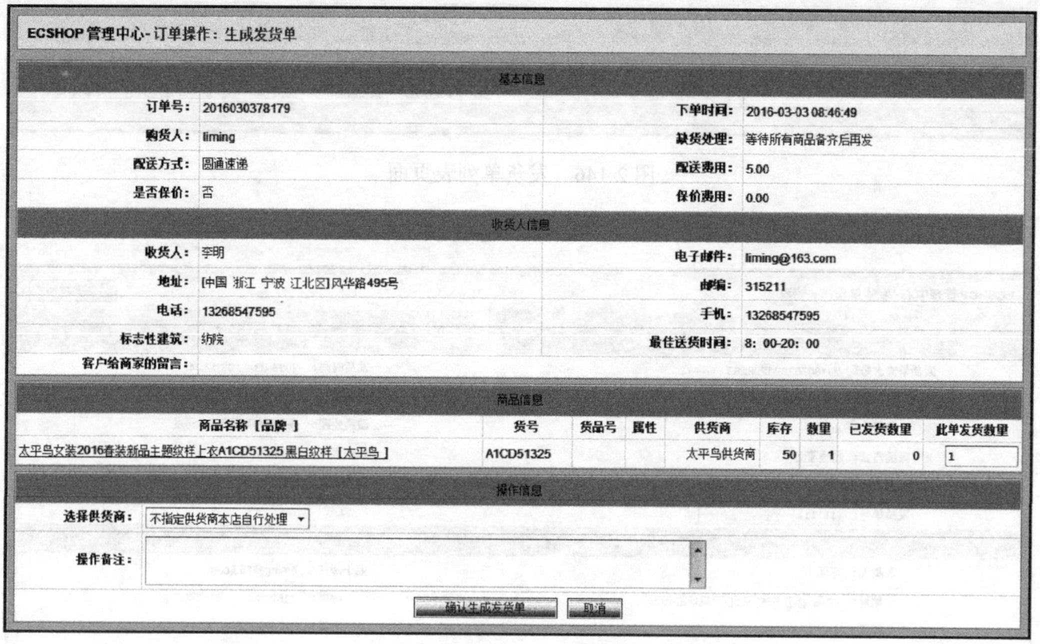

图 2-144　后台生成发货单页面

【步骤 12】单击"确认生成发货单"按钮，打开如图 2-145 所示页面。

说明：此时订单状态为"已分单，已付款，发货中"。

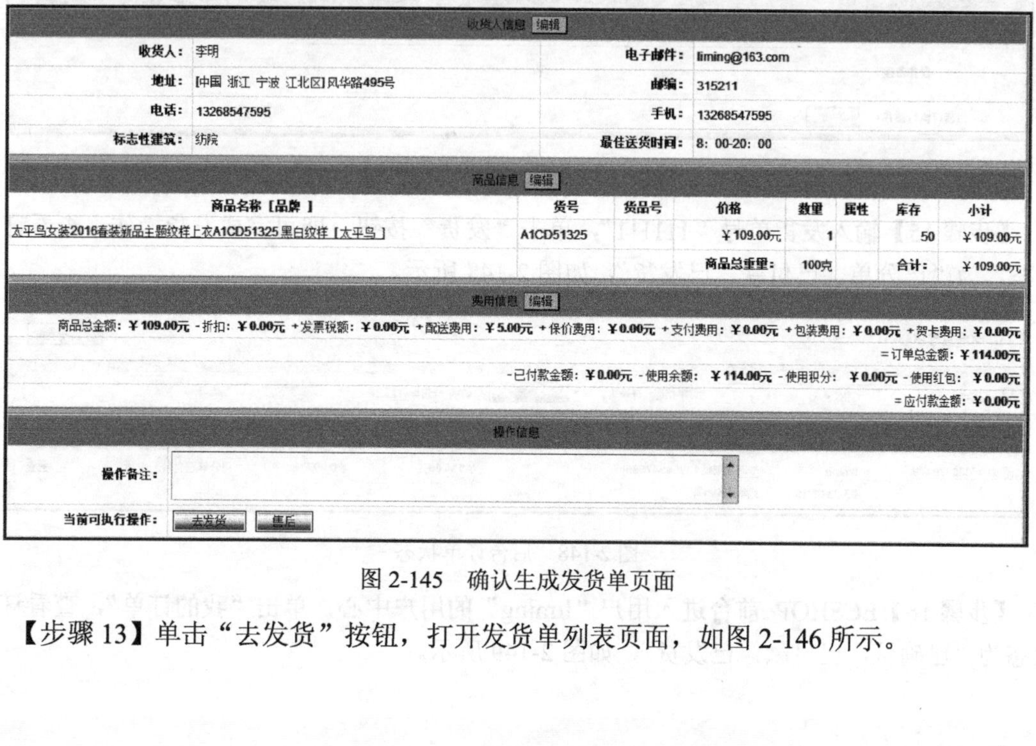

图 2-145　确认生成发货单页面

【步骤 13】单击"去发货"按钮，打开发货单列表页面，如图 2-146 所示。

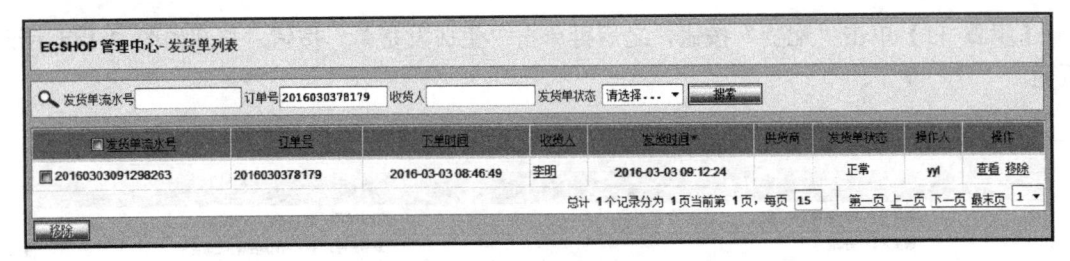

图 2-146 发货单列表页面

【步骤 14】单击该条发货单右侧的"查看"超链接，打开如图 2-147 所示页面。

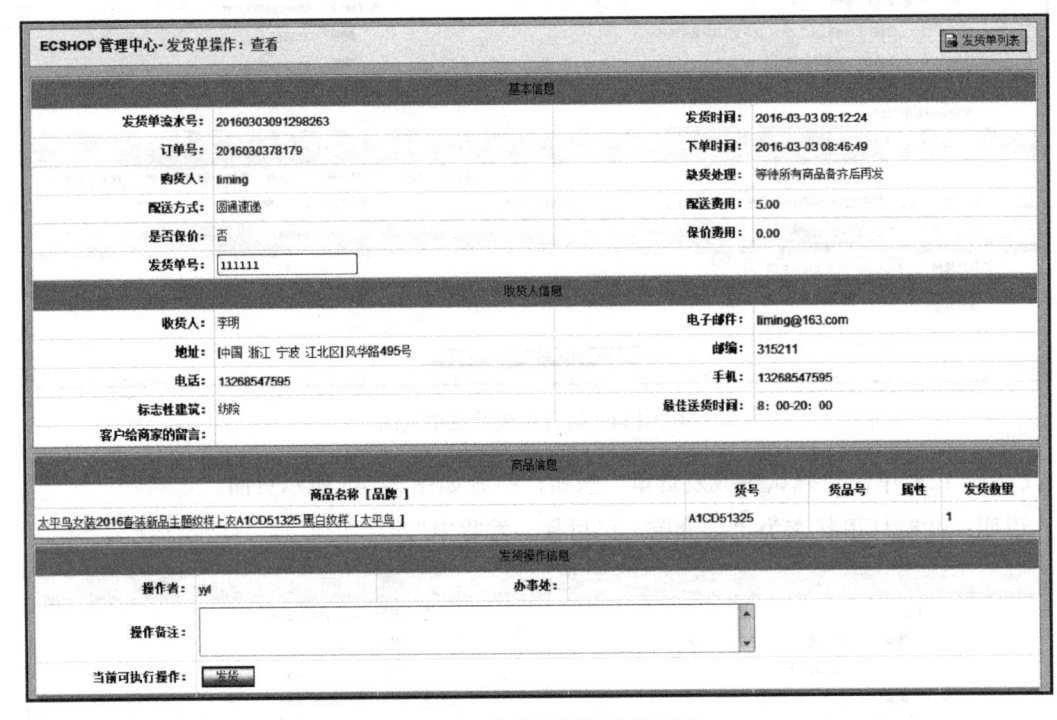

图 2-147 发货单操作查看页面

【步骤 15】输入发货单号"111111"，单击"发货"按钮，即可完成发货操作，查看订单状态，为"已分单，已付款，已发货"，如图 2-148 所示。

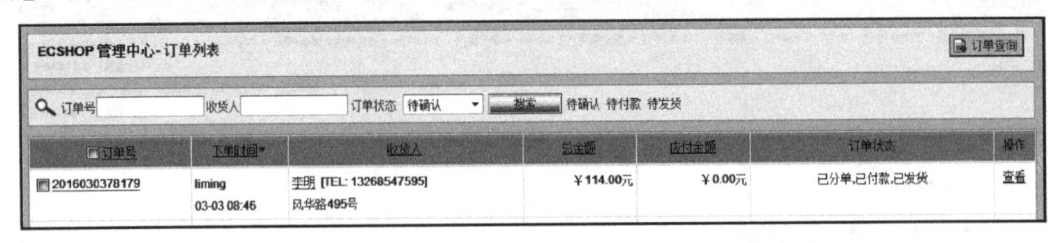

图 2-148 后台订单状态

【步骤 16】ECSHOP 前台进入用户"liming"的用户中心，单击"我的订单"，查看订单状态为"已确认，已付款，已发货"，如图 2-149 所示。

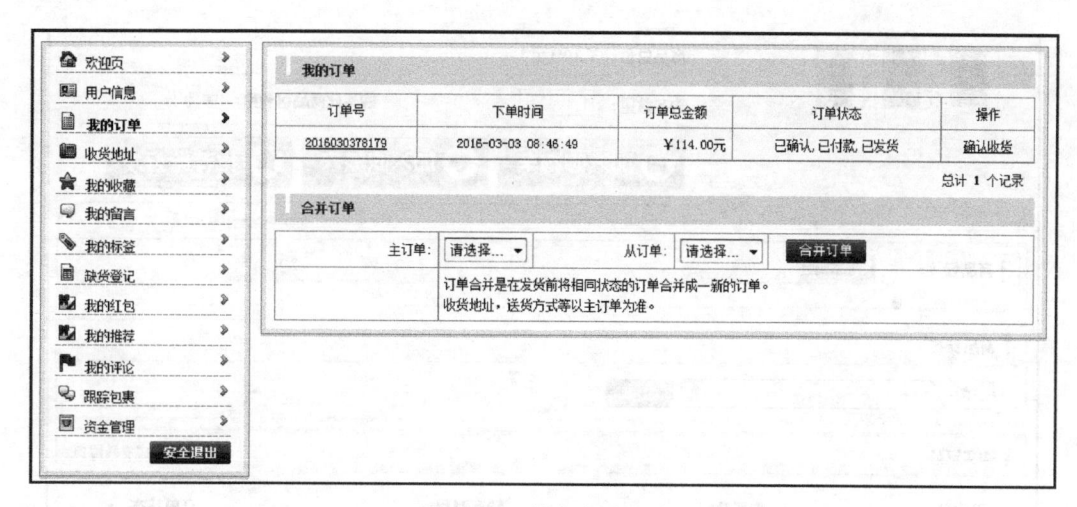

图 2-149 前台查看订单

【步骤 17】用户"liming"如果已经收到货物，而且对货物比较满意，可以单击"确认收货"，这时订单状态为"已确认，已付款，收货确认"，如图 2-150 所示。

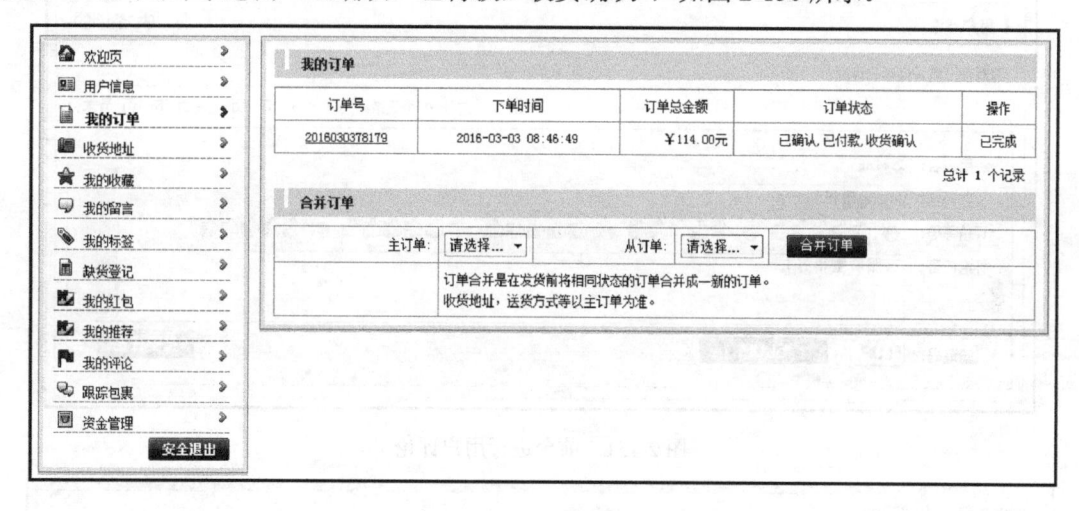

图 2-150 前台确认收货

【步骤 18】进行用户评论。进入购买产品的页面，可以查看购买记录及用户评论信息，如图 2-151 所示。

【步骤 19】选择评价等级，输入评论内容和验证码，单击"提交评论"按钮，即完成了评论，这时还需要商家的审核才能在前台页面看到评论的内容。

【步骤 20】用管理员账户进入 ECSHOP 后台，单击"商品管理"下面的"用户评论"，打开如图 2-152 所示页面。

【步骤 21】单击该条评论右侧的"查看详情"超链接，如图 2-153 所示。

【步骤 22】单击"允许显示"按钮。再次登录 ECSHOP 前台查看商品信息，可以看到评论已经正常显示出来，如图 2-154 所示。至此，整个购物流程正常结束。

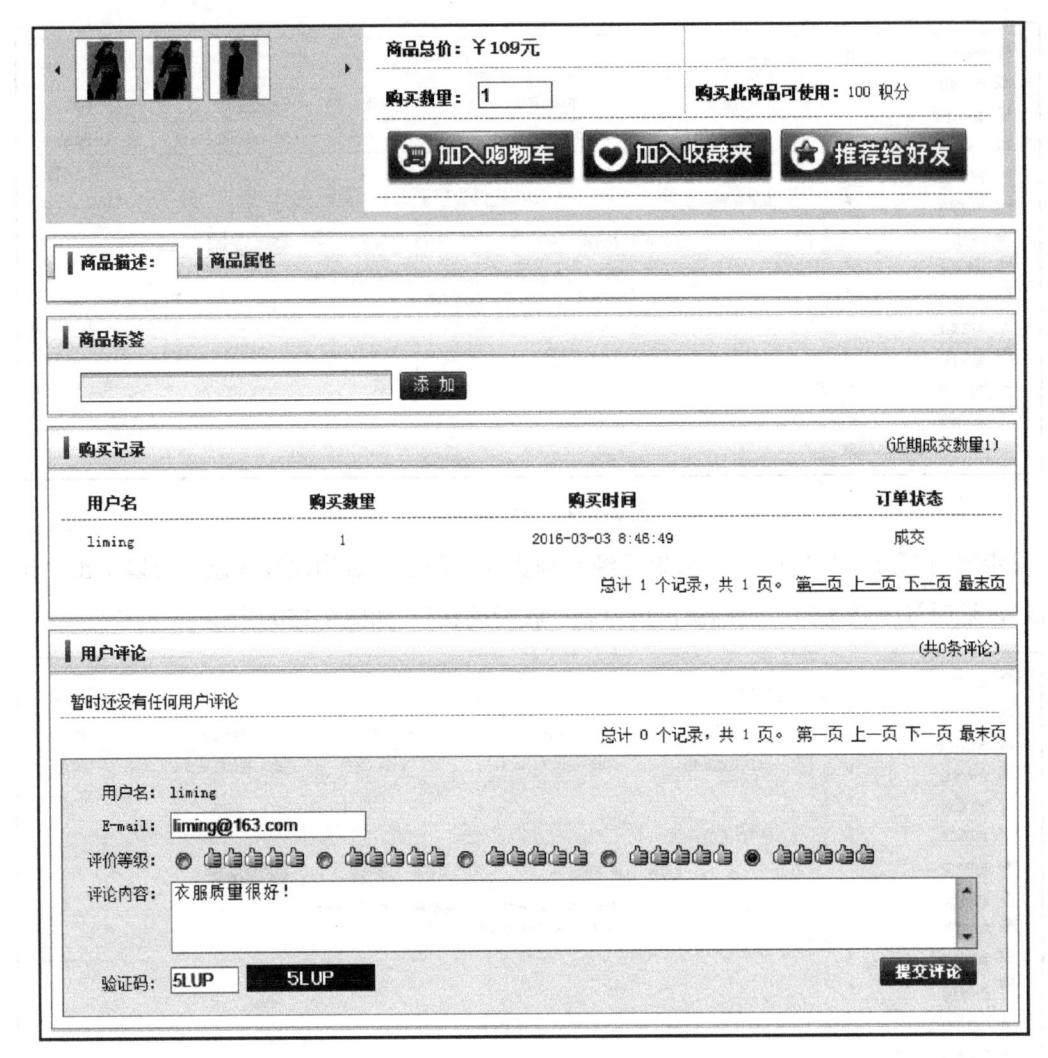

图 2-151 前台进行用户评论

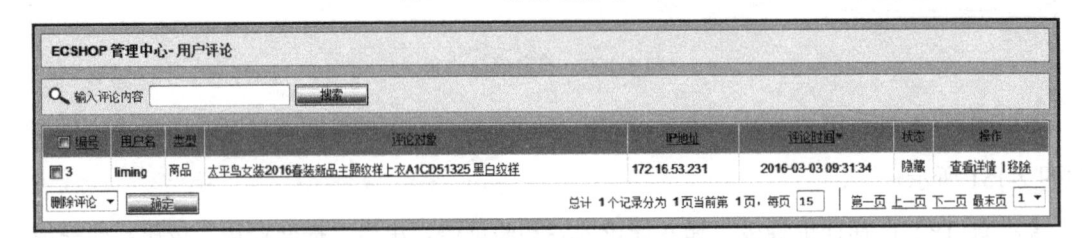

图 2-152 后台查看用户评论页面

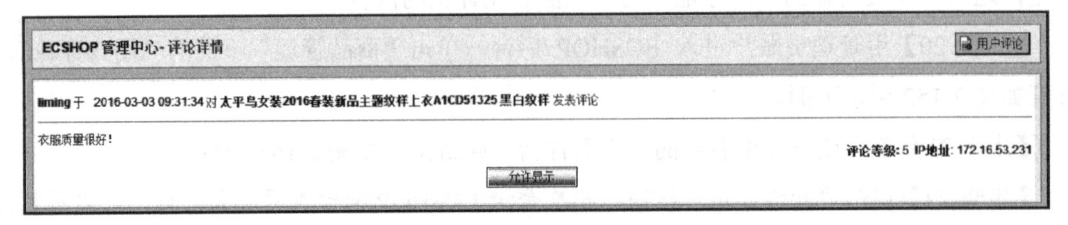

图 2-153 后台查看用户评论详情

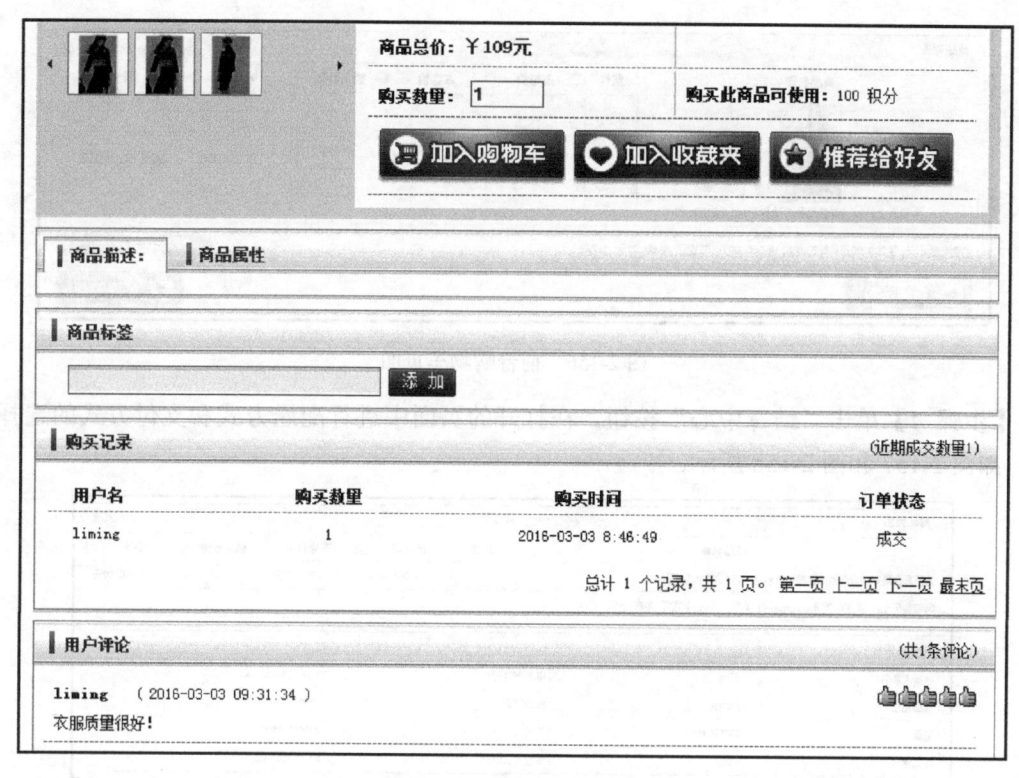

图 2-154 前台查看用户评论

任务 2：用户"liming"在 ECSHOP 前台购买一件产品，支付方式选择"银行汇款/转账"；ECSHOP 后台管理员进行确认、收款、配货、发货，用户收到货物之后进行收货确认及产品评价。

【步骤 1】用户"liming"登录 ECSHOP 前台。

【步骤 2】单击要购买的衣服，打开衣服详情页面，如图 2-155 所示。

图 2-155 前台衣服详情页面

【步骤 3】单击"加入购物车"按钮，打开购物车页面，如图 2-156 所示。

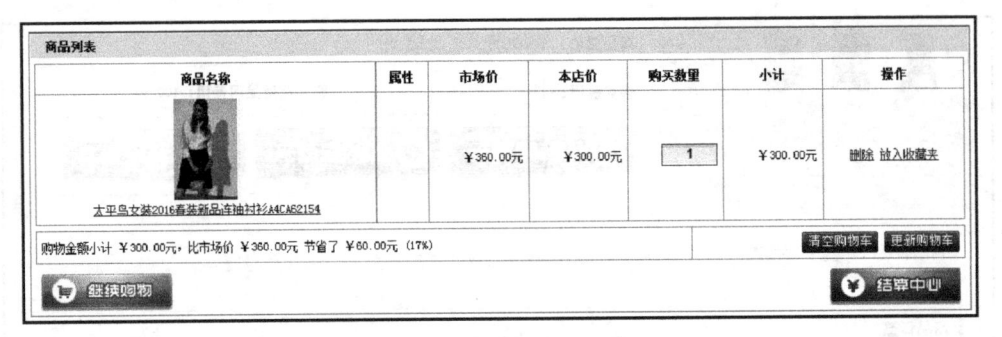

图 2-156　前台购物车页面

【步骤 4】单击"结算中心"按钮,在打开的页面中进行配送方式和支付方式的选择操作,如图 2-157 和图 2-158 所示。

图 2-157　前台选择配送方式

图 2-158　前台选择支付方式

【步骤 5】选择好配送方式和支付方式之后("配送方式"选择"圆通速递","支付方式"选择"银行汇款/转账"),单击"提交订单"按钮,出现如图 2-159 所示页面。

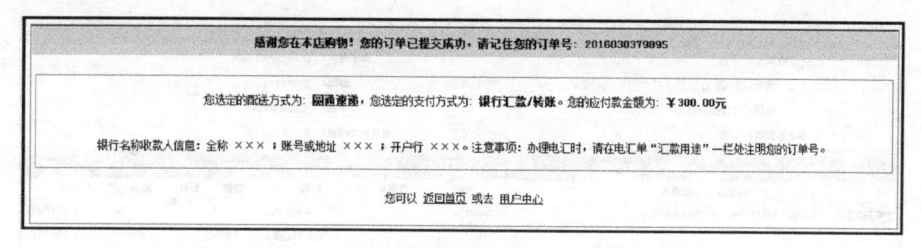

图 2-159 前台提交订单

【步骤 6】进入"liming"的用户中心,单击"我的订单",查看刚才订单的状态为"未确认,未付款,未发货",如图 2-160 所示。

图 2-160 前台会员查看订单状态

【步骤 7】使用管理员账户登录 ECSHOP 后台,单击"订单管理"下面的"订单列表",如图 2-161 所示。

图 2-161 后台查看订单列表

【步骤 8】单击该条订单右侧的"查看"超链接,出现商品详情页如图 2-162 所示。

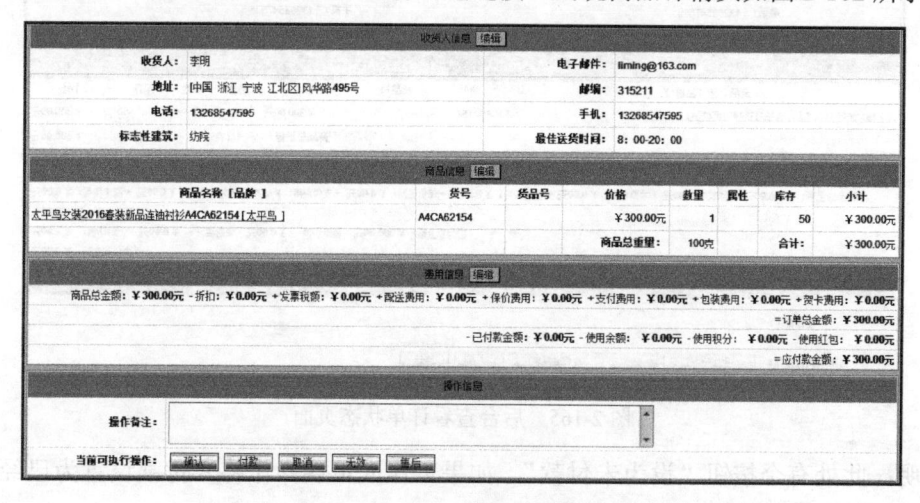

图 2-162 后台查看订单详情页

【步骤 9】单击"确认"按钮,此时订单状态为"已确认,未付款,未发货",页面如

图 2-163 所示。

图 2-163 后台进行订单确认后的页面

【步骤 10】单击"付款"按钮,打开如图 2-164 所示的付款确认页面。

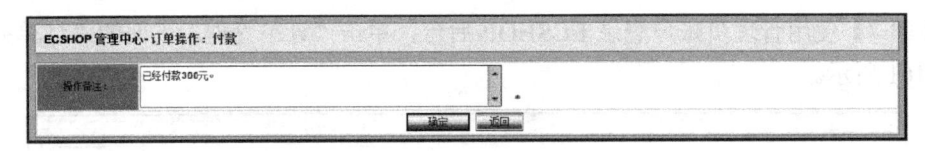

图 2-164 后台进行付款确认页面

【步骤 11】输入"操作备注"信息"已经付款 300 元。",单击"确定"按钮,系统跳转到如图 2-165 所示页面。此时订单状态为"已确认,已付款,未发货"。

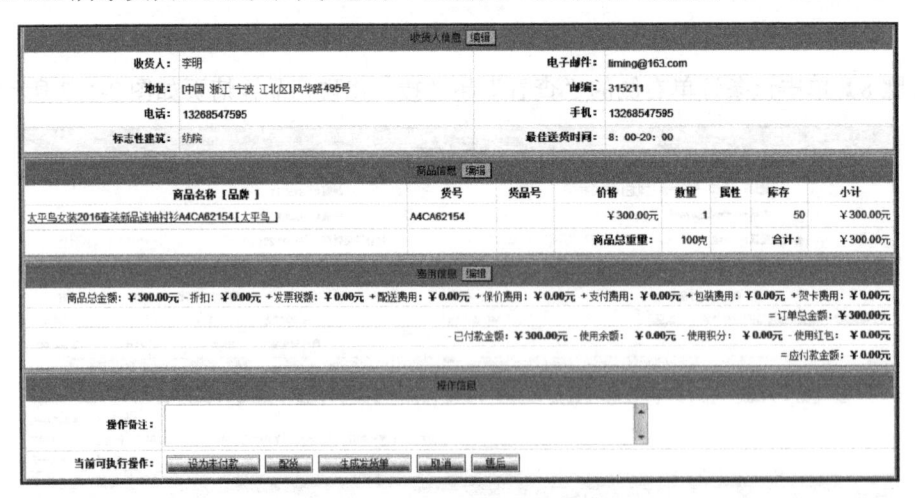

图 2-165 后台查看订单状态页面

说明:此处有个按钮"设为未付款",如果工作人员误操作将未付款设置为已经付款,可以使用"设为未付款"按钮来取消付款。

【步骤 12】单击"配货"按钮,打开如图 2-166 所示页面。此时订单状态为"已确认,已付款，配货中"。

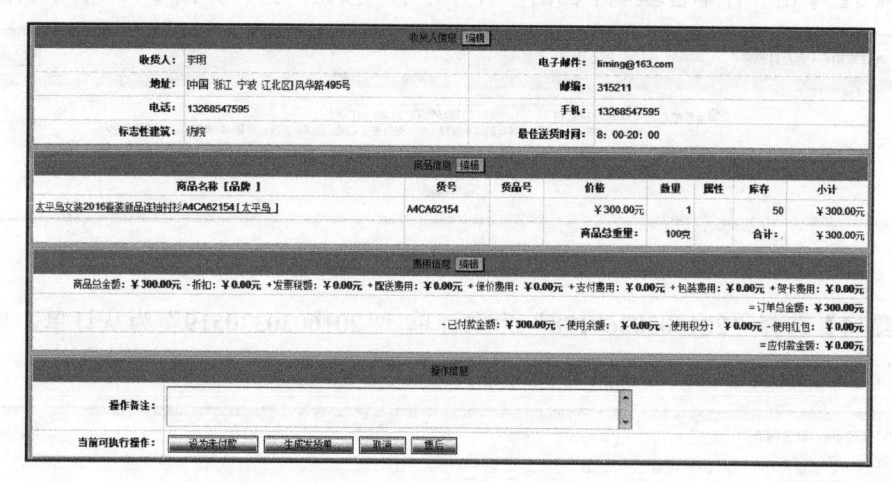

图 2-166 后台进行配货页面

【步骤 13】单击"生成发货单"按钮，之后单击"确认生成发货单"按钮，此时订单状态为"已分单，已付款，发货中"。

【步骤 14】单击"去发货"按钮，查看要发货的订单，输入发货单号，单击"发货"按钮，即完成了发货操作。此时订单状态为"已分单，已付款，已发货"。

【步骤 15】用户"liming"进入系统，然后进行收货确认、评价、商家审核评价等操作。

任务 3：用户"liming"在 ECSHOP 前台购买一件产品，过了一会儿又看中一件产品，两件产品的收货地址完全一样，"liming"咨询卖家得知产品还未发货，这时商家进行订单合并（说明：该系统只有未付款的才可以合并，付款后不能合并了）。

【步骤 1】用户"liming"登录 ECSHOP 前台，先后购买两件商品，在用户中心可以查看订单信息，如图 2-167 所示。

图 2-167 前台会员查看订单信息

【步骤 2】使用管理员账户登录 ECSHOP 后台，单击"订单管理"下面的"订单列表"，打开如图 2-168 所示页面。

图 2-168 后台查看订单列表

【步骤3】单击"订单管理"下面的"合并订单"按钮,打开如图2-169所示页面。

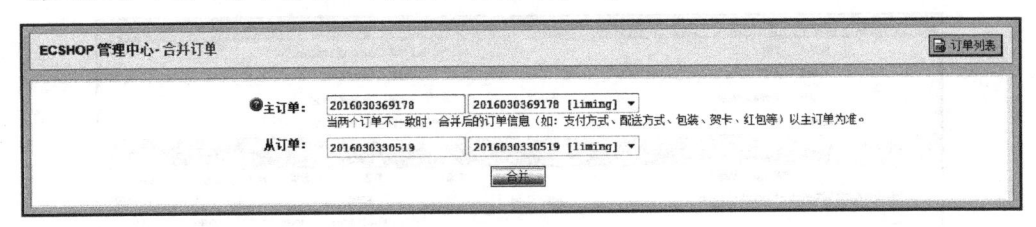

图 2-169　合并订单页面

【步骤 4】选择"2016030369178"为主订单,"2016030330519"为从订单,单击"合并"按钮,合并后的订单信息如图2-170所示。

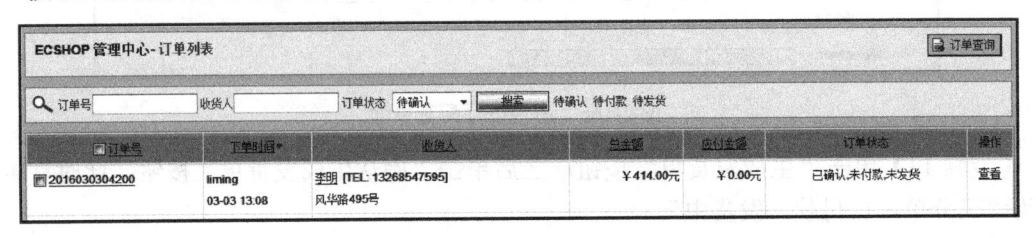

图 2-170　合并订单信息

【步骤5】合并之后的订单和正常订单一样走相关流程即可。

任务 4:用户"liming"在ECSHOP前台购买一件产品,还未付款,不想要了,这时商家可以设置订单为无效,然后删除订单。

【步骤1】用户"liming"登录ECSHOP前台,购买一件商品,用户中心查看订单信息如图2-171所示。

图 2-171　前台会员查看订单

【步骤2】使用管理员账户登录ECSHOP后台,单击"订单管理"下面的"订单列表",出现如图2-172所示页面。

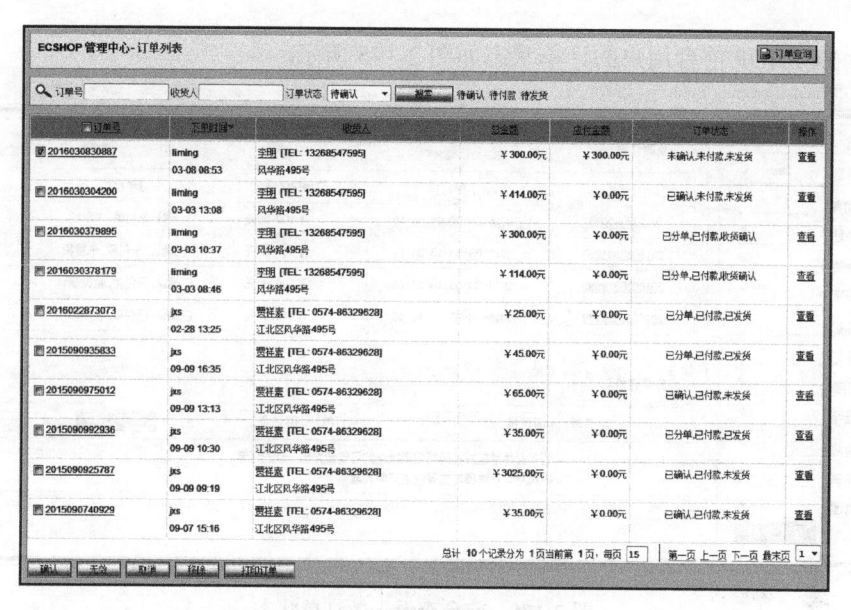

图 2-172 后台查看订单列表

【步骤3】勾选此订单,单击下方"无效"按钮,打开如图 2-173 所示页面。

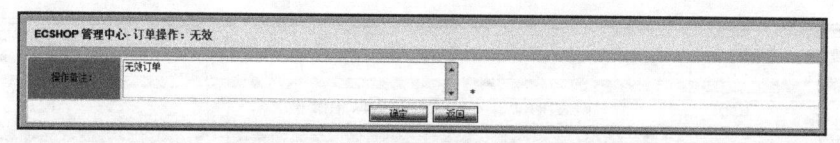

图 2-173 后台设置订单无效页面

【步骤4】输入"操作备注"为"无效订单",单击"确定"按钮,此时订单状态如图 2-174 所示。

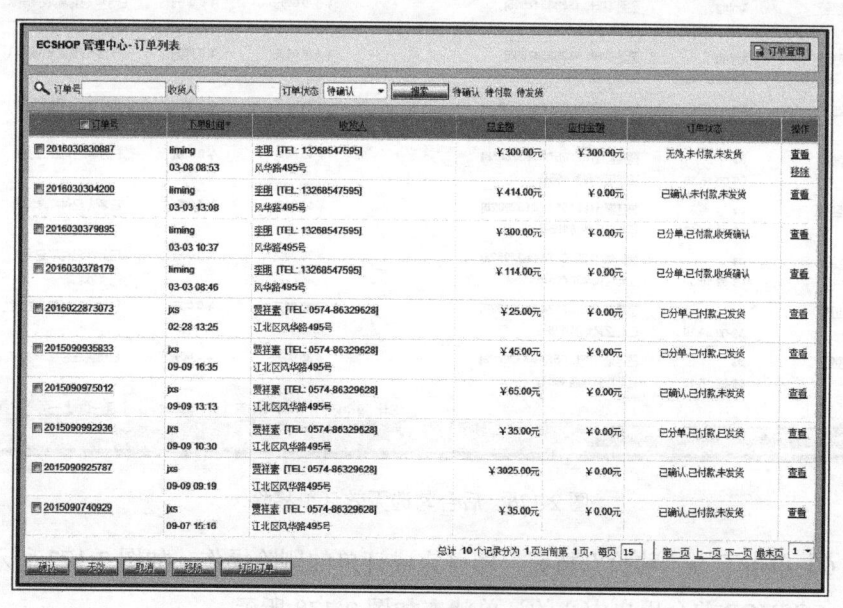

图 2-174 后台查看无效订单页面

说明：ECSHOP 前台用户的订单状态如图 2-175 所示。

图 2-175　前台查看无效订单状态

【步骤 5】ECSHOP 后台勾选要删除的无效订单，如图 2-176 所示。

图 2-176　后台勾选无效订单移除

【步骤 6】单击下方"移除"按钮，即可完成订单的删除操作，如图 2-177 所示。

说明：ECSHOP 前台用户中心的订单状态如图 2-178 所示。

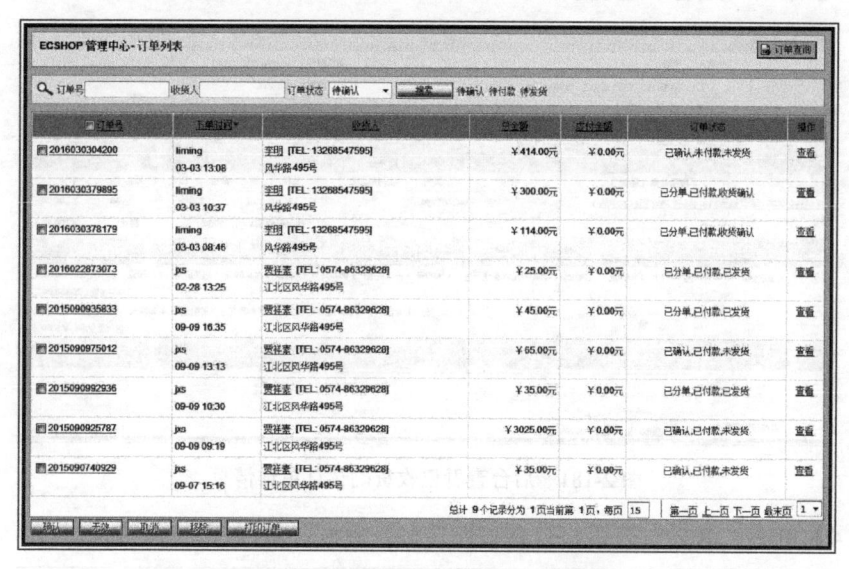

图 2-177 后台无效订单移除后的页面

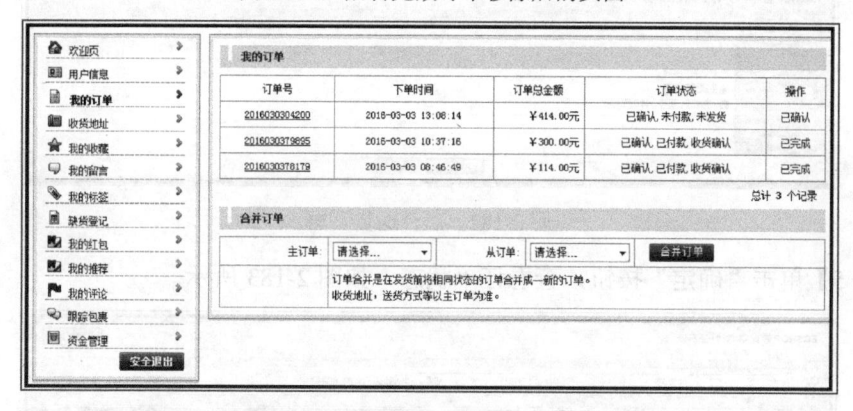

图 2-178 前台查看无效订单是否删除

任务 5：用户"liming"在 ECSHOP 前台购买一件产品，已经收到货物，但是想退货。

【步骤 1】用户"liming"登录 ECSHOP 前台，购买一件商品，且已经确认收货了，用户查看的订单信息如图 2-179 所示。

图 2-179 前台用户查看已收货确认订单信息

【步骤 2】使用管理员账户登录 ECSHOP 后台，单击"订单管理"下面的"订单列表"，如图 2-180 所示。

图 2-180 后台查看已收货确认订单信息

【步骤3】单击"查看"超链接,打开如图 2-181 所示页面。

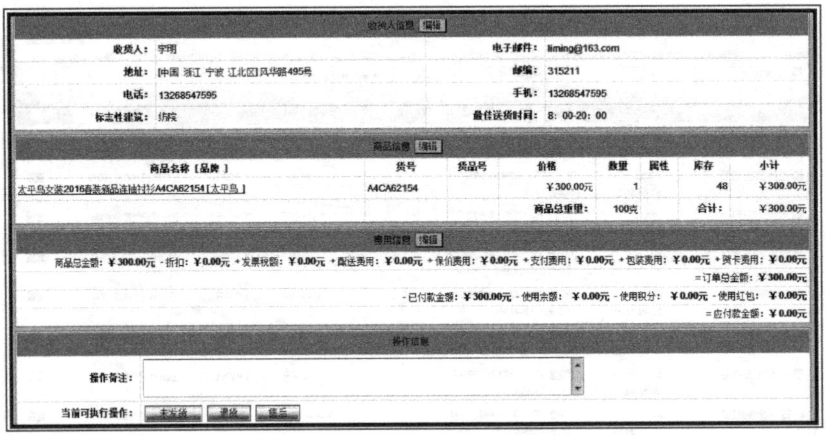

图 2-181　后台查看已收货确认订单详情页

【步骤4】单击"退货"按钮,打开如图 2-182 所示页面。

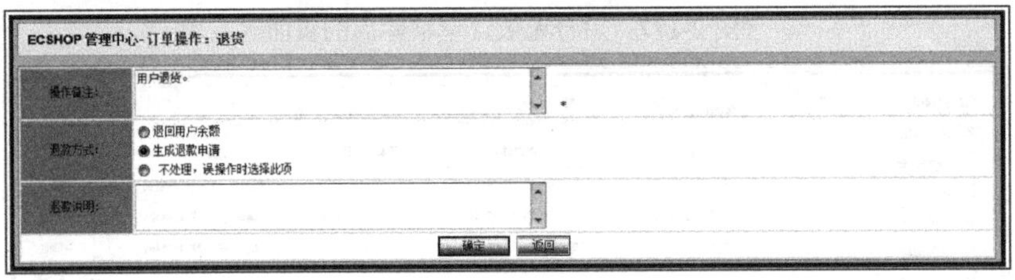

图 2-182　后台退货页面

【步骤5】单击"确定"按钮,查看订单状态,如图 2-183 所示。

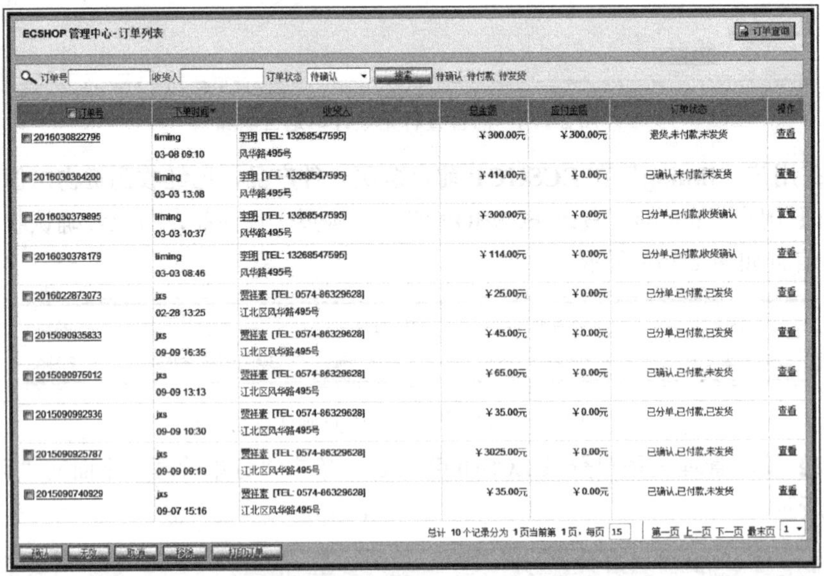

图 2-183　后台查看退货订单状态

说明:ECSHOP 前台查看退货的订单状态如图 2-184 所示。

图 2-184　前台查看退货订单状态

练习

用户"liming"在 ECSHOP 前台购买一件产品，支付方式选择"银行汇款/转账"；ECSHOP 后台管理员误操作，将订单设置为已经付款，这时候应该怎么办？

第3章　电子商务ERP系统简介

本课程使用的电子商务ERP系统为科云电子商务ERP系统。

3.1 系统概述

1. 电子商务ERP系统功能模块

电子商务ERP系统功能模块有管理中心、公告管理、产品管理、仓库管理、采购管理、订单管理、售后管理、结算管理、报表管理、信息查询、财务查询。

2. 电子商务ERP系统特点

（1）涵盖了运行的四大要素：库存、采购、订单和财务，针对每种元素，都有相应的功能。
（2）灵活的权限设置：可以指定到具体的角色和用户。
（3）实时销售：零时差反映市场动态。
（4）模拟现实：测试系统界面可以模拟实际运作中的单据，避免复杂的技术培训。
（5）方便录入：数据录入简洁方便，系统页面提供了导入模板，提高了录入速度。
（6）多样化的店铺活动管理：支持卖送、满赠等活动形式，省去了再开发成本。
（7）支持手持设备扫描出入库：有效提升仓库人员的工作效率。
（8）企业定制：根据企业需求，定制系统功能，共同进步。
（9）采用大型数据库SQL Server 2012：保证数据存储的容量和速度。
（10）采用B/S架构：无须安装客户端，免去升级维护的烦琐操作。
（11）增强的计划管理：企业运作尽在掌握中。
（12）提供了从采购、库存到销售，再到售后以及财务管理的一整套信息化运作。

3.2 系统功能介绍

科云电子商务ERP系统针对淘宝众多大中型卖家的特色产品，与淘宝无缝衔接，可以直接在系统中管理淘宝商店、淘宝订单、淘宝宝贝以及自动处理淘宝中的发货及财务对账。系统还提供采购、库存、会员、财务管理等众多功能，是淘宝掌柜的好助手。该软件的系统功能结构图如图3-1所示。

说明：启动前要确认浏览器应为IE内核，推荐使用Windows自带IE8浏览器，安装dotNetFX3.5。

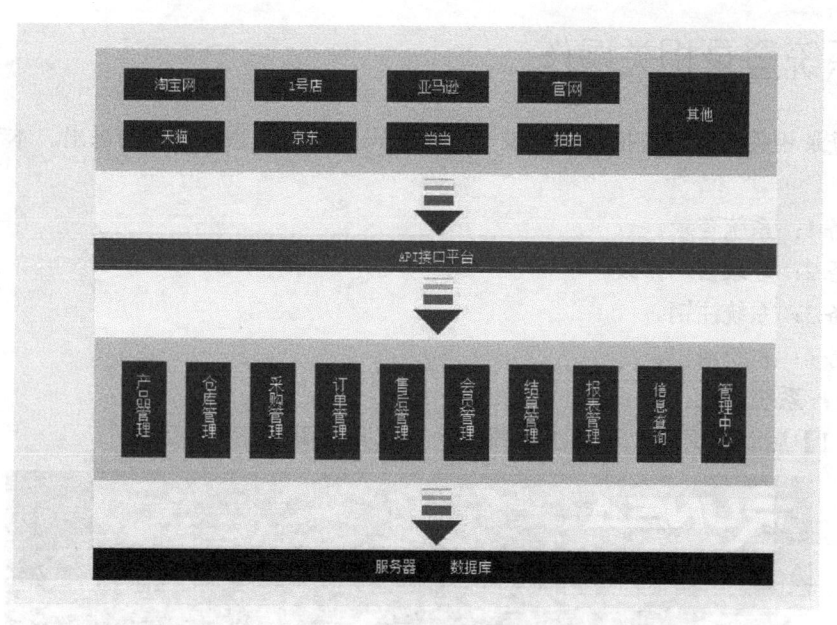

图 3-1 系统功能结构图

3.3 系统手册约定

该系统做了如下约定：

（1）只有管理员拥有赋予权限的权利，用户不能赋予其他人权限。

（2）每张单据都有某几项为必填项，当用户未填完所有必填项就单击"确认"按钮时，会有相应的提示指明还需填入哪一项。

（3）各单据中置灰的按钮表示在当前状态下不可用或暂无此功能。

（4）带有明细的单据中凡是灰色的条目为不可修改项，白色的为可修改项。

（5）本系统所有查询均为模糊查询，查询条件可以填一条，也可填多条，或不填任何查询条件直接查询。

（6）"单据状态"分为5种：①下单中；②下单确认；③审核中；④审核确认；⑤关闭。

（7）所有基础资料用户均无"删除"权限。

（8）界面通用操作中的约定如下。

- 查询。单击"搜索"按钮，可按搜索条件栏要求显示搜索结果，如果未填搜索信息则显示选项全部信息。
- 修改。现有信息修改可在功能主界面中双击需修改的信息（有些可以通过右击，在弹出的快捷菜单中选择"编辑"来进行修改），即弹出修改页面，文本灰色不可修改，白色文本可修改。修改完毕单击"确认修改"按钮。
- 删除：在功能主页面中右击需要删除的信息，在弹出的快捷菜单中选择"删除"。

3.4 系统登录相关操作

系统登录相关的操作包括系统登录、登录密码的修改、系统注销和退出。本节任务列举如下。

- 任务 1：系统登录。
- 任务 2：登录密码修改。
- 任务 3：系统注销。
- 任务 4：系统退出。

任务 1：系统登录。

【步骤 1】启动浏览器输入 ERP 系统地址，打开如图 3-2 所示页面。

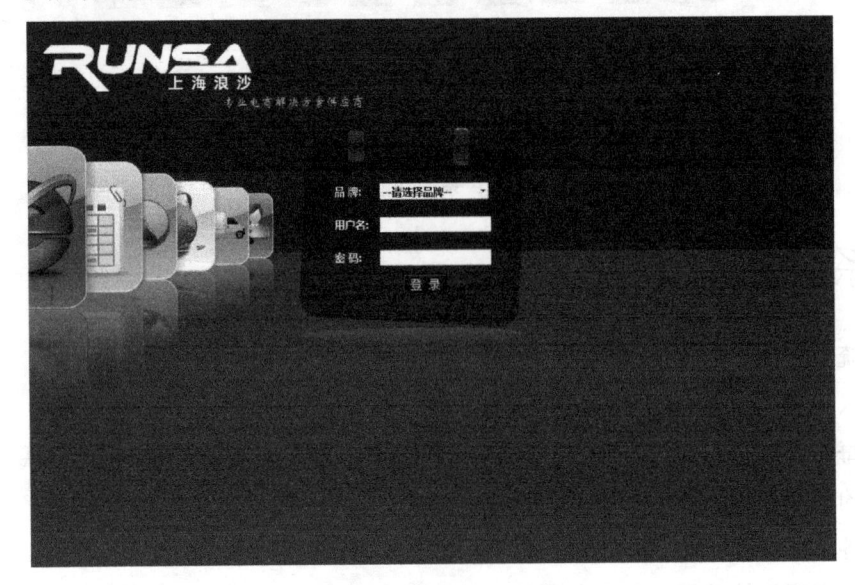

图 3-2 系统登录页面

【步骤 2】"品牌"处选择预设好的网购品牌，输入"用户名"和"密码"，单击"登录"按钮，成功登录后进入系统主界面，如图 3-3 所示。

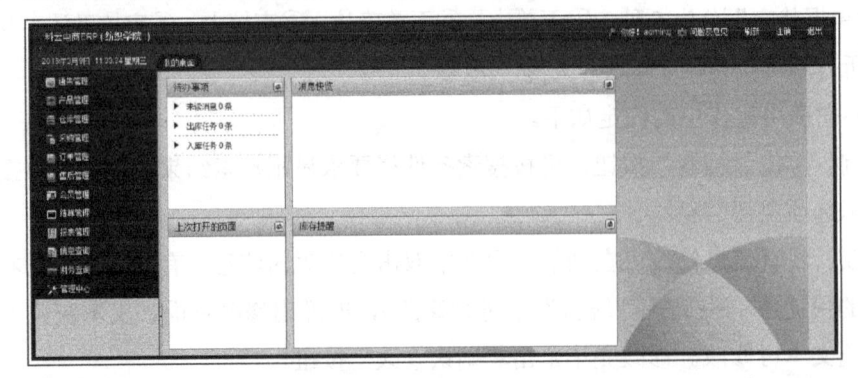

图 3-3 系统主页面

说明： 如果输入的用户名或者密码有误的话，系统会弹出一个"登录失败"的消息提示框,如图 3-4 所示。

图 3-4 系统登录失败消息提示框

任务 2:登录密码修改。

【步骤 1】单击系统主界面左下角"管理中心"→"个人设置"→"密码修改",打开如图 3-5 所示页面。

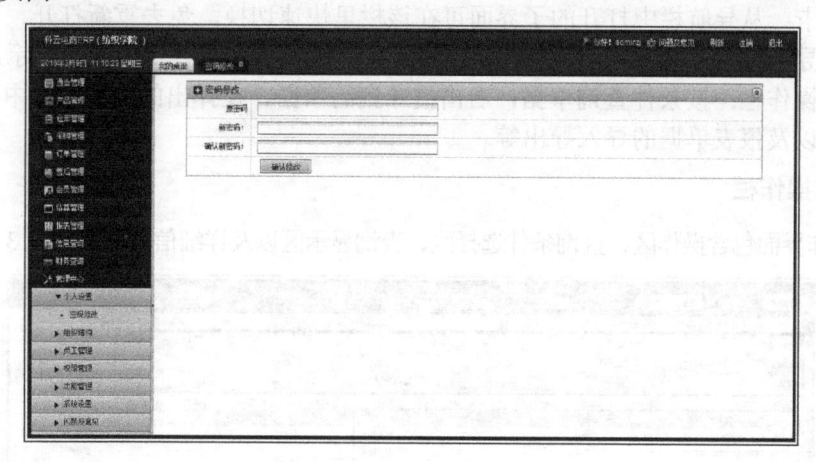

图 3-5 "密码修改"页面

【步骤 2】输入"原密码""新密码""确认密码",单击"确认修改"按钮,即可成功修改用户登录密码。当然用户也可以单击"X"按钮,来放弃该操作。

任务 3:系统注销。

【步骤】用户登录系统以后,如果因为某些原因想要重新启动系统的话,可以单击系统主界面右上角的"注销"超链接,那么当前系统就会返回到系统登录页面。

任务 4:系统退出。

【步骤】用户想要退出当前系统时,可以单击系统主界面右上角的"退出"按钮或者单击标题栏上的"X"按钮,来退出当前系统。

3.5 系统界面介绍

1. 系统操作界面

系统的操作界面由导航栏、查询操作栏、选项卡等部分组成,该操作界面布局图如图 3-6 所示。

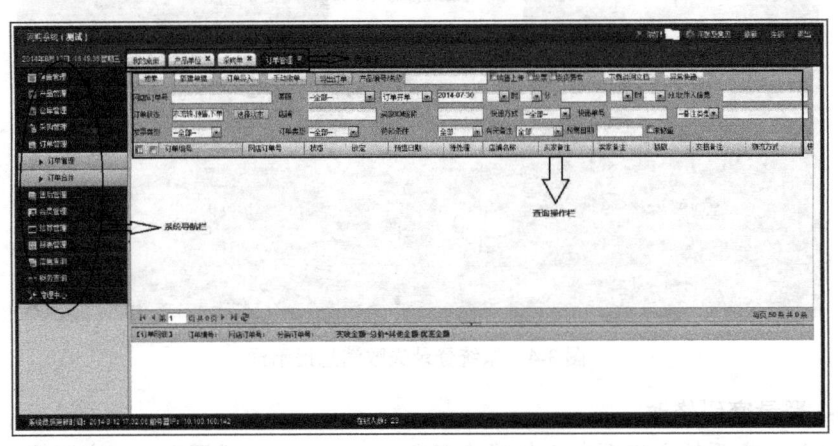

图 3-6 操作界面布局图

- 选项卡:从导航栏中打开的子界面可在该栏里快速切换,免去重新打开。
- 系统导航栏:系统中各个功能模块以及各个功能模块中子模块的导航显示。
- 查询操作栏:按条件查询单据,右击搜寻到的单据,在弹出的快捷菜单中可直接进行操作以及报表单据的导入导出等。

2. 查询操作栏

查询操作界面包含操作区、查询条件选择区、查询显示区以及详细信息区,如图 3-7 所示。

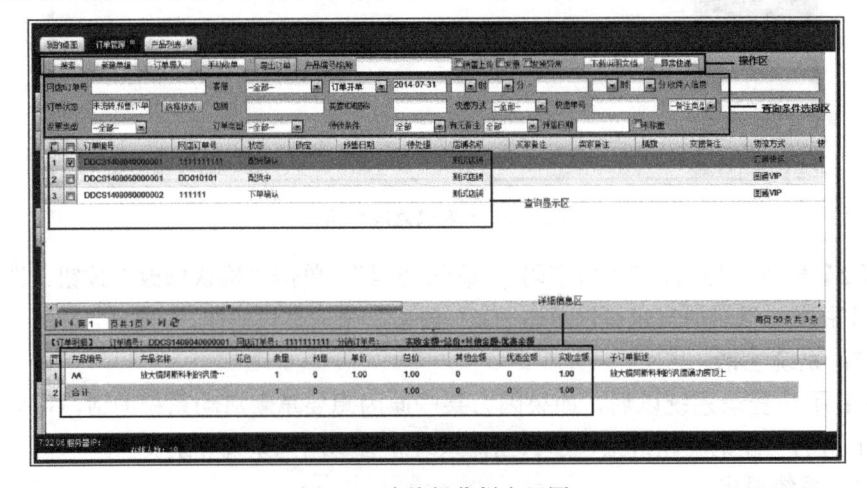

图 3-7 查询操作栏布局图

- 操作区：提供窗口所对应信息的新增、搜索、导入导出等相关的操作。
- 查询条件选择区：添加查询条件。
- 查询显示区：显示查询到的对应信息。
- 详细信息区：显示查询到的对应信息的详细数据。

第4章　电子商务ERP系统功能介绍

在系统的主界面，我们可以清楚地浏览到该软件的各个功能，该软件的功能包括管理中心、通告管理、产品管理、仓库管理、采购管理、订单管理、售后管理、会员管理、结算管理、报表管理、信息查询、财务查询。

4.1 管理中心

在管理中心模块中可以进行登录密码、店铺信息、角色信息的创建与修改，系统参数设置，问题及意见反馈。这样可以方便地对使用该系统的公司员工进行管理，包括权限设置、员工分类等。管理中心下面有"个人设置""组织结构""员工管理""权限管理""功能管理""系统设置""问题及意见"7项内容，本节主要讲解其中的"组织结构""员工管理""权限管理""问题及意见"。管理中心结构图如图4-1所示。

图4-1　管理中心结构图

4.1.1 组织结构

组织结构用于记录品牌、店铺及办事处的详细信息，下设品牌管理、店铺管理、办事处管理。单击系统主界面左下角"管理中心"→"组织结构"，打开如图4-2所示页面。

图4-2　"组织结构"页面

1. 品牌管理

品牌管理是对各平台店铺品牌信息的管理，包括新建品牌及对品牌信息的修改。本部分任务列举如下。

- 任务 1：新建品牌。
- 任务 2：修改品牌信息。

任务 1：新建品牌。

【步骤 1】依次单击“管理中心”→“组织结构”→“品牌管理”，打开如图 4-3 所示页面。

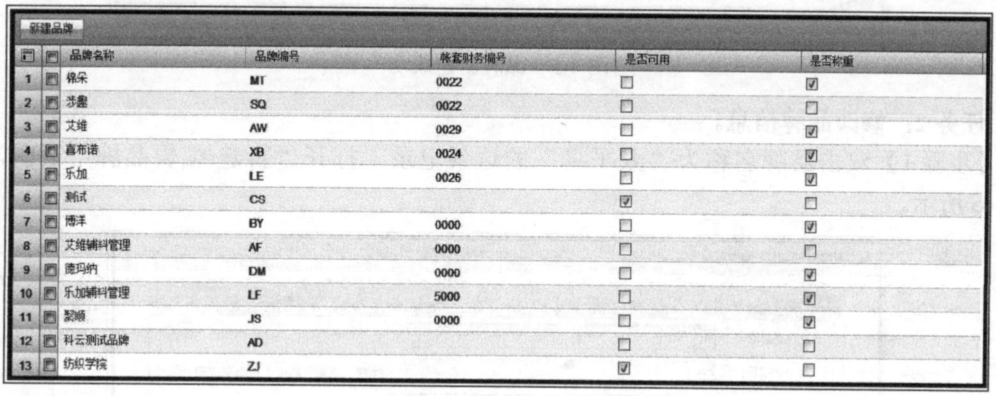
新建品牌

	品牌名称	品牌编号	帐套财务编号	是否可用	是否称重
1	棉朵	MT	0022	☐	☑
2	涉趣	SQ	0022	☐	☐
3	艾维	AW	0029	☐	☑
4	喜布诺	XB	0024	☐	☑
5	乐加	LE	0026	☐	☑
6	测试	CS		☑	☐
7	博洋	BY	0000	☐	☑
8	艾维辅料管理	AF	0000	☐	☐
9	德玛纳	DM	0000	☐	☑
10	乐加辅料管理	LF	5000	☐	☑
11	聚顺	JS	0000	☐	☑
12	科云测试品牌	AD		☐	☐
13	纺织学院	ZJ		☑	☐

图 4-3　“品牌管理”页面

【步骤 2】单击左上方的“新建品牌”按钮，打开如图 4-4 所示页面。

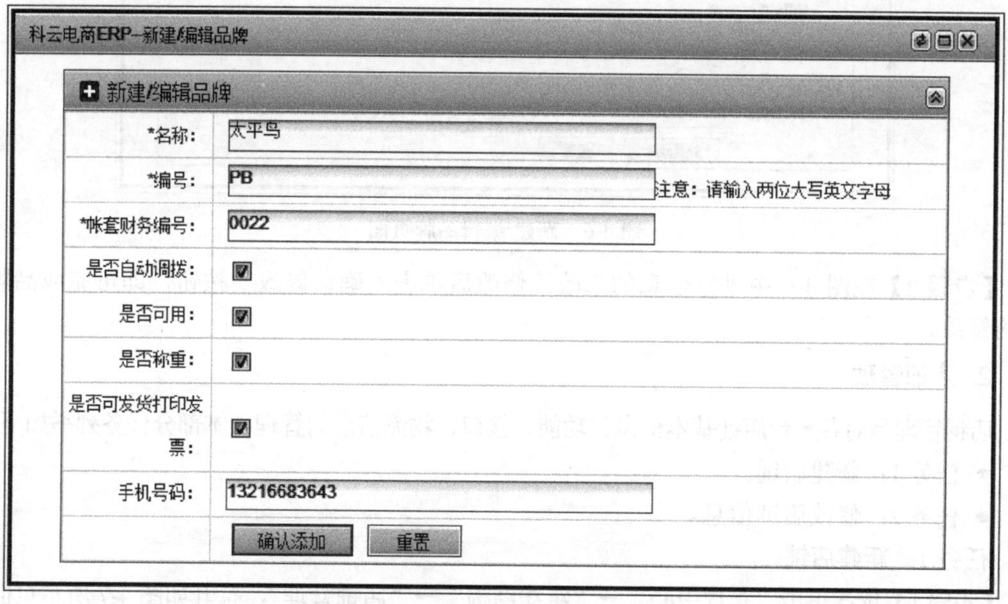

图 4-4　“新建/编辑品牌”页面

【步骤 3】输入“名称”“编号”“账套财务编号”等信息，单击“确认添加”按钮，即可完成品牌的新建操作，如图 4-5 所示。

图 4-5 品牌新建成功

任务 2：修改品牌信息。

【步骤1】双击品牌名称为"太平鸟"的这条记录，打开"新建/编辑品牌"页面，如图 4-6 所示。

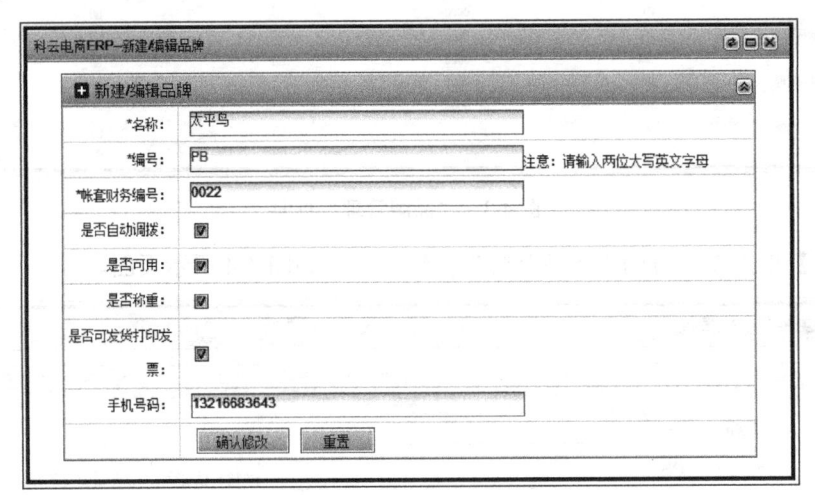

图 4-6 新建/编辑品牌页面

【步骤2】在图 4-6 中进行信息的修改，修改后单击"确认修改"按钮，即可完成品牌信息的修改。

2. 店铺管理

店铺管理是对各平台店铺基本信息、功能、接口、物流信息的管理。本部分任务列举如下。

- 任务 1：新建店铺。
- 任务 2：修改店铺信息。

任务 1：新建店铺。

【步骤1】依次单击"管理中心"→"组织结构"→"店铺管理"，打开如图 4-7 所示页面。

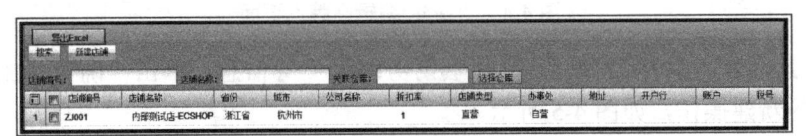

图 4-7 "店铺管理"页面

第 4 章 电子商务 ERP 系统功能介绍

【步骤2】单击左上方的"新建店铺"按钮,再选择"基本信息"选项卡,如图 4-8 所示。

图 4-8 店铺"基本信息"页面

说明:店铺类型以平台店铺类型为准,店铺类型有如下类型:"直营""分销""C 店""第三方""其他"。

选中"物流信息"选项卡,打开如图 4-9 所示页面。

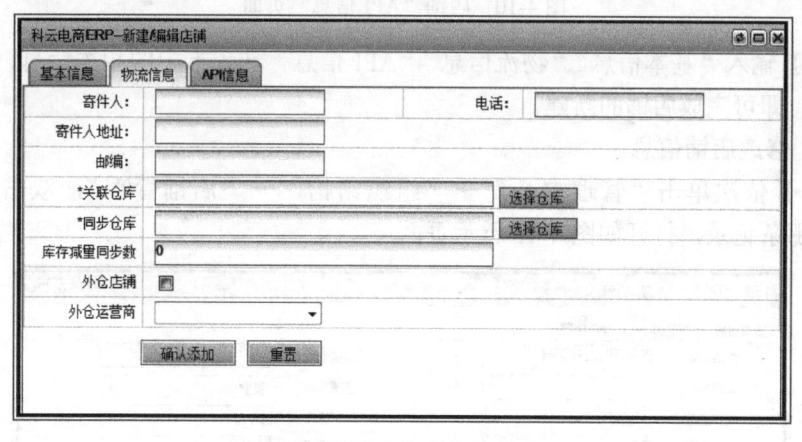

图 4-9 店铺"物流信息"页面

说明:"关联仓库"表示订单发货仓库;"同步仓库"表示平台后台计算库存时所取的仓库。

选中"API 信息"选项卡,打开如图 4-10 所示页面。

说明:

AppKey,AppSecret,SessionKey,Url 为接口信息。

- 是否库存同步:自动同步平台库存。
- 是否订单自动流转:开启"下单中""下单确认"自动确认功能。

- 是否忽略备注：开启功能后，订单自动流转时忽略备注。
- 开始收单时间：接口收单时间点设置。
- 是否发货同步：系统发货与平台发货是否同步。
- 是否自动并单：将同地址，同 ID，同收货人，同联系号码的订单自动合并为一单。

订单状态并单规则：同状态的订单可并单，未流转的订单只能与未流转的订单并单，预售订单与处于下单中的订单可并单。

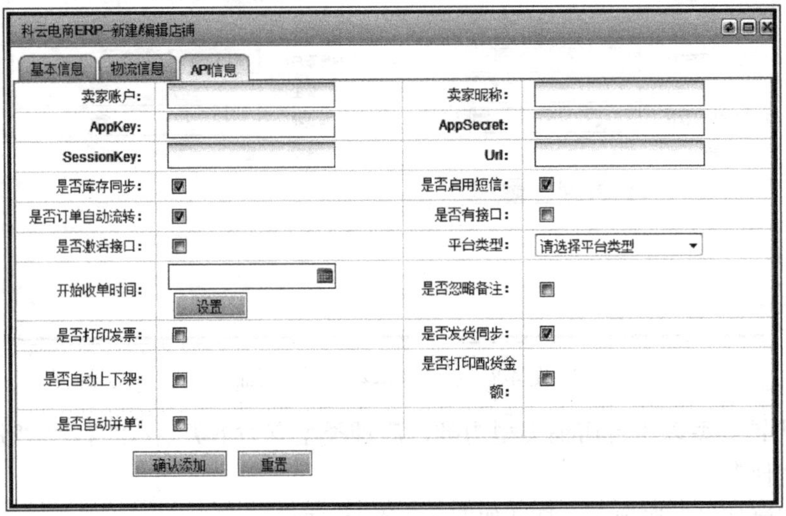

图 4-10　店铺"API 信息"页面

【步骤 3】输入"基本信息""物流信息""API 信息"选项卡中的相关信息，单击"确认添加"按钮，即可完成店铺的新建。

任务 2：修改店铺信息。

【步骤 1】依次单击"管理中心"→"组织结构"→"店铺管理"，双击店铺编号为"ZJ001"的那条记录，打开如图 4-11 所示页面。

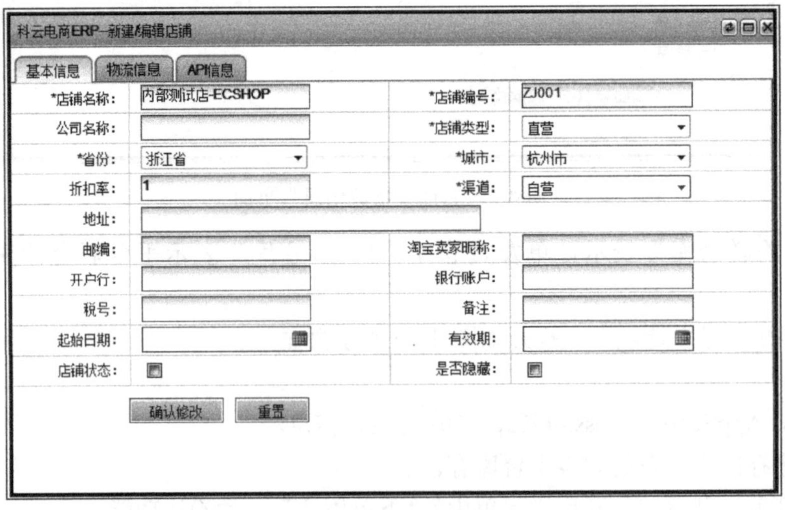

图 4-11　修改店铺信息

【步骤2】可以修改店铺"基本信息""物流信息"和"API 信息"选项卡中的相关信息，修改好之后，单击"确认修改"按钮，即可完成对店铺信息的修改。

3. 办事处管理

办事处管理用来设置分公司的信息。本部分任务列举如下。
- 任务 1：新建渠道。
- 任务 2：修改渠道信息。

任务 1：新建渠道。

【步骤1】依次单击"管理中心"→"组织结构"→"办事处管理"，打开如图 4-12 所示页面。

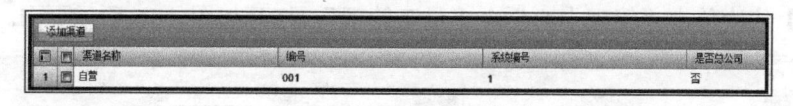

图 4-12　渠道列表

【步骤2】单击左上方"添加渠道"按钮，打开如图 4-13 所示页面。

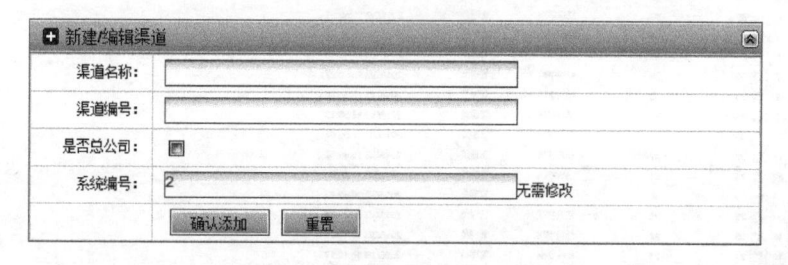

图 4-13　"新建/编辑渠道"页面

【步骤 3】输入"渠道名称"和"渠道编号"，单击"确认添加"按钮，即可完成对渠道的新建工作。

说明：
- 渠道名称：用于设置分公司名。
- 渠道编号：用于设置系统内分公司 ID。
- 是否总公司：属总公司的则勾选。

任务 2：修改渠道信息。

【步骤 1】依次单击"管理中心"→"组织结构"→"办事处管理"，双击渠道名称为"自营"的那条记录，如图 4-14 所示。

图 4-14　修改渠道信息

【步骤 2】可以修改渠道相关信息，修改好之后，单击"确认修改"按钮，即可完成渠道信息的修改。

4.1.2 员工管理

员工管理是对品牌公司人员进行管理。本部分任务列举如下。
- 任务 1：新建员工信息。
- 任务 2：修改员工信息。
- 任务 3：搜索员工。

任务 1：新建员工信息。

【步骤 1】依次单击"管理中心"→"员工管理"，打开如图 4-15 所示页面。

图 4-15 "员工管理"页面

【步骤 2】单击左上方"新建员工"按钮，打开如图 4-16 所示页面。

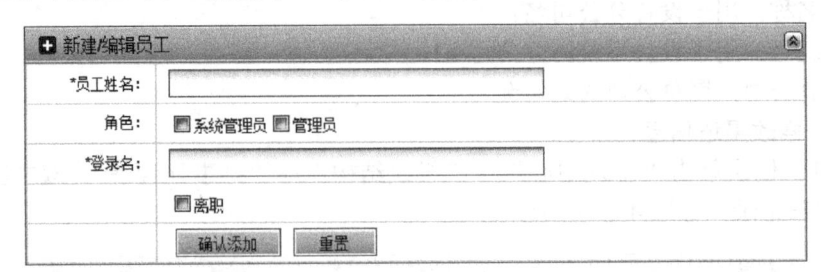

图 4-16 "新建/编辑员工"页面

【步骤 3】输入"员工姓名""登录名"，再选择"角色"，单击"确认添加"按钮，即可完成对员工的新建。

说明：
- 新建员工的初始密码为"111111"，员工首次登录时系统会要求进行密码的修改。

- 当员工离职时推荐选中"离职",然后将"角色"栏中的勾选全部取消。不要直接删除账号,直接删除会将该账号操作记录一并删除。
- 账号密码初始化:单击"管理中心"→"系统设置"→"密码初始化",选中账号后单击"确定"按钮。

任务 2:修改员工信息。

【步骤 1】依次单击"管理中心"→"员工管理",双击要修改员工的那条记录,打开如图 4-17 所示页面。

图 4-17 修改员工信息

【步骤 2】修改员工的信息,单击"确认修改"按钮,即可完成员工信息的修改。

任务 3:搜索员工。

【步骤 1】依次单击"管理中心"→"员工管理",打开如图 4-18 所示页面。

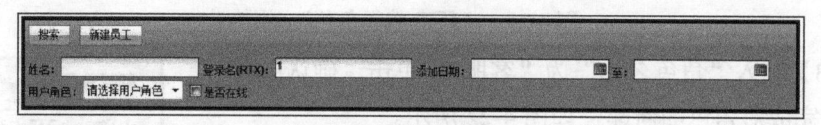

图 4-18 搜索员工

【步骤 2】在"登录名"处输入"1",再单击左上方的"搜索"按钮,即可完成对员工信息的搜索,如图 4-19 所示。

图 4-19 搜索员工结果

说明:也可以选择其他搜索条件,如员工姓名、添加日期、用户角色、是否在线。

4.1.3 权限管理

权限管理用于对使用该系统的员工进行分类，通过设置权限来限制各类员工的操作权限。角色功能管理页面可设定角色权限、控制每个角色的操作权限、控制成本价敏感数据字段。角色名称可以是客服、仓管、配货、发货称重、调拨、财务、入库审核、库存审核、物流查询、快递设置、发票多打、普通查询、产控、成本价等。本部分任务列举如下。

- 任务1：新建角色——角色名称为"客服"。
- 任务2：修改角色名称——将"客服"修改为"客服-售前"。
- 任务3：角色功能管理——为"客服-售前"设置角色功能。

任务1：新建角色——角色名称为"客服"。

【步骤1】依次单击"管理中心"→"权限管理"→"角色管理"，打开如图4-20所示页面。

【步骤2】单击左上方"新建角色"按钮，打开如图4-21所示页面。

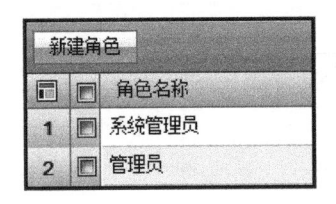

图4-20　"角色管理"页面

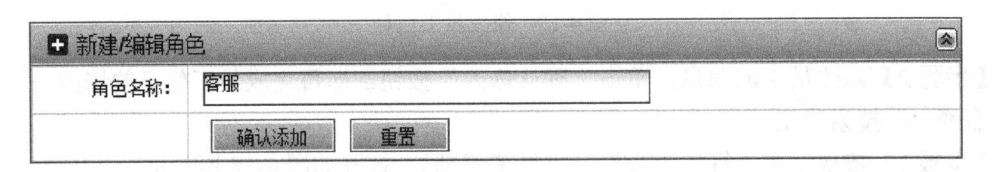

图4-21　"新建/编辑角色"页面

【步骤3】输入"角色名称"为"客服"，单击"确认添加"按钮，即可完成对角色的新建，如图4-22所示。

任务2：修改角色名称——将"客服"修改为"客服-售前"。

【步骤1】依次单击"管理中心"→"权限管理"→"角色管理"，双击角色名称为"客服"的那条记录，打开如图4-23所示页面。

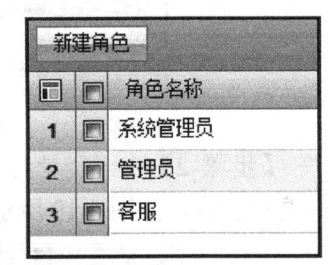

图4-22　角色新建成功

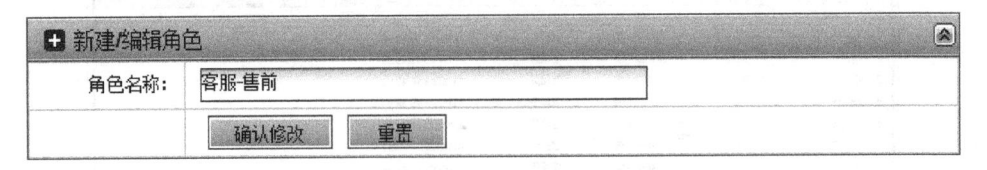

图4-23　修改角色名称

【步骤2】将"角色名称"中的"客服"修改为"客服-售前"，单击"确认修改"按钮，即可完成对角色名称的修改。

任务3：角色功能管理——为"客服-售前"设置角色功能。

【步骤1】依次单击"管理中心"→"权限管理"→"角色功能管理"，在左上方下拉框中选择"客服-售前"这个角色，打开如图4-24所示页面。

图 4-24 "角色功能设置"页面

【步骤 2】"功能列表"中显示该角色可开通的功能模块，点开功能模块可看到功能操作权限，按需选择权限，单击上方的"保存"按钮，即可完成对角色功能的设置。

4.1.4 问题及意见

由使用者记录使用中的问题和修改意见，增进使用者与管理员、开发者之间的沟通。本部分任务列举如下。

- 任务 1：添加问题。
- 任务 2：对提交的问题进行处理。

任务 1：添加问题。

【步骤 1】依次单击"管理中心"→"问题及意见"，打开如图 4-25 所示页面。

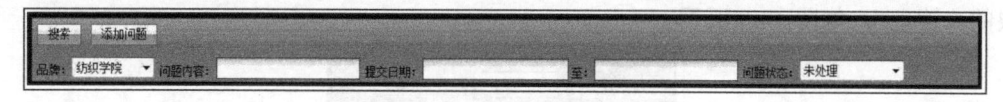

图 4-25 "问题及意见"页面

【步骤 2】单击"添加问题"按钮，打开如图 4-26 所示页面。

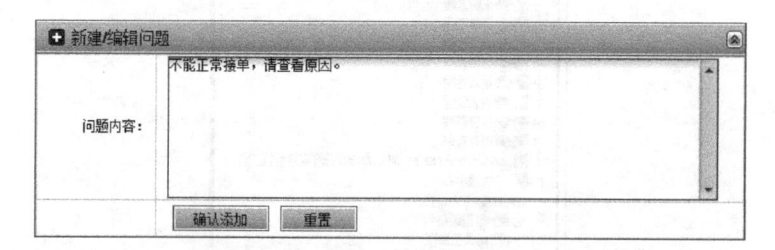

图 4-26 添加问题

【步骤 3】输入"问题内容"，单击"确认添加"按钮，完成问题的添加工作，如图 4-27 所示。

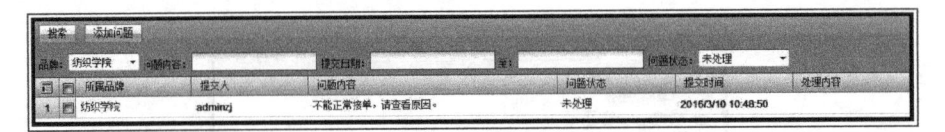

图 4-27　成功添加问题

任务 2：对提交的问题进行处理。

【步骤 1】依次单击"管理中心"→"问题及意见"，双击要处理的问题，打开如图 4-28 所示页面。

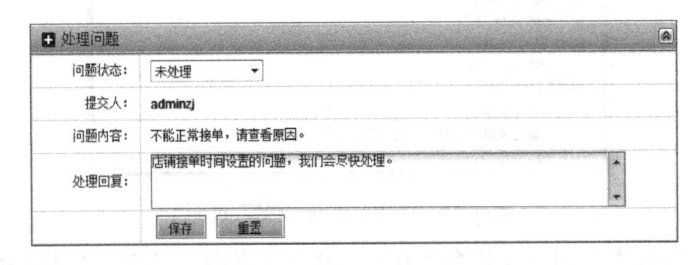

图 4-28　处理提交的问题 1

【步骤 2】填写"处理回复"内容，单击"保存"按钮，即可完成对提交问题的处理。提问者可在问题及意见界面中看到已答复的问题，如图 4-29 所示。

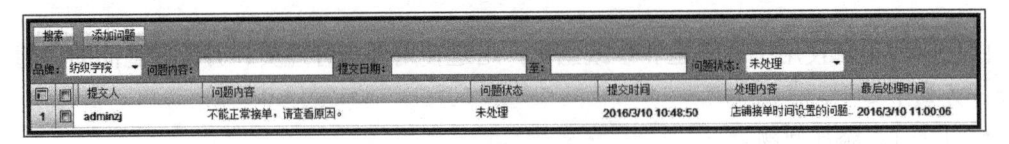

图 4-29　处理提交的问题 2

说明：要处理回复则必须具有权限。依次单击"管理中心"→"权限管理"→"角色功能管理"，打开"角色功能管理"页面。在对角色功能设定时，勾选"问题及意见"中操作权限的"管理"，如图 4-30 所示。

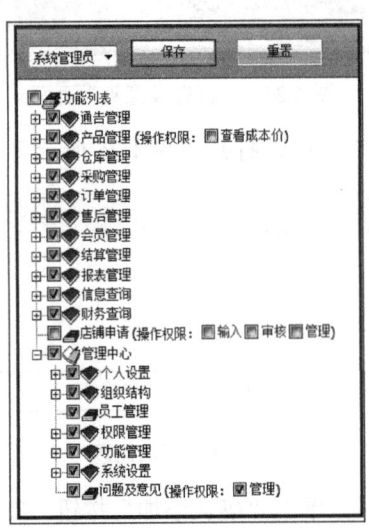

图 4-30　角色功能管理

4.2 通告管理

通告管理主要提供通告快速发布、通告查阅服务。通告管理下面有"添加通告""管理通告""我的消息"三项内容。通告管理结构图如图 4-31 所示。

本部分任务列举如下。
- 任务 1：添加通告。
- 任务 2：管理通告。
- 任务 3：我的消息。

图 4-31 通告管理结构图

任务 1：添加通告。

【步骤 1】依次单击"通告管理"→"添加通告"，打开如图 4-32 所示页面。

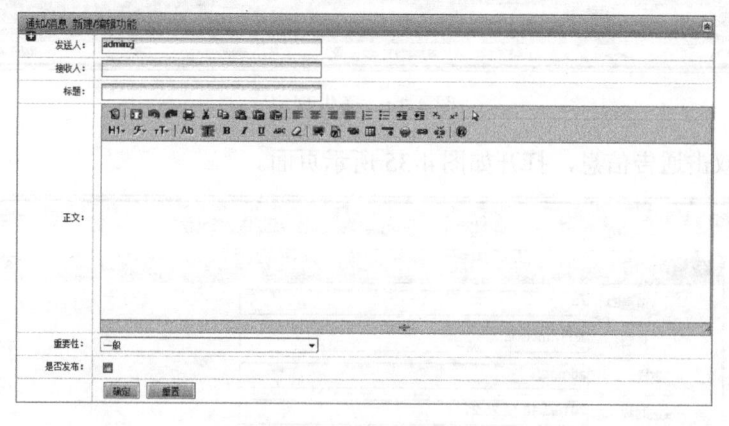

图 4-32 添加通告

【步骤 2】选择"接收人"，输入"标题""正文"，选择"重要性"，勾选"是否发布"，如图 4-33 所示。

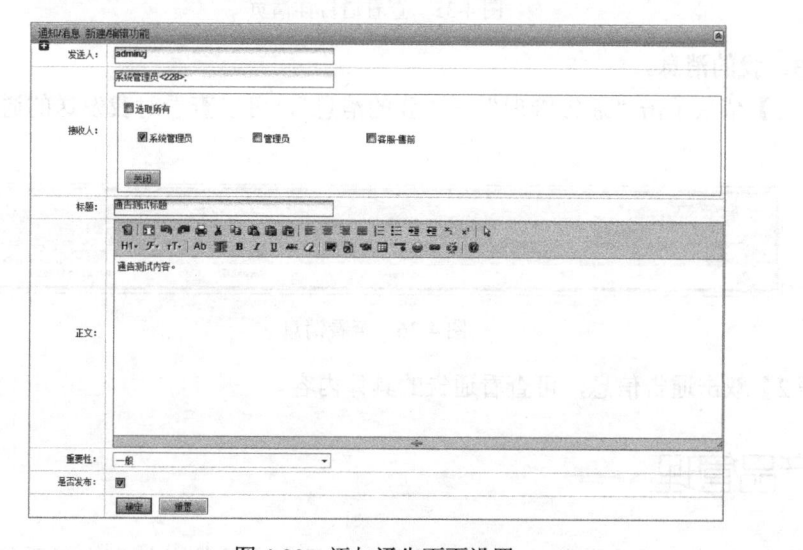

图 4-33 添加通告页面设置

【步骤 3】单击"确定"按钮,即可完成通告添加。

说明:
- 发送人:默认登录账号。
- 接收人:可选择多种角色。
- 标题:通告的标题。
- 正文:通告的内容。
- 重要性:分为一般与重要两种。
- 是否发布:选中"是否发布"单选项则立即发布公告,也可以不选择以便以后发布。

任务 2:管理通告。

【步骤 1】依次单击"通告管理"→"管理通告",打开如图 4-34 所示页面。

图 4-34 通告列表

【步骤 2】双击通告信息,打开如图 4-35 所示页面。

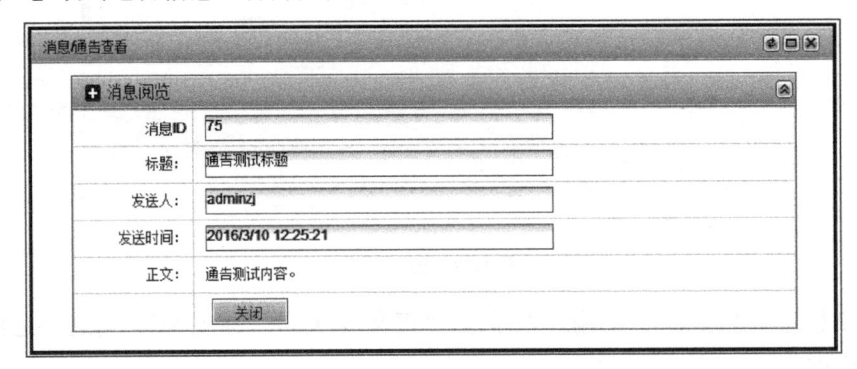

图 4-35 查看通告详情页

任务 3:我的消息。

【步骤 1】依次单击"通告管理"→"我的消息",可以查看对我发送的通告,如图 4-36 所示。

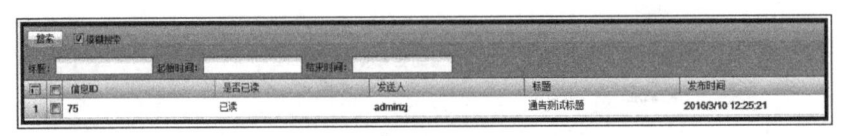

图 4-36 查看消息

【步骤 2】双击通告信息,可查看通告的具体内容。

4.3 产品管理

产品信息是 ERP 系统中最基础的资料之一,只有产品信息的存在,系统中的所有单据才可以正常使用。该功能可新建产品，定义产品的各种属性等。产品信息支持逐个添加和 Excel 文件批量导入两种方式。通告管理下面有"产品属性管理""产品列表""产品对接""店铺产品"四项内容，其中"产品对接"和"店铺产品"是只有对接了淘宝、京东等平台的才可以使用，本系统暂时不能使用。"产品对接"部分系统可自动更新对接信息，自动删除无效链接，支持手工获取上下架产品。"店铺产品"模块不是通用的，只有某些平台需要该模块。本节内容我们只讲解"产品属性管理"和"产品列表"两部分内容。产品管理结构图如图 4-37 所示。

图 4-37 产品管理结构图

本节任务列举如下。
- 任务 1：产品单位管理——单位的添加及修改。
- 任务 2：产品分类管理——分类的添加及修改。
- 任务 3：上下架状态管理——状态的添加及修改。
- 任务 4：产品规格的管理——规格类别添加及规格添加。
- 任务 5：产品年份、产品季节、产品花色、产品包装的管理。
- 任务 6：供货商的管理——供货商的添加及修改。
- 任务 7：产品列表——产品新建、修改和查询。
- 任务 8：产品列表——产品导入、批量修改、导出产品。

任务 1：产品单位管理——单位的添加及修改。

【步骤 1】依次单击"产品管理"→"产品属性管理"→"产品单位"，打开如图 4-38 所示页面。

图 4-38 产品单位列表

【步骤 2】单击左上方"新建单位"按钮，打开"新建产品单位"页面，输入"单位编号"及"单位名称"。

图 4-39 "新建产品单位"页面

说明：单位名称指的是实物单位，例如，个、件、本、条、只、张、双、顶、对、罐、套、箱、辆、瓶等。

【步骤 3】单击"确认添加"按钮，即可完成对单位的添加，如图 4-40 所示。

图 4-40 产品单位新建成功

【步骤 4】双击要修改的单位（以单位名称为"套"的为例），打开如图 4-41 所示页面。

图 4-41 修改产品单位

【步骤 5】在此可以对单位进行修改，修好之后，单击"确认修改"按钮，即可完成对单位的修改工作。

任务 2：产品分类管理——分类的添加及修改。

【步骤 1】依次单击"产品管理"→"产品属性管理"→"产品分类 1"，打开如图 4-42 所示页面。

图 4-42 产品分类 1 页面

【步骤 2】单击"新建分类"按钮，打开"新建分类"页面，如图 4-43 所示。选择"所属分类"，输入"类别编号""分类名称""排序"相关信息。

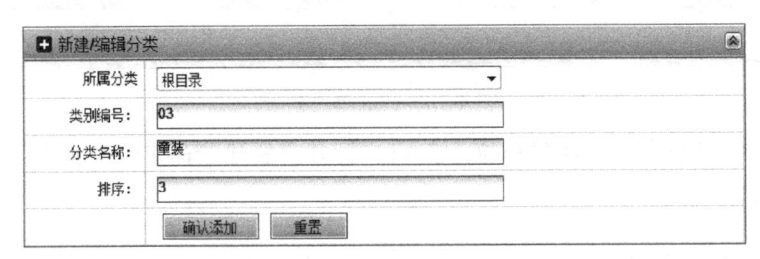

图 4-43 "新建/编辑分类"页面

【步骤 3】单击"确认添加"按钮，即可完成对分类的添加工作，如图 4-44 所示。

图 4-44 新建分类成功

第 4 章　电子商务 ERP 系统功能介绍

【步骤 4】双击要修改的分类（以单位名称为"童装"的为例），打开如图 4-45 所示页面。

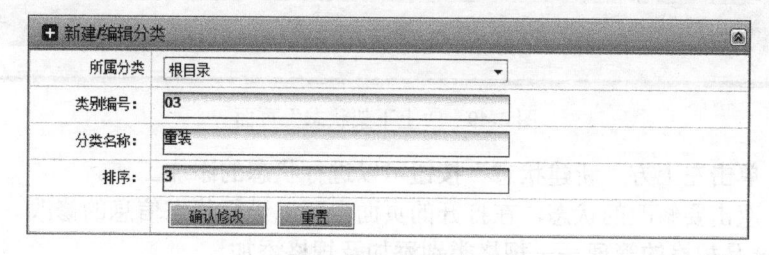

图 4-45　修改分类

【步骤 5】在此可以对分类进行修改，修好之后，单击"确认修改"按钮，即可完成对分类的修改。

说明：ERP 系统中默认"产品分类"可设 3 种大类，分别是"产品分类 1""产品分类 2""产品分类 3"，产品分类是商品的重要属性设置，各属性数据需保持唯一性，以免使用过程中混淆。"产品分类 2"和"产品分类 3"页面截图分别如图 4-46 和图 4-47 所示。

图 4-46　产品分类 2 页面

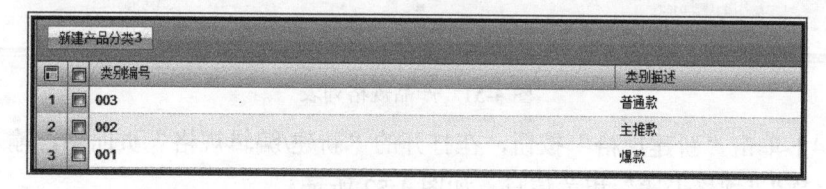

图 4-47　产品分类 3 页面

练习

在女装下面添加 3 个分类，分别是"上装""裤装""裙装"。页面效果如图 4-48 所示。

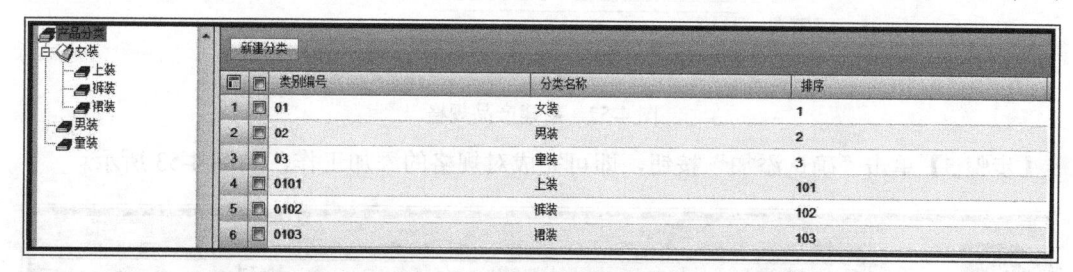

图 4-48　添加分类后的分类列表

任务 3：上下架状态管理——状态的添加及修改。

【步骤 1】依次单击"产品管理"→"产品属性管理"→"上下架状态"，打开如图 4-49 所示页面。

图 4-49 "上下架状态"页面

【步骤 2】单击左上方"新建状态"按钮可以进行状态的添加工作。
【步骤 3】双击要修改的状态,在打开的页面中可以进行状态信息的修改。
任务 4:产品规格的管理——规格类别添加及规格添加。
【步骤 1】依次单击"产品管理"→"产品属性管理"→"产品规格",打开如图 4-50 所示页面。

图 4-50 "产品规格"页面

【步骤 2】单击"新建类别"按钮,在打开的页面中可以进行规格类别的添加。
【步骤 3】单击左侧的产品规格"女装尺码",打开如图 4-51 所示页面。

图 4-51 产品规格列表

【步骤 4】单击"新建规格"按钮,在打开的"新建/编辑规格"页面中,输入"规格编号""规格名称""规格表述"相关信息,如图 4-52 所示。

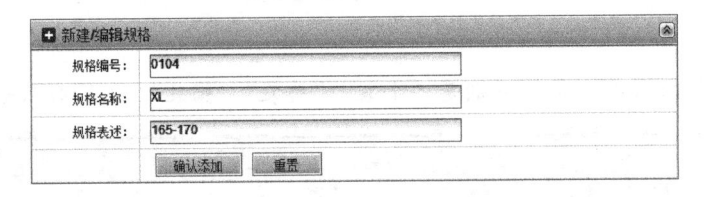

图 4-52 新建产品规格

【步骤 5】单击"确认添加"按钮,即可完成对规格的添加工作,如图 4-53 所示。

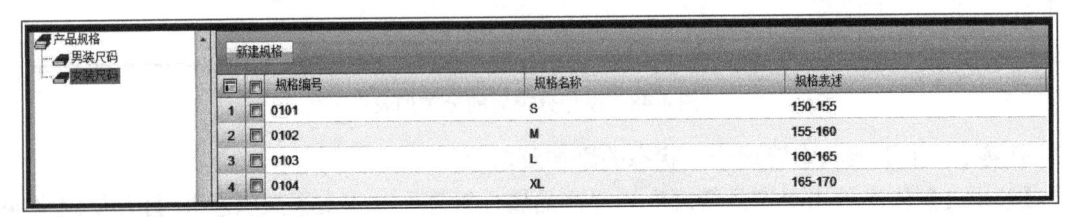

图 4-53 产品规格新建成功

说明：规格类别及规格修改的方法同上，不再赘述。

任务 5：产品年份、产品季节、产品花色、产品包装的管理。

【步骤 1】依次单击"产品管理"→"产品属性管理"→"产品年份"，打开如图 4-54 所示页面。

图 4-54　产品年份列表

【步骤 2】双击要修改的记录，在打开的页面中可以进行修改。单击"新建年份"按钮可以进行年份的添加。

【步骤 3】依次单击"产品管理"→"产品属性管理"→"产品季节"，打开如图 4-55 所示页面。

图 4-55　产品季节列表

【步骤 4】双击要修改的记录，在打开的页面中可以进行修改。单击"新建产品季节"按钮可以进行季节的添加。

【步骤 5】依次单击"产品管理"→"产品属性管理"→"产品花色"，打开如图 4-56 所示页面。

图 4-56　产品花色列表

【步骤 6】双击要修改的记录可以进行修改工作，单击"添加花色"按钮可以进行花色的添加工作。

【步骤 7】依次单击"产品管理"→"产品属性管理"→"产品包装"，打开如图 4-57 所示页面。

图 4-57　产品包装列表

【步骤 8】双击要修改的记录可以进行修改，单击"添加包装"按钮可以进行包装的添加工作。

任务 6：供货商的管理——供货商的添加及修改。

【步骤 1】依次单击"产品管理"→"产品属性管理"→"供货商"，打开如图 4-58 所示页面。

图 4-58 "供货商"页面

【步骤 2】双击要修改的记录，在打开的页面中可以进行修改，如图 4-59 所示。

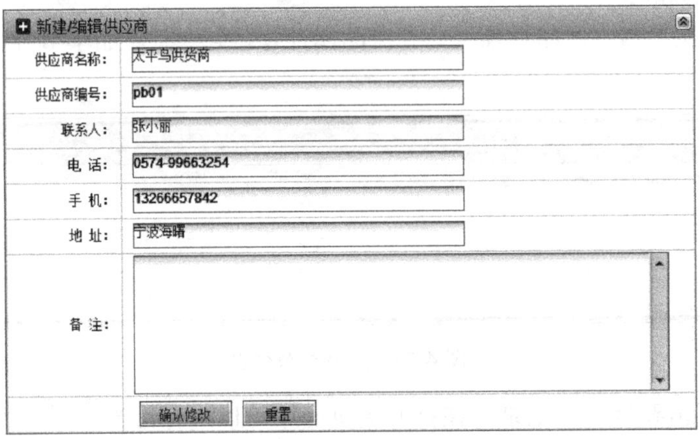

图 4-59 供货商信息修改

【步骤 3】在图 4-58 中单击"新建供货商"按钮可以进行供货商的添加工作，如图 4-60 所示。

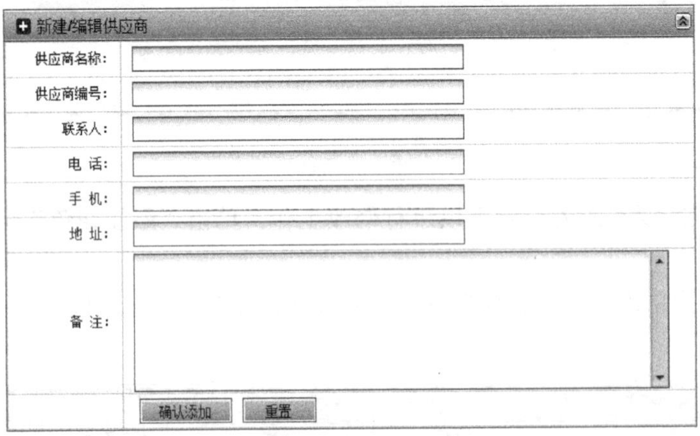

图 4-60 新建供货商

任务 7：产品列表——产品新建、修改和查询。

【步骤 1】依次单击"产品管理"→"产品列表"，打开如图 4-61 所示页面。

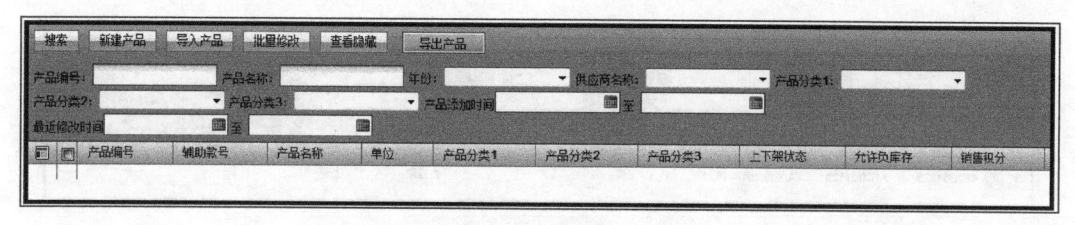

第 4 章 电子商务 ERP 系统功能介绍

图 4-61 "产品列表"页面

【步骤 2】单击左上方"新建产品"按钮,打开"新建/编辑产品"页面,选中"产品基本信息"选项卡,如图 4-62 所示。

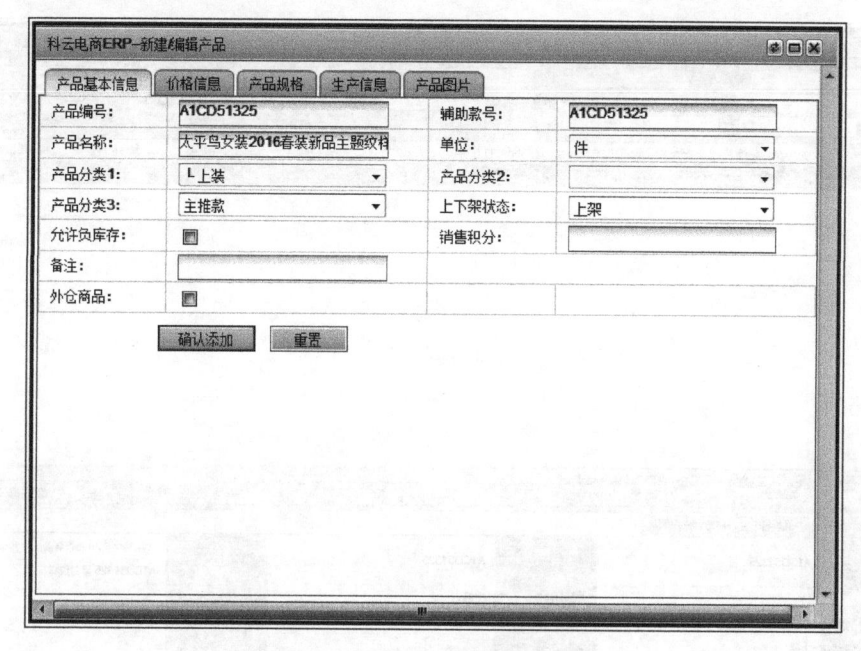

图 4-62 "新建/编辑产品"页面

说明:

- 只需填写"辅助款号",则系统会自动填上"产品编号"。这里的"产品编号"一定要和平台上的产品编号一致。
- "新建/编辑产品"页面主要包括产品基本信息、价格信息、产品规格、生产信息、产品图片,可按需填写产品各项属性。
- 支持 JPG 图片上传,单个文件的大小≤200KB。
- "产品编号"只增不删。产品编号是基础数据,删除之后有很多关联信息也会被删除,所以建议不删除。
- 毛重×快递费用,可以得到物流费用,从而每个月可以跟快递公司对账,如果没有电子称重,则需要在这里设定毛重。

【步骤3】信息填写好之后,单击"确认添加"按钮,即可完成对产品的添加工作。

【步骤4】"产品分类 1"处选择"上装",单击上方的"搜索"按钮,即可完成对产品的搜索工作,如图 4-63 所示。

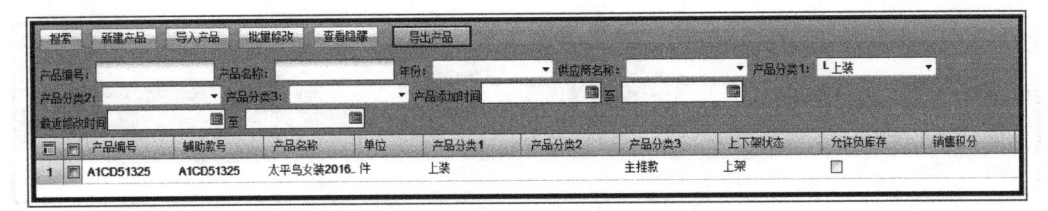

图 4-63 产品搜索

说明：单击"搜索"按钮可以搜索出所有商品信息，也可以根据条件检索，选中一条产品信息，可以在下方查看其详细信息，如图 4-64 所示。

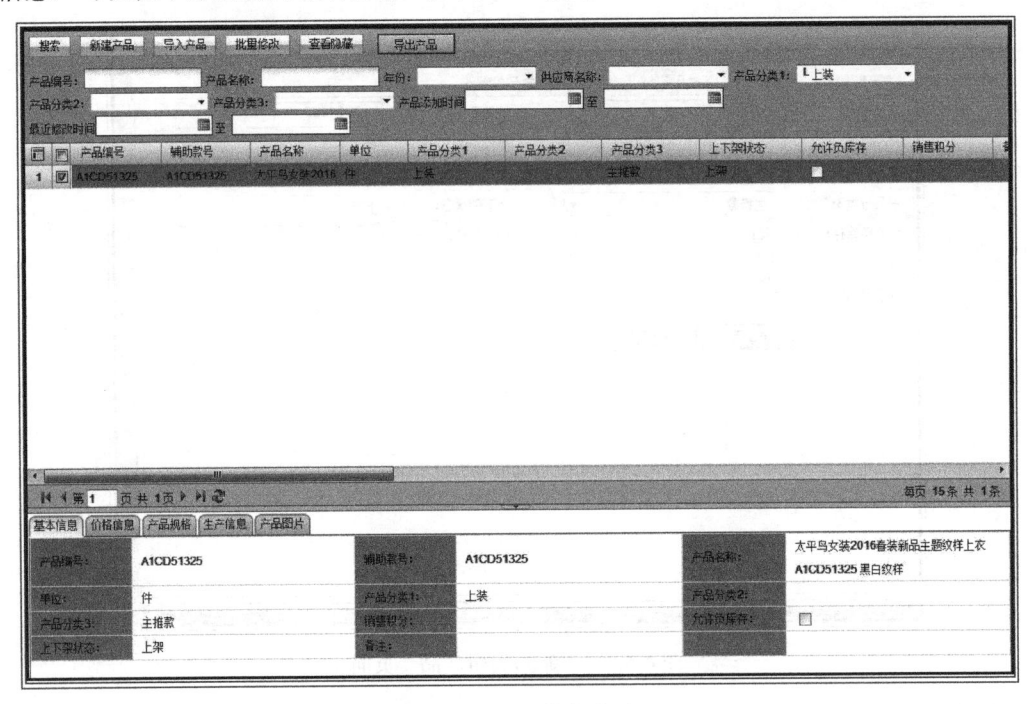

图 4-64 产品信息查看

【步骤 5】双击要修改信息的那条记录，可以进行产品信息的修改工作，如图 4-65 所示。

图 4-65 产品信息修改

第 4 章 电子商务 ERP 系统功能介绍

任务 8：产品列表——产品导入、批量修改、导出产品。

【步骤 1】依次单击"产品管理"→"产品列表",打开如图 4-66 所示页面。

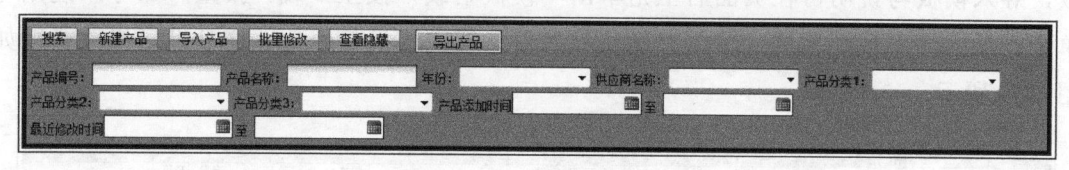

图 4-66 "产品列表"页面

【步骤 2】单击"导入产品"按钮,打开如图 4-67 所示页面。

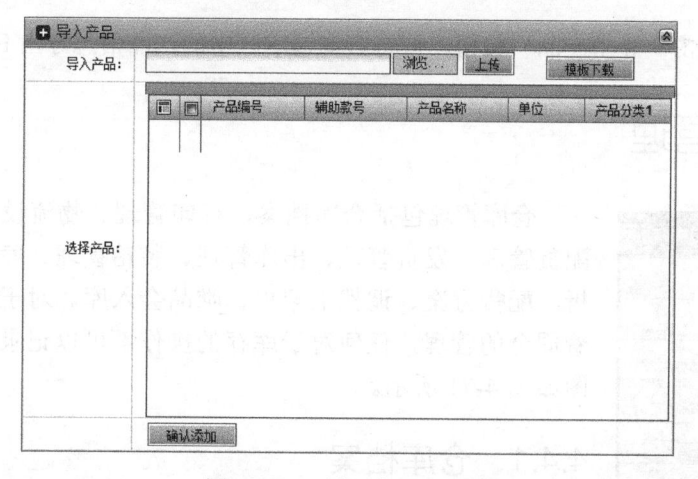

图 4-67 "导入产品"页面

【步骤 3】导入成功后产品栏中就会显示所导入的产品列表,单击"确认添加"按钮完成导入工作。

说明：

- 可将产品信息编辑为 Excel 文件实现批量导入,导入模板与说明可在右上方单击"模板下载"按钮下载。模板中的"单位"和"产品分类"都是各自对应的编号。产品导入模板如图 4-68 所示。

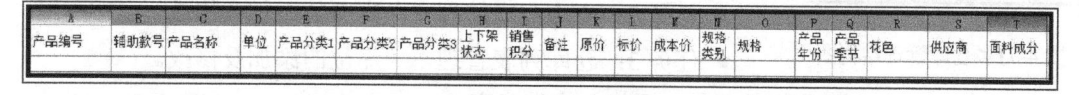

图 4-68 产品导入模板

- 模板中所填写的产品属性,需按系统中设定的属性 ID（属性编号）填写,否则导入过程中将提示失败,Excel 文件支持 2003、2007、WPS（xls 格式）。

【步骤 4】单击"批量修改"按钮,打开如图 4-69 所示页面。

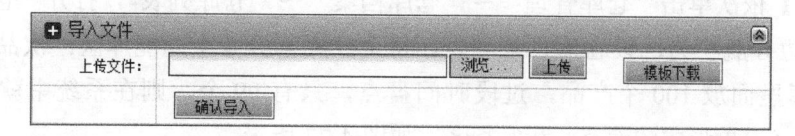

图 4-69 批量修改

【步骤 5】批量修改操作可将需要修改的产品属性批量上传以实现批量属性覆盖修改，导入模板与说明可在页面右上角单击"模板下载"按扭下载。批量产品导入规则与单个产品的导入规则相同。单击"确认导入"按钮完成批量修改。产品批量修改模板如图 4-70 所示。

A	B	C	D	E	F	G	H	I	J	K	L	M	N	O	P	Q	R	S
产品编号	辅助款号	产品名称	单位	产品分类1	产品分类2	产品分类3	上下架状态	销售积分	备注	原价	标价	成本价	规格类别	规格	产品年份	产品季节	花色	供应商

图 4-70　产品批量修改模板

【步骤 6】单击"导出产品"按钮，可将查询显示区中的产品信息导出 Excel 表格。

4.4　仓库管理

仓库管理包括仓库档案、打印管理、物流设定、入库管理、配货管理、发货管理、出库管理、装箱管理、库存管理、物流分析、配货方案、调拨上架单、唯品会入库。对于仓库中的产品有着周全的管理，任何对于库存的操作都可以记录。仓库管理结构图如图 4-71 所示。

4.4.1　仓库档案

仓库档案包括仓库列表、入库供货商管理、货架列表、产品列表。仓库档案是管理库存的基础信息，能直接设置实体仓库和虚拟仓库及对应的库位、货架信息。可以设置多家仓库，每家仓库可单独管理。店铺关联对应的仓库，进行下单、退货操作。各仓库可直接进行货物调配，还可以调拨管理。本部分任务列举如下。

- 任务 1：仓库列表管理——仓库的添加及修改。
- 任务 2：仓库列表管理——库区的添加及修改。

图 4-71　仓库管理结构图

- 任务 3：仓库列表管理——库位的添加及修改。
- 任务 4：入库供货商管理——添加入库供货商。
- 任务 5：货架列表管理——货架号添加。
- 任务 6：产品列表管理——产品货架的删除、修改。

任务 1：仓库列表管理——仓库的添加及修改。

【步骤 1】依次单击"仓库管理"→"仓库档案"→"仓库列表"，打开"仓库列表"页面。页面左边导航栏为已设仓库目录列表，每个仓库都分 4 个功能库区：次品区、差异区（例如：仓库里面放 100 个产品，过段时间盘点，只有 99 个，则在系统中就体现在差异区）、退货区（退单形成的库存）和发货区，如图 4-72 所示。

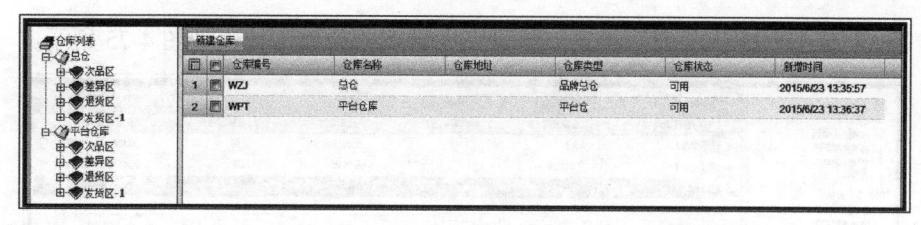

图 4-72 仓库列表

【步骤2】单击"新建仓库"按钮,打开如图 4-73 所示页面。

图 4-73 "新建/编辑仓库"页面

说明:
- 仓库类型:对应店铺类型分为第三方仓、平台仓、品牌总仓。
- 仓库状态:此处只有"可用"一个选项。
- 渠道:对应"管理中心"→"组织结构"→"办事处管理"设置中的总公司与分公司,即仓库所属公司。
- 仓库编号:对应仓库的 ID。
- 是否自动调出:用于开启该仓库自动调拨功能。

【步骤 3】选择"仓库类型""仓库状态""渠道",再输入"仓库名称""仓库编号""仓库地址"等信息,如图 4-74 所示。

图 4-74 "新建/编辑仓库"内容设置

【步骤4】单击"确认添加"按钮,即可完成仓库的新建工作,如图 4-75 所示。

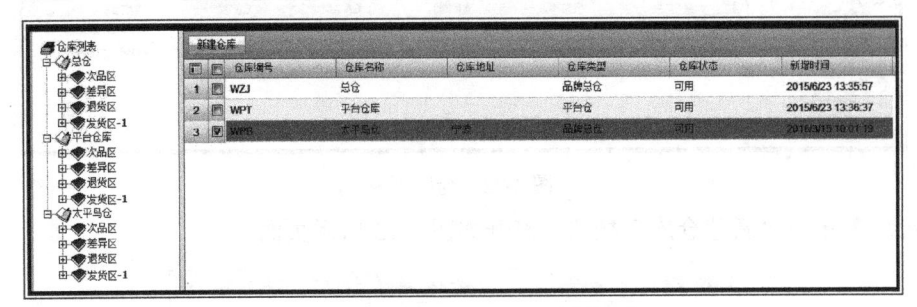

图 4-75　完成新建仓库工作

说明:
- 建好的仓库默认有 4 个功能库区,分别为发货区、次品区、退货区、差异区。
- 发货区:正常发货用。
- 退货区:退单入库后,用于货品暂存的库区。检验后做调拨,再分配到其他区域。
- 次品区:用于存放次品的库区。
- 差异区:该库区是其他仓库调整、盘点下来的货品存放区。

【步骤5】双击要修改的仓库,打开如图 4-76 所示页面。

图 4-76　修改仓库信息

【步骤6】修改相关的信息,单击"确认修改"按钮,完成仓库的修改工作。

任务 2:仓库列表管理——库区的添加及修改。

【步骤1】依次单击"仓库管理"→"仓库档案"→"仓库列表",单击导航栏中已设的仓库(例如:太平鸟仓),右侧窗口则变为库区界面,如图 4-77 所示。

第 4 章　电子商务 ERP 系统功能介绍

图 4-77　库区列表

【步骤 2】单击"新建库区"按钮，在打开的页面中输入相关信息，如图 4-78 所示。

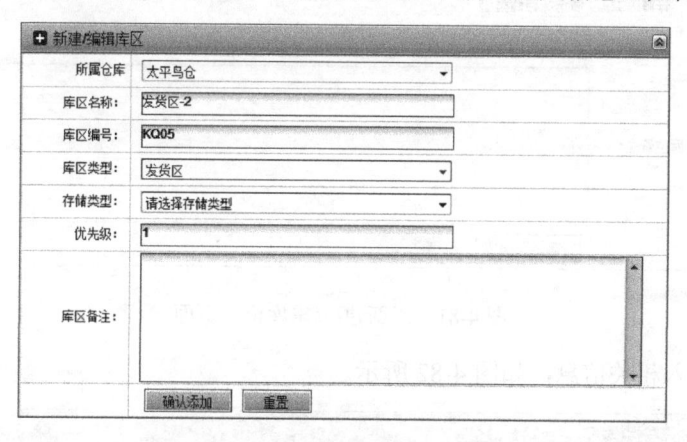

图 4-78　"新建/编辑库区"页面

【步骤 3】单击"确认添加"按钮，即可完成对库区的添加工作，如图 4-79 所示。

图 4-79　完成新建库区工作

【步骤 4】双击要修改的库区，也可对库区进行查看和编辑工作。

说明：新建库区中"库区类型"为发货区的不能修改。

任务 3：仓库列表管理——库位的添加及修改。

【步骤 1】依次单击"仓库管理"→"仓库档案"→"仓库列表"，再单击导航栏中已设的仓库（例如：总仓）下面的库区（例如：次品区），右侧窗口则变为库位界面，如图 4-80 所示。

图 4-80　库位列表

【步骤2】单击"新建库位"按钮,打开如图4-81所示页面。

图4-81 "新建/编辑库位"页面

【步骤3】输入相关信息,如图4-82所示。

图4-82 新建库位的信息输入

【步骤4】单击"确认添加"按钮,即可完成对库位的添加工作,如图4-83所示。

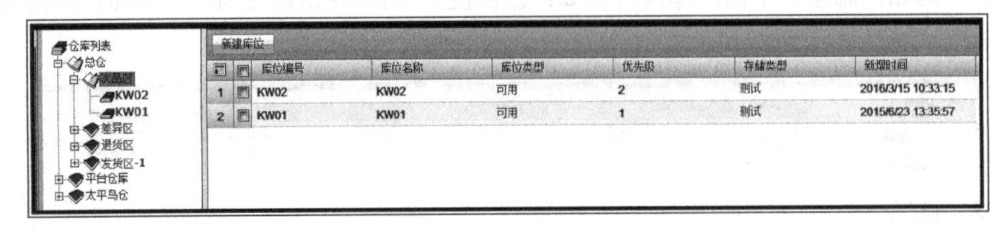

图4-83 完成新建库位工作

【步骤5】双击要修改的库位,可以进行库位的修改工作。

任务 4：入库供货商管理——添加入库供货商。

【步骤 1】依次单击"仓库管理"→"仓库档案"→"入库供货商管理",打开如图 4-84 所示页面。

图 4-84　入库供货商列表

【步骤 2】单击"新建供货商"按钮,在打开的页面中,输入"供货商名称"和"供货商编号"相关信息,如图 4-85 所示。

图 4-85　新建供货商

【步骤 3】单击"确认添加"按钮,即可完成对入库对供货商的添加工作,如图 4-86 所示。

图 4-86　完成新建供货商工作

任务 5：货架列表管理——货架号添加。

货架列表是实体仓库中的货架管理,在配货单中显示,以便仓库拣货人员准确拣货,是货品在仓库中的实际位置。在新建过程中只有做好货架与产品的关联工作才能在配货单显示货架。

【步骤 1】依次单击"仓库管理"→"仓库档案"→"货架列表",打开如图 4-87 所示页面。

图 4-87　货架列表

【步骤 2】单击"新建货架号"按钮,在打开的页面中输入"货架编号",再选择相关产品,如图 4-88 所示。

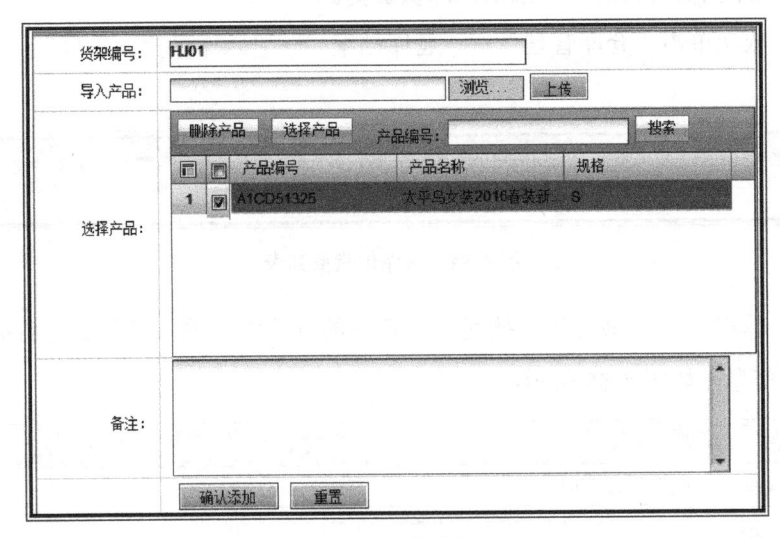

图 4-88 新建货架号

说明：
- 货架编号：表示实体货架编号。
- 导入产品：批量导入该货架上的商品，但导入表格中产品编号必须是系统拥有的产品编号。
- 选择产品：选择 ERP 系统中已经存在的产品。

【步骤3】单击"确认添加"按钮，即可完成对货架的添加工作，如图 4-89 所示。

图 4-89 完成新建货架号工作

【步骤4】双击要修改的货架号（例如，"HJ01"），打开如图 4-90 所示页面。

图 4-90 修改货架号

【步骤 5】进行货架信息修改,单击"确认修改"按钮,即可完成货架信息修改工作。

任务 6:产品列表管理——产品货架的删除、修改。

产品列表主要用来查询产品所在货架。

【步骤 1】依次单击"仓库管理"→"仓库档案"→"产品列表",打开如图 4-91 所示页面。

图 4-91 产品货架管理

【步骤 2】双击图 4-91 中的产品,打开如图 4-92 所示页面。

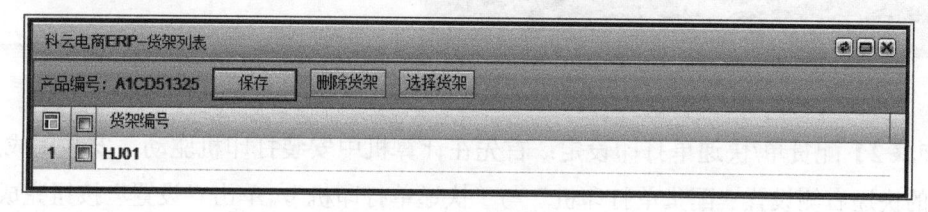

图 4-92 产品货架列表

【步骤 3】选中"货架编号"为"HJ01"前面的复选框,再单击"删除货架"按钮,即可完成对货架的删除工作。

【步骤 4】单击"选择货架",可以为当前产品选择货架,如图 4-93 所示。

图 4-93 产品货架修改

【步骤 5】依次单击"确定"按钮和"保存"按钮,即可完成对产品货架的修改。

4.4.2 打印管理

打印管理用于包括打印机设置、订单/快递打印的设置,例如仓库配货单、快递单、发票等打印设备、格式的设置。本部分任务列举如下。

- 任务 1:打印机设置。
- 任务 2:订单/快递打印。

任务 1:打印机设置。

【步骤 1】依次单击"仓库管理"→"打印管理"→"打印机设置",打开如图 4-94 所示页面。

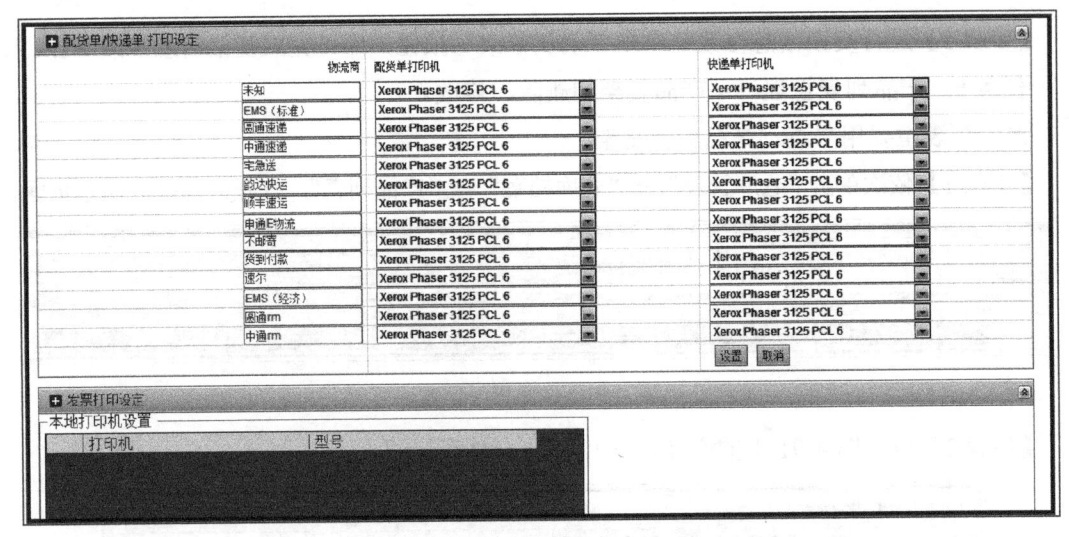

图 4-94 "打印机设置"页面

【步骤 2】配货单/快递单打印设定：首先在计算机中安装打印机驱动，安装完成后可以在对应的快递右侧设置"配货单打印机"与"快递单打印机"，单击"设置"按钮完成。

【步骤 3】发票打印设定：在本地打印机设置中右击打印机栏，则在弹出的快捷菜单中会显示"删除""添加"命令，选择"添加"命令，则在打开的页面中设定所需的打印机，单击"保存"按钮完成设置。

任务 2：订单/快递打印。

"订单/快递打印"可以方便快速地打印单笔单据，但要求打印格式必须已设定。

【步骤 1】依次单击"仓库管理"→"打印管理"→"订单/快递打印"，打开如图 4-95 所示页面。

图 4-95 "订单/快递打印"页面

【步骤 2】在"寄件人设定"下拉框中选择一个寄件人，再输入"订单编号设定"，如图 4-96 所示。

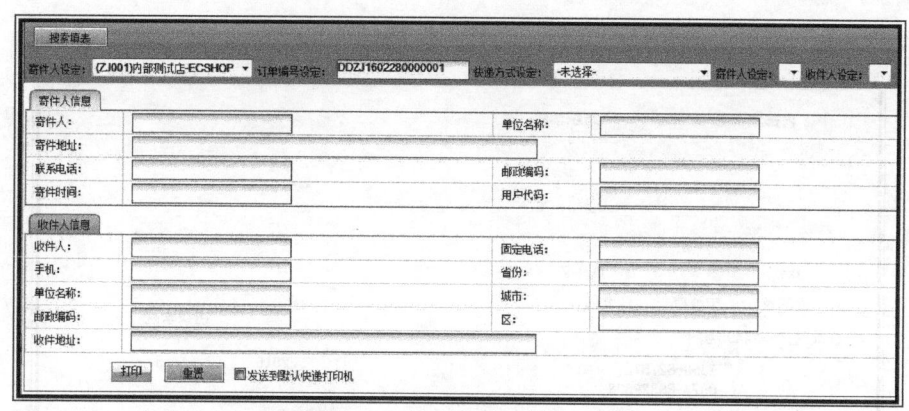

第 4 章 电子商务 ERP 系统功能介绍

图 4-96 "订单/快递打印"页面 2

【步骤 3】单击左上方的"搜索填表"按钮,系统会自动填写"收件人信息"及"快递方式设定",如图 4-97 所示。

图 4-97 "订单/快递打印"页面 3

【步骤 4】单击"打印"按钮,即可完成对订单/快递的打印工作。

说明:如果在教学过程中没有安装打印机,可以在"打印"页面的"名称"右边的下拉框中选择"Microsoft XPS Document Writer",如图 4-98 所示。

图 4-98 "打印"页面

单击"确定"按钮,保存打印文件,文件内容如图4-99所示。

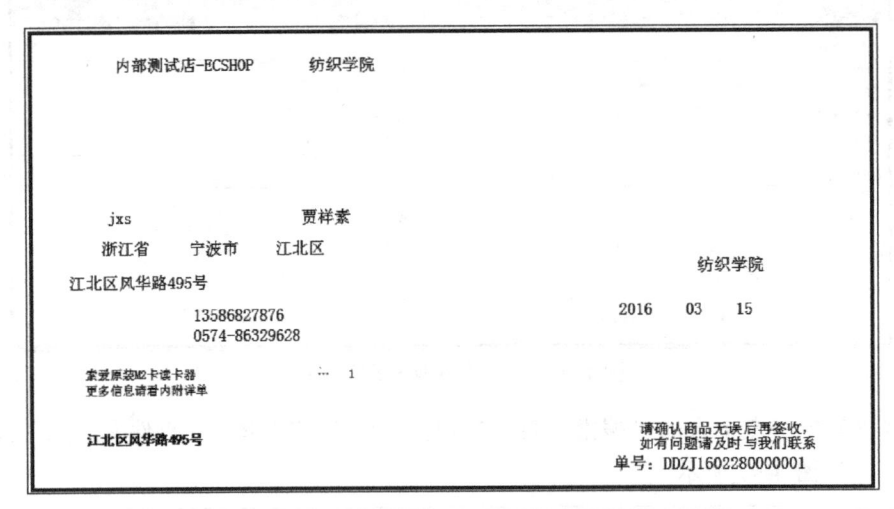

图 4-99 打印的订单/快递单据

4.4.3 物流设定

物流设定用来设置订单的基础物流信息,包括品牌快递设置、物流费用设置、默认快递设置、物流站点设置、批量修改快递、装箱尺寸管理、无订单快递管理、默认快递修改管理、区域划分管理、快递单管理。本部分任务列举如下。

- 任务1:品牌快递设置——快递公司的添加、修改及删除。
- 任务2:物流费用设置。
- 任务3:默认快递设置——普通设置及批量设置。
- 任务4:物流站点设置。
- 任务5:批量修改快递。
- 任务6:装箱尺寸管理。
- 任务7:无订单快递管理。
- 任务8:默认快递修改管理。
- 任务9:区域划分管理。
- 任务10:快递单管理。

任务1:品牌快递设置——快递公司的添加、修改及删除。

【步骤1】依次单击"仓库管理"→"物流设定"→"品牌快递设置",打开如图4-100所示页面。

图 4-100 "品牌快递设置"页面

【步骤2】单击左上方的"新添"按钮,打开如图4-101所示页面。

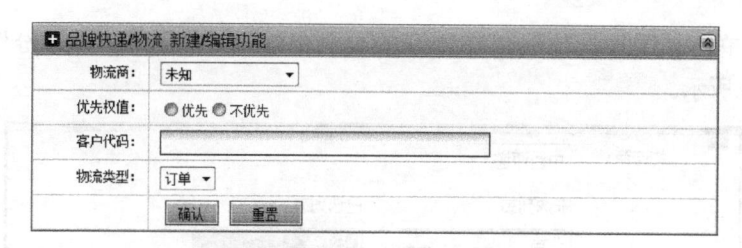

第4章 电子商务ERP系统功能介绍

图 4-101　添加物流商页面 1

【步骤3】"物流类型"按订单类型设置，有三种类型，即订单、大货、通用。选择"物流商"及"物流类型"，填写"客户代码"，如图 4-102 所示。

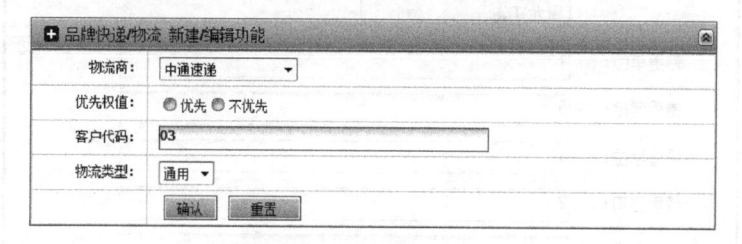

图 4-102　添加物流商页面 2

【步骤4】单击"确认"按钮，即可完成对快递公司的添加工作，如图 4-103 所示。

图 4-103　添加物流商成功

【步骤5】右击要修改或删除的快递公司，在弹出的快捷菜单中选择"编辑"或"删除"，即可进行快递公司的修改或删除工作，如图 4-104 所示。

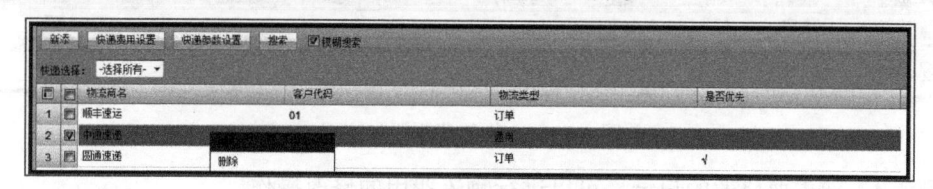

图 4-104　物流商编辑及删除

任务 2：物流费用设置。

【步骤1】依次单击"仓库管理"→"物流设定"→"物流费用设置"，打开如图 4-105 所示页面。

图 4-105　"物流费用设置"页面

【步骤2】单击"添加"按钮,在打开的页面中选择"物流商""省份",填写相关信息,如图4-106所示。

图 4-106 物流费用设置

【步骤3】单击"确认"按钮,即可完成对物流费用的添加工作,如图4-107所示。

图 4-107 物流费用添加完成

【步骤4】双击要修改的记录,可以进行物流费用的修改操作。

说明:只有"物流类型"为订单或通用的物流商才可以设置物流费用。

任务3:默认快递设置——普通设置及批量设置。

【步骤1】依次单击"仓库管理"→"物流设定"→"默认快递设置",打开如图4-108所示页面。

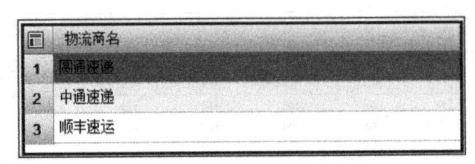

图 4-108 默认快递普通设置页面1

第 4 章　电子商务 ERP 系统功能介绍

【步骤2】双击快递商（例如，"中通速递"），打开如图 4-109 所示页面。

图 4-109　默认快递普通设置页面 2

【步骤3】逐级选择区域，设定该区域默认的快递，单击"保存"按钮。系统接到该区域的单子就会将单子的快递公司设为默认快递。

【步骤4】右击"中通速递"，弹出如图 4-110 所示页面。

【步骤5】选择"批量设置"，打开如图 4-111 所示页面。

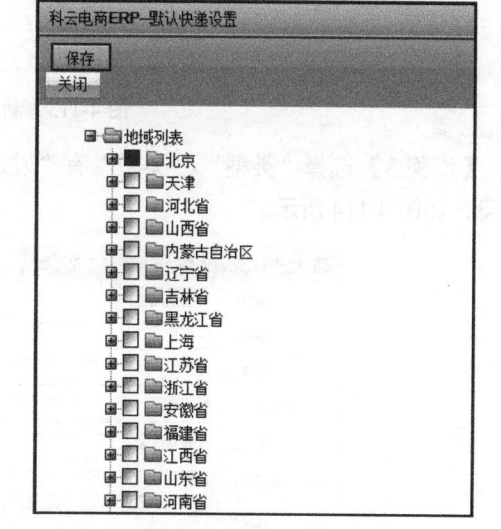

图 4-110　默认快递批量设置 1　　　　　图 4-111　默认快递批量设置 2

【步骤6】在这里我们可以看到刚才设置的北京地区的默认快递是"中通速递"，同时也可以选取其他地区以进行批量设置。

说明：如果在"物流费用设置"中设置浙江地区默认快递是"圆通速递"，而在"默认快递设置"页面中设置浙江地区默认快递是"中通速递"，则应该以"默认快递设置"中设置的为准。

任务 4：物流站点设置。

【步骤 1】依次单击"仓库管理"→"物流设定"→"物流站点设置"，打开如图 4-112 所示页面。

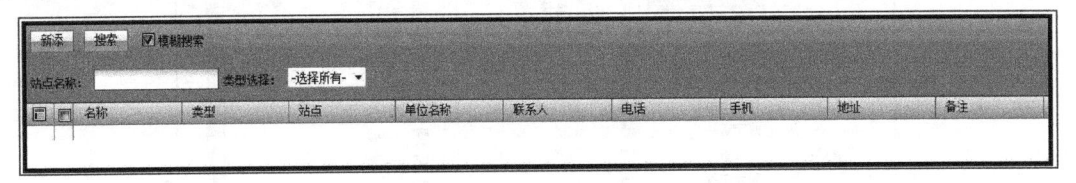

图 4-112 "物流站点设置"页面

【步骤 2】单击"新添"按钮，打开如图 4-113 所示页面。

图 4-113 新建物流站点页面

【步骤 3】选择"类型"（"类型"有"发送站信息"与"收货站信息"两类），再填写相关信息，如图 4-114 所示。

图 4-114 新建物流站点设置

【步骤 4】单击"确认"按钮，即可完成对物流站点的添加工作，如图 4-115 所示。

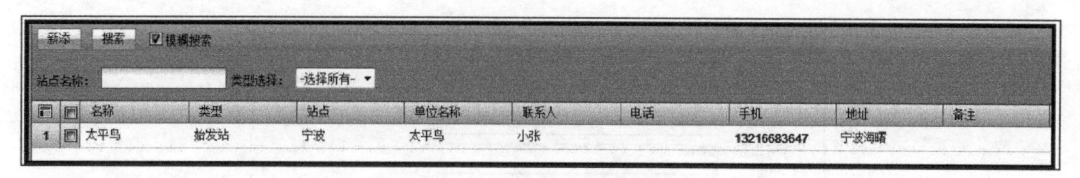

第 4 章 电子商务 ERP 系统功能介绍

图 4-115 物流站点添加完成

【步骤 5】右击其中的一条记录,在弹出的快捷菜单中可以选择"编辑"或"删除",如图 4-116 所示。

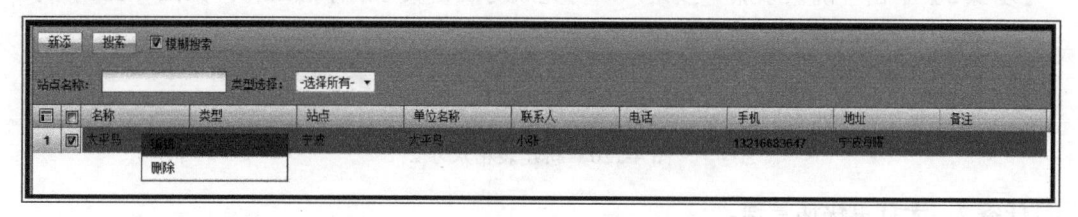

图 4-116 物流站点的编辑及删除

任务 5:批量修改快递。

【步骤 1】依次单击"仓库管理"→"物流设定"→"批量修改快递",打开如图 4-117 所示页面。

图 4-117 "批量修改快递"页面

【步骤 2】可以根据条件筛选需要修改的快递订单,还可以批量修改成新的物流方式。

任务 6:装箱尺寸管理。

可在"装箱尺寸"页面中选择装箱尺寸等信息。

【步骤 1】依次单击"仓库管理"→"物流设定"→"装箱尺寸",打开如图 4-118 所示页面。

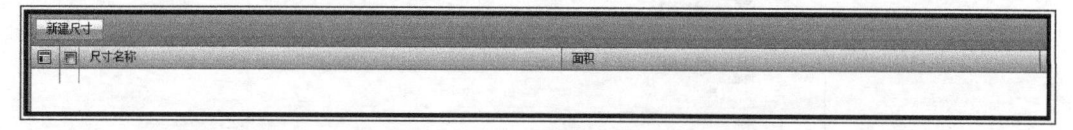

图 4-118 "装箱尺寸"页面

【步骤 2】单击"新建尺寸"按钮,在打开的页面中输入相关信息,如图 4-119 所示。

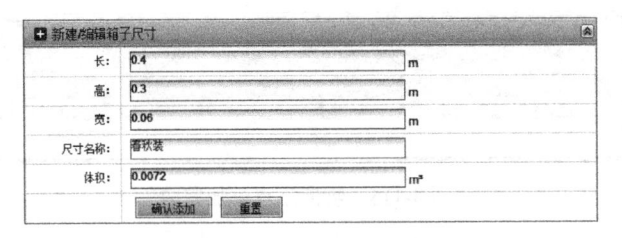

图 4-119 新建装箱尺寸 1

【步骤 3】单击"确认添加"按钮，即可完成对装箱尺寸的添加工作，如图 4-120 所示。

图 4-120 新建装箱尺寸 2

任务 7：无订单快递管理。

无订单快递用来统计其他快递费用，还可以称重计算。

【步骤 1】依次单击"仓库管理"→"物流设定"→"无订单快递"，打开如图 4-121 所示页面。

图 4-121 "无订单快递"页面

【步骤 2】单击"新建快递"按钮，打开如图 4-122 所示页面。

图 4-122 "新建/编辑无订单快递"页面

【步骤 3】填写相关信息后,单击"确认添加"按钮,即可完成无订单快递的添加工作。
说明:
- 单据来源:可以关联"订单""出库单"两种单据来源方式。
- 类型:有"加单""转单""补发发票""补发辅料""少件补发""换快递单""第三方""其他""丢件补发"几个选项,可按实际快递类型选择。
- 备注:在"备注"文本框中输入的信息会显示在关联订单的发货备注中。
- 当快递经过称重后系统会自动计算快递价格,然后显示在界面中。

任务 8:默认快递修改管理。
【步骤 1】依次单击"仓库管理"→"物流设定"→"默认快递修改",打开如图 4-123 所示页面。

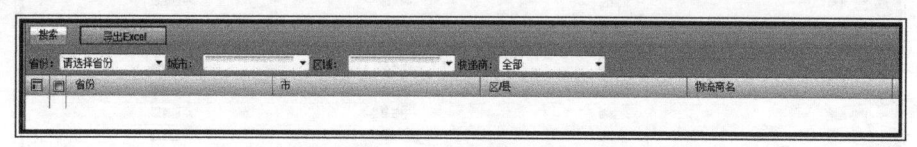

图 4-123 "默认快递修改"页面

【步骤 2】在"省份"下拉框中选择"北京",打开如图 4-124 所示页面。

图 4-124 默认快递修改 1

【步骤 3】双击北京市"东城区"这条记录,在打开的页面中将该区域的"快递商"改为"顺丰速运",如图 4-125 所示。

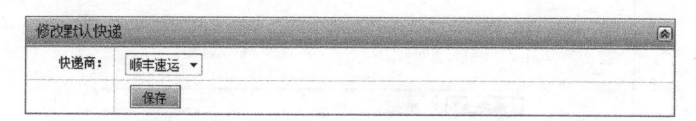

图 4-125 默认快递修改 2

【步骤4】单击"保存"按钮,即可完成对默认快递的修改工作,如图4-126所示。

图4-126 默认快递修改3

任务9:区域划分管理。

【步骤1】依次单击"仓库管理"→"物流设定"→"区域划分",打开如图4-127所示页面。

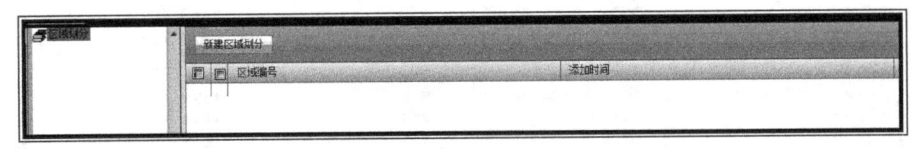

图4-127 "区域划分"页面

【步骤2】单击"新建区域划分"按钮,打开如图4-128所示页面。

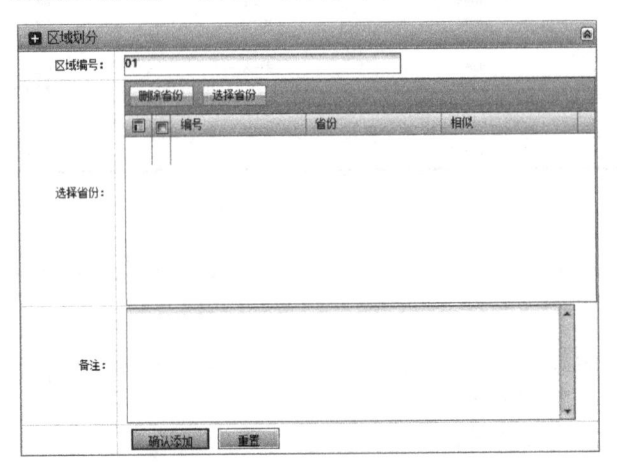

图4-128 新建区域划分页面

【步骤3】输入"区域编号",再单击"选择省份"按钮,选择区域对应的省份,如图4-129所示。

图 4-129　选择省份

【步骤4】单击"确定"按钮,打开如图4-130所示页面。

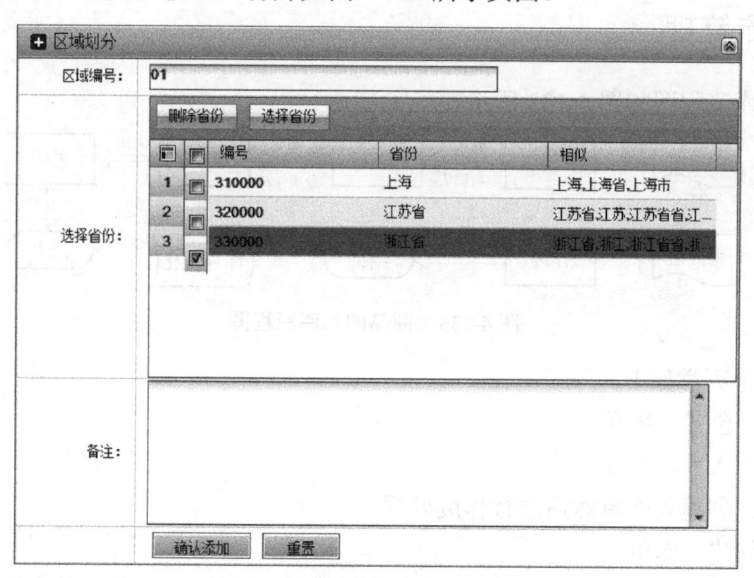

图 4-130　选定省份后的页面

【步骤5】单击"确认添加"按钮,即可完成对区域划分的添加工作,如图4-131所示。

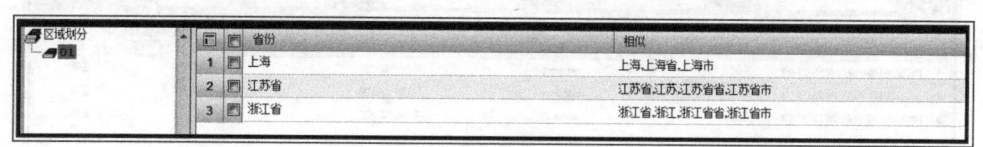

图 4-131　完成新建区域划分

任务 10：快递单管理。

"快递单管理"页面用来管理各热敏地区的快递单号。

【步骤】依次单击"仓库管理"→"物流设定"→"快递单管理",打开如图 4-132 所示页面。

图 4-132 "快递单管理"页面

4.4.4 入库管理

商品的入库流程图如图 4-133 所示。

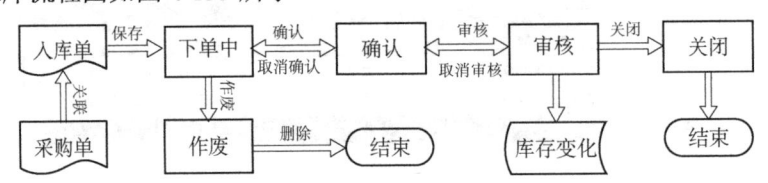

图 4-133 商品的入库流程图

本部分任务列举如下。

- 任务 1：创建入库单。
- 任务 2：入库单操作。
- 任务 3：创建入库单然后进行作废处理。

任务 1：创建入库单。

【步骤 1】依次单击"仓库管理"→"入库管理",打开如图 4-134 所示页面。

图 4-134 "入库管理"页面

【步骤 2】单击"新建单据"按钮,打开"入库单"选项卡,完善相关信息,如图 4-135 所示。

图 4-135 新建入库单 1

【步骤 3】单击"入库产品明细"选项卡,选择入库产品及数量,如图 4-136 所示。

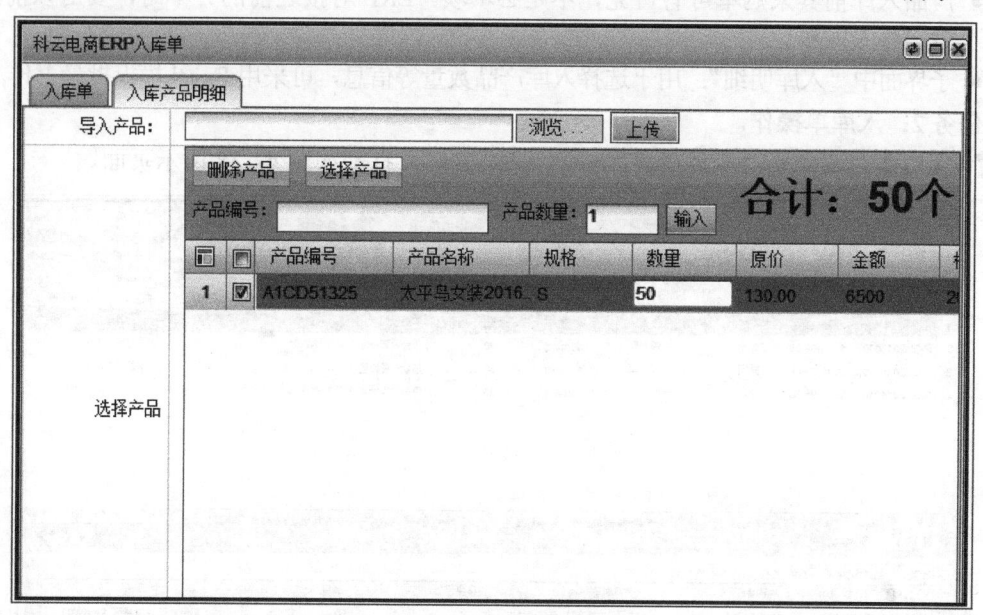

图 4-136 新建入库单 2

【步骤 4】返回"入库单"选项卡,单击"确认添加"按钮,即可完成对入库单的创建工作,如图 4-137 所示。

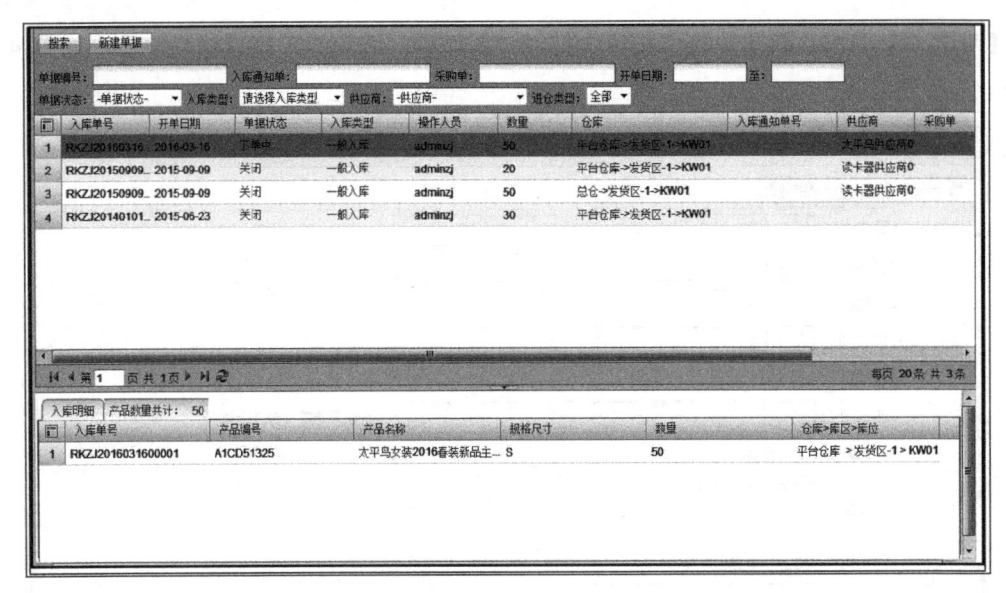

图 4-137 新建入库单 3

说明：
- 入库单号：完成新建后系统会为入库单自动编号。
- 入库通知单号：关联入库时的采购单，采购单需在采购管理中创建，且状态为"关闭"，否则搜索不到相关信息。当关联采购单时，入库明细产品只能选择采购单中的产品，单击"选择来源"，即打开"选择采购单"页面。
- 产品入库前其采购单可有可无，不是必填项。ERP 对接之前的订单时，要对以前的订单写张入库单。
- 子界面中"入库明细"：用于选择入库产品数量等信息，可采用 Excel 模板批量上传。

任务 2：入库单操作。

【步骤 1】依次单击"仓库管理"→"入库管理"，打开如图 4-138 所示页面。

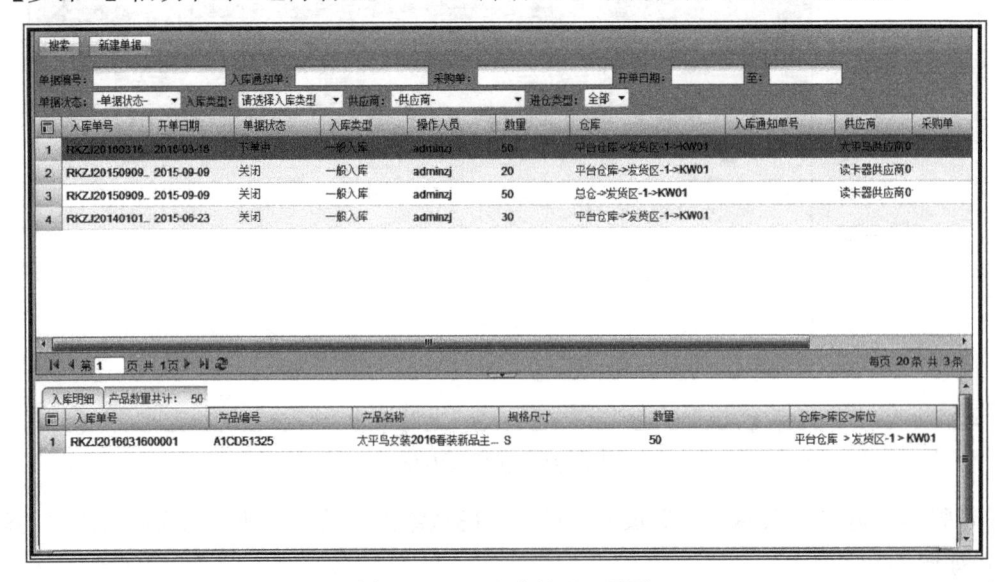

图 4-138 "入库管理"页面

第4章 电子商务ERP系统功能介绍

【步骤2】右击入库单号为"RKZJ2016031600001"的入库单,打开如图4-139所示的快捷菜单。

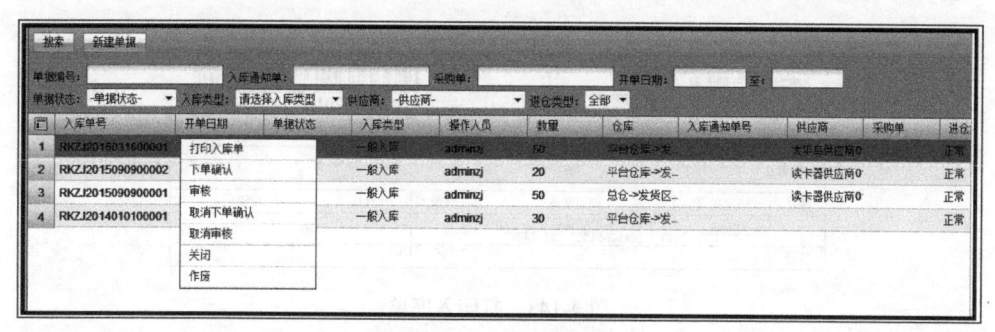

图4-139 右键快捷菜单

【步骤3】入库单操作前可按权限管理设定各员工的操作权限。所有单据操作均为右击需操作的单据然后在弹出的快捷菜单中选择相关命令来完成。正常操作流程为:新建入库单→下单确认→审核→关闭,如图4-140~图4-142所示。

图4-140 入库单确认

图4-141 入库单审核

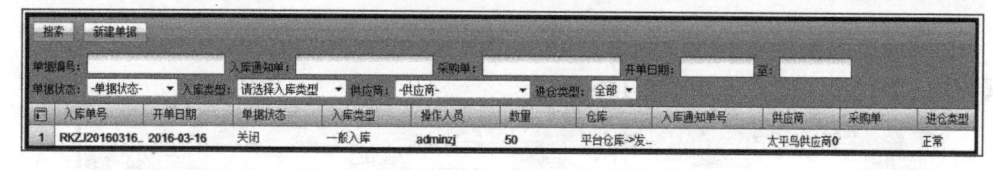

图4-142 入库单关闭

说明:

- 只有在订单状态为"下单中"时才能进行作废操作,作废为单向操作不能返回到"下单中"状态。
- 单据下单确认、审核操作都为双向操作,可通过取消确认或取消审核操作让单据返回上个状态。
- 只有在单据执行审核操作时库存才会产生变化。
- 单据状态"关闭""作废"是单据最终状态。关闭操作为单向操作,产品入库成功后单据状态为"关闭",入库取消则单据状态为"作废"。
- 产品完成入库操作后发现次品或损坏,要退还供货商,此时建议新建一张入库单,入库数量以负数形式添加,另外要加备注信息。
- 打印入库单,如图 4-143 所示。

图 4-143　打印入库单

任务 3:创建入库单然后进行作废处理。

【步骤 1】创建入库单,如图 4-144 所示。

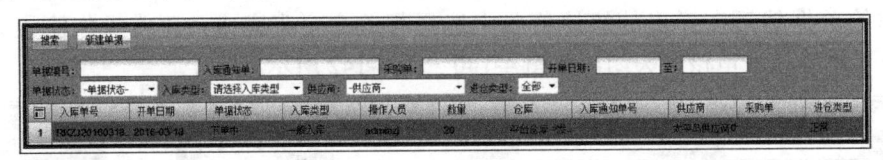

图 4-144　新建入库单

【步骤 2】右击该条记录,在弹出的快捷菜单中选择"作废",如图 4-145 所示。

图 4-145　入库单作废 1

【步骤 3】作废后的订单如图 4-146 所示。

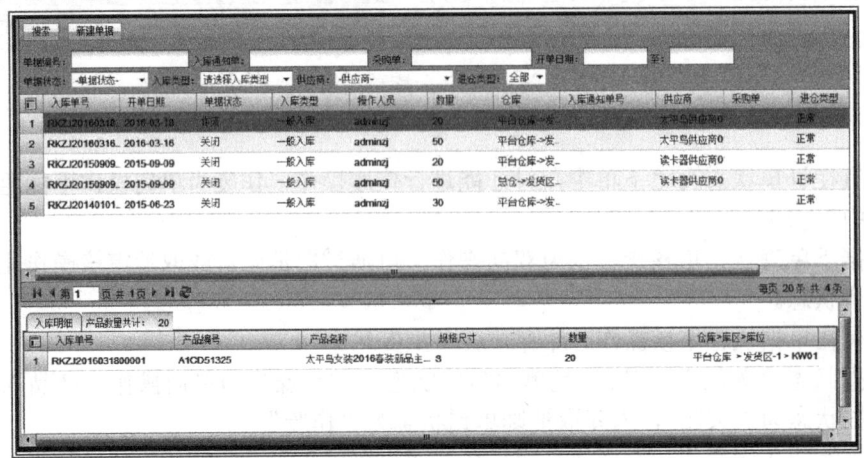

图 4-146　入库单作废 2

4.4.5 配货管理

配货管理是客户下单的信息流转至仓库，仓库人员输入快递信息，然后进行拣货的环节。当订单执行下单确认后，订单就可在"配货管理"页面中显示。

主要操作：订单状态"下单确认"→打印配货单→输入快递单号→保存→打印快递单→配货确认→订单状态变为"配货确认"。

本部分任务列举如下。

- 任务：配货管理。

任务：配货管理。

【步骤1】订单状态为"下单确认"的单子可在"配货管理"页面中被搜索到。依次单击"仓库管理"→"配货管理"，打开如图4-147所示页面。

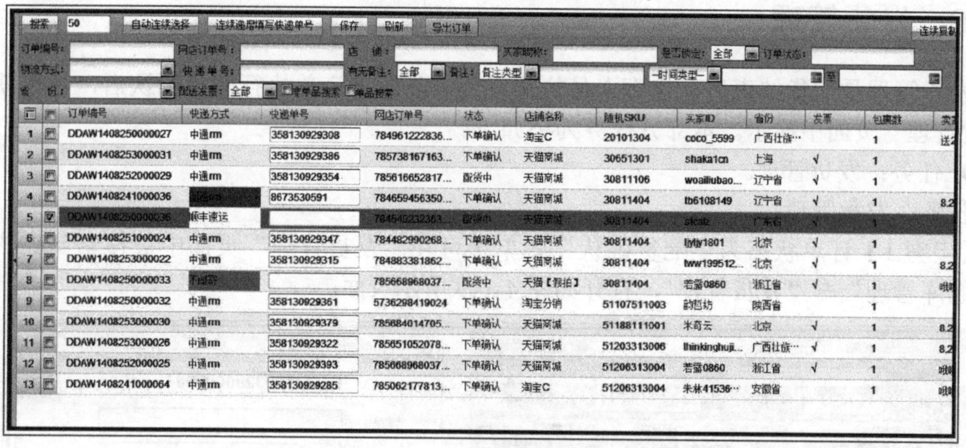

图4-147 "配货管理"页面

【步骤2】打印配货单。右击需打印的那条记录，在弹出的快捷菜单中选择"打印配货单"。

【步骤3】在查询操作界面中找到需要配货的那条记录，输入快递单号，单击"保存"按钮，即可完成快递单号与订单的绑定工作。此时订单状态为"配货中"。

【步骤4】单击"配货确认"按钮完成配货，此时订单状态为"配货确认"。如订单取消，则单击"取消配货确认"或"取消配货确认至下单中"。

说明：

- 查询条件中有"单品搜索"与"非单品搜索"的区分，便于拣货。
- 热敏面单的快递单号会在客户订单下单中自动搜索单号库，将可用单号绑定至订单，无须在配货中绑定，且一旦绑定成功则无法修改，无快递单号的订单是无法执行"配货确认"操作的。
- 连续递增填写快递单号：勾选要输入快递单号的配货单，在首单中填写快递号，然后单击"连续递增填写快递单号"按钮即会向下按递增的顺序输入快递单号。
- 导出订单：勾选配货单，然后单击"导出订单"按钮可以导出xls格式的订单文件。
- 配货单中会显示产品编号、货架号、数量，仓库人员根据配货单拣货。配货单如图4-148所示。

图 4-148 配货单

4.4.6 发货管理

发货管理是配货结束后，仓库人员执行发货操作。当订单执行配货确认后，订单就可在"发货管理"页面中显示。本部分任务列举如下。

- 任务：发货管理。

任务：发货管理。

【步骤1】订单状态为"配货确认"的单子可在"发货管理"页面中被搜索到。依次单击"仓库管理"→"发货管理"，打开如图 4-149 所示页面。

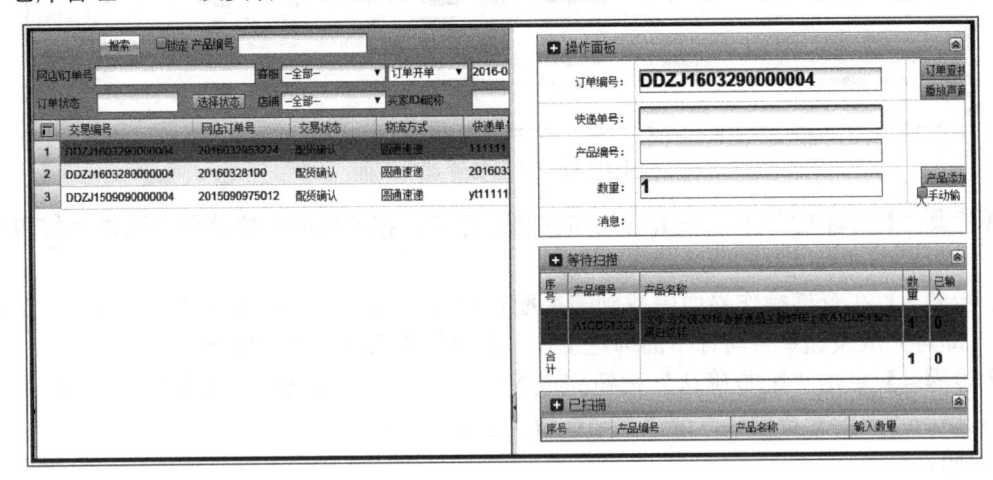

图 4-149 "发货管理"页面

【步骤2】将配货确认订单中的订单编号、快递单号、产品编号、数量依次填入右侧操作面板中，完成发货。

说明：

- 选取图 4-149 左侧配货确认单后系统会自动把"订单编号"填入，操作者只需把接下来的信息填入即可，每栏信息填入后以回车键结束。
- "数量"一栏中默认是1，勾选"手动输入"后可更改数量。
- 一般订单发货确认后如果用户退单，可以走退货流程；而如果在商品发货前用户退单，则订单进行作废处理。

- "锁定"的订单则无法进行发货确认。
- "发货管理"支持扫描枪、手持设备进行发货处理。

4.4.7 出库管理

出库管理是针对第三方平台铺货模式的订单处理。部分平台通过接口程序可将出库订单接入 ERP。出库操作可按权限管理来设定各员工的操作权限。所有单据操作均为右击需操作单据然后在弹出的快捷菜单中选择相关命令来完成。主要操作：出库单→下单确认→打印出库单/快递单→审核→关闭。操作说明可参见入库操作。出库操作流程图，如图 4-150 所示。

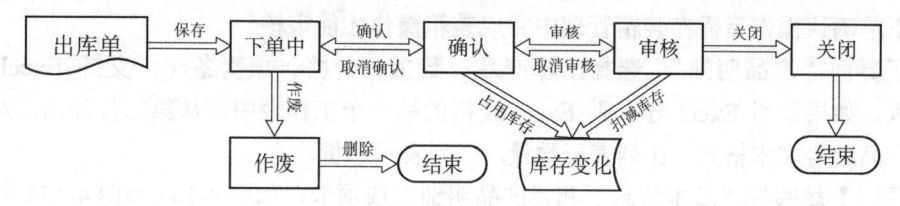

图 4-150 出库操作流程图

本部分任务列举如下。
- 任务：出库管理。

任务：出库管理。

【步骤1】依次单击"仓库管理"→"出库管理"，打开如图 4-151 所示页面。

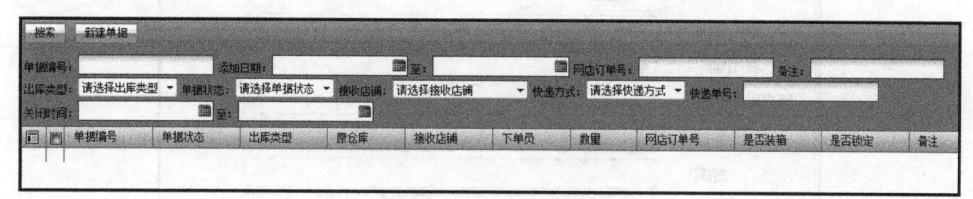

图 4-151 "出库管理"页面

【步骤2】单击"新建单据"按钮，打开如图 4-152 所示页面。

图 4-152 新建出库单界面 1

说明：
- 开单时间：系统默认为当天，不能修改。
- 出库类型：分为一般出库与退货，正常发货一般选择出库，第三方退货则选择退货，退货操作时其出库单产品数量应为负数，退货的库存数量在仓库的发货区变化。
- 接收店铺：选择第三方平台店。
- 发出仓库：选择出库仓库，店铺和仓库可以做关联，以免出货仓库有误。
- 网店订单号：与第三方平台订单号一致。
- 是否装箱：这里是针对大批产品需打包装箱操作的。勾选后开启装箱功能，则出库单下单确认操作后需在装箱管理中完成装箱操作才能审核。
- 子界面"产品明细"：选择出库产品、数量、价格、填写备注。支持 Excel 表格导入，如果采用 Excel 导入则 Excel 表格的第一个工作表中，从第二行开始，A 列表示产品编号文本格式，B 列表示数量，C 列表示单价。

【步骤3】填写好"基本信息"和"产品明细"选项卡，如图 4-153 和图 4-154 所示。

图 4-153　新建出库单界面 2

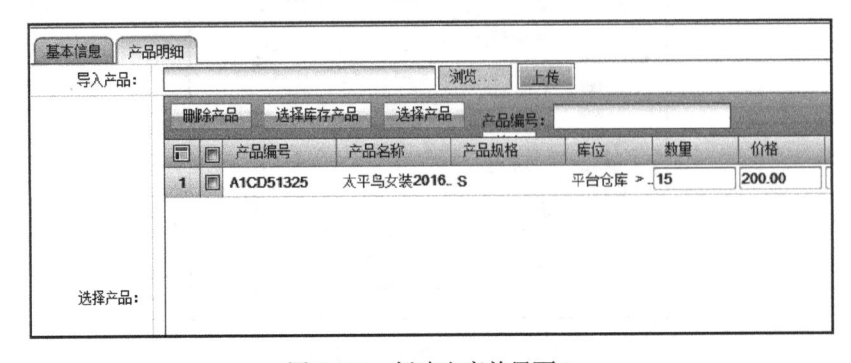

图 4-154　新建出库单界面 3

第4章 电子商务 ERP 系统功能介绍

【步骤4】单击"确认添加"按钮,完成出库单的新建工作,如图 4-155 所示。

图 4-155 新建出库单界面 4

【步骤 5】右击该条记录,在弹出的快捷菜单中可以进行打印出库单、打印快递单等操作,如图 4-156 所示。

主要操作有:出库单→下单确认→打印出库单/快递单→审核→关闭。

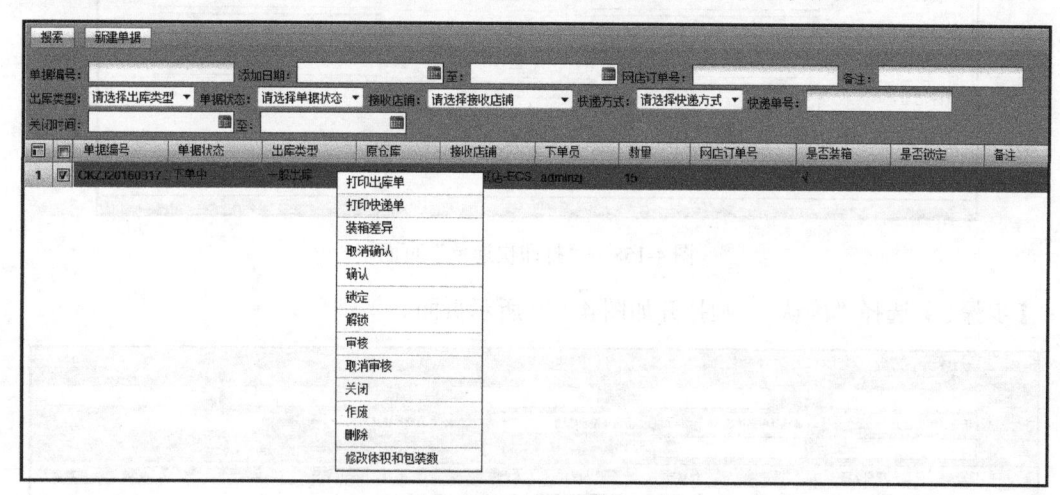

图 4-156 出库单操作界面

【步骤6】选择"打印出库单",则打开如图 4-157 所示页面。

图 4-157 "打印出库单"页面

【步骤7】选择"打印快递单",则打开如图 4-158 所示页面。可以输入相关信息,进行打印。

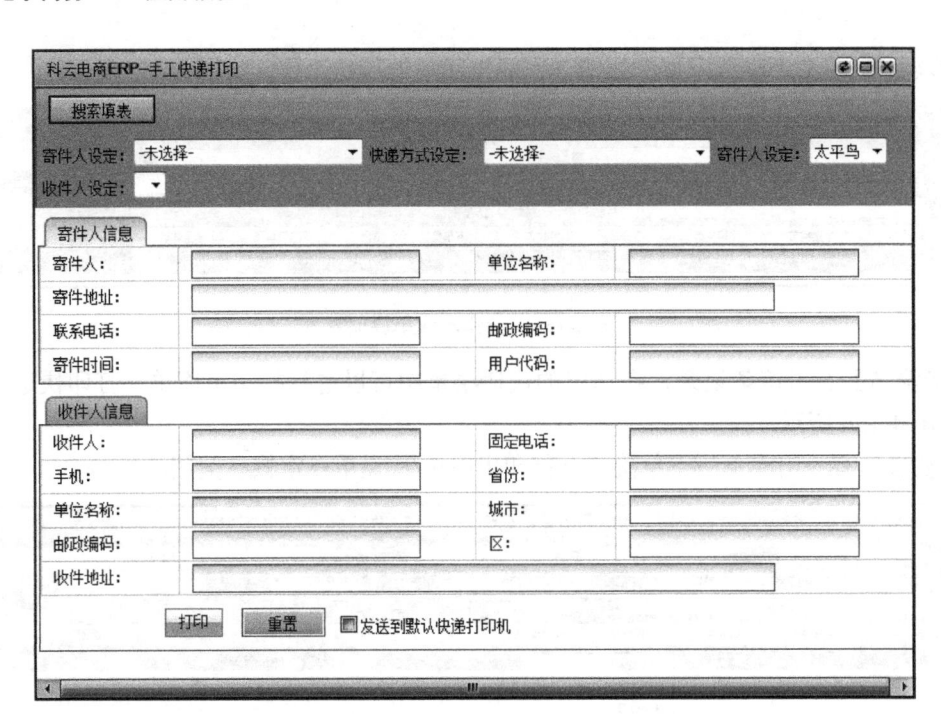

图 4-158 "打印快递单"页面

【步骤8】选择"确认",则打开如图 4-159 所示页面。

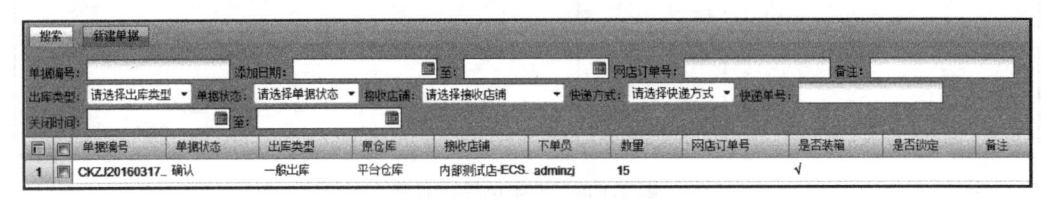

图 4-159 出库单确认页面

说明:此时"库存下限设置"中该件产品的库存信息如图 4-160 所示。

产品分类3	产品季节	产品年份	供应商	供应价	实存	占用	可用	预售	未留转量
主推款	春季	2016年	太平鸟供货商	0.00	50	15	35	0	0

图 4-160 库存下限设置查看库存

【步骤9】先进行装箱操作,如果没有进行装箱操作,会有错误提示,如图 4-161 所示。

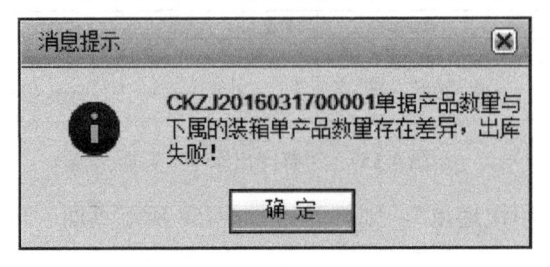

图 4-161 装箱数量不匹配

说明：装箱操作可参考 4.4.8 小节。

【步骤 10】装箱单"关闭"之后，返回"出库管理"页面，右击该订单，然后在弹出的快捷菜单中选择"审核"，页面如图 4-162 所示。

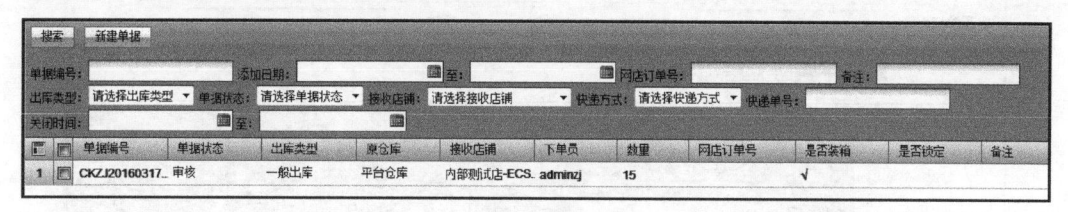

图 4-162　出库单审核

说明：此时"库存下限设置"中该件产品的库存信息如图 4-163 所示。

图 4-163　库存下限设置查看库存信息

【步骤 11】选择"关闭"，页面如图 4-164 所示。

图 4-164　出库单关闭

4.4.8　装箱管理

装箱管理的具体操作为：新建装箱单→下单确认→打印装箱单→关闭。

作废操作与关闭操作可参见 4.4.4 小节入库管理。

当装箱单产品数量大于出库单产品数量时，系统将会给出提示。装箱单没有确认，则出库单不能进行审核。

本部分任务列举如下。

● 任务：装箱管理。

任务：装箱管理。

【步骤 1】依次单击"仓库管理"→"装箱管理"，打开如图 4-165 所示页面。

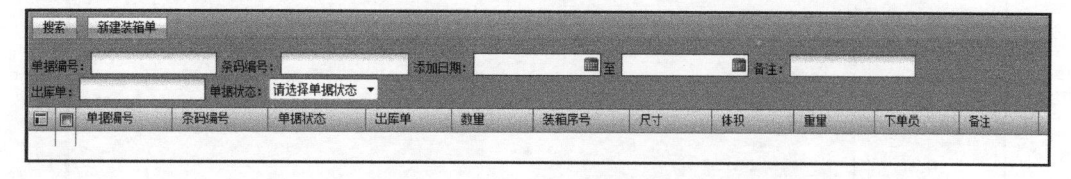

图 4-165　"装箱管理"页面

【步骤 2】单击"新建装箱单"按钮，打开如图 4-166 所示页面。

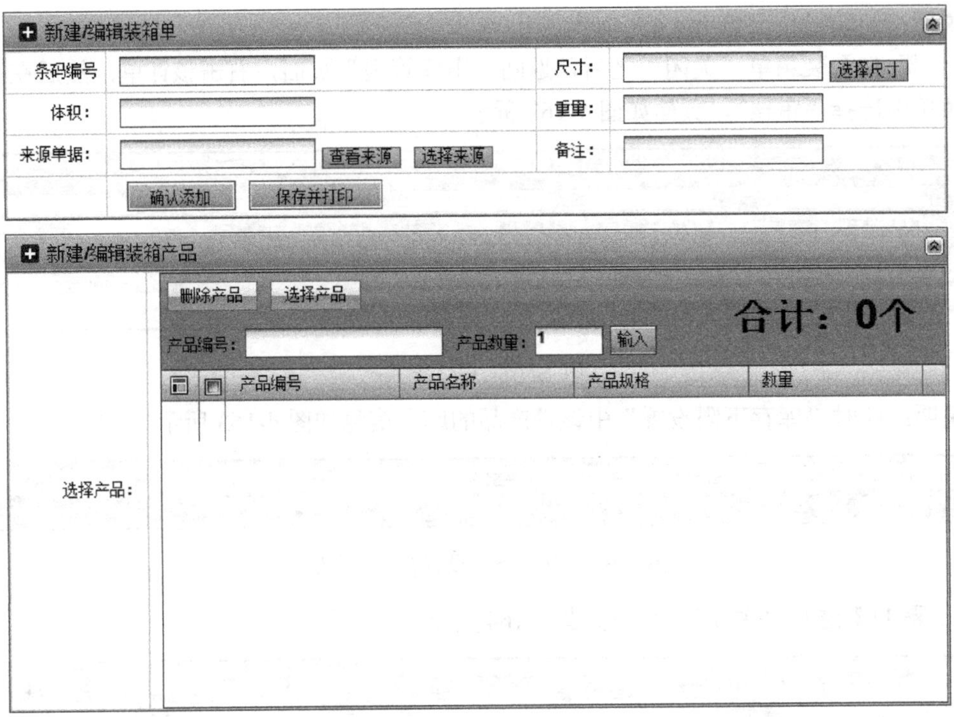

图 4-166　新建装箱单 1

【步骤 3】输入相关信息，如图 4-167 所示。

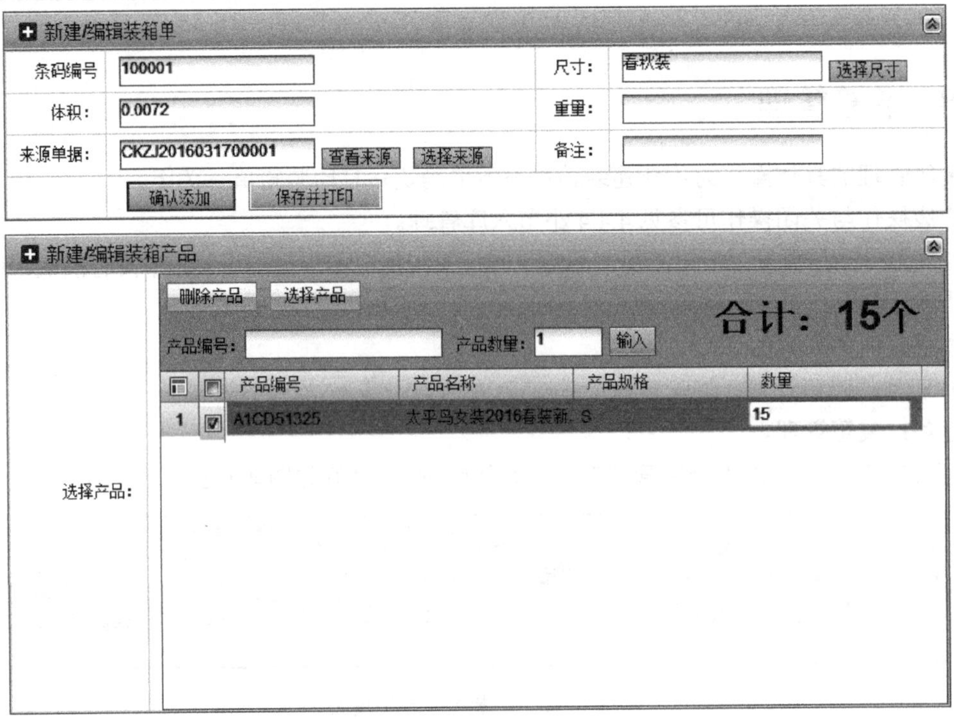

图 4-167　新建装箱单 2

第 4 章　电子商务 ERP 系统功能介绍

【步骤 4】单击"确认添加"按钮，完成装箱单的新建工作，如图 4-168 所示。

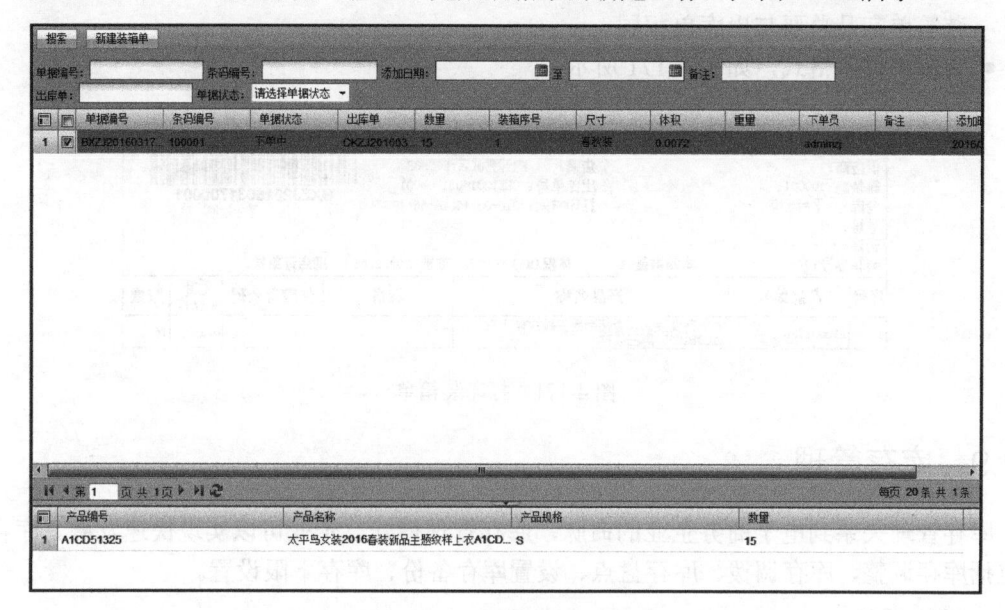

图 4-168　新建装箱单 3

【步骤 5】依次对单据进行"确认""关闭"操作，如图 4-169 所示。

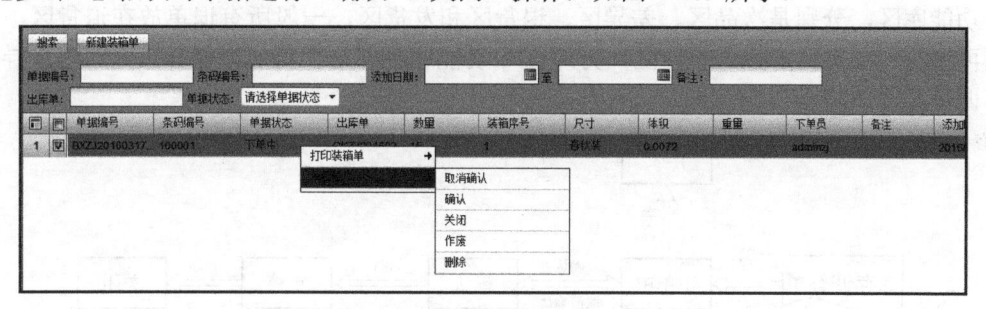

图 4-169　装箱单操作

【步骤 6】此时单据状态为"关闭"，如图 4-170 所示。

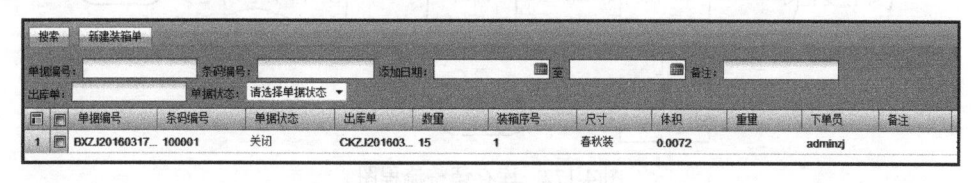

图 4-170　装箱单关闭

说明：
- 条码编号：装箱的箱条码编号，此项必填。
- 尺寸：装箱尺寸，可在"仓库管理"→"物流设定"→"装箱尺寸"中设定，设定完成即可在该下拉列表中选择。
- 来源单据：选择关联出库单，要求所选出库单必须处于"下单确认"状态且勾选了"是否装箱"选项。

- 子界面选择装箱产品：装箱产品为出库单中的产品，一张出库单可对应多张装箱单，装箱单产品总要与出库单相同。
- 装箱单打印格式，如图 4-171 所示。

图 4-171　打印装箱单

4.4.9　库存管理

库存管理关系到电子商务企业的命脉，库存管理得好，企业可以实现快速发展。库存管理包括库存调整、库存调拨、库存盘点、设置库存备份、库存下限设置。

1. 库存调整

库存调整是针对特定库位的库存调整，调整后，系统自动生成差异调拨单。每个仓库有 4 个功能库区，分别是次品区、差异区、退货区和发货区，一般所有退单放在退货区，没有问题再调拨到发货区，除了差异区，另外 3 个功能库区都是实物的，差异数量放在差异区。库存调整流程如图 4-172 所示。

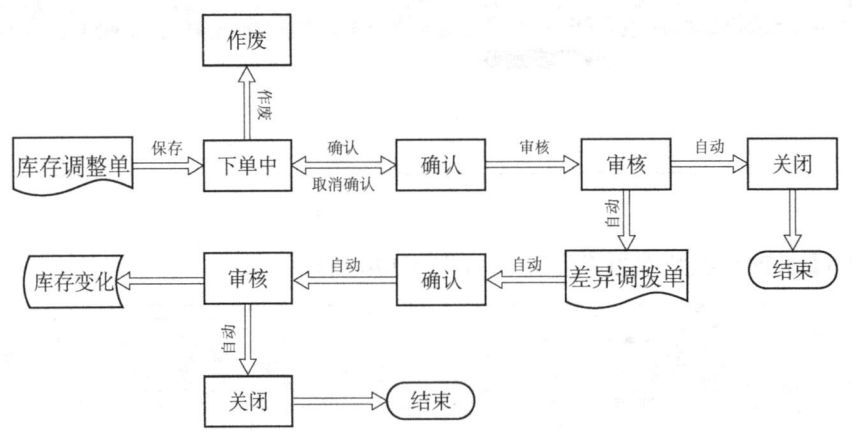

图 4-172　库存调整流程图

库存调整举例，其库存调整前后如表 4-1 所示。

表 4-1　库存调整前后

	仓库	发货区	差异区	单据
调整前	A	10	0	调整单：-2
调整后	A	8	2	差异调拨单：2

本部分任务列举如下：

第 4 章　电子商务 ERP 系统功能介绍

- 任务 1：库存调整——将"平台仓库-发货区"产品编号为"A1CD51325"的商品库存增加 20。
- 任务 2：库存调整单的作废处理。

任务 1：库存调整——将"平台仓库-发货区"产品编号为"**A1CD51325**"的商品库存增加 **20**。

【步骤 1】依次单击"仓库管理"→"库存管理"→"库存调整"，打开如图 4-173 所示页面。

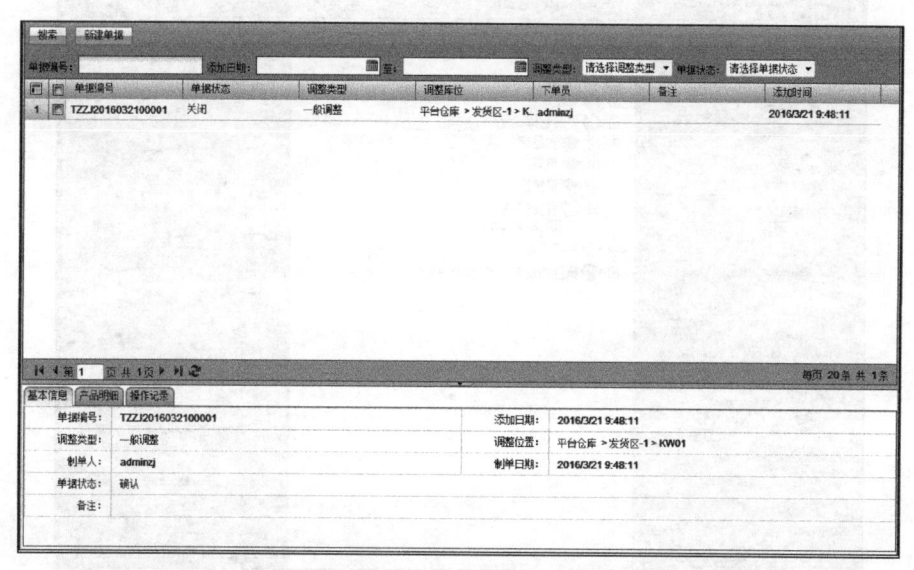

图 4-173　"库存调整"页面

【步骤 2】单击"新建单据"，打开如图 4-174 所示页面。

图 4-174　新建调整单页面 1

说明：
- 单据状态：默认为"下单中"。
- 调整类型：选择"一般调整"。
- 库位：选择需调整的库位。
- "产品明细"选项卡：用于添加调整产品、数量。产品数量为负表示数量减少。

【步骤3】完善上述相关信息，如图4-175、图4-176所示。

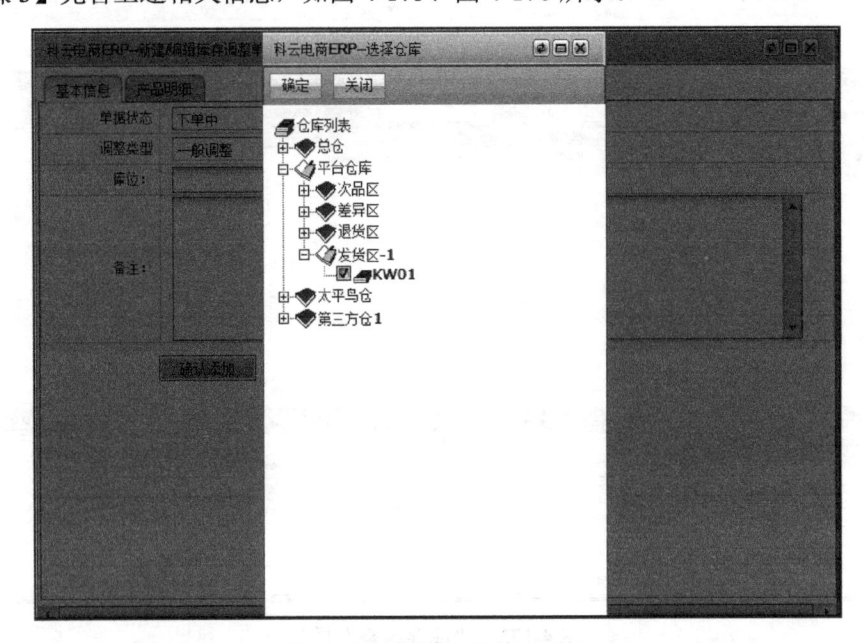

图4-175　新建调整单页面2

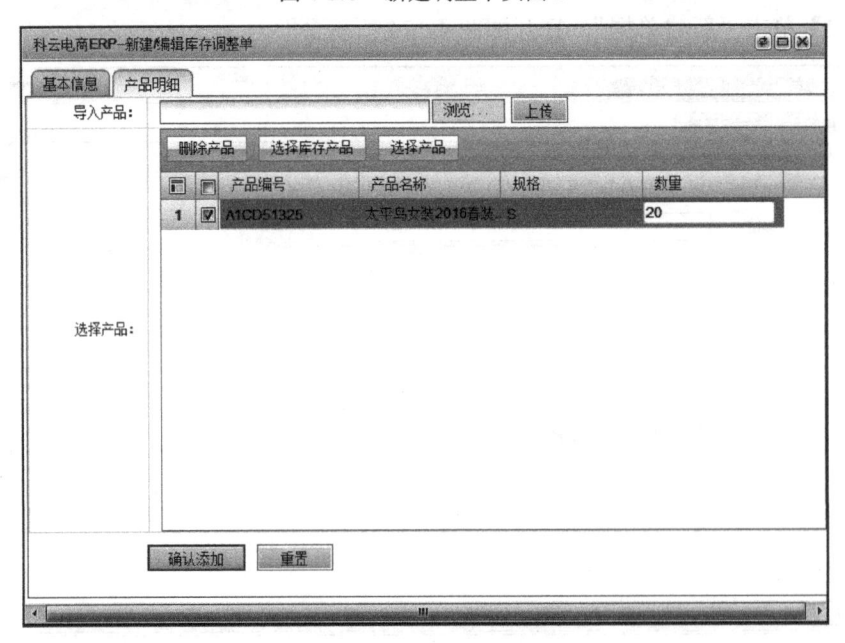

图4-176　新建调整单页面3

【步骤4】单击"确认添加"按钮完成调整单的新建工作,如图4-177所示。

图4-177　新建调整单页面4

说明:此时"库存管理"→"库存下限设置"中产品编号为"A1CD51325"的库存信息如图4-178所示(第一行记录的是以前做过的"平台仓库-差异区"产品编号为"A1CD51325"的存放库存,第二行记录的是"平台仓库-发货区"产品编号为"A1CD51325"的实际库存)。

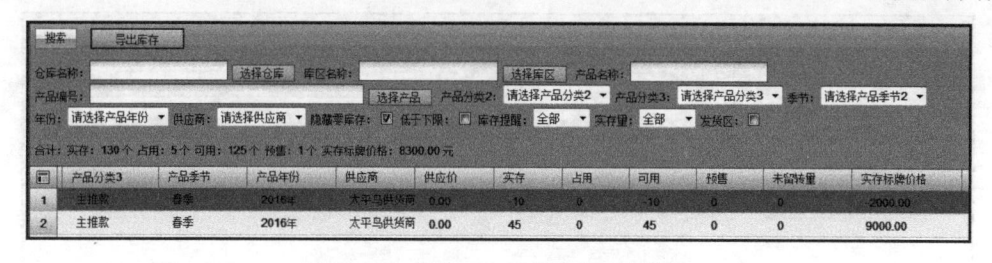

图4-178　库存下限设置查询库存信息

【步骤5】右击调整单,在弹出的快捷菜单中选择"确认",如图4-179所示。

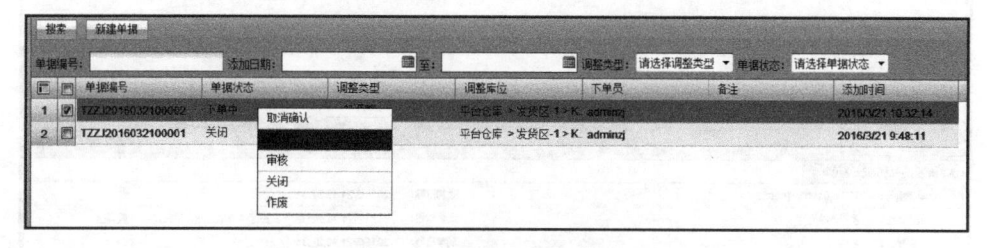

图4-179　库存调整单确认

【步骤6】再次右击调整单,在弹出的快捷菜单中选择"审核",如图4-180所示。

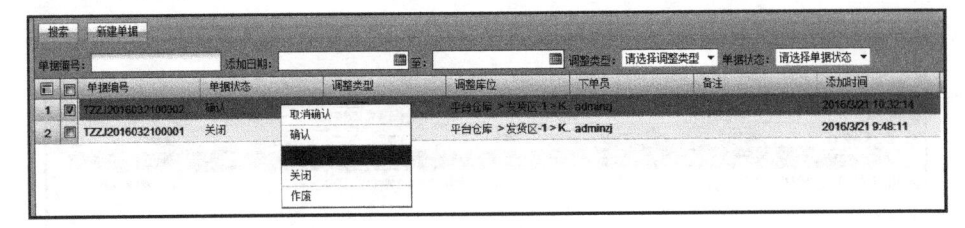

图 4-180 库存调整单审核

【步骤7】审核之后,单据状态自动关闭,并且自动生成调拨单,如图 4-181 所示。

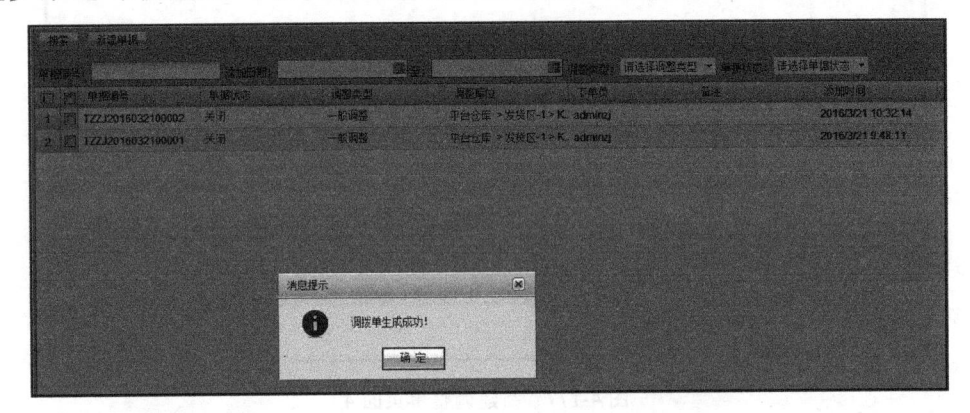

图 4-181 库存调整单自动关闭且自动生成调拨单

说明:此时"库存管理"→"库存调拨"中自动生成了调拨单,且自动完成了"确认""审核""关闭"的操作(此时库存发生了变化),如图 4-182 所示。

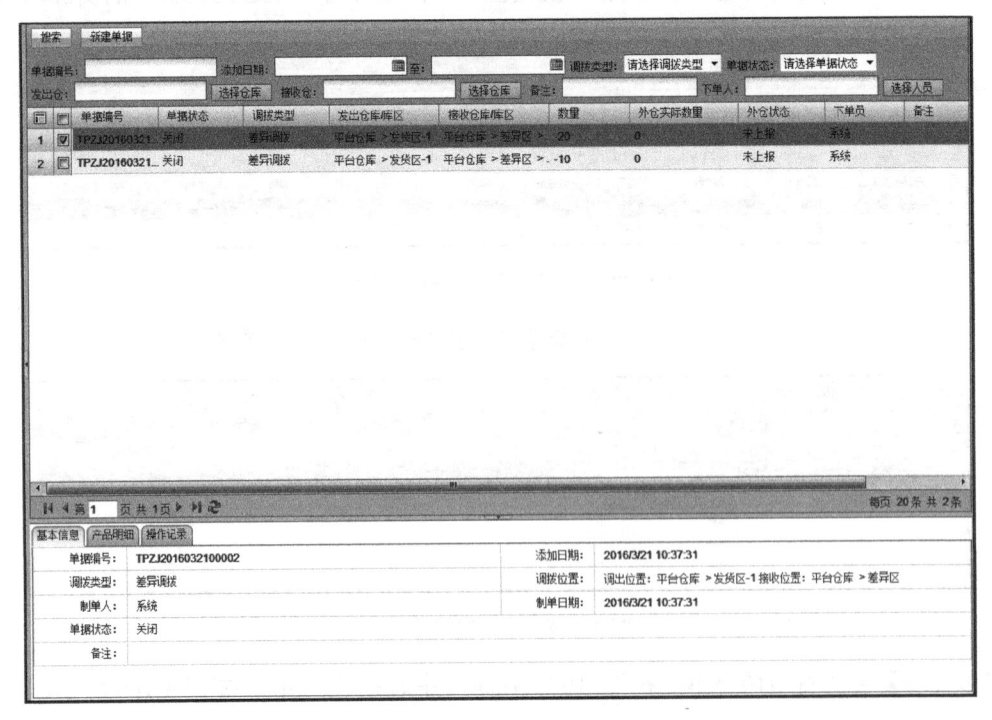

图 4-182 自动生成调拨单

说明：此时"库存管理"→"库存下限设置"中产品编号为"A1CD51325"的库存信息如图 4-183 所示（第一行记录的是 "平台仓库-差异区" 产品编号为"A1CD51325"的存放库存，第二行记录的是"平台仓库-发货区" 产品编号为"A1CD51325"的实际库存。"发货区"实存增加了 20，"差异区"实存减少了 20）。

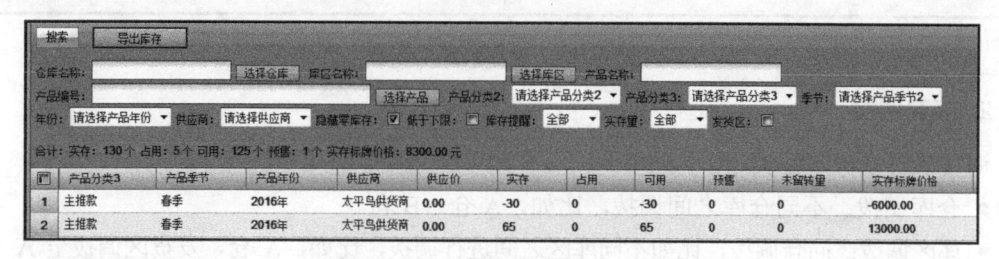

图 4-183 库存下限设置查询库存信息

说明：
- 库存调整单主要操作为：新建调整单→下单确认→打印调整单→审核→关闭。
- 调整单操作可按权限管理设定各员工的操作权限。
- 所有单据操作均为右击需操作单据再在弹出的快捷菜单中选择相关命令来完成。
- 调整单在审核操作后，系统自动产生差异调拨单，完成库存变化。

任务 2：库存调整单的作废处理。

【步骤 1】依次单击"仓库管理"→"库存管理"→"库存调整"，新建一个库存调整单，如图 4-184 所示。

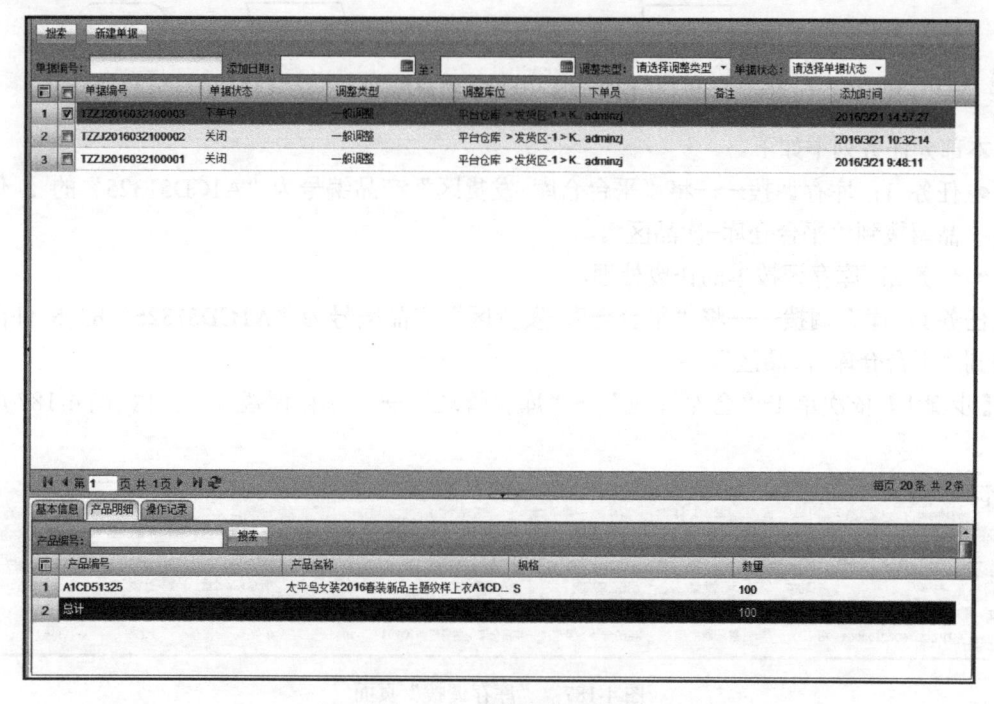

图 4-184 新建库存调整单

【步骤 2】右击"下单中"的调整单，在弹出的快捷菜单中选择"作废"，如图 4-185 所示。

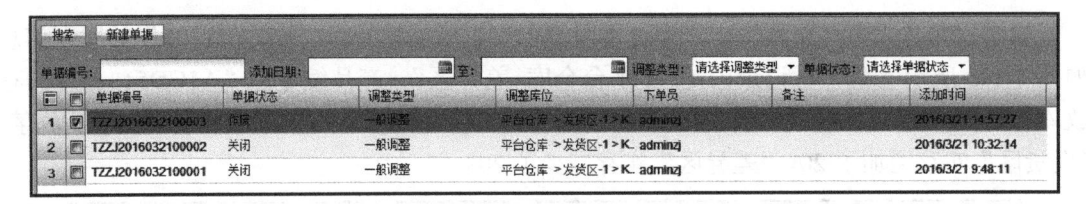

图 4-185 库存调整单作废

2. 库存调拨

调拨单有以下 5 种类型。
- 仓库调拨：不同仓库之间调拨，比如，A 仓→B 仓。
- 库区调拨：同仓调拨，比如不同库区之间进行调拨，比如，A 仓，发货区调拨至 A 仓，次品区。
- 盘点调拨：库存盘点后，自动生成调拨单。
- 差异调拨：库存调整后，自动生成调拨单。
- 渠道调拨：分公司之间调拨，例如，A 公司 A 仓发货区调拨至 B 公司 B 仓发货区。

说明：盘点调拨和差异调拨，接收方默认为该仓库的差异区。

仓库调拨流程如图 4-186 所示。

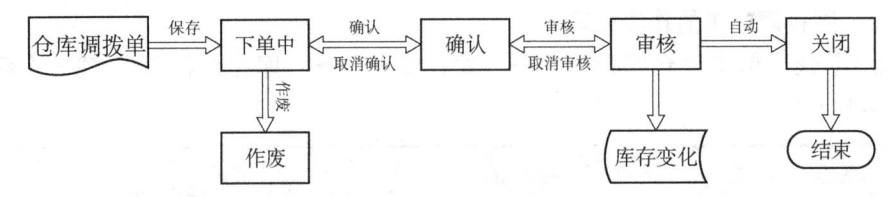

图 4-186 仓库调拨流程图

本部分任务列举如下。
- 任务 1：库存调拨——将"平台仓库-发货区"产品编号为"A1CD51325"的 5 件商品调拨到"平台仓库-次品区"。
- 任务 2：库存调拨单的作废处理。

任务 1：库存调拨——将"平台仓库-发货区"产品编号为"A1CD51325"的 5 件商品调拨到"平台仓库-次品区"。

【步骤 1】依次单击"仓库管理"→"库存管理"→"库存调拨"，打开如图 4-187 所示页面。

图 4-187 "库存调拨"页面

【步骤 2】单击"新建单据"，打开如图 4-188 所示页面。

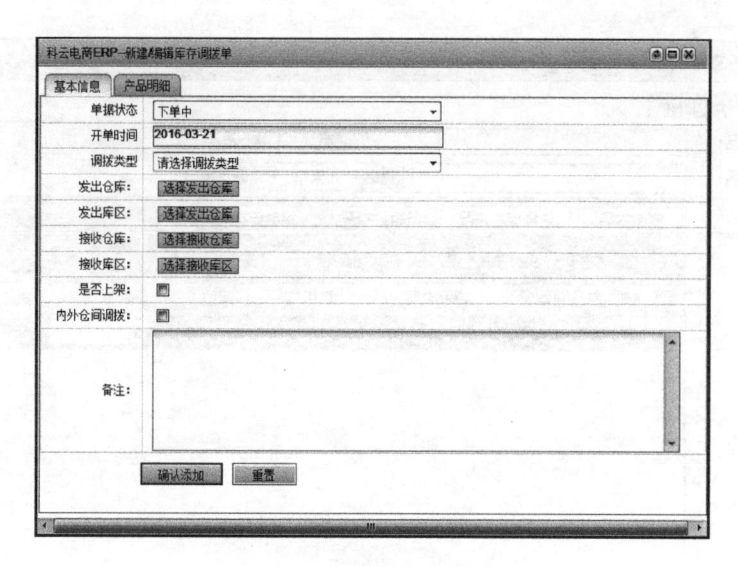

图 4-188 新建库存调拨单 1

说明：
- 单据状态：默认为"下单中"。
- 开单时间：默认为当日。
- 调拨类型：调拨类型有盘点调拨、仓库调拨、差异调拨、库区调拨、渠道调拨。其中差异调拨、盘点调拨均为系统自行创建调拨单。
- 是否上架： 针对仓库调拨上架操作。勾选后开启上架功能，开启后调拨单下单确认操作后需在调拨上架中完成上架操作才能审核。
- 子界面"产品明细"：选择调拨产品明细，它支持批量导入操作，可提取出入库单、调拨单、退单。由 Excel 导入的文件，从第二行起，A 列表示产品编号文本格式，B 列表示数量。

【步骤3】完善上述相关信息，如图 4-189、图 4-190 所示。

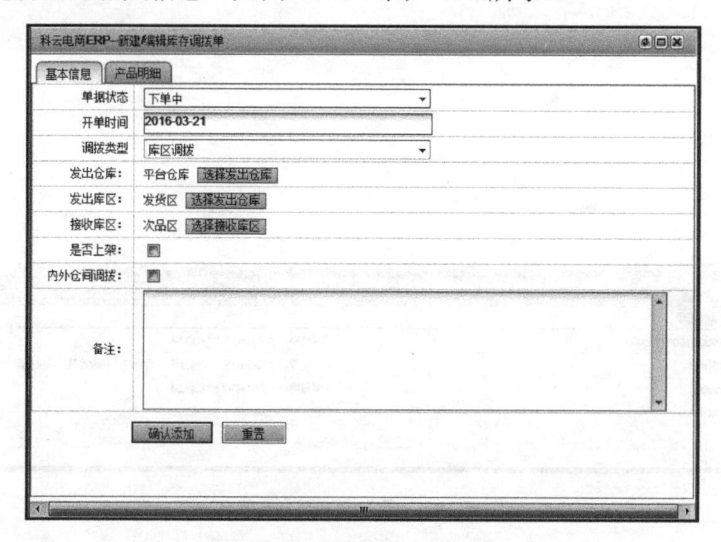

图 4-189 新建库存调拨单 2

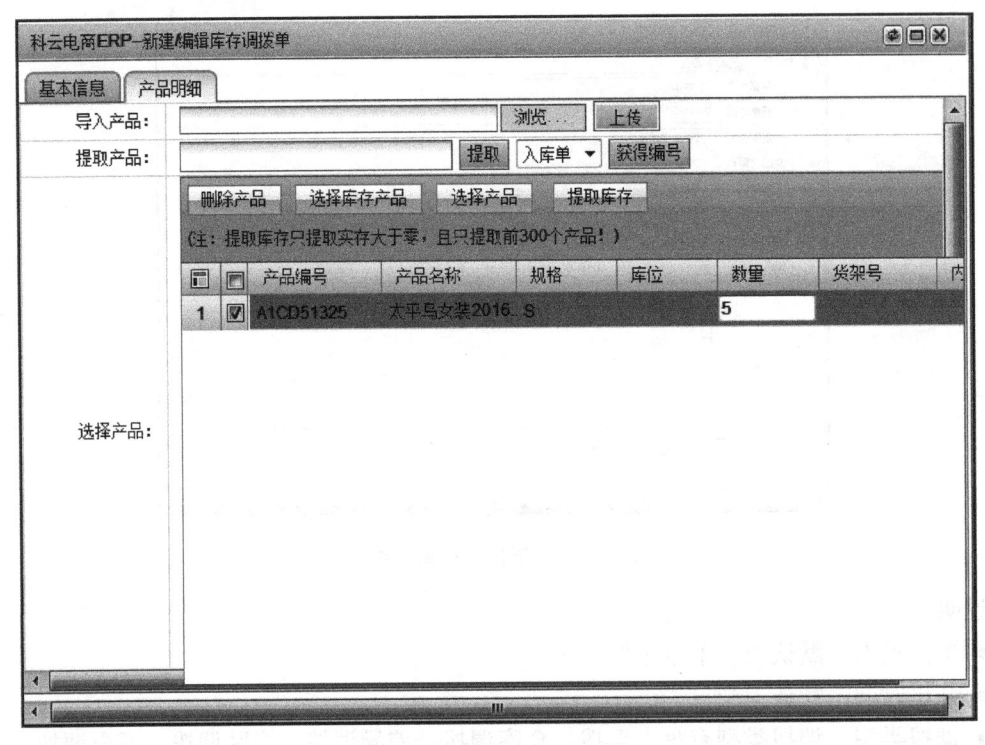

图 4-190 新建库存调拨单 3

【步骤 4】单击"确认添加"按钮完成调拨单新建工作，如图 4-191 所示。

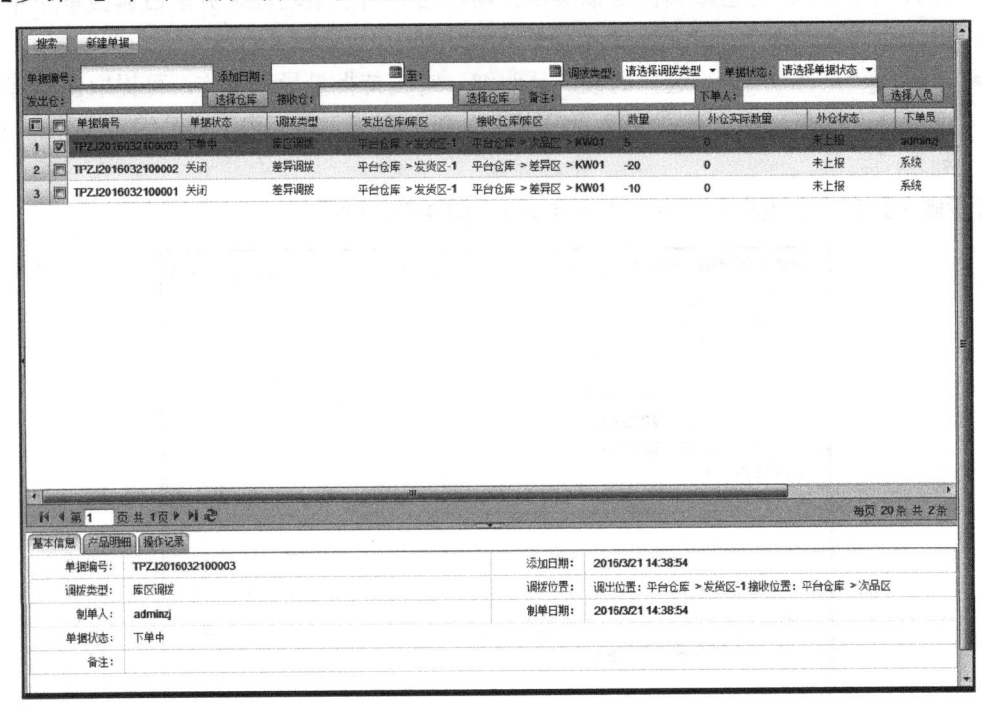

图 4-191 新建库存调拨单 4

说明：此时"库存管理"→"库存下限设置"中产品编号为"A1CD51325"的库存信息

如图 4-192 所示（第一行记录的是"平台仓库-差异区"产品编号为"A1CD51325"的存放库存，第二行记录的是"平台仓库-发货区"产品编号为"A1CD51325"的实际库存）。

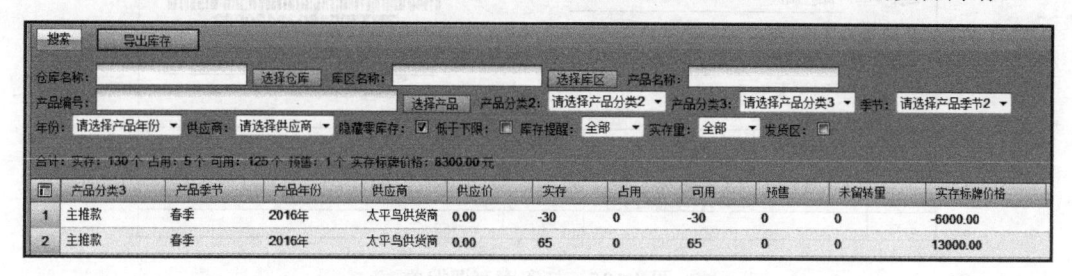

图 4-192 库存下限设置查询库存信息

【步骤5】右击调拨单，在弹出的快捷菜单中分别进行"确认""审核""关闭"操作，结果如图 4-193 所示。

图 4-193 库存调拨单操作

说明：此时"库存管理"→"库存下限设置"中产品编号为"A1CD51325"的库存信息如图 4-194 所示（第一行记录的是"平台仓库-次品区"产品编号为"A1CD51325"的存放库存，第二行记录的是"平台仓库-差异区"产品编号为"A1CD51325"的存放库存，第三行记录的是"平台仓库-发货区"产品编号为"A1CD51325"的实际库存）。

图 4-194 库存下限设置查询库存信息

说明：
- 库存调拨单主要操作为：新建调拨单→下单确认→打印调拨单→审核→关闭。
- 调拨单操作可按权限管理设定各员工的操作权限。
- 所有单据操作均为右击需操作单据然后在弹出的快捷菜单中选择相关命令来完成。
- 调整单在审核操作后，库存会产生变化。
- 打印库存调拨单，如图 4-195 所示。

图 4-195　打印库存调拨单

任务 2：库存调拨单的作废处理。

【步骤 1】依次单击"仓库管理"→"库存管理"→"库存调拨",新建一个调拨单,如图 4-196 所示。

图 4-196　新建库存调拨单

【步骤 2】右击需作废的订单,在弹出的快捷菜单中选择"作废",如图 4-197 所示。

图 4-197　库存调拨单作废

3. 库存盘点

库存盘点类型有 4 种,分别是"全部""按库区""按库位""按商品"。其中（1）按库区、库位：先库区、库位再选商品 SKU；（2）按商品：先选商品 SKU 再选库区。

库存盘点流程图，如图 4-198 所示。

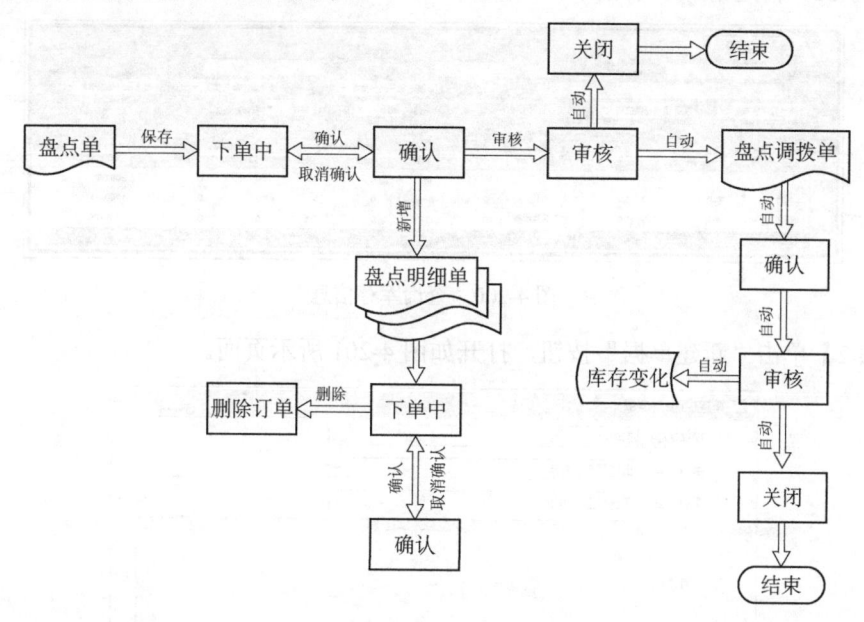

图 4-198 库存盘点流程图

本部分任务列举如下。

- 任务：按商品进行库存盘点——盘点"平台仓库-发货区"产品编号为"A1CD51325"的库存。

任务：按商品进行库存盘点——盘点"平台仓库-发货区" 产品编号为"A1CD51325"的库存。

【步骤1】依次单击"仓库管理"→"库存管理"→"库存盘点"，打开如图 4-199 所示页面。

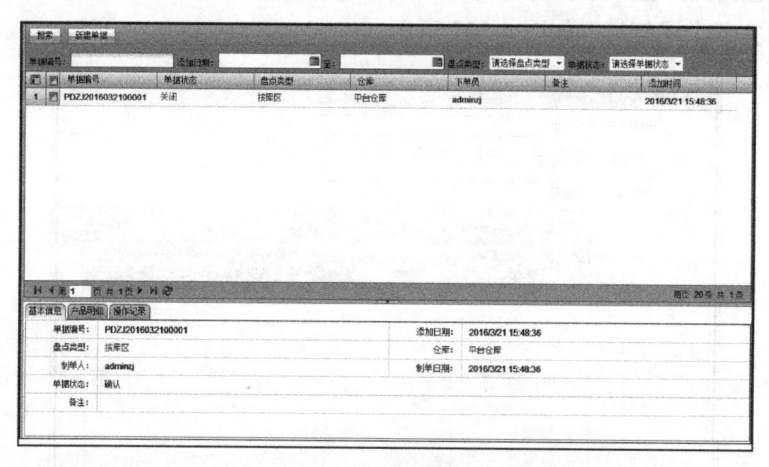

图 4-199 "库存盘点"页面

说明：在盘点之前，"平台仓库-发货区"产品编号为"A1CD51325"的商品库存信息如图 4-200 所示（第四行记录的是"平台仓库-发货区"产品编号为"A1CD51325"的实际库存。实存为 61，占用为 0，可用为 61）。

图 4-200　查询库存信息

【步骤 2】单击"新建单据"按钮，打开如图 4-201 所示页面。

图 4-201　新建盘点单页面 1

说明：
- 单据状态：默认为"下单中"。
- 盘点仓库：用于选择盘点仓库。
- 盘点类型：有 4 种，分别是"全部""按库区""按库位""按商品"。其中（1）按库区、库位：先库区、库位再选商品 SKU；（2）按商品：先选商品 SKU 再选库区。

【步骤 3】完善上述信息，如图 4-202 所示。

图 4-202　新建盘点单页面 2

第 4 章 电子商务 ERP 系统功能介绍

【步骤 4】单击"确认添加"按钮完成对盘点单的新建工作,如图 4-203 所示。

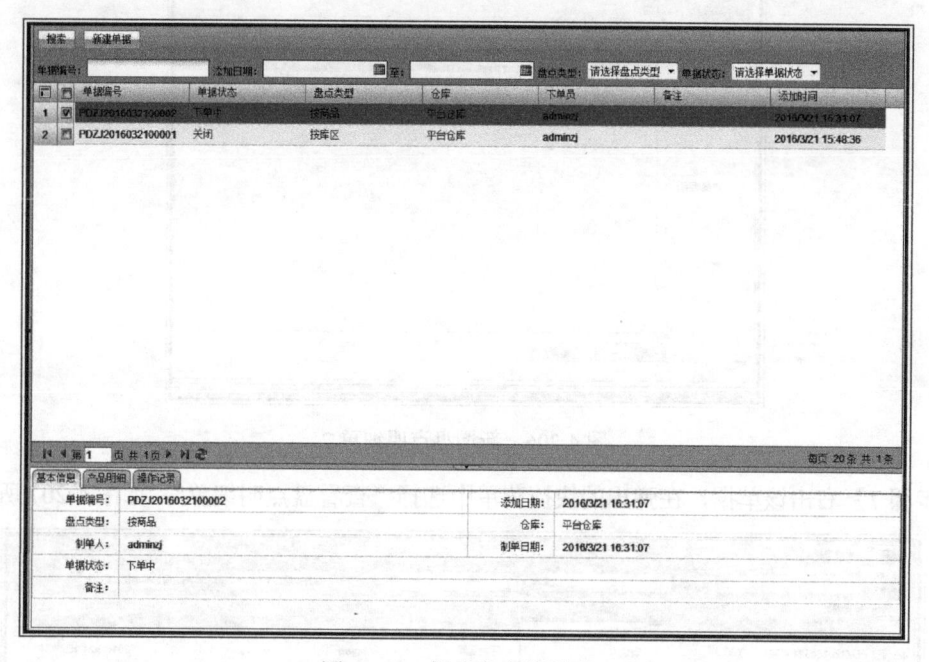

图 4-203 新建盘点单页面 3

【步骤 5】右击该单据,在弹出的快捷菜单中选择"确认",如图 4-204 所示。

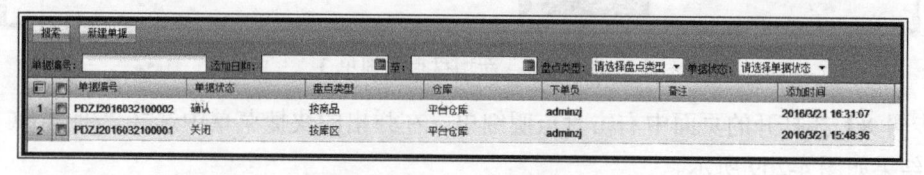

图 4-204 盘点单确认

【步骤 6】右击该单据,在弹的快捷菜单中选择"新增盘点明细单",然后选择库位,再输入数量,如图 4-205 和图 4-206 所示,最后单击"确认添加"按钮。

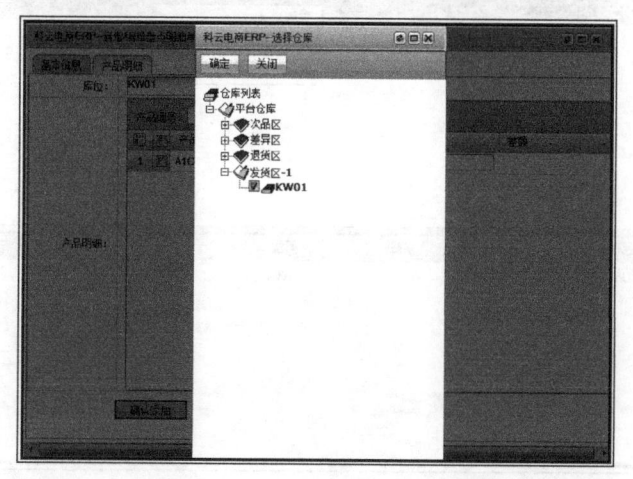

图 4-205 新增盘点明细单 1

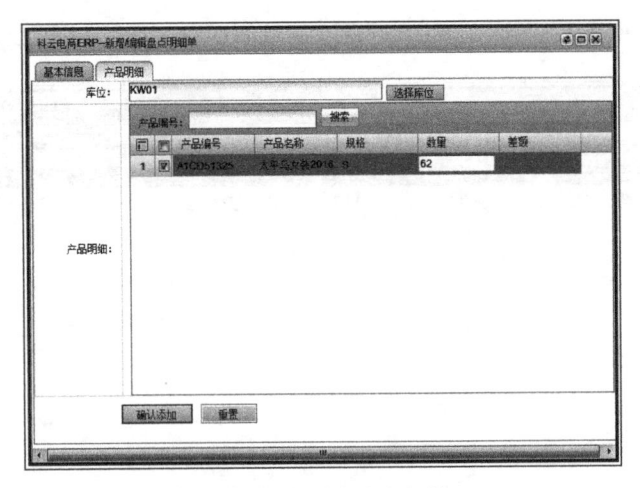

图 4-206　新增盘点明细单 2

【步骤 7】右击该单据，在弹出的快捷菜单中选择"查看盘点明细单"，如图 4-207 所示。

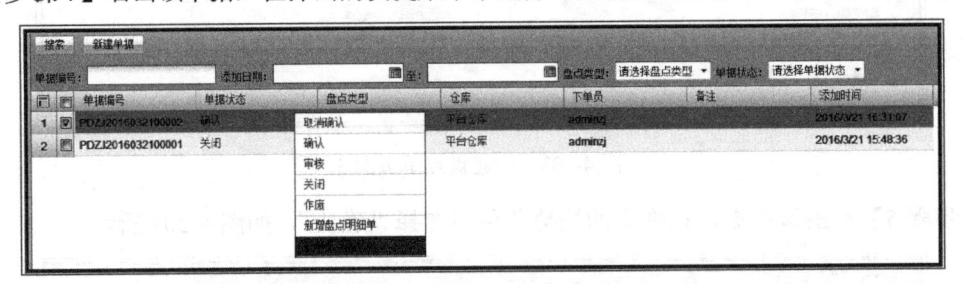

图 4-207　新增盘点明细单 3

【步骤 8】在打开的页面中右击盘点明细单，在弹出的快捷菜单中选择"确认"（见图 4-208），结果如图 4-209 所示。

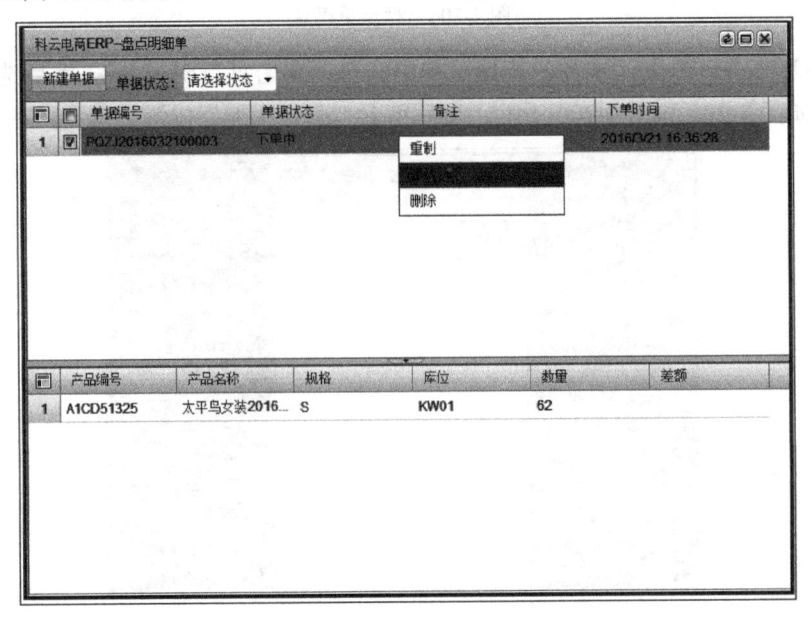

图 4-208　查看盘点明细单

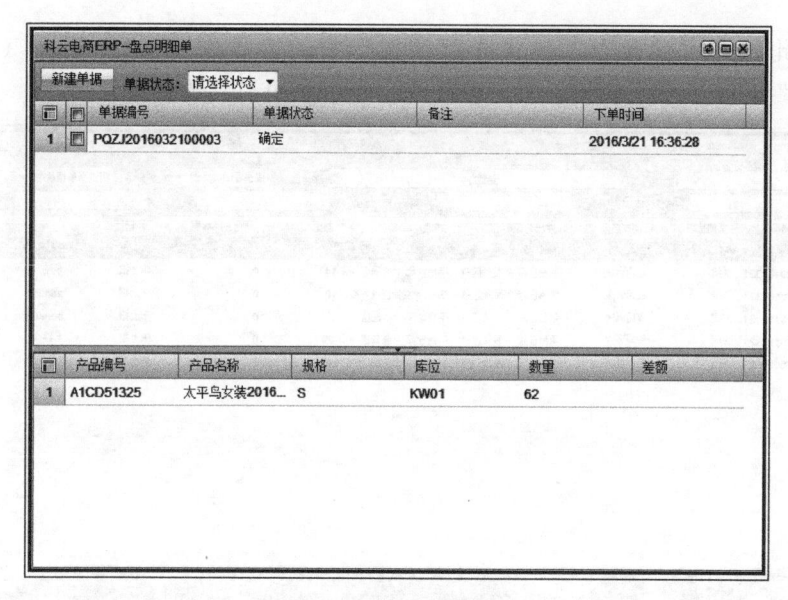

图 4-209 盘点明细单确认

【步骤9】关闭盘点明细单，返回"盘点单"页面。

【步骤10】在"盘点单"页面中右击单据，在弹出的快捷菜单中选择"审核"（见图 4-210），自动进行"关闭"，出现如图 4-211 所示提示框。

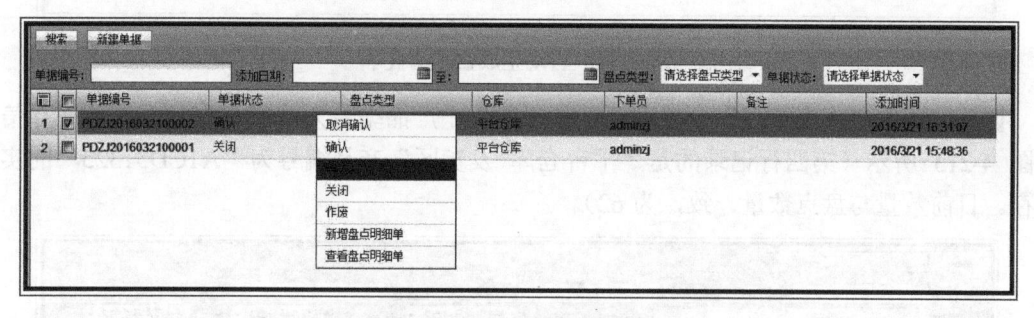

图 4-210 盘点单审核

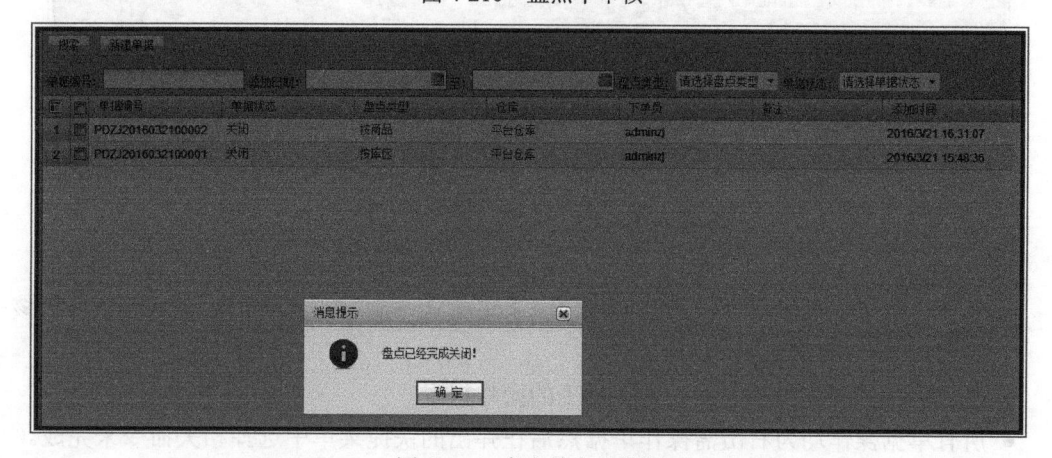

图 4-211 盘点单自动关闭

说明：此时"库存管理"→"库存调拨"中的信息如图 4-212 所示（产品编号为"A1CD51325"的产品库存本来是 61，现在 62，所以这里显示数量-1）。

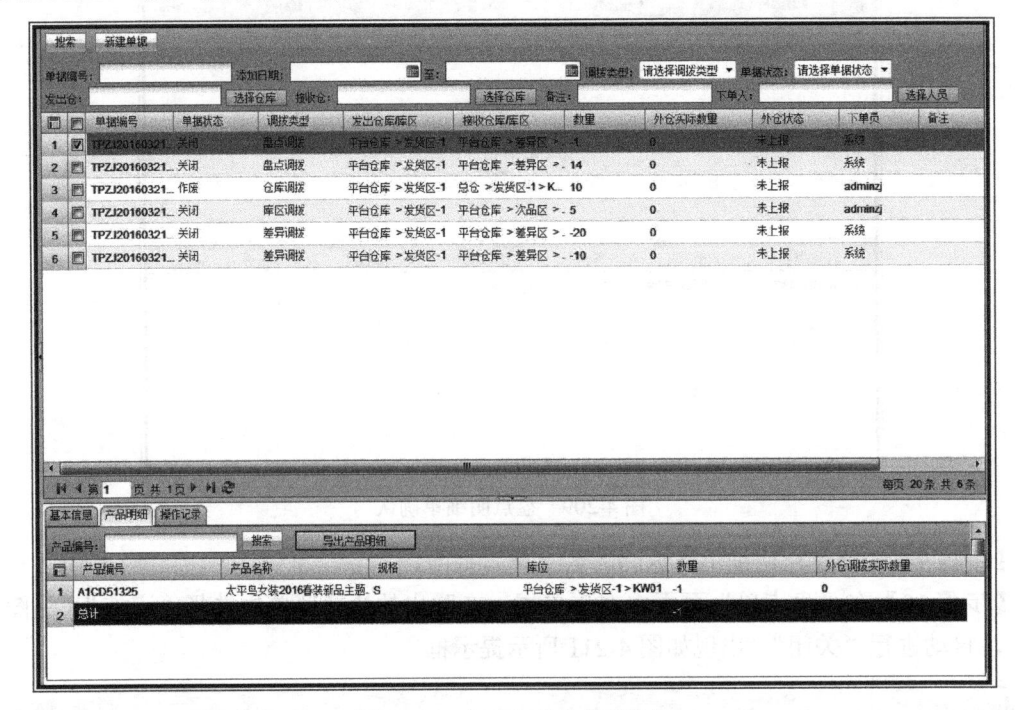

图 4-212 自动生成盘点调拨单

说明：此时"库存管理"→"库存下限设置"中产品编号为"A1CD51325"的库存信息如图 4-213 所示（第四行记录的是"平台仓库-发货区"产品编号为"A1CD51325"的实际库存。目前数量与盘点数量一致，为 62）。

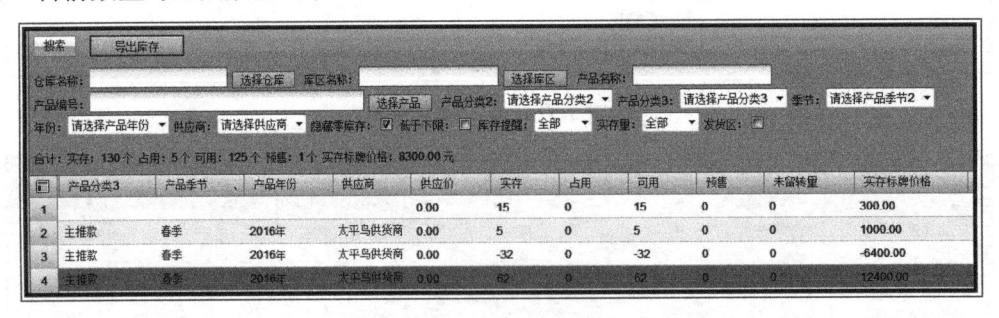

图 4-213 查询库存信息

说明：

- 库存盘点单主要操作为：新建盘点单→下单确认→新增盘点明细单并且确认→审核→关闭。
- 盘点单操作可按权限管理设定各员工的操作权限。
- 所有单据操作均为右击需操作单据然后在弹出的快捷菜单中选择相关命令来完成。
- 库存在审核操作时会发生变化。
- 一张盘点单可对应多张盘点明细单。

4. 设置库存备份

本部分任务列举如下。

- 任务：设置库存备份。

任务：设置库存备份。

【步骤1】依次单击"仓库管理"→"库存管理"→"设置库存备份",打开如图 4-214 所示页面。

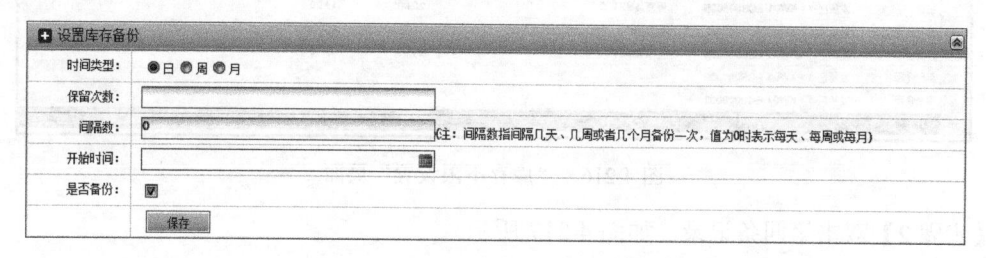

图 4-214 "设置库存备份"页面

【步骤2】输入相关信息,如图 4-215 所示。

图 4-215 库存备份设置界面

【步骤3】单击"保存"按钮完成库存备份设置。

说明：

- 时间类型：用于选择保留时间的单位。
- 保留次数：保留时间=保留次数+时间类型。图 4-215 所示保留时间为 15 日。
- 间隔数：间隔数指间隔几天、几周或者几个月备份一次,值为 0 时表示每天、每周或每月。
- 开始时间：系统上现有备份的最早时间。
- 是否备份：启用或关闭备份。

5. 库存下限设置

本部分任务列举如下。

- 任务：库存下限设置。

任务：库存下限设置。

【步骤1】依次单击"仓库管理"→"库存管理"→"库存下限设置",打开如图 4-216 所示页面。

图 4-216 "库存下限设置"页面

【步骤2】双击第四条记录，如图 4-217 所示。

图 4-217 第四条记录

【步骤3】打开"库存下限和库存提醒设置"页面，如图 4-218 所示。

图 4-218 "库存下限和库存提醒设置"页面

说明：设置库存下限，库存限用量默认，勾选库存提醒。

【步骤4】单击"保存"按钮，完成设置。当产品库存小于下限值时，系统会以颜色标记，如图 4-219 所示。

图 4-219 产品库存小于下限的提醒

说明：库存小于下限值的产品在查询时，条件栏中可以设"库存提醒"搜索，如图 4-220

所示。

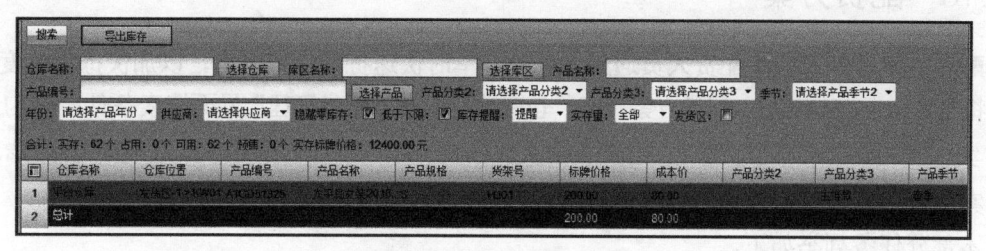

图 4-220 库存提醒搜索

说明：设置库存下限值，必须有相应的权限（"仓库管理"→"库存管理"→"库存下限设置"后面的"输入"打钩；"信息查询"→"库存查询"→"库存信息查询"后面的"输入"打钩），权限设置如图 4-221 和图 4-222 所示。

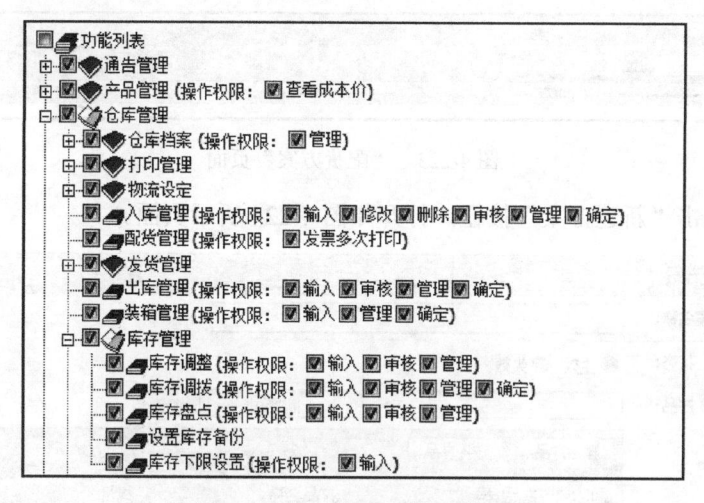

图 4-221 库存下限设置权限 1

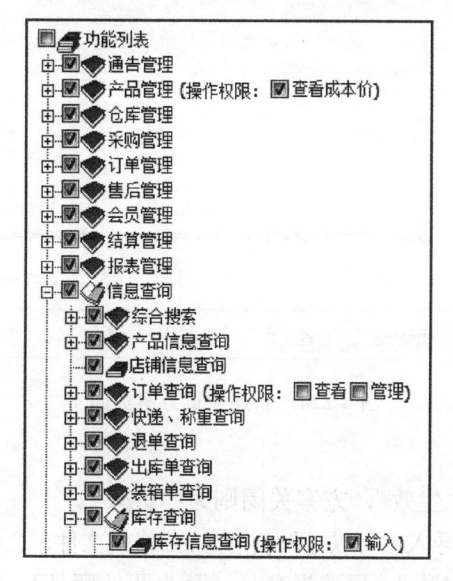

图 4-222 库存下限设置权限 2

4.4.10 配货方案

配货方案是针对仓库配货人员遇到非单品订单时快速拣货指定方案，以加快拣货速度。例如：将仓库 A 区 SUK 写入配货方案，在"仓库管理"→"配货管理"界面搜索条件栏中勾选 A 区方案 ☑非单品搜索 配货方案：A区 ▼ 记录数：>5 ▼ □单品搜索，系统可以筛选满足 A 方案的配货单，从而使 A 区工作人员快速拣货。

本部分任务列举如下。
- 任务 1：新建配货方案。
- 任务 2：配货方案在配货管理中的应用。

任务 1：新建配货方案。

【步骤 1】依次单击"仓库管理"→"配货方案"，打开如图 4-223 所示页面。

图 4-223　"配货方案"页面

【步骤 2】单击"新建方案"按钮，打开如图 4-224 所示页面。

图 4-224　新建配货方案页面 1

说明：
- 状态：方案实行为"生效"，方案关闭则为"失效"。
- 导入产品：支持批量导入，可以导入表格为 xls 格式文件，文件中要有产品编号及名称。

【步骤 3】输入"方案名称"，再选择产品（至少两件商品），如图 4-225 所示。

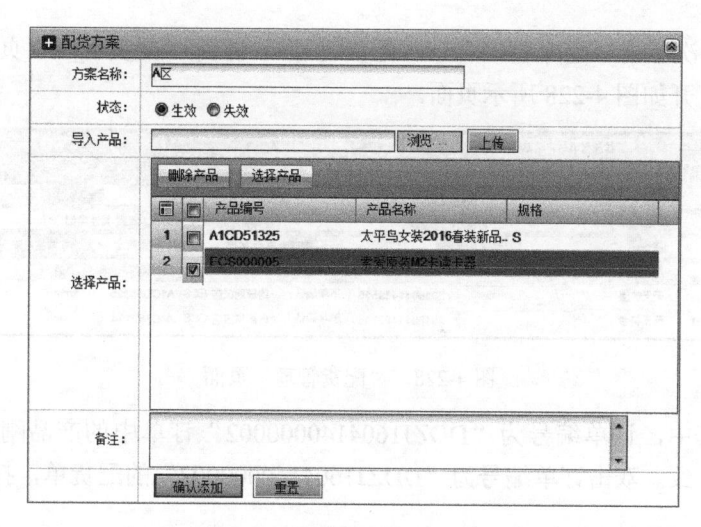

第4章 电子商务 ERP 系统功能介绍

图 4-225 新建配货方案页面 2

【步骤4】单击"确认添加"按钮,完成配货方案的新建工作,如图 4-226 所示。

图 4-226 新建配货方案页面 3

说明:将仓库 A 区 SUK 写入配货方案之后,在"仓库管理"→"配货管理"界面的搜索条件栏中即可以选择该配货方案。

任务 2:配货方案在配货管理中的应用。

【步骤1】依次单击"仓库管理"→"配货方案",找到"方案名称"是"B 区"的方案,双击,打开如图 4-227 所示页面。

图 4-227 "配货方案"页面

【步骤2】依次单击"仓库管理"→"配货管理",打开"配货管理"页面,单击上方的"搜索"按钮,打开如图4-228所示页面。

图4-228 "配货管理"页面

【步骤3】其中,订单编号为"DDZJ1604140000002"订单中的产品刚好和配货方案中"B区"的产品一致。双击订单编号为"DDZJ1604140000002"的配货单,打开如图4-229所示页面。

图4-229 查询订单明细

【步骤4】返回"配货管理"页面,在"非单品搜索"前面打钩,"配货方案"右侧的下拉框选择"B区",单击左上方的"搜索"按钮,即可搜出符合条件的订单,如图4-230所示。

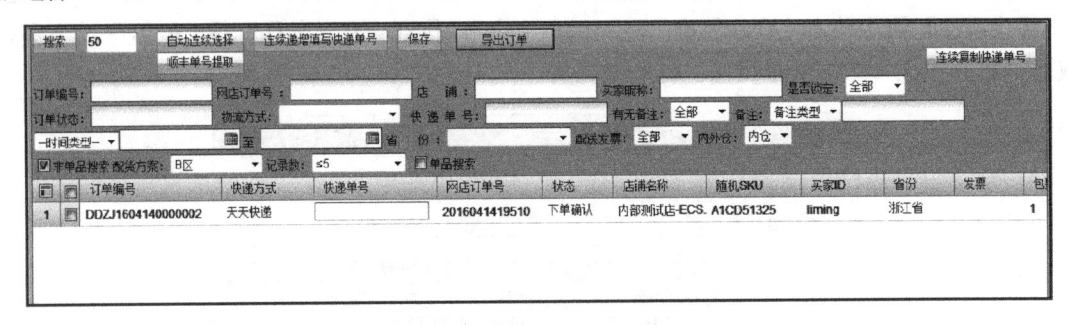

图4-230 搜索指定配货方案的配货单

4.4.11 调拨上架单

调拨上架单为库存调拨操作时实体仓库人员的操作单,库存调拨操作时勾选"是否上架"功能后可创建调拨上架单,仓库人员完成上架单确认后库存调拨才能进行审核。

为演示调拨上架单的操作,我们先新建一个库存调拨单,并且勾选"是否上架"功能。

本部分任务列举如下。

任务:库存调拨单及调拨上架单的操作。

第 4 章 电子商务 ERP 系统功能介绍

任务：库存调拨单及调拨上架单的操作。

【步骤 1】依次单击"仓库管理"→"库存管理"→"库存调拨"，在打开的页面中单击"新建单据"按钮，打开"新建库存调拨单"页面。进行仓库调拨（总仓发货区→平台仓库发货区），勾选"是否上架"，再选择产品并输入数量，如图 4-231 和图 4-232 所示。单击"确认添加"按钮。

图 4-231 新建库存调拨单（勾选上架）1

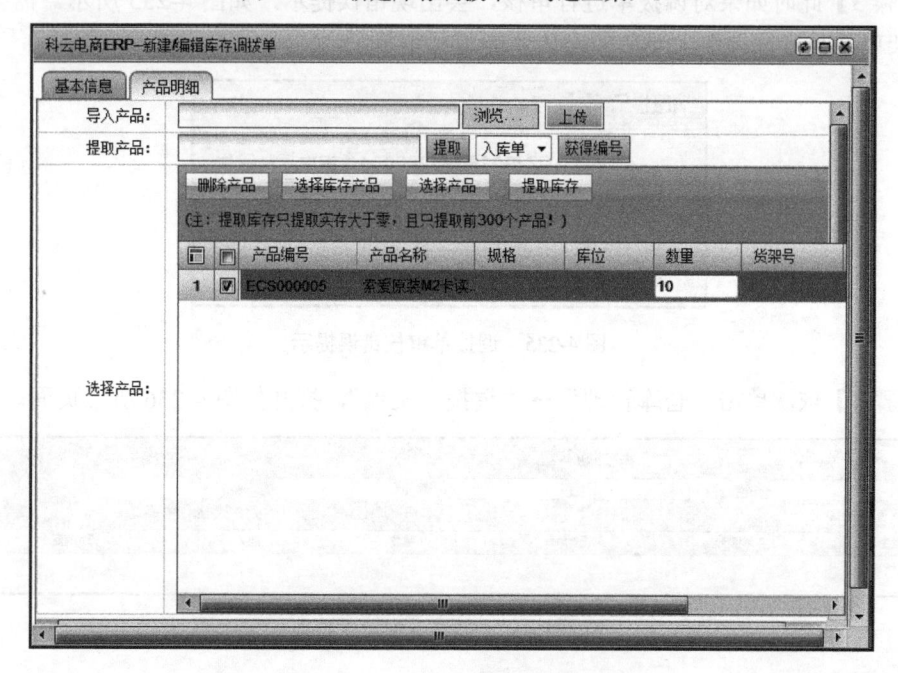

图 4-232 新建库存调拨单 2

【步骤 2】右击调拨单,在弹出的快捷菜单中选择"确认",如图 4-233 所示,结果如图 4-234 所示。

图 4-233 新建库存调拨单 3

图 4-234 库存调拨单确认

【步骤 3】此时如果对调拨单进行审核,会出现错误提示,如图 4-235 所示。需要先新建调拨上架单并且进行调拨上架单的确认才能进行审核。

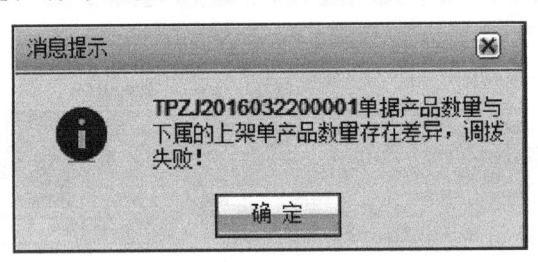

图 4-235 调拨单审核错误提示

【步骤 4】依次单击"仓库管理"→"调拨上架单",打开如图 4-236 所示页面。

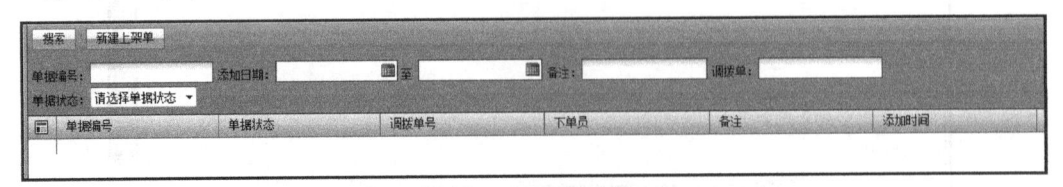

图 4-236 "调拨上架单"页面

【步骤 5】单击"新建上架单"按钮,打开如图 4-237 所示页面。

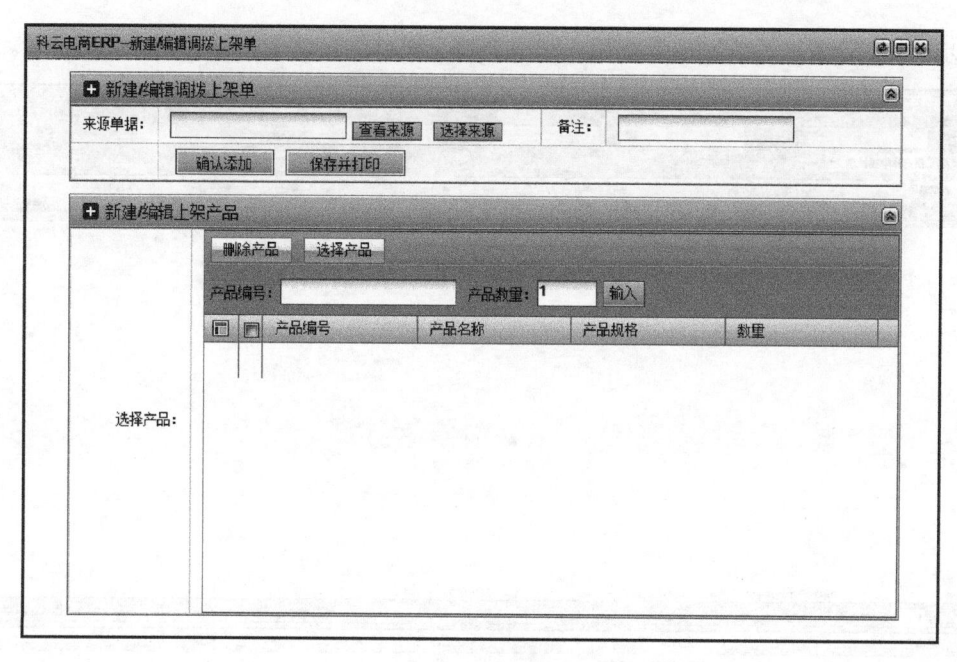

图 4-237　新建调拨上架单 1

说明：
- 来源单据：可以选择关联的"已确认"且勾选"是否上架"的调拨单，此选项必填。
- 选择产品：选择调拨单中的产品，一张调拨单可对应多张上架单，上架单中产品总要与调拨单相同。

【步骤 6】选择来源单据，再选择产品及输入数量，如图 4-238 所示。

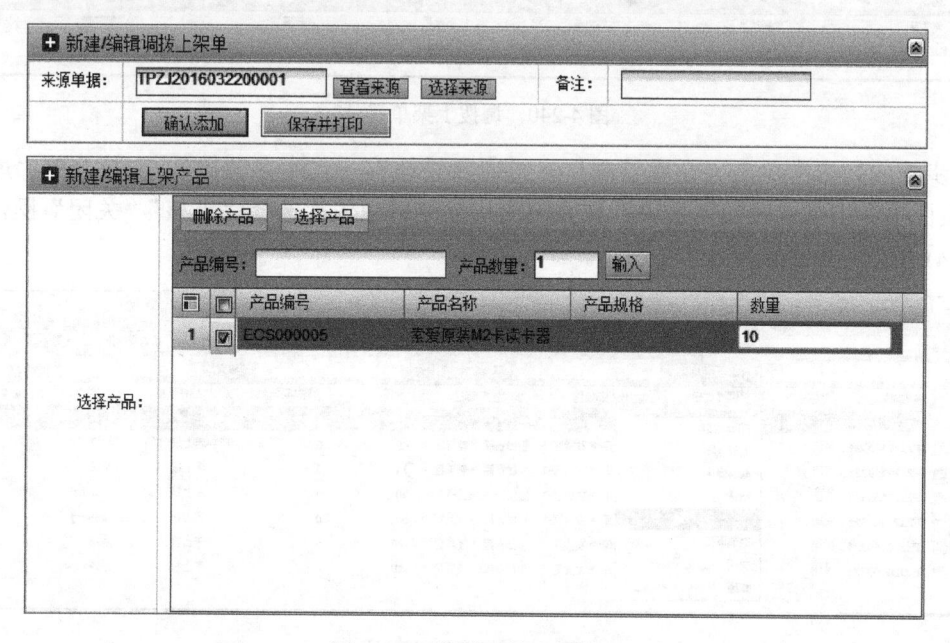

图 4-238　新建调拨上架单 2

【步骤7】单击"确认添加"按钮，完成调拨上架单的新建工作，如图4-239所示。

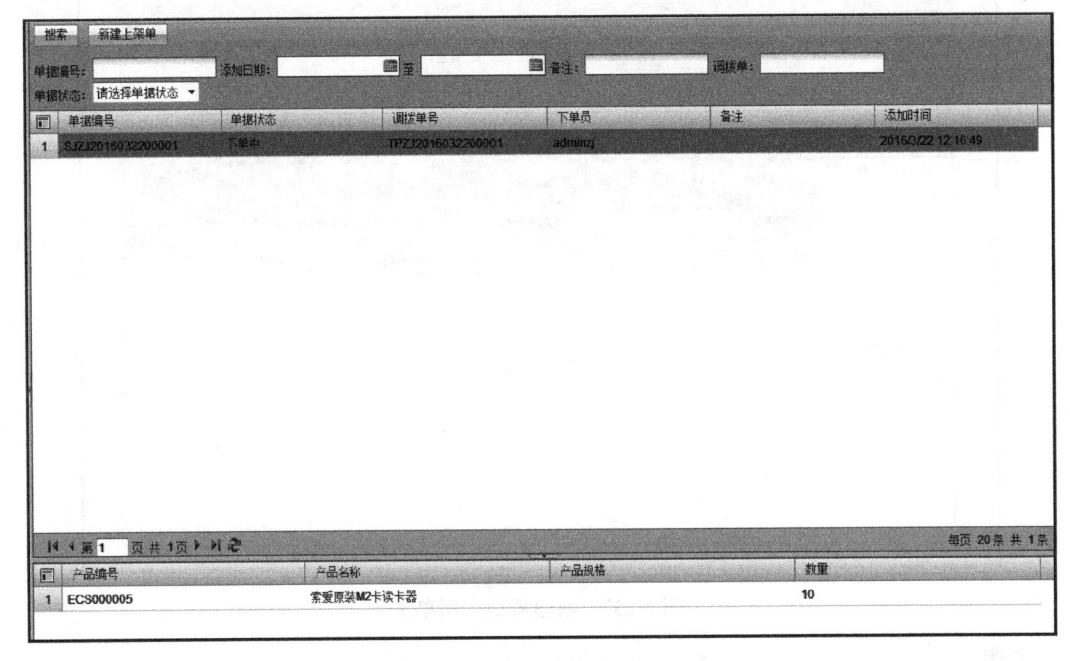

图 4-239 新建调拨上架单 3

【步骤8】右击调拨上架单，在弹出的快捷菜单中选择"确认"，结果如图4-240所示。

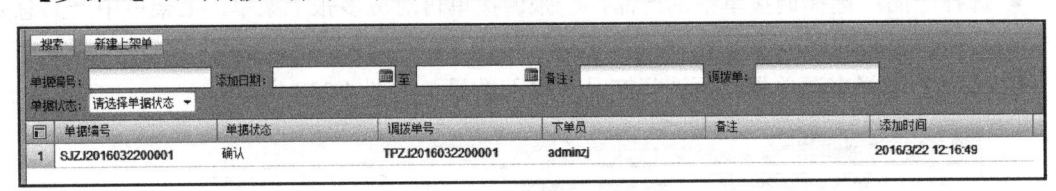

图 4-240 调拨上架单确认

【步骤9】依次单击"仓库管理"→"库存管理"→"库存调拨"，在打开的"库存调拨"页面中右击需审核的调拨单，在弹出的快捷菜单中依次选择"审核""关闭"操作，如图4-241所示，结果如图4-242所示。

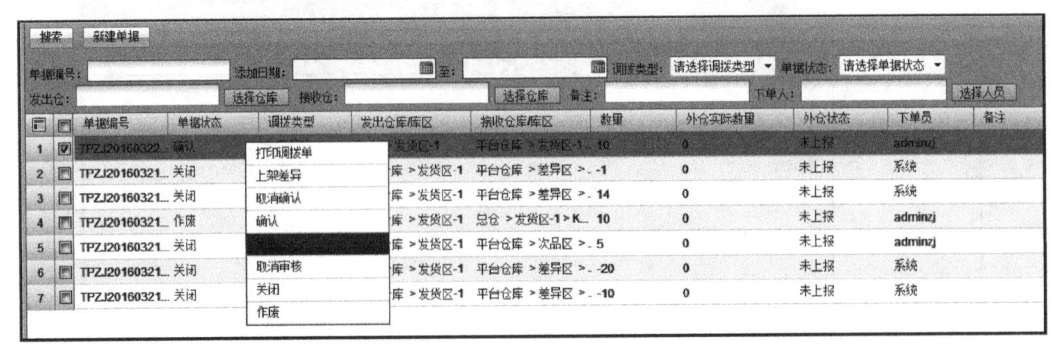

图 4-241 调拨单审核

- 168 -

第 4 章 电子商务 ERP 系统功能介绍

		单据编号	单据状态	调拨类型	发出仓库/库区	接收仓库/库区	数量	外仓实际数量	外仓状态	下单员	备注
1	☑	TPZJ20160322_	关闭	仓库调拨	总仓 >发货区-1	平台仓库 >发货区-1	10	0	未上报	adminzj	
2	☐	TPZJ20160321_	关闭	盘点调拨	平台仓库 >发货区-1	平台仓库 >差异区 >_	-1	0	未上报	系统	
3	☐	TPZJ20160321_	关闭	盘点调拨	平台仓库 >发货区-1	平台仓库 >差异区 >_	14	0	未上报	系统	
4	☐	TPZJ20160321_	作废	仓库调拨	平台仓库 >发货区>K_		10	0	未上报	adminzj	
5	☐	TPZJ20160321_	关闭	库区调拨	平台仓库 >发货区-1	平台仓库 >次品区 >_	5	0	未上报	adminzj	
6	☐	TPZJ20160321_	关闭	差异调拨	平台仓库 >发货区-1	平台仓库 >差异区 >_	-20	0	未上报	系统	
7	☐	TPZJ20160321_	关闭	差异调拨	平台仓库 >发货区-1	平台仓库 >差异区 >_	-10	0	未上报	系统	

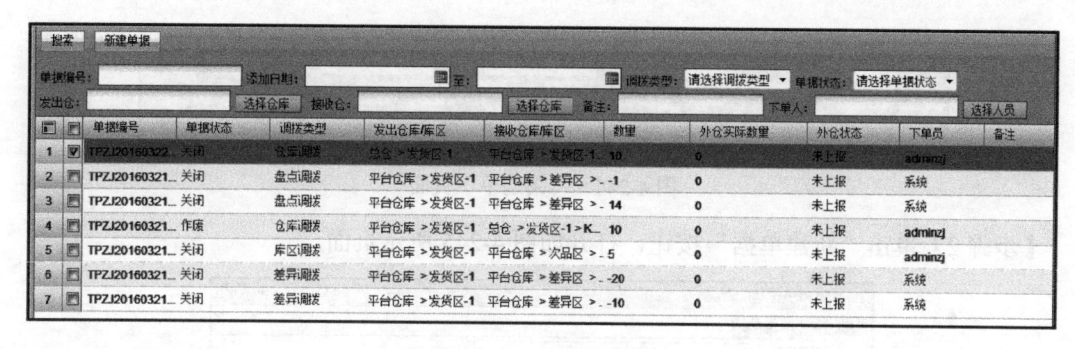

图 4-242 调拨单关闭

说明:
- 调拨上架单主要操作为:新建上架单→确认,作废操作只有在单据状态为"下单中"时才能操作。
- 调拨上架单中产品数量大于调拨单数量可确认,但在审核调拨单时会出现差异提示框。右击调拨单,在弹出的快捷菜单中选择"上架差异"可查询差异数量。

4.5 采购管理

采购管理包括三部分内容:采购单、生产档期表、采购单汇总。本部分主要讲解采购单的相关内容。

采购单记录了入库产品采购数量,到货时间,供货商信息等,是入库前准备的重要环节。采购单主要操作为:新建采购单→下单确认→审核→关闭→已到。采购单流程图,如图 4-243 所示。

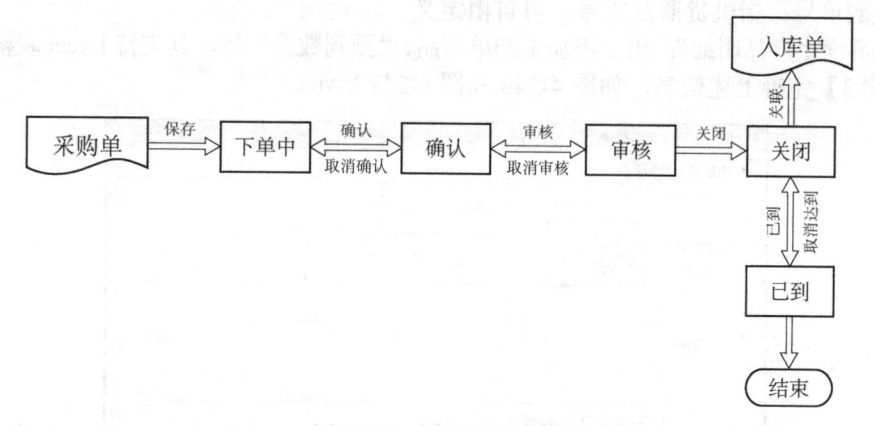

图 4-243 采购单流程图

本部分任务列举如下。
- 任务:新建采购单,对采购单进行操作,并且关联入库单。

任务:新建采购单,对采购单进行操作,并且关联入库单。

【步骤 1】依次单击"采购管理"→"采购单",打开如图 4-244 所示页面。

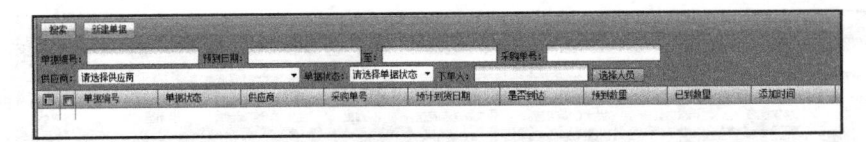

图 4-244 "采购单"页面

【步骤2】单击"新建单据"按钮,打开如图 4-245 所示页面。

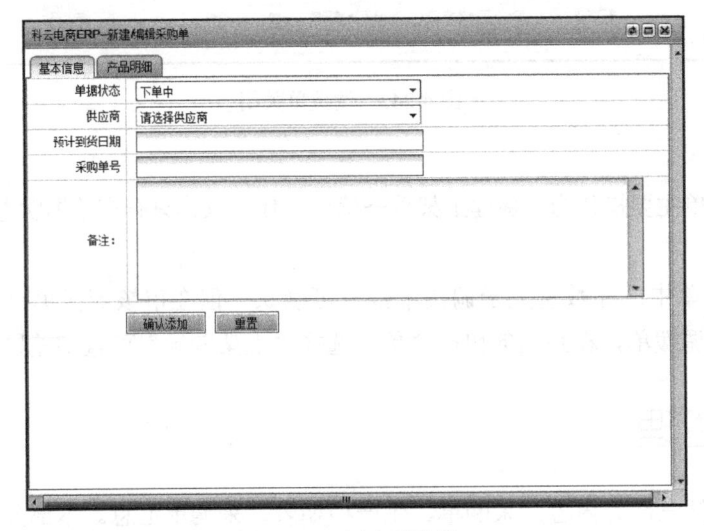

图 4-245 新建采购单 1

说明:
- 供货商:可选择供货商,需在仓库管理中将入库的供货商定义好。
- 预计到货日期:表示预计货品到达的时间,必填项。
- 采购单号:指供货商发货号,可自由定义。
- 子界面"产品明细":用于添加采购单产品、"预到数量"等,其支持 Excel 表格导入。

【步骤3】完善上述信息,如图 4-246 和图 4-247 所示。

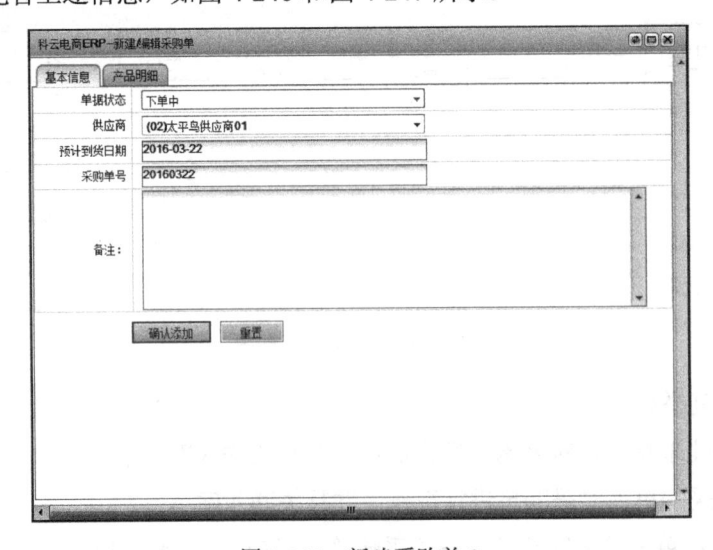

图 4-246 新建采购单 2

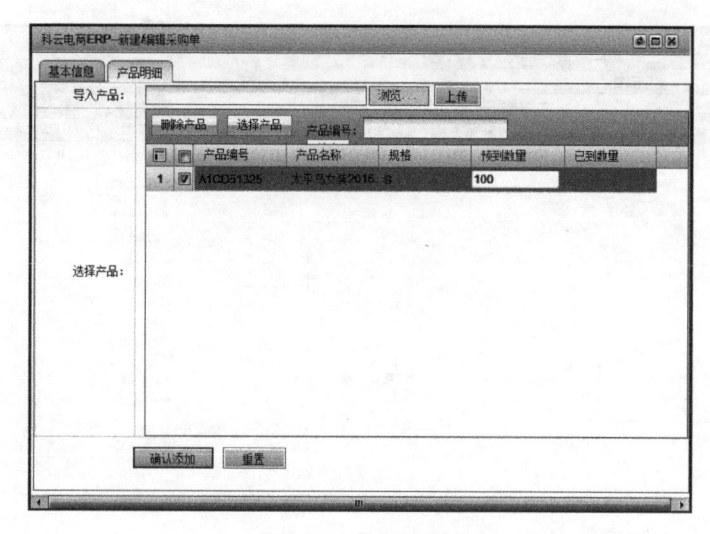

第4章 电子商务ERP系统功能介绍

图4-247 新建采购单3

【步骤4】单击"确认添加"按钮，完成采购单的新建工作，如图4-248所示。

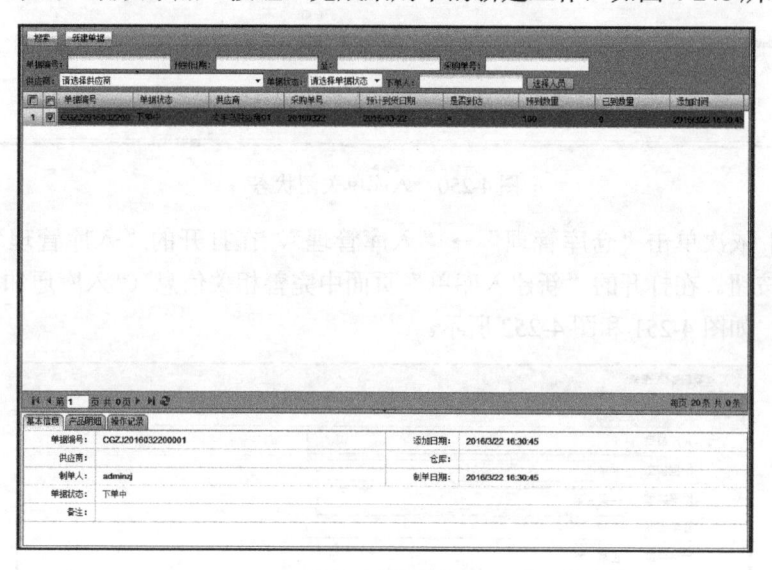

图4-248 新建采购单4

【步骤5】右击采购单然后在弹出的快捷菜单中依次执行"确认""审核""关闭"操作，如图4-249所示。此时采购单状态如图4-250所示。

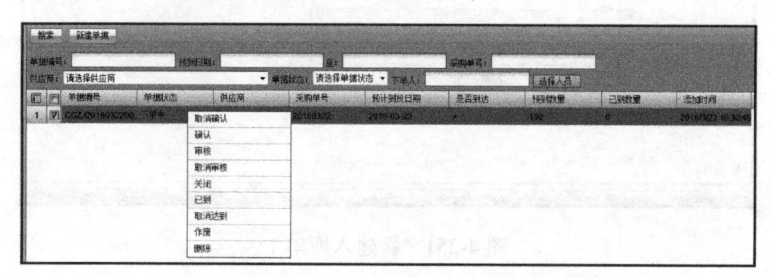

图4-249 对采购单执行操作

- 171 -

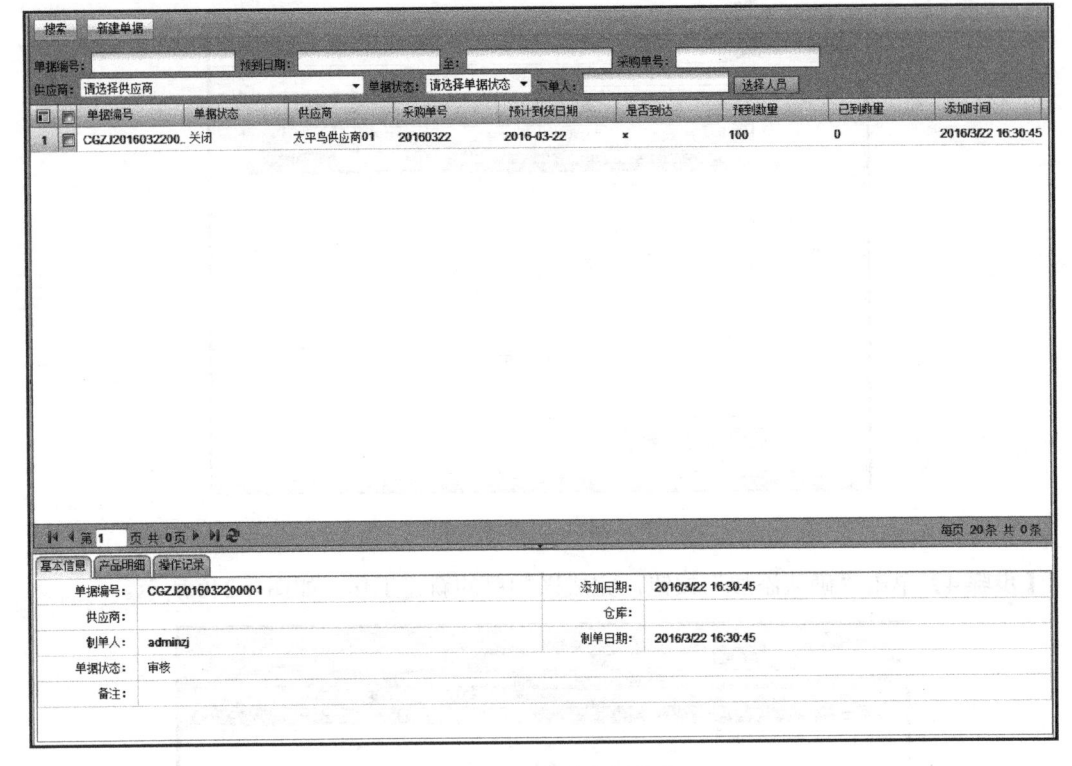

图 4-250 入库单关闭状态

【步骤 6】依次单击"仓库管理"→"入库管理",在打开的"入库管理"页面中单击"新建单据"按钮。在打开的"新建入库单"页面中完善相关信息("入库通知单"要选择前面的采购单),如图 4-251 和图 4-252 所示。

图 4-251 新建入库单 1

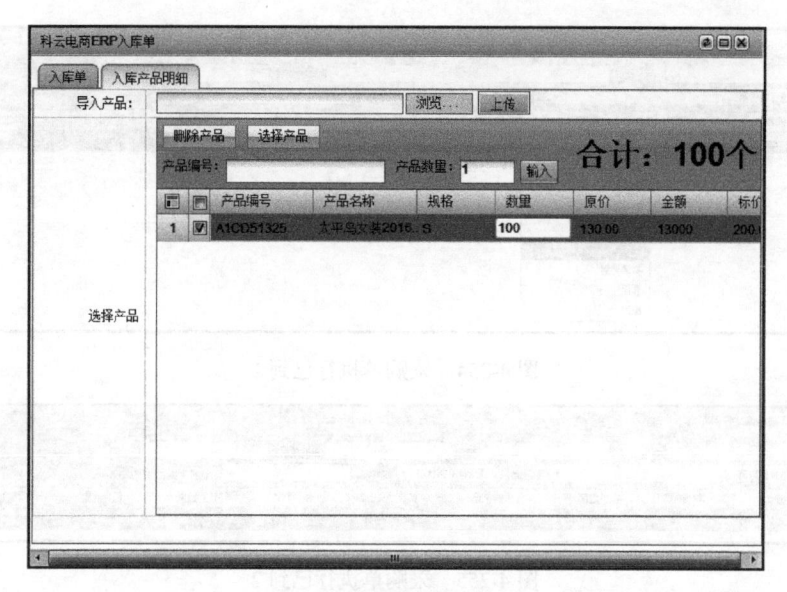

图 4-252 新建入库单 2

【步骤 7】单击"确认添加"按钮,打开如图 4-253 所示页面。

图 4-253 新建入库单 3

【步骤 8】右击入库单执行在弹出的快捷菜单中依次选择"下单确认""审核""关闭"操作。

【步骤 9】右击采购单,此时"已到数量"已经显示出来(关联入库单走完流程后会返回"已到数量"至采购单,可以判断采购数量的差异),在弹出的快捷菜单中选择"已到",如图 4-254 所示,结果如图 4-255 所示。

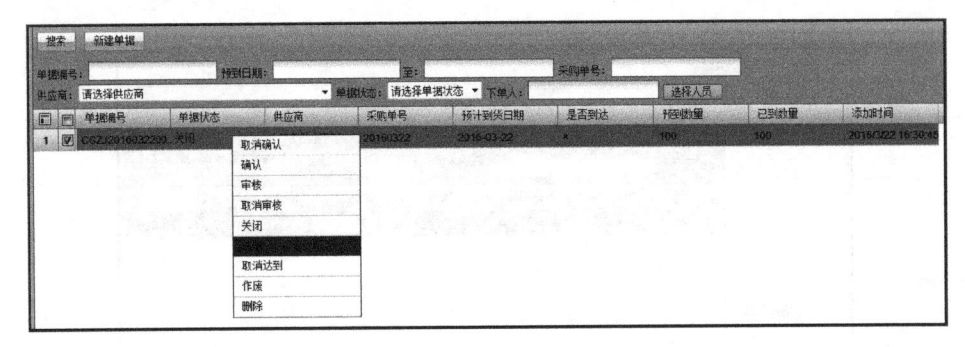

图 4-254 采购单执行已到 1

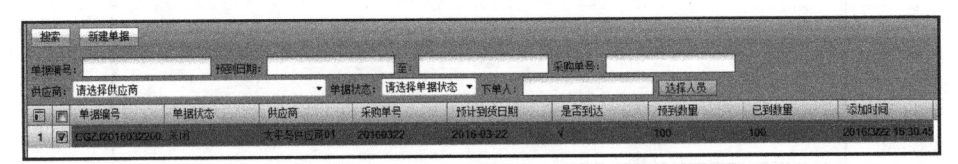

图 4-255 采购单执行已到 2

说明：
- 采购单主要操作为：新建采购单→下单确认→审核→关闭→已到。
- 采购单操作可按权限管理设定各员工的操作权限。
- 所有单据操作均为右击需操作单据然后在弹出的快捷菜单中选择相关命令来完成。
- 只有订单状态为"关闭"的订单才能被入库单关联。
- 关联入库单走完流程后会返回"已到数量"至采购单，即可判断采购数量差异。
- "已到"为采购单最终状态，不能修改或关联订单。
- 其他操作可参见 4.4 入库管理。

4.6 订单管理

订单管理是电子商务 ERP 的核心所在，完整健全的订单管理流程直接关系电子商务企业的业务发展。订单流程如图 4-256 所示。

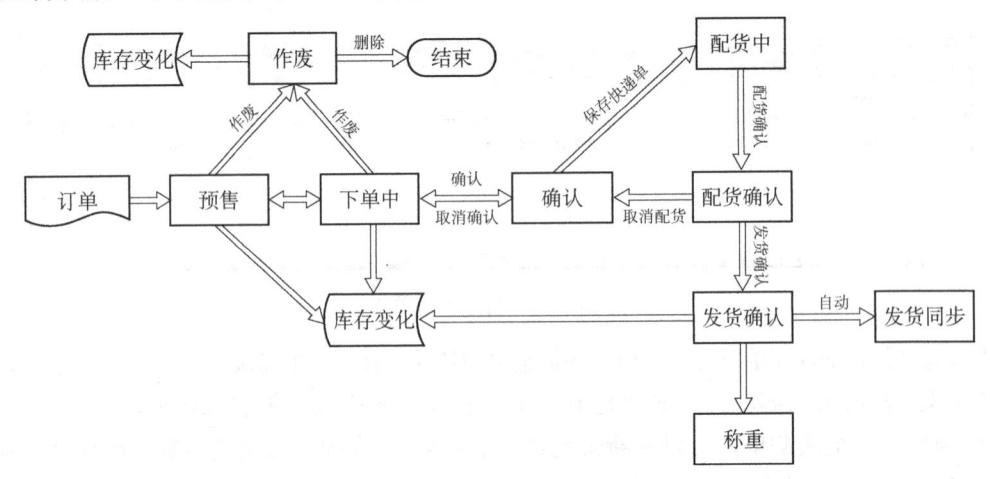

图 4-256 订单流程图

4.6.1 订单管理操作

1. 订单管理界面说明

单击"订单管理",打开"订单管理"页面,搜索满足条件的订单,如图 4-257 所示。

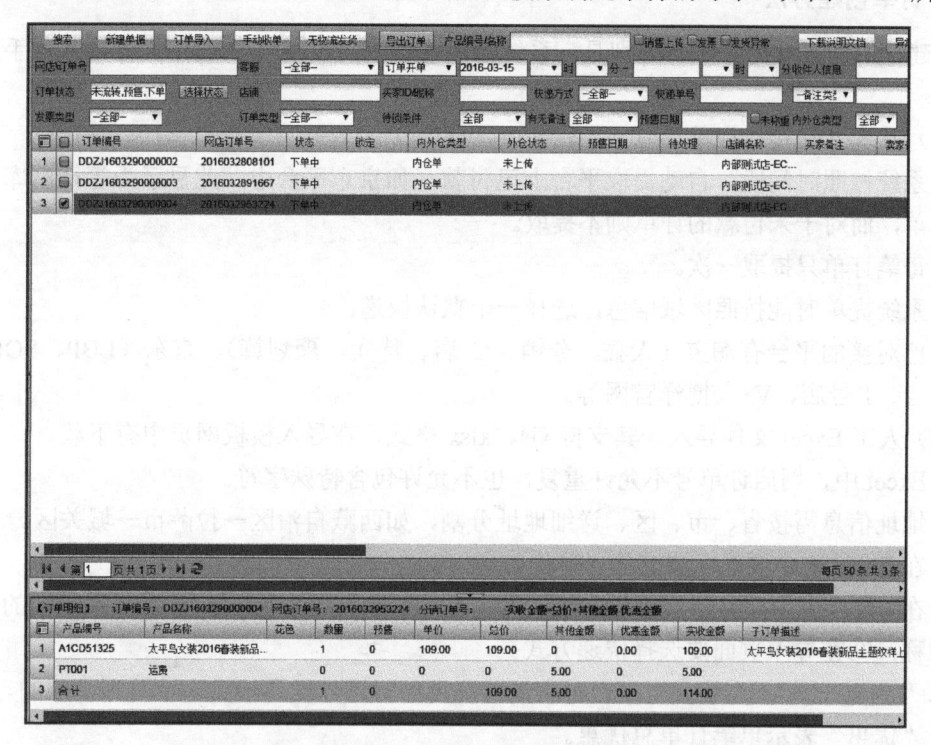

图 4-257 "订单管理"页面

说明:
- 订单编号:系统内部创建的唯一单号,在 ERP 内具有唯一性。
- 网店订单号:平台订单创建的店铺订单号,非 ERP 建立的订单号,非唯一性。
- 交接备注:ERP 系统内标记订单备注。
- 开单日期:表示系统接单时间。
- 网店开单日期:平台后台下单的时间。
- 付款日期:平台订单付款时间。手工下单、京东没有该信息,系统默认为下单日期。
- 操作时间:单据最后一次操作时间。
- 发货时间:ERP 系统订单发货确认的时间,未发货订单,默认为 1900-01-01 00:00:00。
- 查询条件栏-发货异常:订单发货异常时,仓库人员的备注信息,例如:发货确认后,转单的快递信息。

2. 订单状态说明

- "预售"与"下单中"区别,"预售"表示库存为 0,当有库存时则会变为"下单中","下单中"与"预售"都会占用库存。

- "下单确认"订单将流转至配货管理区。
- "确认发货"订单回写至平台。
- 锁定:显示订单是否锁定,锁定的订单无法发货确认。

3. 订单创建方法

创建订单的方法有三种,分别是:系统 API 接口提单、人工 Excel 文件导入、手工单笔建单。

(1)系统 API 接口提单。
- 系统按照时间段,自动提取平台上已付款(如京东平台中,此显示为等待出库)的订单,而对于未付款的订单则不提取。
- 每笔订单只提取一次。
- 系统提单时能按照区域信息,选择一个默认快递。
- 已对接的平台有淘宝(天猫、分销、C 店、特卖、聚划算)、京东(LBP、SOP)、当当、1 号店、V+、博洋官网等。

(2)人工 Excel 文件导入,其支持 xls、xlsx 格式,在导入模板网页中有下载。
- Excel 中,网店订单号不允许重复,也不允许包含特殊字符。
- 地址信息需按省、市、区、详细地址分割,如西藏自治区→拉萨市→城关区。
- 在 Excel 表中要显示成交价(单价)。
- 在 Excel 表中要显示快递优先级:①在 Excel 导入文件中应填写 ERP 系统中的快递名称;②在导入页面要选择快递方式。
- "是否开票",系统会根据当时店铺情况自动勾选,发票抬头未填写则是空的。
- "优惠"表示单笔订单总优惠。
- 在 Excel 表中要显示运费。

(3)手工单笔建单。单击"新建单据",打开"新建订单"页面,如图 4-258 所示,在该页中填入相关信息即可。

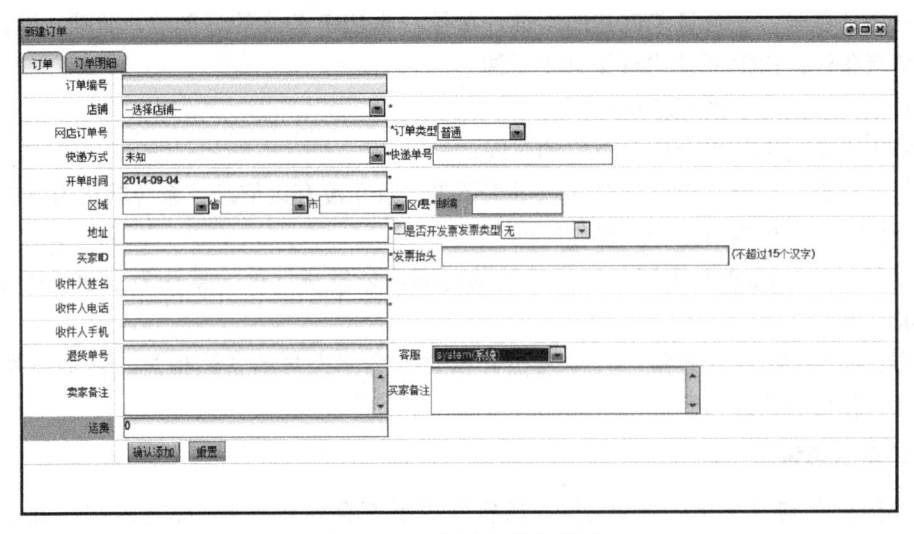

图 4-258 "新建订单"页面

4. 界面订单操作说明

所有订单操作为右击需操作订单在弹出的快捷菜单中选择相关命令来完成。

(1)"订单流转"菜单，如图 4-259 所示。

说明：

● 下单确认：由客服操作，将订单状态由"下单中"变为"下单确认"。

● 取消确认：执行"取消命令确认"后订单返回"下单中"状态。

● 作废：取消订单，但在系统中仍可见。要注意的是只有"下单中"和"预售"两种订单状单下才能进行作废处理。执行作废处理后会取消库存占有。

图 4-259 "订单流转"菜单

● 删除：订单只有"作废"处理后才能进行删除操作，订单被删除后系统中该订单会消失。如果要手工收单则需将原单先删除。

(2)"订单标记"菜单，如图 4-260 所示。

说明：

● 锁定/解锁：被锁定的订单，仍然可以流转，但不能进行"发货确认"处理，该指令用于拦截订单，停止发货。

图 4-260 "订单标记"菜单

● 待处理/取消待处理：用于暂停订单的流转，只有处于"预售""下单中"状态下的订单才能使用此功能。

(3)"备注操作"菜单，如图 4-261 所示。

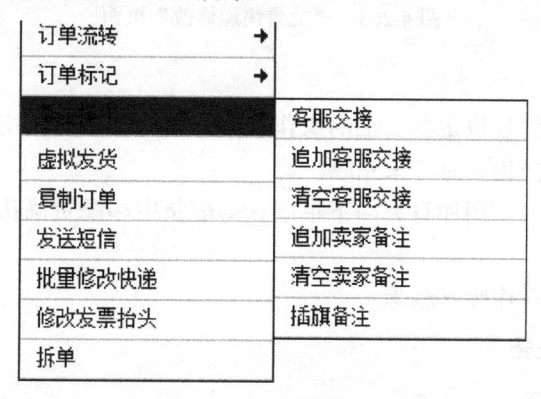

图 4-261 "备注操作"菜单

说明：

● 插旗备注：只有淘宝平台店铺能用该功能，京东、当当等不能用。

● ERP 插旗后会更新淘宝后台的信息，该操作为单向操作，淘宝后台操作 ERP 则不能更新。

（4）其他操作，其菜单如图4-262所示。

说明：

- 虚拟发货：只能在"配货确认"处理后才能进行此项操作，操作后该订单状态变为"虚拟发货"。该指令主要是针对开展促销等活动时来不及发货为避免造成用户体验下降而设置的（有快递单号后在系统中直接进行"虚拟发货"处理，再上传快递信息至平台）。
- 复制订单：按照原单模样复制一笔新单，但产品信息不复制，订单号会自动新建。
- 批量修改快递：先选取要修改的订单然后在订单前打钩，"预售""下单中"状态下的订单，可修改新的快递公司。执行"批量修改快递"命令，打开如图4-263所示页面。系统会显示可修改快递与不可修改快递的订单，该页面中间用于选取快递公司。

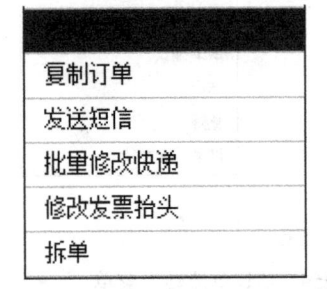

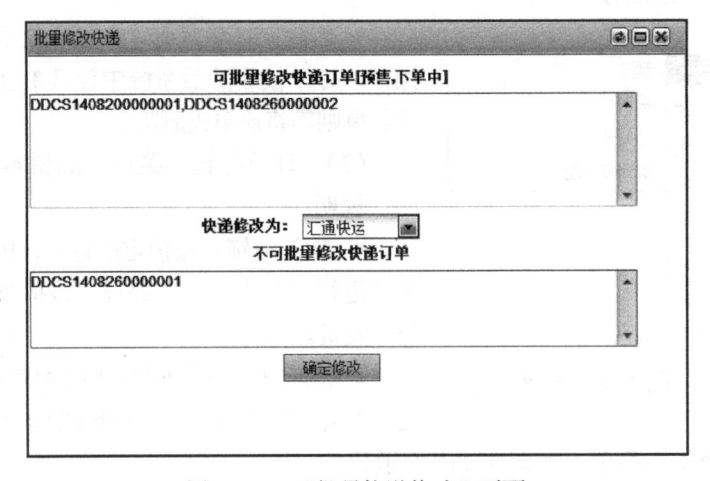

图4-262 其他操作菜单

图4-263 "批量快递修改"页面

5. 订单流程操作

订单操作可按权限管理设定各员工的操作权限。所有订单操作均为右击需操作单据然后在弹出的快捷菜单中选择相关命令来完成。

（1）预售↔下单中（占用库存）↔下单确认↔配货中↔配货确认→发货确认（减占用、减实存）→称重

（2）预售、下单中→作废→删除

6. 订单管理部分任务

本部分任务列举如下。

- 任务1：系统API接口提单，此时订单状态为"下单中"，在ERP系统中进行订单的确认、配货、发货。
- 任务2：收单进来后，还未发货，客户要求修改收货地址，地址修改好之后，进行订单确认、配货、发货操作。
- 任务3：收单进来之后，订单状态为"预售"，将订单状态变为"下单中"。

- 任务4：收单后，将订单进行作废处理。
- 任务5：手工建单。

任务1：系统API接口提单，此时订单状态为"下单中"，在ERP系统中进行订单的确认、配货、发货。

【步骤1】ECSHOP前台客户（例如，liming）登录，购买商品，如图4-264所示。

我的订单				
订单号	下单时间	订单总金额	订单状态	操作
2016032953224	2016-03-29 15:27:24	￥114.00元	已确认,已付款,未发货	已确认

图4-264　ECSHOP前台下单

说明：购买的商品必须是科云电子商务ERP系统中已经存在的商品，并且商品的SKU要一致（ECSHOP中"商品货号"与科云电子商务ERP系统中"产品编号"一致）。

【步骤2】在科云电子商务ERP系统中依次单击"订单管理"→"订单管理"，系统会自动提取ECSHOP平台上"已付款未发货"的订单，如图4-265所示。

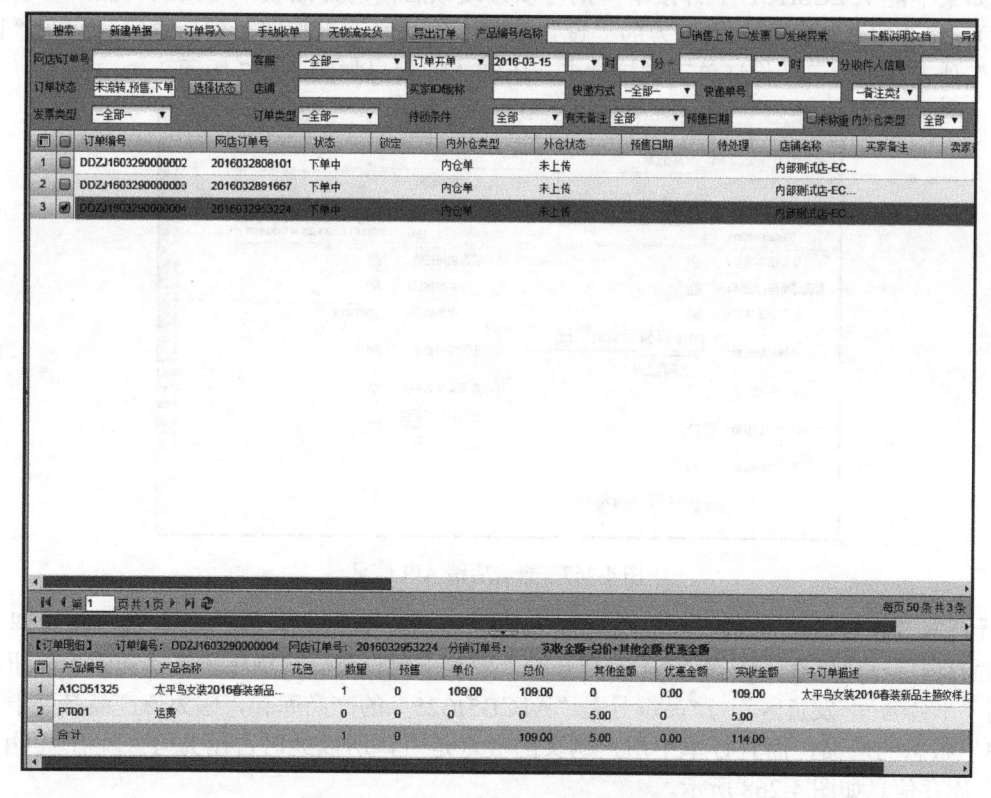

图4-265　科云电子商务ERP自动接单

说明：

（1）此时订单状态为"下单中"，说明该店铺关联的仓库中有货，查看店铺关联仓库的方法为"管理中心"→"组织结构"→"店铺管理"，在打开的"店铺管理"页面中双击店铺。在打开的"店铺"页面中选中"物流信息"选项卡可以查看该店铺对应的是哪个仓库，如果商品入库时没有入库到该仓库，则订单状态显示为"预售"。店铺的物流信息如图 4-266 所示。

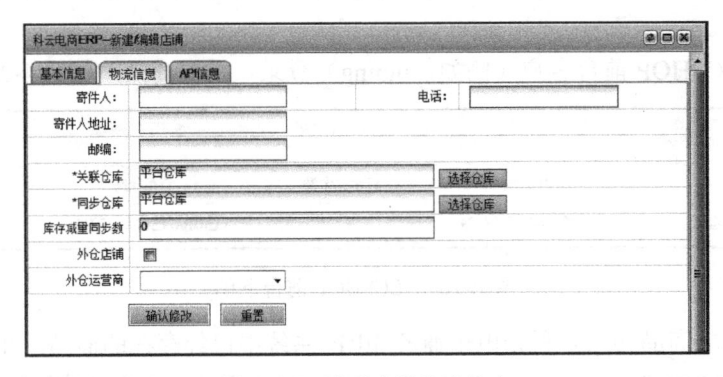

图 4-266　查看店铺物流信息

（2）不能从 ECSHOP 平台接单？

如果不能从 ECSHOP 平台接单，则可以修改该店铺的开始收单时间（例如，可以提前一天），修改好之后分别单击下方的"设置"和"确认修改"按钮。然后过段时间在"订单管理"处查看是否已经将订单正常接进来。店铺 API 信息如图 4-267 所示。

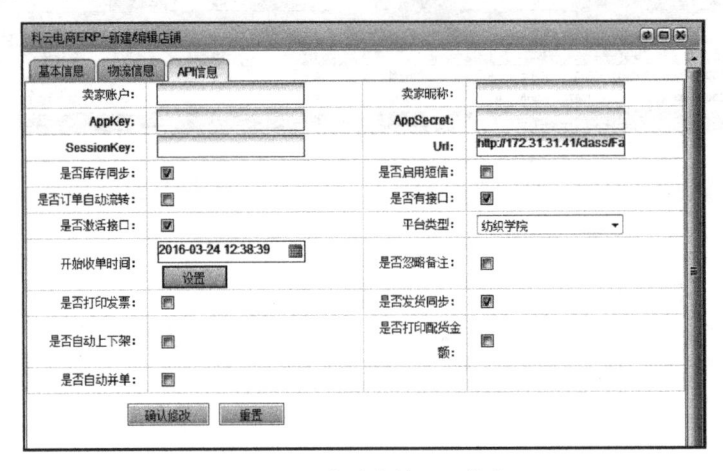

图 4-267　查看店铺 API 信息

【步骤 3】查看该商品（产品编号：A1CD51325）的库存。依次单击"仓库管理"→"库存管理"→"库存下限设置"，在打开的"库存下限设置"页面中单击"搜索"按钮，再找到"平台仓库-发货区"，产品编号是"A1CD51325"的产品库存，因为该产品是处于"下单中"状态的产品，而且订单中用户购买的数量是 1，所以此时占用为 1（实存=占用+可用）。库存信息如图 4-268 所示。

产品分类3	产品季节	产品年份	供应商	供应价	实存	占用	可用	预售	未留转量	实存标牌价格
				0.00	15	0	15	0		300.00
主推款	春季	2016年	太平鸟供货商	0.00	5	0	5	0	0	1000.00
主推款	春季	2016年	太平鸟供货商	0.00	-32	0	-32	0	0	-6400.00
主推款	春季	2016年	太平鸟供货商	0.00	162	1	161	0	0	32400.00

图 4-268　库存查询

第 4 章 电子商务 ERP 系统功能介绍

【步骤4】进行订单的确认操作。右击该订单,在弹出的快捷菜单中选择"订单流转"→"下单确认",如图 4-269 所示。

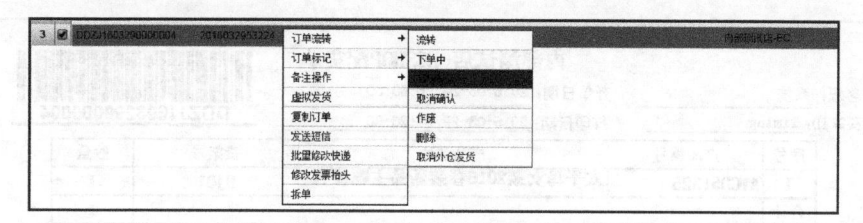

图 4-269 订单确认 1

【步骤5】此时订单状态为"下单确认",如图 4-270 所示。

图 4-270 订单确认 2

【步骤6】下单确认后进入配货管理操作,依次选择"仓库管理"→"配货管理",在打开的"配货管理"页面中单击"搜索"按钮,打开如图 4-271 所示页面。

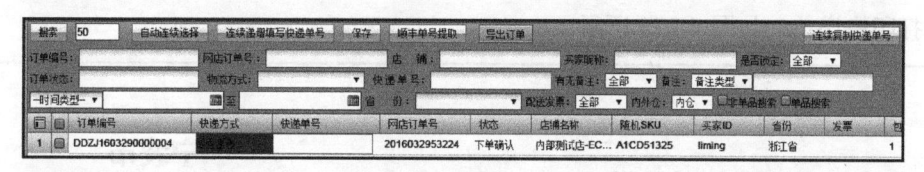

图 4-271 "配货管理"页面

【步骤7】输入"快递单号",单击"保存"按钮,完成对快递单号与订单的绑定操作,如图 4-272 所示。

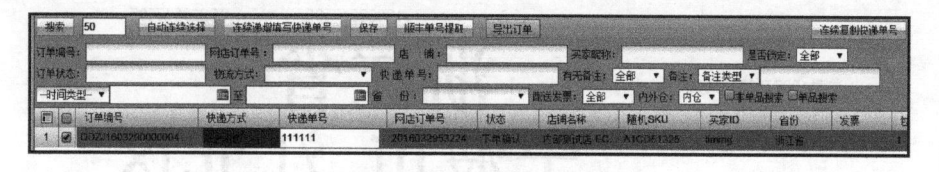

图 4-272 快递单号绑定订单

【步骤8】右击配货单,弹出如图 4-273 所示的快捷菜单。

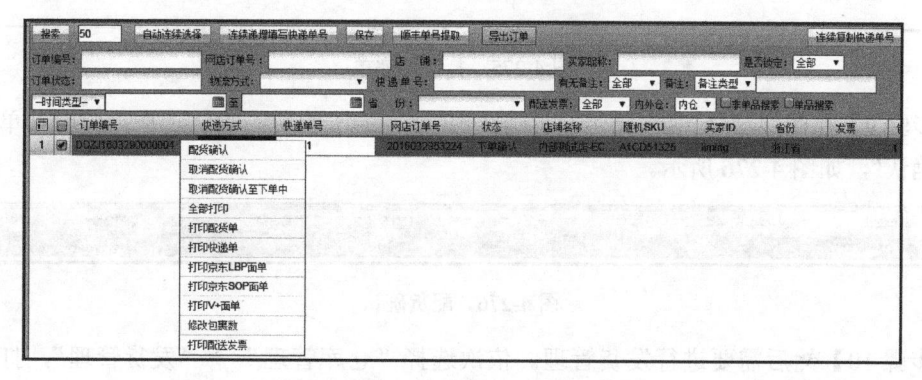

图 4-273 "配货单"右击菜单

说明：可以进行配货单和快递单的打印工作。

- 打印配货单，如图 4-274 所示。

图 4-274 打印配货单

- 打印快递单，如图 4-275 所示。

图 4-275 打印快递单

【步骤9】在图 4-273 中选择"配货确认"，就完成了配货的确认工作，此时订单状态为"配货确认"，如图 4-276 所示。

图 4-276 配货确认

【步骤10】然后需要进行发货管理。依次选择"仓库管理"→"发货管理"，打开如图 4-277 所示页面。

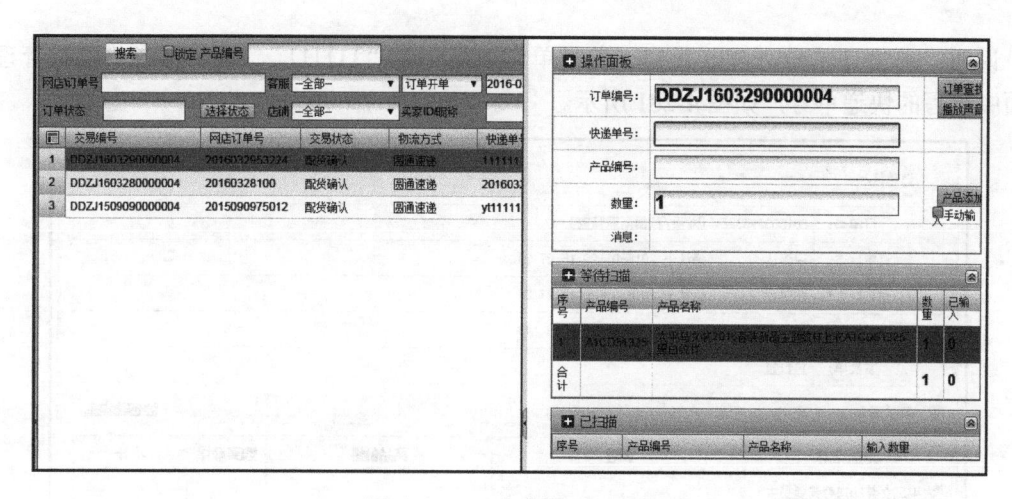

图 4-277 "发货管理"页面

【步骤11】找到需发货的订单,在操作面板中输入"快递单号",按回车键,再输入"产品编号",按回车键,然后输入"数量",按回车键。这样就完成了发货操作,如图 4-278 所示。

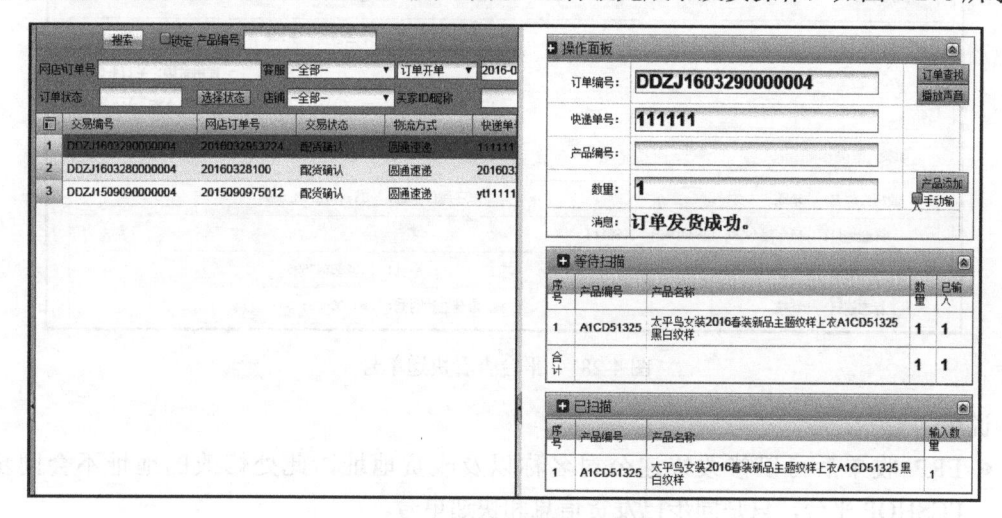

图 4-278 "发货管理"页面 2

【步骤12】此时查看订单状态为"发货确认",如图 4-279 所示。

图 4-279 发货确认

【步骤13】已发货信息和快递单号会回写到 ECSHOP 平台,如图 4-280 所示。

图 4-280 已发货信息回写平台

说明：单击订单号，可以看到"发货单"处显示为"111111"，即表示在"配货管理"页面中填写的快递单号，如图4-281所示。

订单状态		
订单号：	2016032953224 [发送/查看商家留言]	
订单状态：	已确认	确认于 2016-03-29 15:27:24
付款状态：	已付款	付款于 2016-03-29 15:27:24
配送状态：	已发货	发货于 2016-03-29 17:32:40
发货单：	111111	

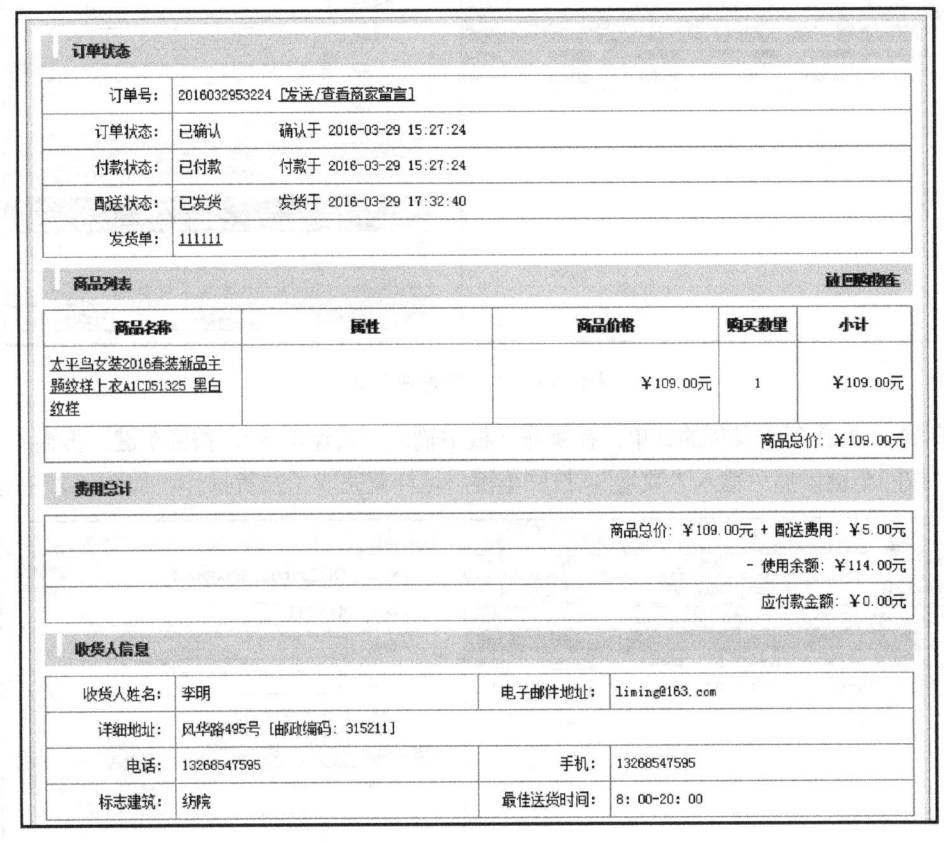

商品列表				返回购物车
商品名称	属性	商品价格	购买数量	小计
太平鸟女装2016春装新品主题纹样上衣A1CD51325 黑白纹样		￥109.00元	1	￥109.00元
			商品总价：	￥109.00元

费用总计	
	商品总价：￥109.00元 + 配送费用：￥5.00元
	- 使用余额：￥114.00元
	应付款金额：￥0.00元

收货人信息			
收货人姓名：	李明	电子邮件地址：	liming@163.com
详细地址：	风华路495号 [邮政编码：315211]		
电话：	13268547595	手机：	13268547595
标志建筑：	纺院	最佳送货时间：	8：00-20：00

图 4-281　平台查看快递单号

说明：
- ERP 收单后可以修改快递公司名称以及收货地址，此处修改的地址不会同步到 ECSHOP 平台，只是同步已发货信息和快递单号。
- 如果信息不能回写到 ECSHOP 平台，则表示发货失败。可能的原因有：ERP 平台上发货的快递公司必须是 ECSHOP 上支持的快递公司，否则同步操作失败。例如：ECSHOP 支持 EMS 和中通，而 ERP 使用了顺风，这样就会导致发货同步操作失败。

任务 2：收单进来后，还未发货，客户要求修改收货地址，地址修改好之后，进行订单确认、配货、发货操作。

【步骤1】ECSHOP 前台客户（例如，liming）登录，购买商品，如图 4-282 所示。

我的订单				
订单号	下单时间	订单总金额	订单状态	操作
2016032807235	2016-03-28 10:40:37	￥114.00元	未确认,未付款,未发货	取消订单

图 4-282　ECSHOP 前台下单

【步骤 2】ECSHOP 后台查看订单,如图 4-283 所示。

图 4-283　ECSHOP 后台订单查询

【步骤 3】ECSHOP 后台进行订单"确认"及"付款",如图 4-284 所示。

图 4-284　ECSHOP 后台订单确认及付款

说明:此时,ECSHOP 前台订单状态如图 4-285 所示。

图 4-285　ECSHOP 前台订单查询

【步骤 4】进入科云电子商务 ERP 系统进行接单操作,如图 4-286 所示。

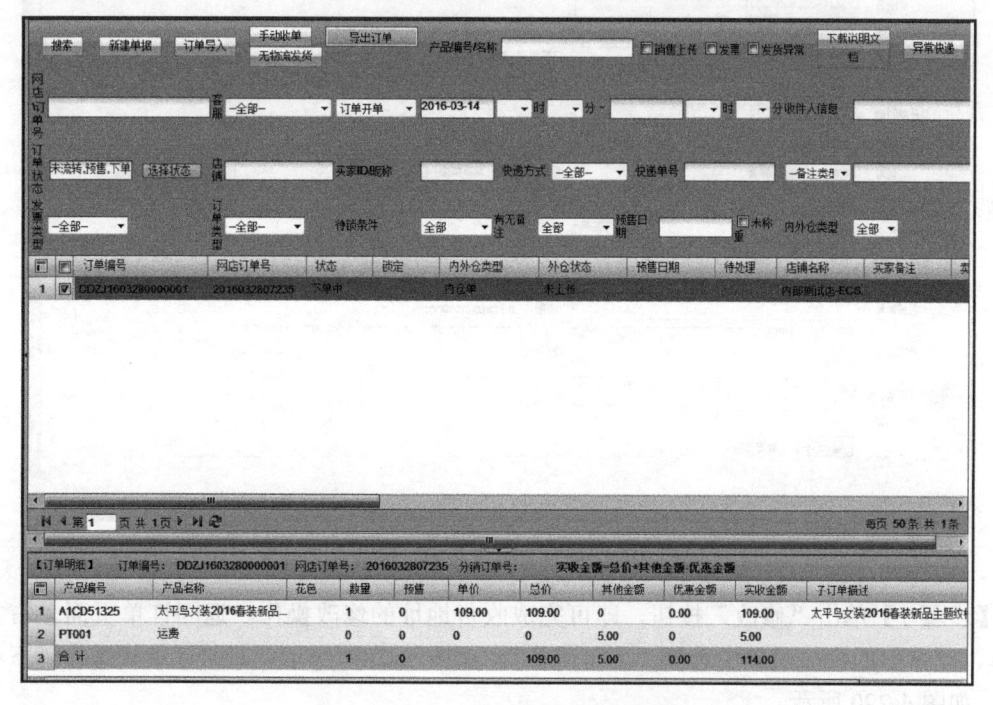

图 4-286　科云电子商务 ERP 系统接单

【步骤 5】双击订单,打开如图 4-287 所示页面。

图 4-287 订单详情页

【步骤 6】将收货"地址"修改为"海曙区灵桥路 396 号,贾祥素,13586827876",如图 4-288 所示。

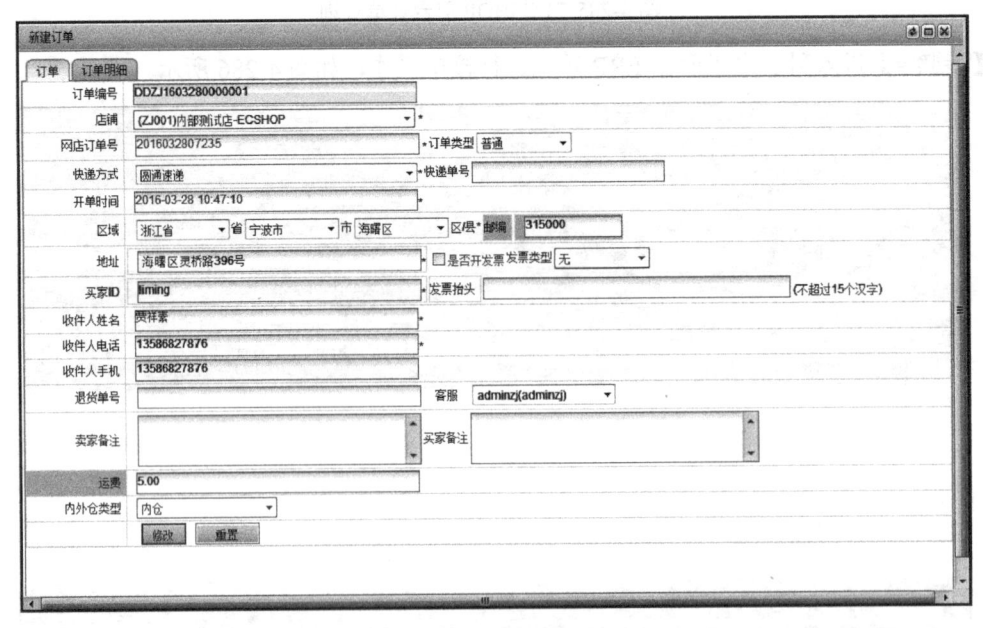

图 4-288 订单收货地址修改

【步骤 7】单击"修改"按钮,即可完成收货地址的修改操作。返回订单页面。右击该订单,在弹出的快捷菜单中选择"下单确认",如图 4-289 所示。此时订单状态为"下单确认",如图 4-290 所示。

第 4 章 电子商务 ERP 系统功能介绍

图 4-289 订单确认 1

图 4-290 订单确认 2

【步骤 8】依次单击"仓库管理"→"配货管理",打开"配货管理"页面,输入快递单号,单击"保存"按钮,如图 4-291 所示。

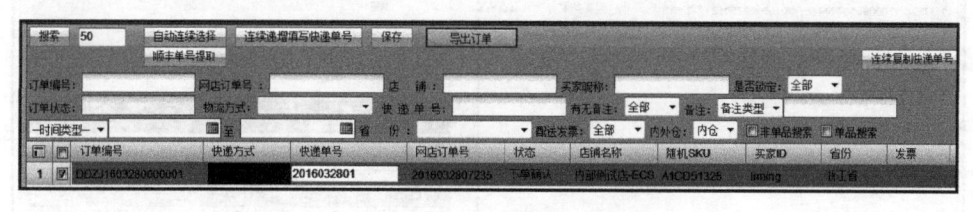

图 4-291 "配货管理"页面

【步骤 9】右击配货单,在弹出的快捷菜单中选择"打印配货单",如图 4-292 所示。

图 4-292 打印配货单

【步骤 10】右击配货单,在弹出的快捷菜单中选择"配货确认",如图 4-293 所示。

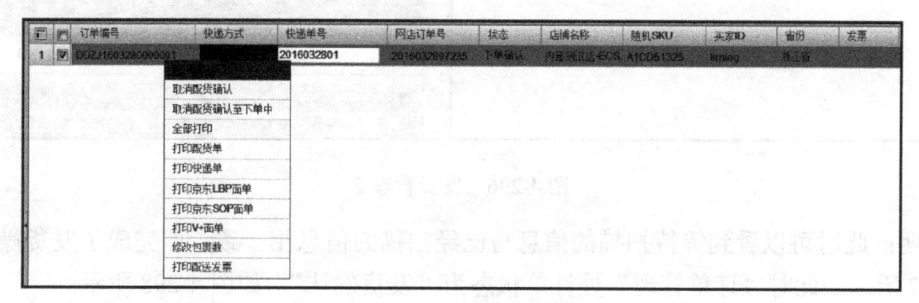

图 4-293 配货确认

【步骤11】在"订单管理"处可以查看到订单的状态为"配货确认",如图4-294所示。

图 4-294　订单状态查询

【步骤12】依次单击"仓库管理"→"发货管理",打开如图4-295所示页面。

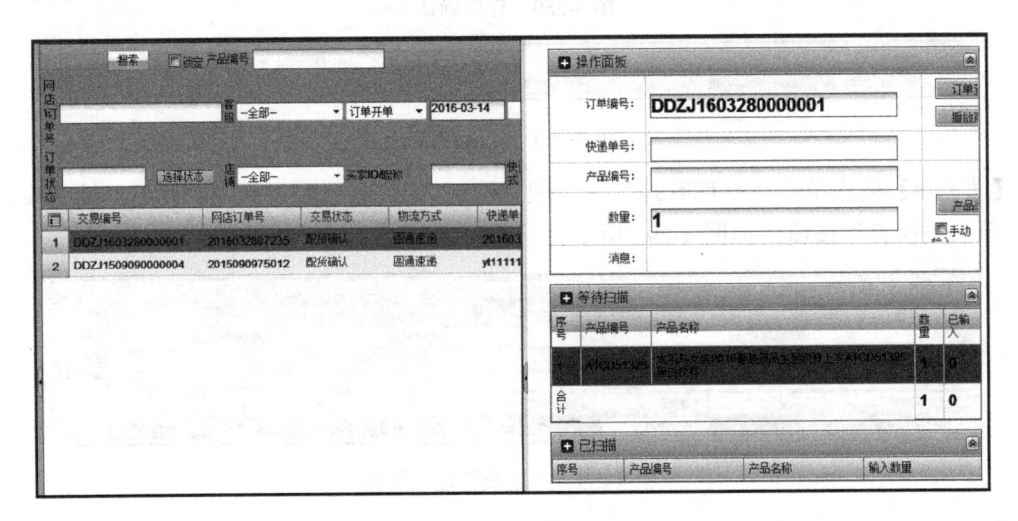

图 4-295　发货管理1

【步骤13】输入"快递单号",按回车键,再输入"产品编号",按回车键,接着输入"数量",按回车键,如图4-296所示。

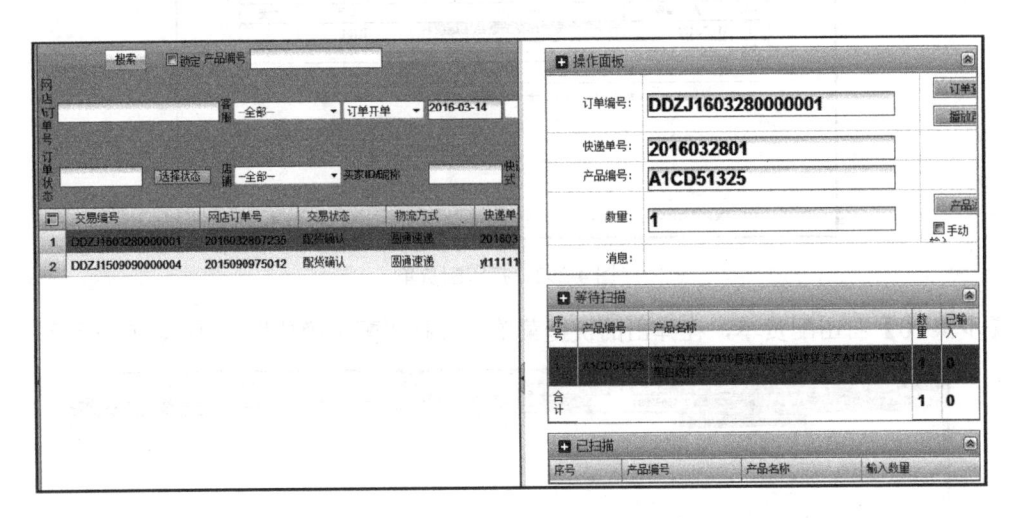

图 4-296　发货管理2

说明:此时可以看到等待扫描的信息与已经扫描的信息相一致,即完成了发货操作,如图4-297所示。此时"订单管理"处订单状态为"发货确认",如图4-298所示。

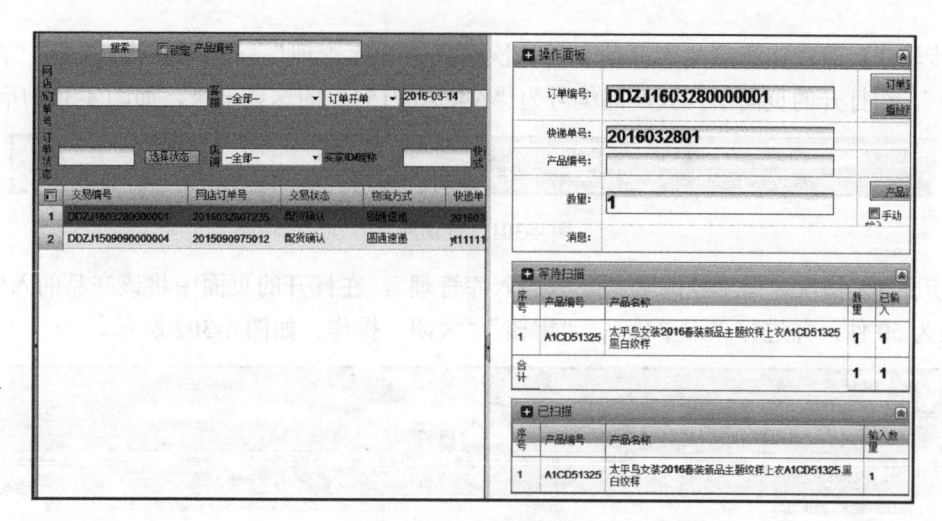

图 4-297 发货管理 3

图 4-298 发货确认

任务 3：收单进来之后，订单状态为"预售"，将订单状态变为"下单中"。

【步骤 1】依次单击"订单管理"→"订单管理"，打开如图 4-299 所示页面。

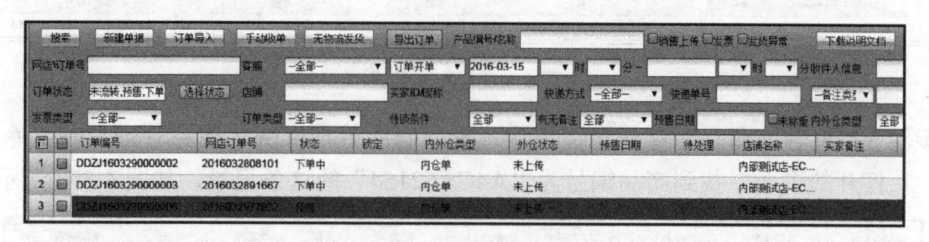

图 4-299 "订单管理"页面

【步骤 2】查看该订单的产品编号为"A4CA62154"，如图 4-300 所示。

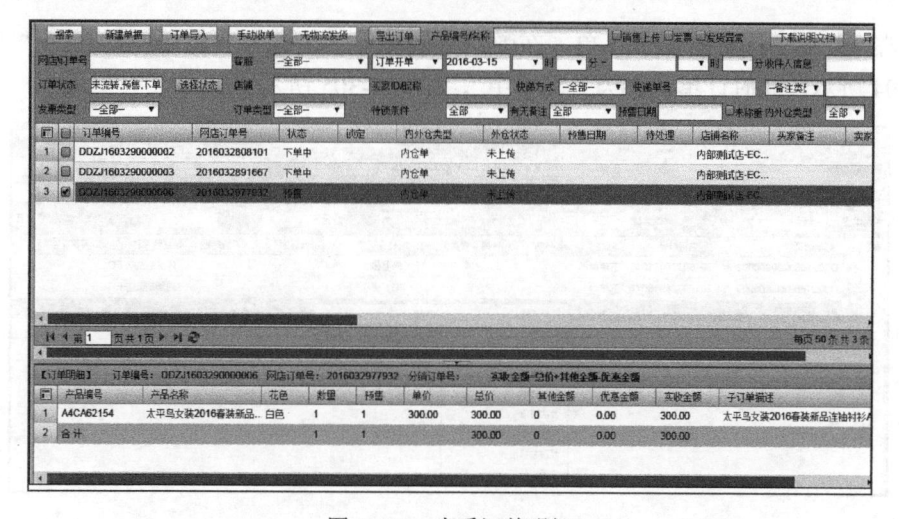

图 4-300 查看订单明细

【步骤3】查看该商品的库存信息，依次选择"仓库管理"→"库存管理"→"库存下限设置"，在打开的页面中找到产品编号为"A4CA62154"的这条记录，如图 4-301 所示。

产品分类3	产品季节	产品年份	供应商	供应价	实存	占用	可用	预售	未留转量
普通款	春季	2016年	太平鸟供货商	0.00	0	0	0	1	0

图 4-301　查询库存

【步骤4】依次选择"仓库管理"→"入库管理"，在打开的页面中将该产品的入库"数量"设为 50 件，并进行"下单确认""审核""关闭"操作，如图 4-302 所示。

图 4-302　入库管理

【步骤5】查看该商品库存信息，依次选择"仓库管理"→"库存管理"→"库存下限设置"，在打开的页面中找到产品编号为"A4CA62154"的这条记录，如图 4-303 所示。

产品分类3	产品季节	产品年份	供应商	供应价	实存	占用	可用	预售	未留转量
普通款	春季	2016年	太平鸟供货商	0.00	50	0	50	1	0

图 4-303　查询库存

【步骤6】右击预售的那个订单，在弹出的快捷菜单中选择"订单流转"→"下单中"如图 4-304 所示，此时订单状态为"下单中"，如图 4-305 所示。

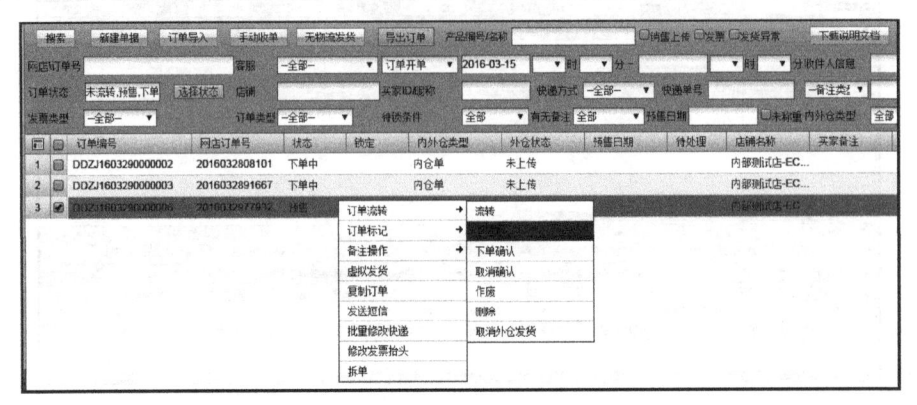

图 4-304　预售订单流转

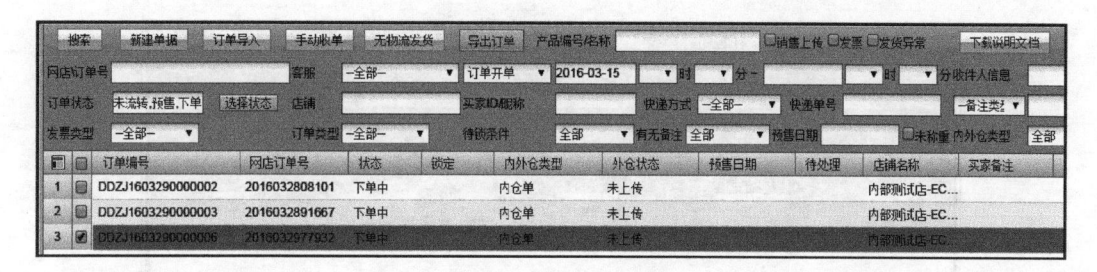

图 4-305 订单状态为"下单中"

【步骤 7】查看该商品库存信息,依次选择"仓库管理"→"库存管理"→"库存下限设置",在打开的页面中找到产品编号为"A4CA62154"的这条记录,如图 4-306 所示。

图 4-306 查询库存

【步骤 8】之后进行订单的确认、配货、发货操作。

任务 4:收单后,将订单进行作废处理。

【步骤】依次单击"订单管理"→"订单管理",在打开的页面中右击需要作废的订单,在弹出的快捷菜单中依次选择"订单流转"→"作废",如图 4-307 所示。即可进行订单的作废处理,如图 4-308 所示。

图 4-307 订单管理界面

图 4-308 订单作废

任务 5:手工建单。

【步骤 1】依次单击"订单管理"→"订单管理",打开如图 4-309 所示页面。

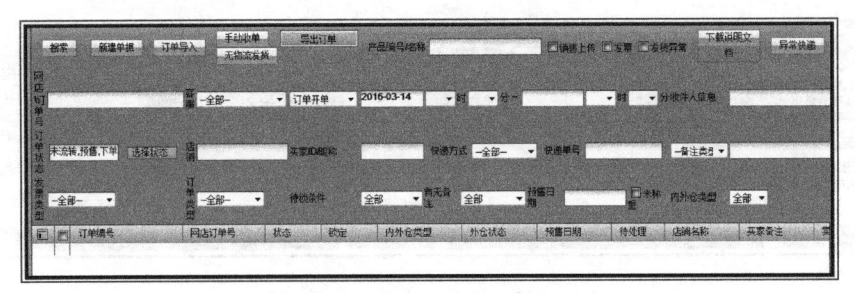

图 4-309 "订单管理"页面

【步骤2】单击左上方的"新建单据"按钮,打开如图 4-310 所示页面。

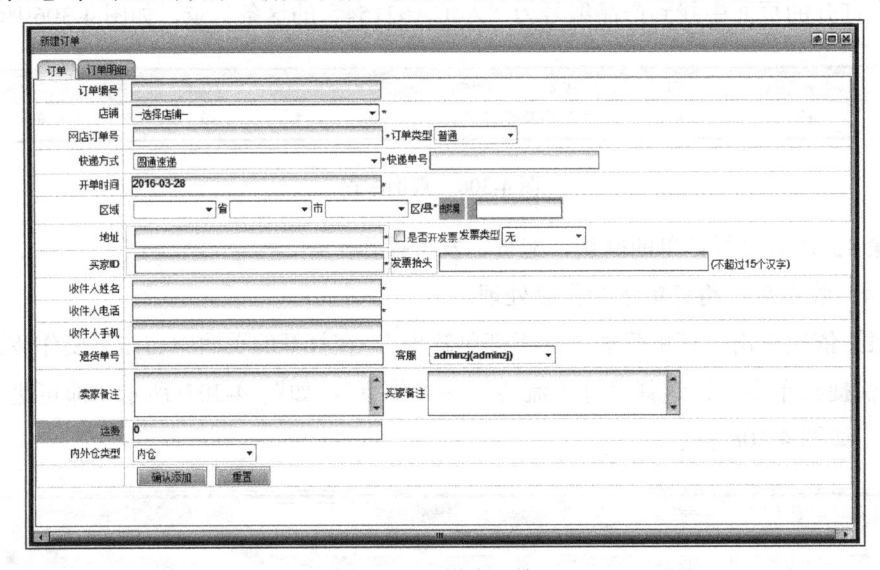

图 4-310 新建订单 1

【步骤3】完善订单信息,如图 4-311~图 4-313 所示。

图 4-311 新建订单 2

第4章 电子商务ERP系统功能介绍

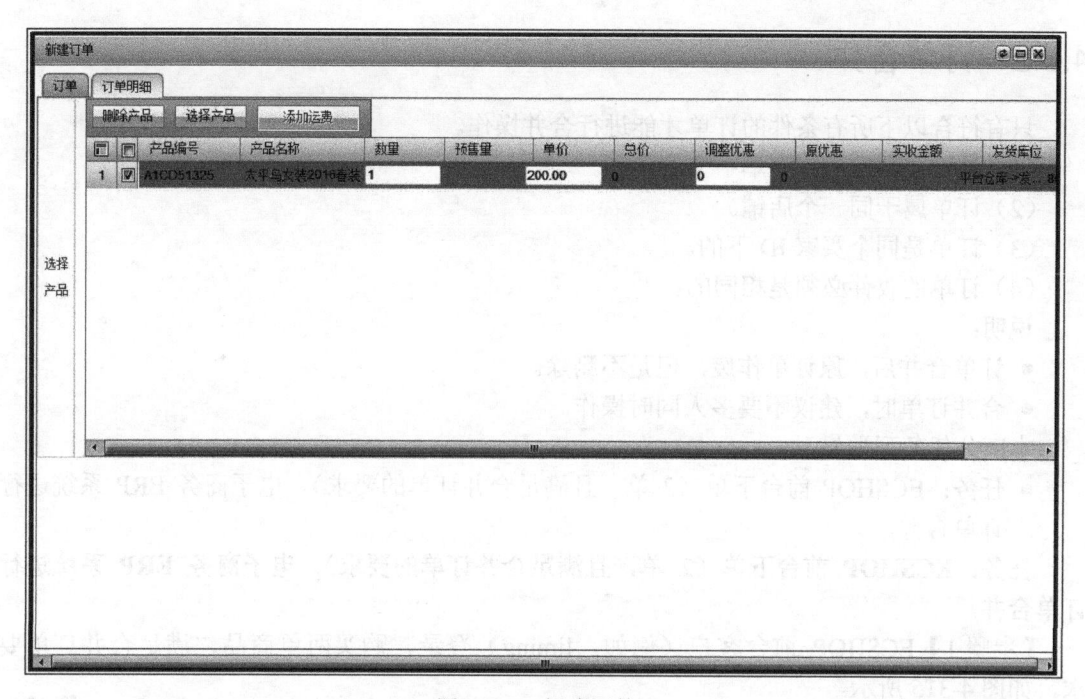

图 4-312 新建订单 3

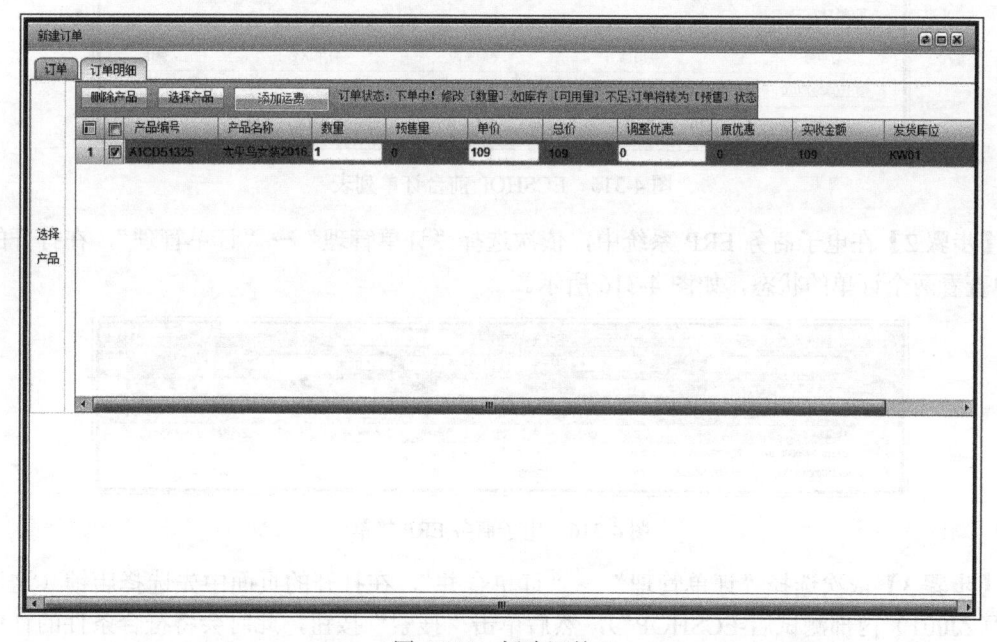

图 4-313 新建订单 4

【步骤4】单击"确认添加"按钮,完成订单的新建,如图4-314所示。

图 4-314 新建订单 5

【步骤5】之后可以进行订单确认、配货、发货操作。

4.6.2 订单合并

只有符合以下所有条件的订单才能进行合并操作。
（1）处于"预售"、"下单中"的状态。
（2）订单属于同一个店铺。
（3）订单是同个买家 ID 下的。
（4）订单的收件必须是相同的。
说明：
● 订单合并后，原订单作废，但是不删除。
● 合并订单时，建议不要多人同时操作。
本部分任务列举如下。
● 任务：ECSHOP 前台下单（2 单，且满足合并订单的要求），电子商务 ERP 系统进行订单合并。

任务：ECSHOP 前台下单（2 单，且满足合并订单的要求），电子商务 ERP 系统进行订单合并。

【步骤 1】ECSHOP 前台客户（例如，liming）登录，购买两单商品，满足合并订单要求，如图 4-315 所示。

图 4-315 ECSHOP 前台订单列表

【步骤 2】在电子商务 ERP 系统中，依次选择"订单管理"→"订单管理"，在打开的页面中查看两个订单的状态，如图 4-316 所示。

图 4-316 电子商务 ERP 接单

【步骤 3】依次选择"订单管理"→"订单合并"，在打开的页面中先选择店铺（这里选择"（ZJ001）内部测试店-ECSHOP"），然后单击"搜索"按钮，此时会将符合条件的订单搜索出来，如图 4-317 所示。

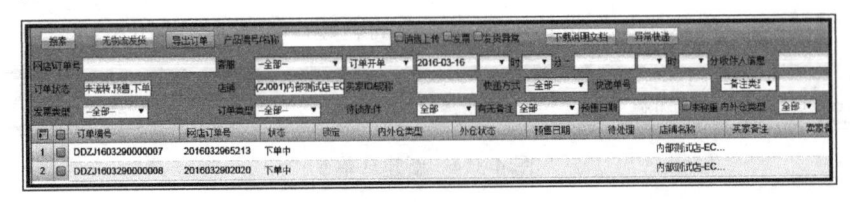

图 4-317 订单合并界面 1

【步骤 4】勾选订单，右击，在弹出的快捷菜单中选择"合并"，如图 4-318 所示。打开如图 4-319 和图 4-320 所示页面。

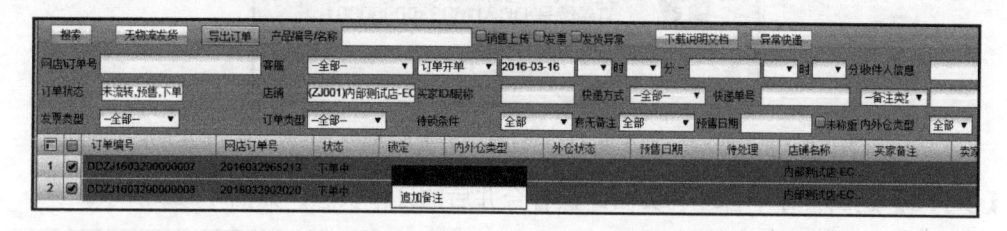

图 4-318　订单合并界面 2

图 4-319　订单合并界面 3

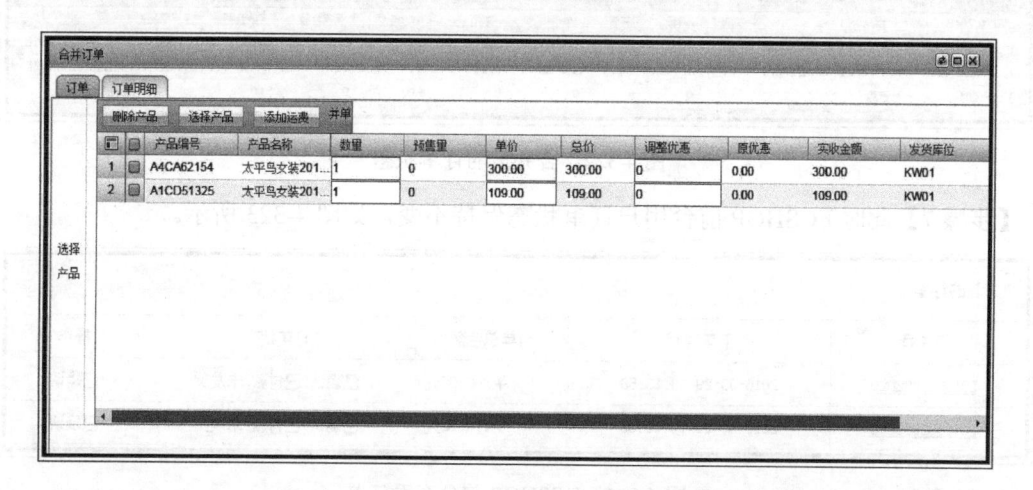

图 4-320　订单合并界面 4

【步骤 5】单击"合并确认"按钮，弹出消息提示框，如图 4-321 所示。

图 4-321　订单合并界面 5

【步骤 6】返回"订单管理"页面，查看合并后的订单状态，如图 4-322 所示。

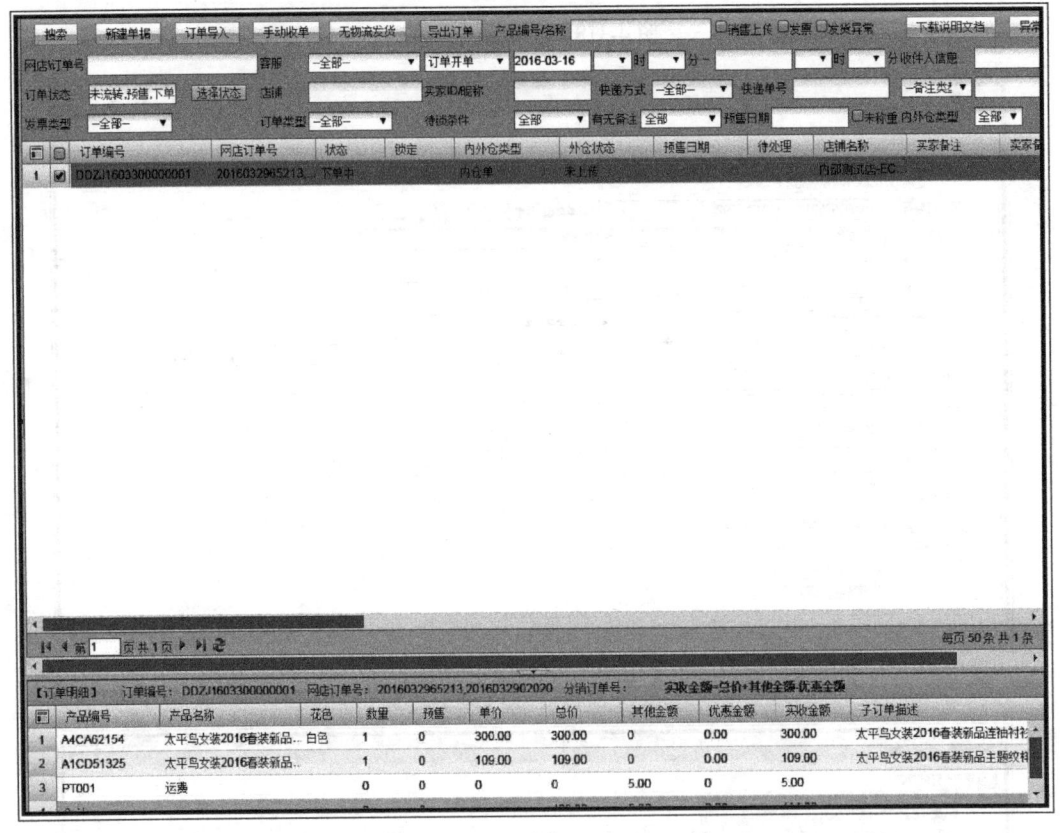

图 4-322　合并后的订单状态

【步骤 7】此时 ECSHOP 前台用户订单状态保持不变，如图 4-323 所示。

我的订单

订单号	下单时间	订单总金额	订单状态	操作
2016032902020	2016-03-29 18:13:58	￥300.00元	已确认,已付款,未发货	已确认
2016032965213	2016-03-29 18:13:35	￥114.00元	已确认,已付款,未发货	已确认

图 4-323　ECSHOP 前台查看订单

【步骤 8】对合并后的订单进行"下单确认"操作，然后进行配货操作，如图 4-324 所示。

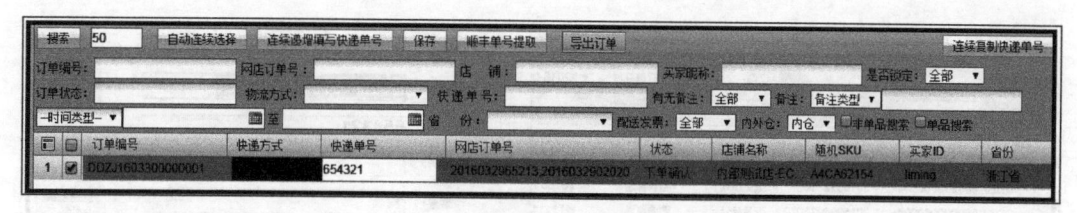

图4-324 订单配货

【步骤9】输入"快递单号"后,单击"保存"按钮,完成快递单号与订单的绑定工作。

【步骤10】打印配货单和快递单,如图4-325和图4-326所示。

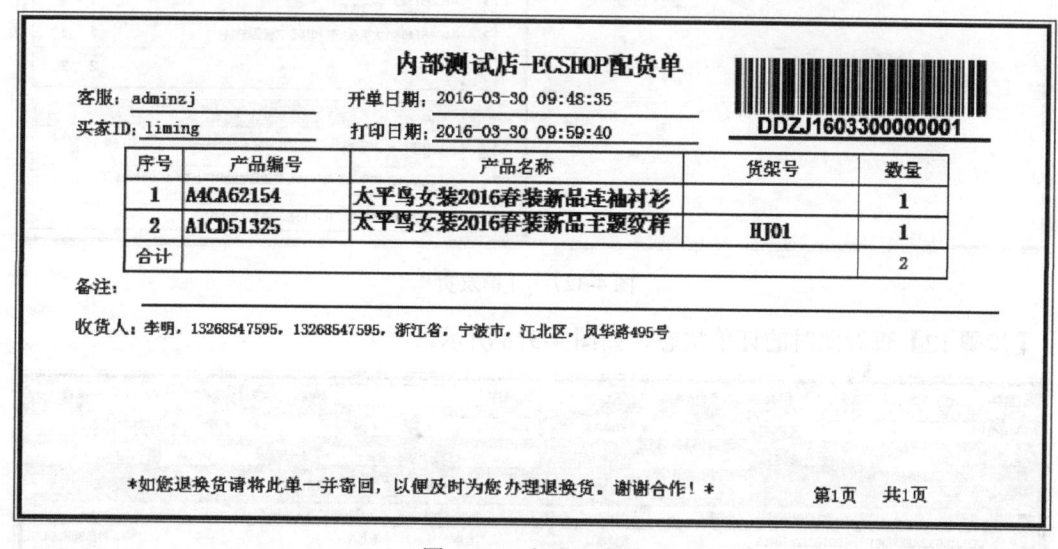

图4-325 打印配货单

图4-326 打印快递单

【步骤11】进行配货确认操作然后进行发货操作,如图4-327所示。

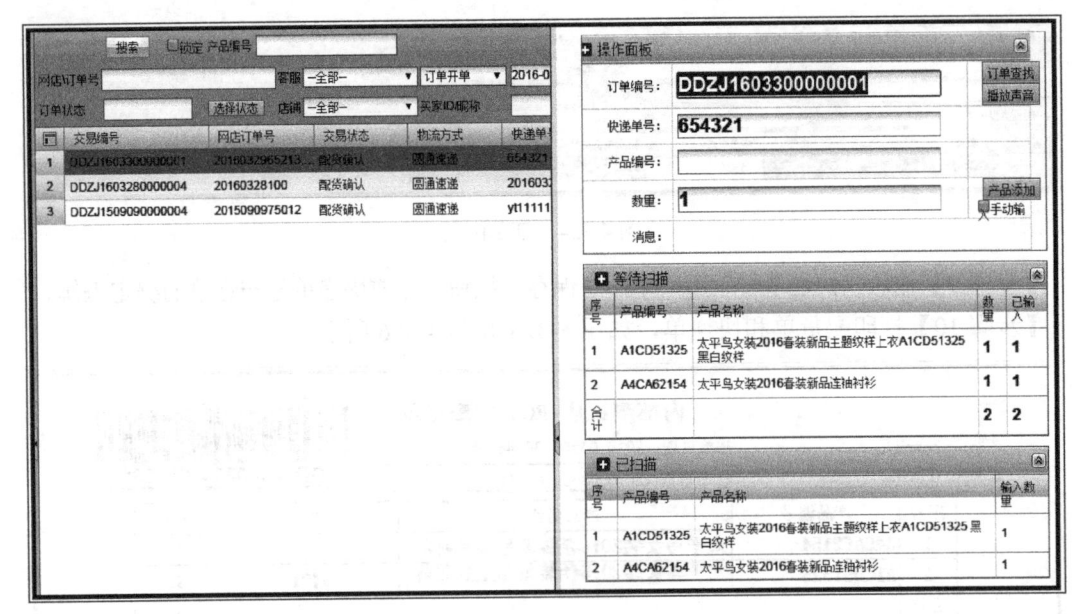

图 4-327 订单发货

【步骤 12】查看此时的订单状态,如图 4-328 所示。

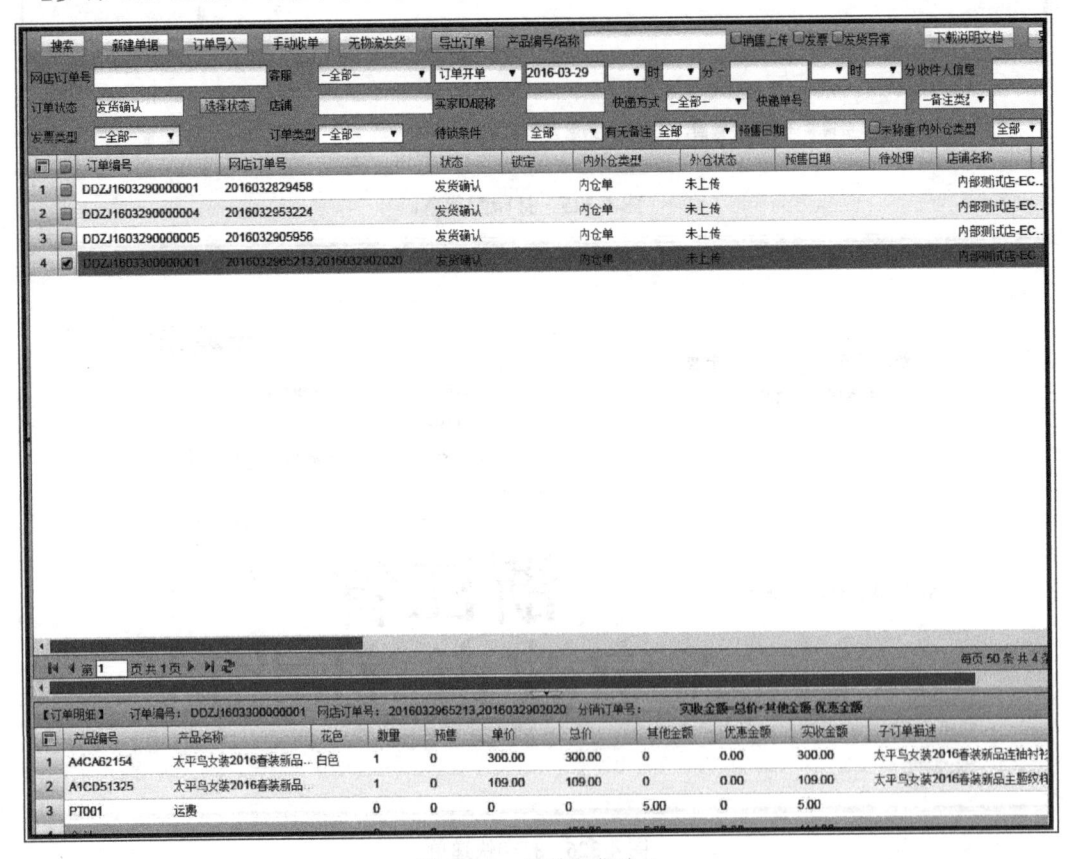

图 4-328 订单发货确认

【步骤 13】ECSHOP 用户中心查看订单的状态，如图 4-329 所示。

我的订单

订单号	下单时间	订单总金额	订单状态	操作
2016032902020	2016-03-29 18:13:58	¥300.00元	已确认, 已付款, 已发货	确认收货
2016032965213	2016-03-29 18:13:35	¥114.00元	已确认, 已付款, 已发货	确认收货

图 4-329　ECSHOP 前台查看订单状态

说明：分别单击两个"订单号"的链接，可以查看快递单号，如图 4-330 和图 4-331 所示。

订单状态

订单号：　2016032902020 [发送/查看商家留言]
订单状态：　已确认　　确认于 2016-03-29 18:13:58
付款状态：　已付款　　付款于 2016-03-29 18:13:58
配送状态：　已发货　　发货于 2016-03-30 10:07:41
发货单：　654321

商品列表　　　　　　　　　　　　　　　　　　　　　　　　　　　　放回购物车

商品名称	属性	商品价格	购买数量	小计
太平鸟女装2016春装新品连袖衬衫A4CA62154		¥300.00元	1	¥300.00元

商品总价：¥300.00元

图 4-330　前台查看快递单号 1

订单状态

订单号：　2016032965213 [发送/查看商家留言]
订单状态：　已确认　　确认于 2016-03-29 18:13:35
付款状态：　已付款　　付款于 2016-03-29 18:13:35
配送状态：　已发货　　发货于 2016-03-30 10:07:41
发货单：　654321

商品列表　　　　　　　　　　　　　　　　　　　　　　　　　　　　放回购物车

商品名称	属性	商品价格	购买数量	小计
太平鸟女装2016春装新品主题纹样上衣A1CD51325 黑白纹样		¥109.00元	1	¥109.00元

商品总价：¥109.00元

图 4-331　前台查看快递单号 2

说明：合并后的原订单作废，但是不能删除，如图 4-332 所示。

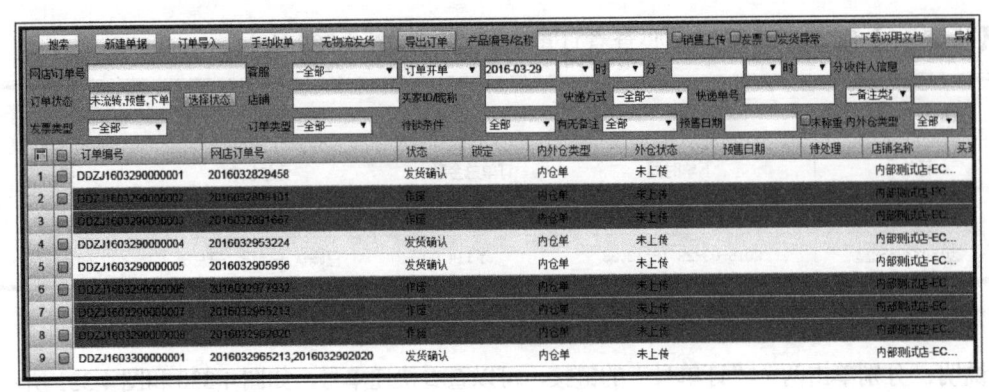

图 4-332 合并后原订单作废

4.6.3 活动设置

活动设置可完成买送、满送、指定商品加备注等促销活动的设置。本部分任务列举如下。
- 任务 1：新建促销活动——满赠。
- 任务 2：新建促销活动——部分商品买送。
- 任务 3：新建促销活动——买 N 送 $X×N$。
- 任务 4：新建促销活动——买加备注。
- 任务 5：活动方案操作。
- 任务 6：活动测试——ECSHOP 前台下单（满足活动要求的订单），ERP 后台收单进来之后查看活动设置是否生效。

任务 1：新建促销活动——满赠。

"满赠"活动要求如下。

（1）活动店铺：（ZJ001）内部测试店-ECSHOP。

（2）活动日期类型：网店开单日期。

（3）活动时间：2016-04-01 00：00：00 至 2016-04-30 00：00：00。

（4）活动方式：全场满赠。

（5）活动内容：订单总额为 X。

➢ $X<99$，不送；

➢ $99≤X<399$，送 A1CD51325，数量 1；

➢ $399≤X<699$，送 A4CA62154，数量 1 ；

➢ $699≤X$，送 A4CA62154，数量 2。

【步骤 1】依次单击"订单管理"→"活动设置"，打开如图 4-333 所示页面。

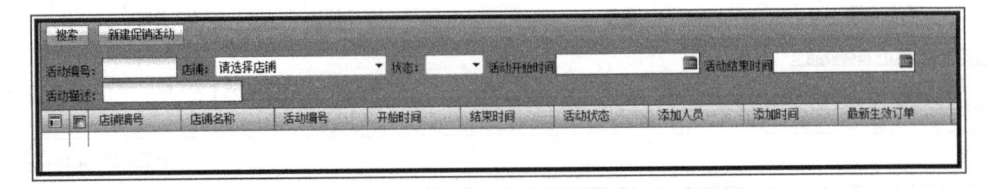

图 4-333 "活动设置"页面

【步骤 2】单击"新建促销活动"按钮，打开如图 4-334 所示页面。

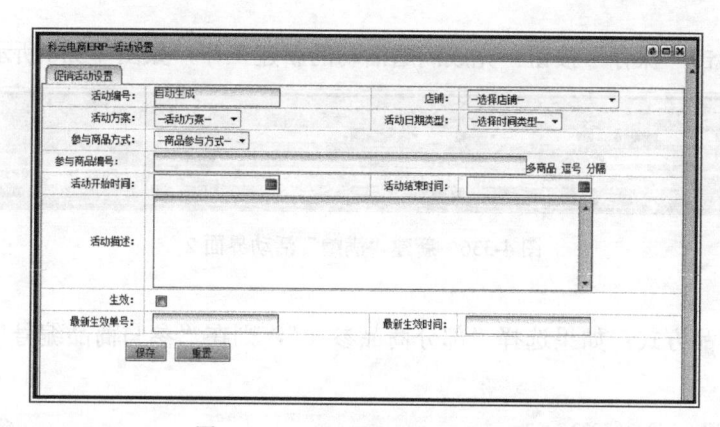

图 4-334 "新建促销活动"页面

说明：
- 活动编号：自动排序生成。
- 活动方案：有"满赠促销""买就送 X 促销""买 N 送 X*N 促销""买加备注"4 种。
- 参与商品方式：有"全场参加""部分商品参加""部分商品不参加"3 种。
- 活动日期类型：有"网店开单日期""网店付款日期"两个选项。
- 活动开始/结束时间：设置时需精确到秒。
- 生效：勾选后该活动状态为可用。
- 最新生效单号/时间：用于显示最新生效订单，便于查询活动是否生效。
- 活动描述：在此文本框中可以添加具体活动描述和备注。
- 参与产品、赠品为多个产品时要用英文逗号","隔开，且输入的产品 SKU 需在 ERP 中存在，不然系统会报错。
- 新建完成的活动不能修改，只能查看。
- 活动生效原理为满足活动条件且为系统收单的订单参加活动，手工收单或手动建单的订单不能生效（可在订单日志中查询是否是系统下单）。

【步骤 3】完善活动设置页面，如图 4-335 所示。

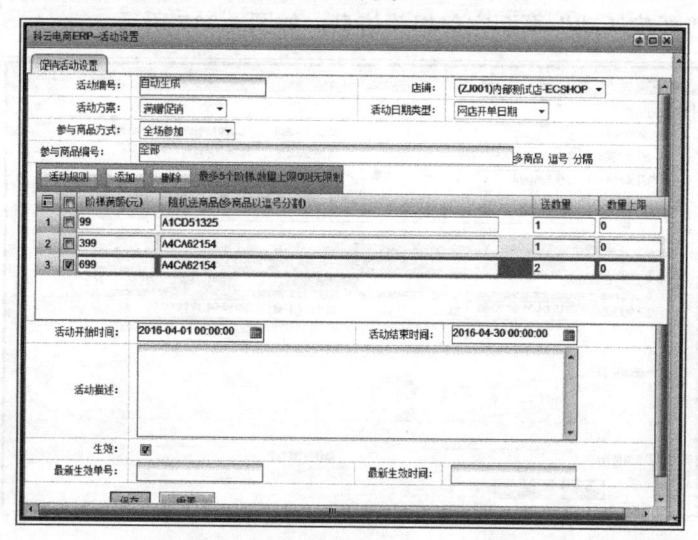

图 4-335 新建"满赠"活动界面 1

【步骤4】单击"保存"按钮,完成满赠活动的新建工作,如图4-336所示。

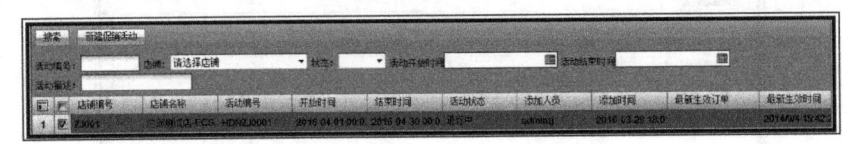

图4-336 新建"满赠"活动界面2

说明:

(1) 参与商品方式:如果选择"部分商品参加",则在"参与商品编号"中填入产品的SKU,例如:

表示:订单包含S001,S002,S003中任意一个,则活动生效。

(2) 赠品中

表示:随机赠送M001,M002,M003中的一种产品,且赠送数量为1。

任务2:新建促销活动——部分商品买送。

"部分商品买送"活动要求介绍如下。

- 活动店铺:(ZJ001) 内部测试店-ECSHOP。
- 活动方案:买就送X(X为赠送数量)促销。
- 活动日期类型:网店开单日期。
- 活动时间:2016-04-01 00:00:00 至 2016-04-10 00:00:00。
- 活动方式:部分商品买送。
- 部分产品明细:A1CD51325,A4CA62154。
- 活动内容:订单中包含参与活动的产品,送ECS000005,数量1,总数100件。

【步骤1】依次单击"订单管理"→"活动设置",在打开的页面中单击"新建促销活动"按钮,打开"新建活动"页面完善相关信息,如图4-337所示。

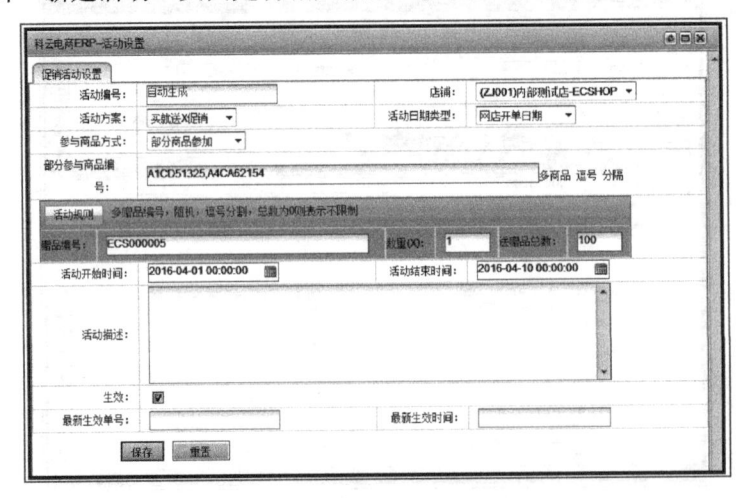

图4-337 新建"部分商品买送"活动界面1

【步骤 2】 单击"保存"按钮,完成部分商品买送活动的新建工作,如图 4-338 所示。

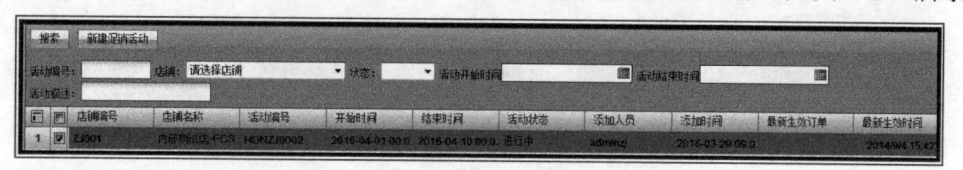

图 4-338 新建"部分商品买送"活动界面 2

说明:

赠品编号:如果填入多个产品编号则为随机选择一件产品,例:

表示:A、B、C 随机选其中一种产品,赠送数量 2 件,总共送 100 件(相当于 100/2=50 笔)。

如果同时送多个产品,则新建多个"买就送 X 促销"活动。

任务 3:新建促销活动——买 N 送 $X×N$。

"买 N 送 $X×N$"活动要求介绍如下。

- 活动店铺:(ZJ001)内部测试店-ECSHOP。
- 活动方案:买 N 送 $X×N$(N 为购买数量,X 为赠送倍值)促销。
- 活动日期类型:网店开单日期。
- 活动时间:2016-04-01 00:00:00 至 2016-04-15 23:59:59。
- 活动方式:买 N 送 $X×N$。
- 部分产品明细:A1CD51325。
- 活动内容:买 A1CD51325 数量 1,送 ECS000005 数量 2(赠送总量 100 件)。

【步骤 1】 依次单击"订单管理"→"活动设置",在打开的页面中单击"新建促销活动"按钮,打开"新建活动"页面,完善相关信息,如图 4-339 所示。

图 4-339 新建"买 N 送 $X×N$"活动界面 1

【步骤 2】单击"保存"按钮，完成"买 N 送 X×N 活动"的新建工作，如图 4-340 所示。

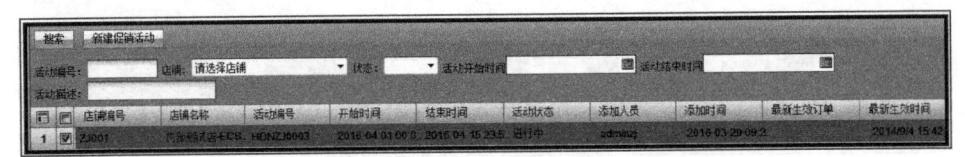

图 4-340　新建"买 N 送 X×N"活动界面 2

说明：
- "送赠品总数"为 100，"X 倍值"为 2，则赠送总笔数=100/2=50 笔。
- 如果同时有多个产品参考"买 N 送 X×N"活动，则应新建多个"买 N 送 X×N"活动。
- "参与商品方式"为"部分商品参加"时，"部分参与商品编号"应输入多个 SKU，表示订单中包含以下 SKU，且数量总和为 N，送赠品数量为 X×N。

任务 4：新建促销活动——买加备注。

"买加备注"活动要求如下。
- 活动店铺：（ZJ001）内部测试店-ECSHOP。
- 活动方案：买加备注。
- 活动日期类型：网店开单日期。
- 活动时间：2016-04-01 00：00：00 至 2016-04-20 23：59：59。
- 活动方式：买加备注。
- 部分产品明细：A1CD51325，A4CA62154。
- 活动内容：订单中包含参与活动的产品，系统前 1000 笔加卖家备注【XXXXX】。

【步骤 1】依次单击"订单管理"→"活动设置"，在打开的页面中单击"新建促销活动"按钮，打开"新建活动"页面，完善相关信息，如图 4-341 所示。

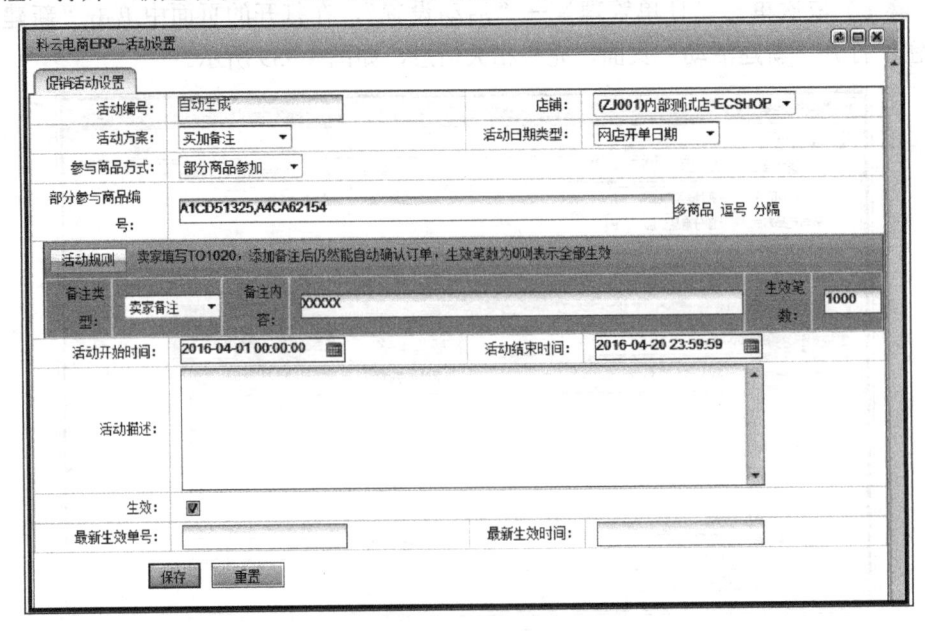

图 4-341　新建"买加备注"活动界面 1

【步骤 2】单击“保存”按钮，完成满赠活动的新建工作，如图 4-342 所示。

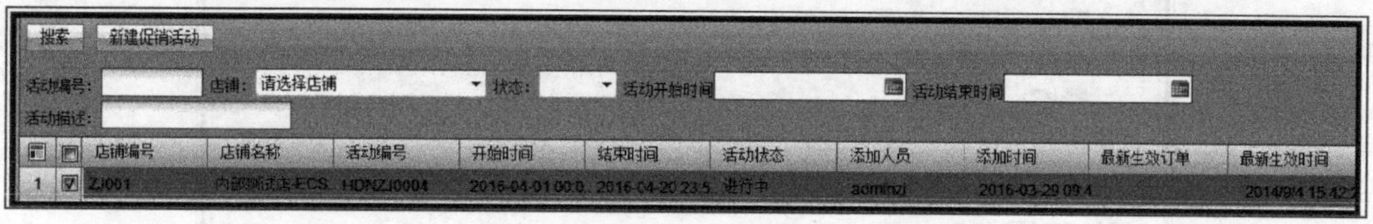

图 4-342　新建“买加备注”活动界面 2

任务 5：活动方案操作。

【步骤】依次单击“订单管理”→“活动设置”，在打开的页面中右击要操作的活动，在弹出的快捷菜单中选择“开始”，如图 4-343 所示，即活动在规定时间内生效。如果选择“停止”，表示即刻停止活动。

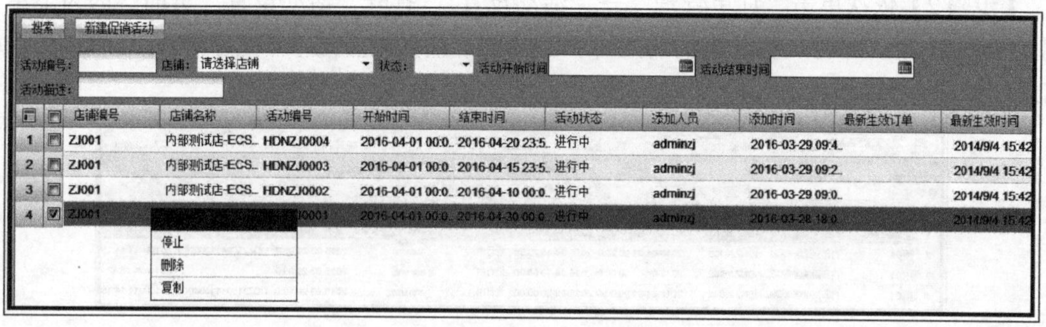

图 4-343　活动方案操作界面

任务 6：活动测试——ECSHOP 前台下单（满足活动要求的订单），ERP 后台收单进来之后查看活动设置是否生效。

【步骤 1】ECSHOP 前台会员“liming”购买 5 件商品编号是“A1CD51325”的产品，并且已经付款，如图 4-344 所示。

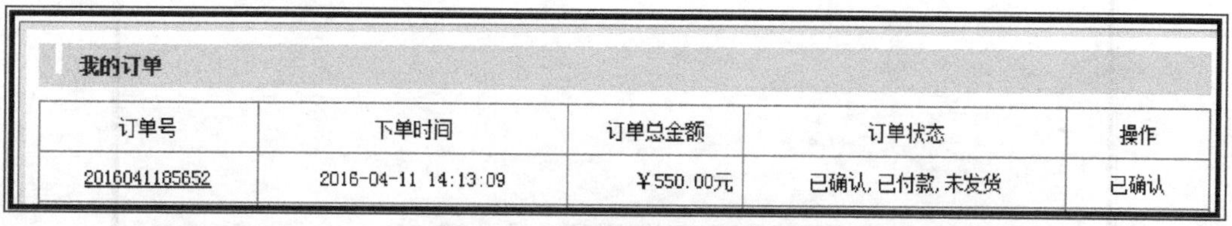

我的订单

订单号	下单时间	订单总金额	订单状态	操作
2016041185652	2016-04-11 14:13:09	￥550.00元	已确认, 已付款, 未发货	已确认

图 4-344　ECSHOP 前台订单列表

单击“订单号”下方的超链接，可以查看订单详情，如图 4-345 所示。

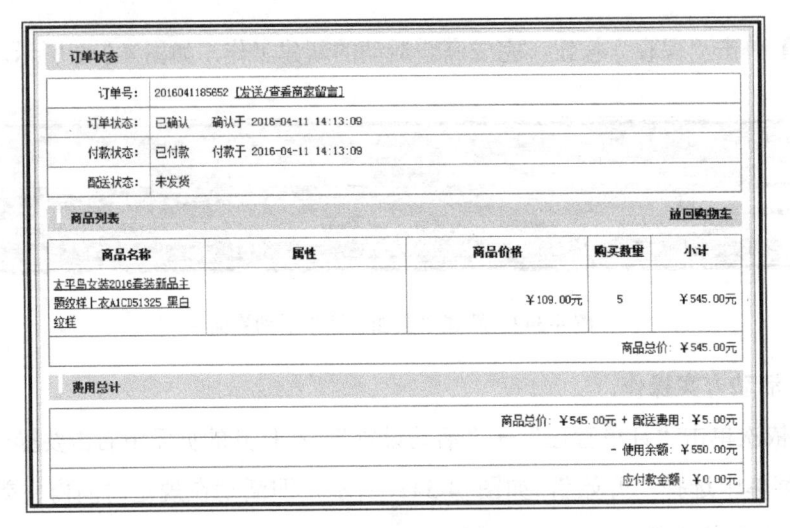

图 4-345 ECSHOP 前台查看订单详情

【步骤 2】依次单击"订单管理"→"活动设置",打开"活动设置"页面。因为下单日期是 4 月 11 日,此时只有三个活动是可以参加的,活动编号是"HDNZJ0002"的活动已经结束,如图 4-346 所示。

图 4-346 活动设置界面

【步骤 3】此时查看订单,可以看到满足"活动设置"中的三个活动条件,活动设置生效,如图 4-347 所示。

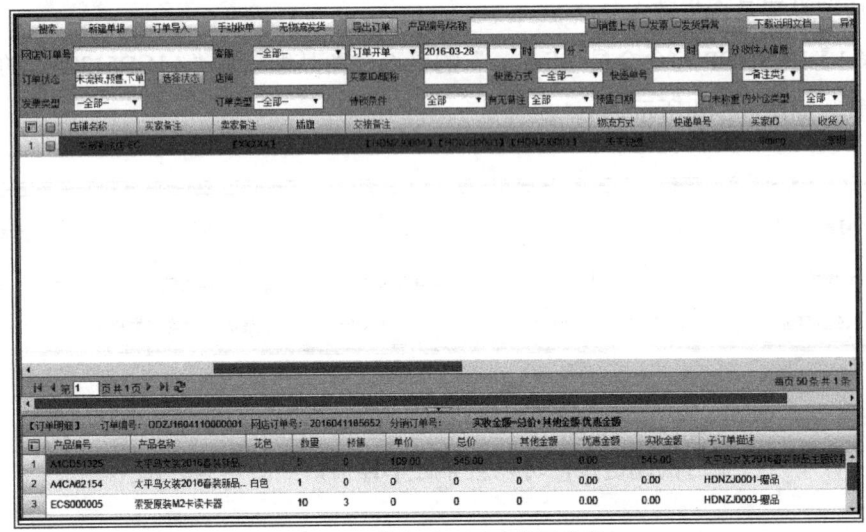

图 4-347 订单查看(活动设置生效)

说明：用户只购买了 5 件商品编号是"A1CD51325"的产品，而订单中显示除了购买的 5 件商品之外，还有一件产品编号是"A4CA62154"的产品，这是参与活动编号为"HDNZJ0001"的活动赠送的；另外订单中还有 10 件产品编号是"ECS000005"的产品，这是参与活动编号为"HDNZJ0003"的活动赠送的。"卖家备注"中的内容是活动编号为"HDNZJ0004"的活动添加的信息。

4.7 售后管理

售后管理包括售后查询、退单管理、报销管理。

"售后查询"页面中默认查询订单为"发货确认""配货确认""作废"状态的订单。可以在"售后查询"页面中进行退货单的创建，退单必须和订单（发货确认）关联。

退货单流程操作为：退货单操作可按权限管理设定各员工的操作权限。所有退单操作均为右击需操作单据然后在弹出的快捷菜单中选择相关命令来完成。主要操作为：新建退货单→下单确认→收货确认（库存变化）→关闭。

换货推荐流程为：买家申请换货→客服新建退货单（备注退货换货）→退货单流转完成→订单管理手动建单（订单类型选换货）选择换货产品→订单正常流转至发货。

退货管理的流程如图 4-348 所示。

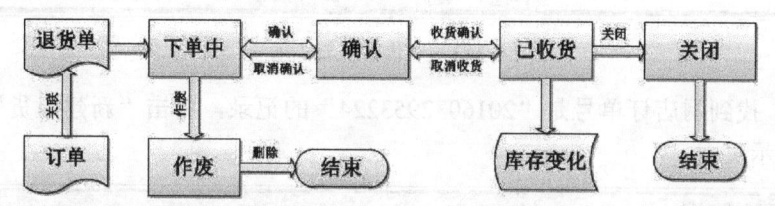

图 4-348 退货流程图

报销管理是对退货单中的金额进行管理，可直接体现在退款报表中，供财务统计报销金额。报销单操作可按权限管理设定各员工的操作权限。所有报销单操作均为右击需操作单据然后在弹出的快捷菜单中选择相关命令来完成。具体操作为：新建报销单→确定→关闭。

作废操作可参见入库管理。

本节任务列举如下。

- 任务 1：ECSHOP 前台用户 liming 购买的产品因为自己不喜欢，所以申请退货退款，网店订单编号为"2016032953224"，在 ERP 系统中完成退货流程，并且对退款金额建立报销单，进行报销单的确认和关闭。
- 任务 2：ECSHOP 前台用户 liming 购买的产品因为质量问题要进行换货处理，网店订单编号为"2016033012964"，在 ERP 系统中完成退货流程，订单管理手动建单（订单类型选换货）选择换货产品，订单正常流转至发货。

任务 1：ECSHOP 前台用户 liming 购买的产品因为自己不喜欢，所以申请退货退款，网店订单编号为"2016032953224"，在 ERP 系统中完成退货流程，并且对退款金额建立报销单，进行报销单的确认和关闭。

【步骤1】依次选择"售后管理"→"售后查询"，打开如图 4-349 所示页面。

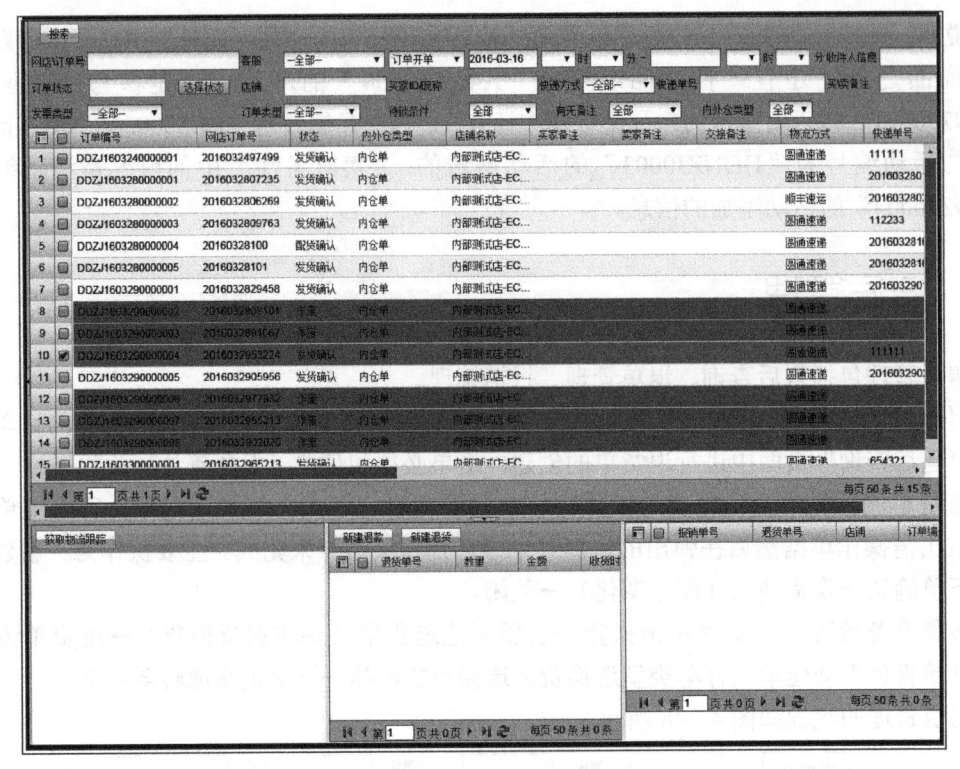

图 4-349 "售后查询"页面

【步骤2】找到网店订单号是"2016032953224"的记录,单击"新建退货"按钮,打开如图 4-350 所示页面。

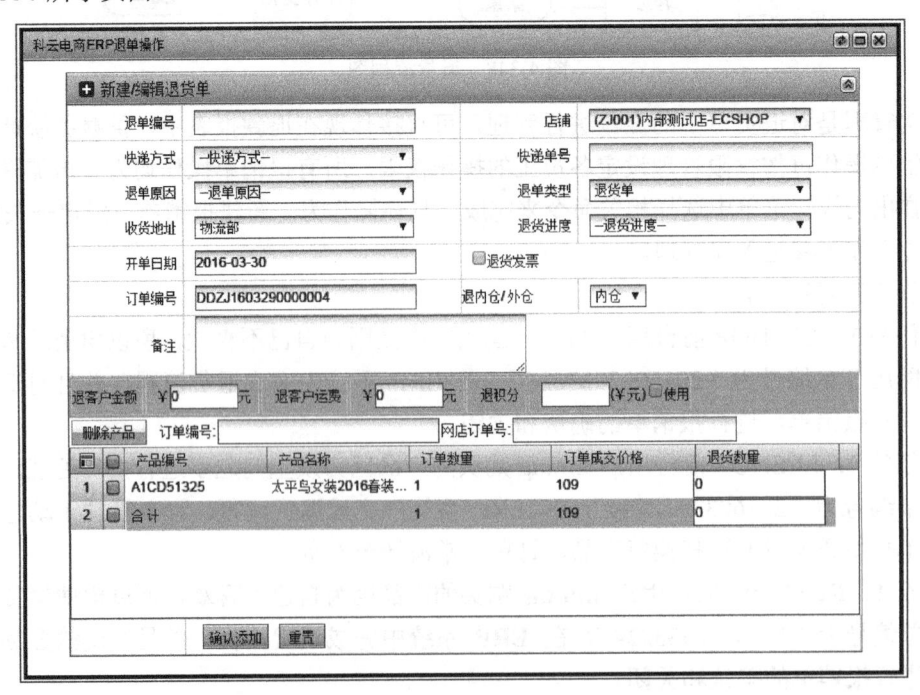

图 4-350 新建退货单 1

说明：
- 退单编号：系统设定退单的订单编号，可以不填。
- 店铺：指退单店铺。
- 快递单号：买家提供的退单快递号。
- 退单原因：对应平台退单类型，可在其下拉列表中选择。
- 退单类型：退货单功能性标记，可在其下拉列表中选择。
- 退货进度：按建单时的具体情况设定标记，可在其下拉列表中选择。
- 开单日期：当天。
- 订单编号：指退单关联的订单编号。
- 产品明细栏中即会出现订单中的产品，输入"退货数量""退客户金额""退客户运费""退积分"信息。

【步骤3】完善上述信息，如图4-351所示。

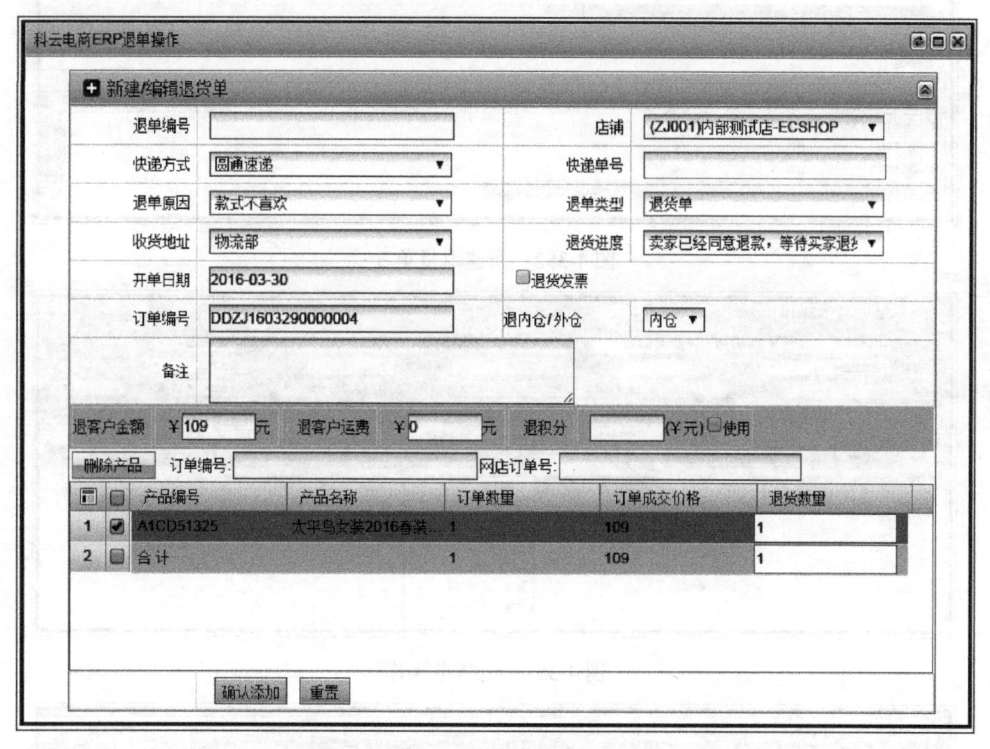

图 4-351 新建退货单 2

【步骤4】单击"确认添加"按钮，完成退货单的新建工作。依次选择"售后管理"→"退货管理"，在打开的页面中找到刚才新建的退货单，如图4-352所示。

【步骤5】右击退货单，在弹出的快捷菜单中依次选择"退单流转"→"下单确认"，如图4-353所示。完成退货单的确认。

【步骤6】进行收货确认前查看商品编号为"A1CD51325"的库存信息，此时"平台仓库"→"退货区"→"KW01"的实存为1（说明这件商品之前有人退货），如图4-354所示。

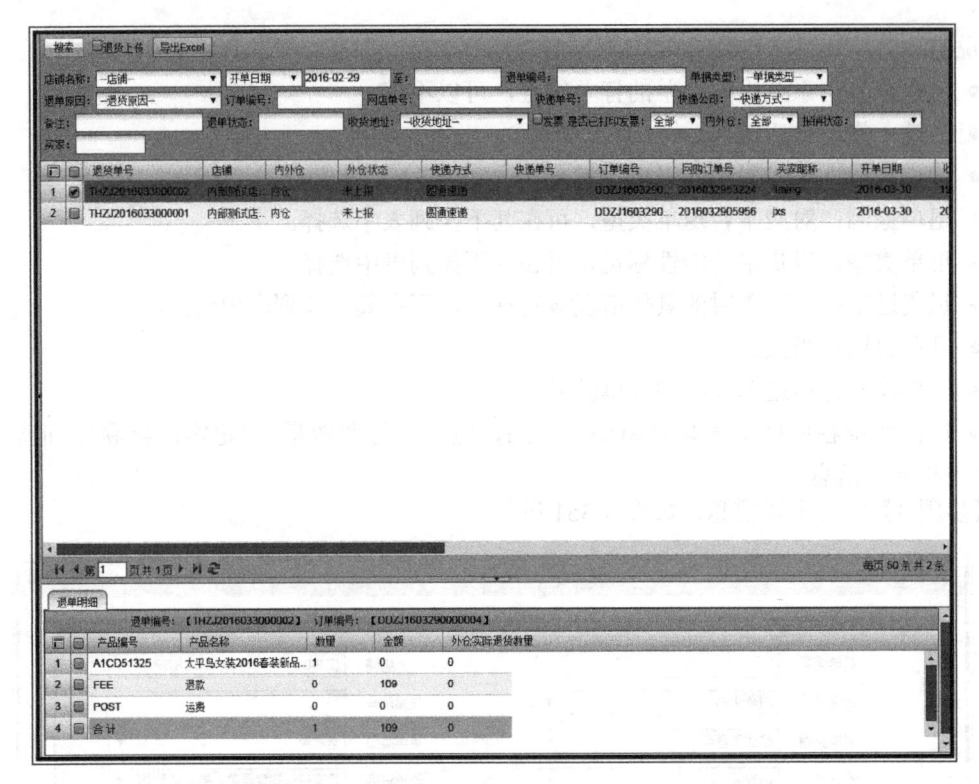

图 4-352　新建退货单 3

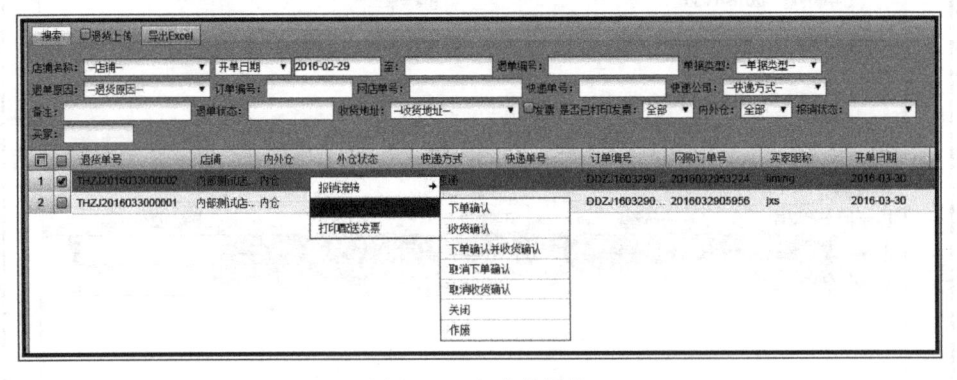

图 4-353　退货单操作

图 4-354　查询库存

【步骤 7】对退货单进行"收货确认""关闭"操作。查看此时商品编号为"A1CD51325"的库存信息，此时"平台仓库"→"退货区"→"KW01"的实存为 2（新退货的这件商品入库到此），如图 4-355 所示。

图 4-355　对退货单进行"收货确认""关闭"操作后查询库存

【步骤8】依次选择"售后管理"→"报销管理",打开"报销管理"页面,查询到的报销单的合计金额会在左上方以红字显示,如图4-356所示。

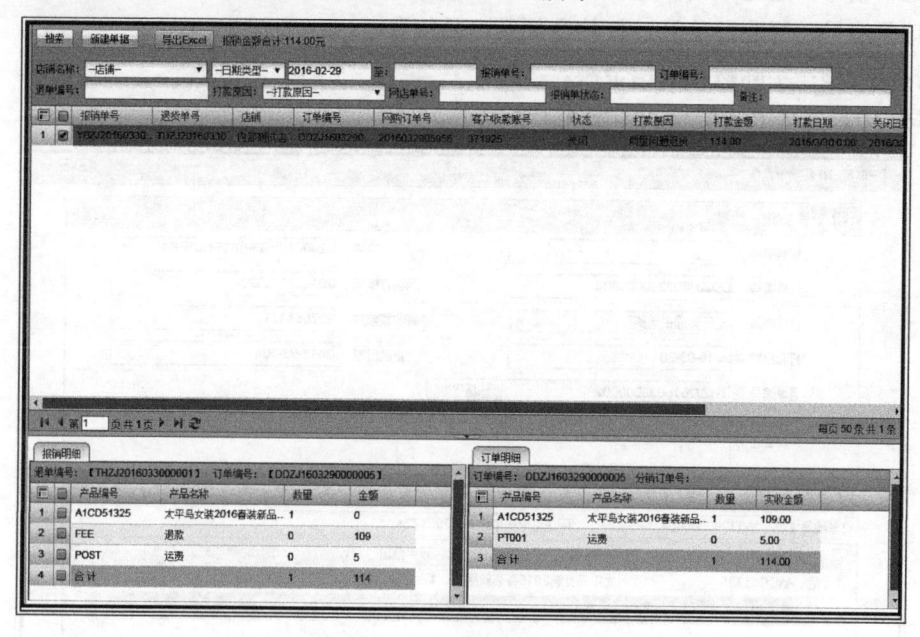

图4-356 "报销管理"页面

【步骤9】单击"新建单据"按钮,打开如图4-357所示页面。

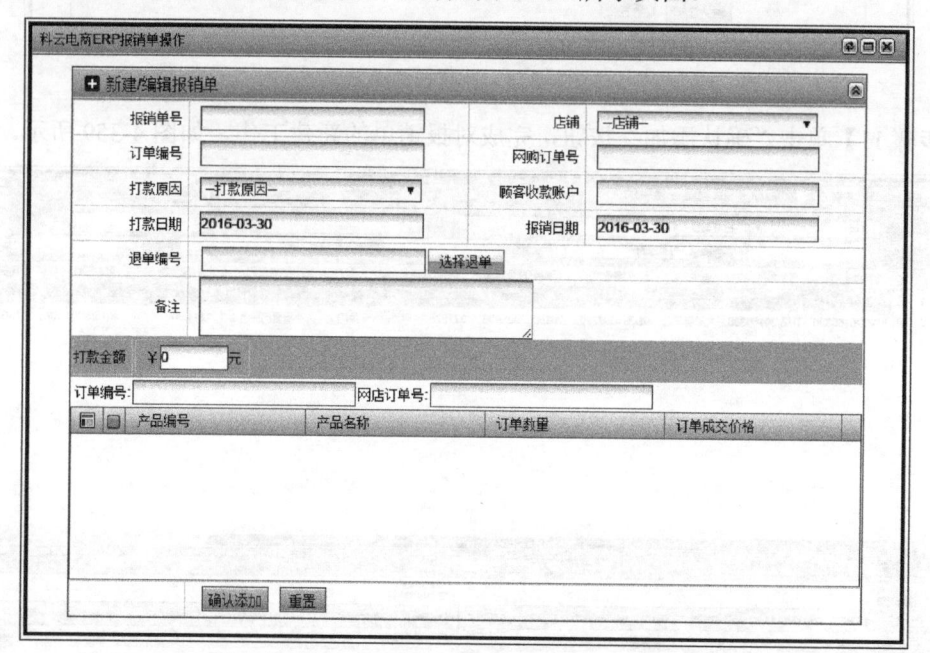

图4-357 新建报销单1

说明:

- 报销单号:系统中报销单的订单编号,可以不填。

- 订单编号/网购订单号：退单关联订单编号，单击"选择退单"按钮后会自动添加。
- 退单编号：通过单击"选择退单"按钮来进行退单的选择，退单选好之后自动填写好订单编号、网购订单号、打款金额及产品信息。
- 打款金额：实际财务报销金额。

【步骤10】完善上述信息，如图4-358所示。

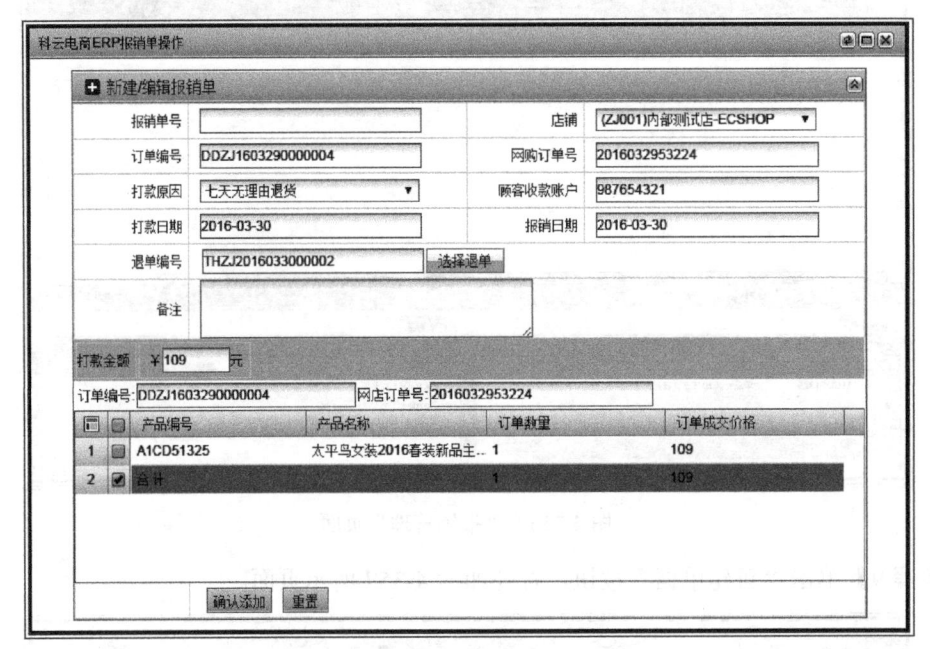

图4-358 新建报销单2

【步骤11】单击"确认添加"按钮，完成对报销单的新建工作，如图4-359所示。

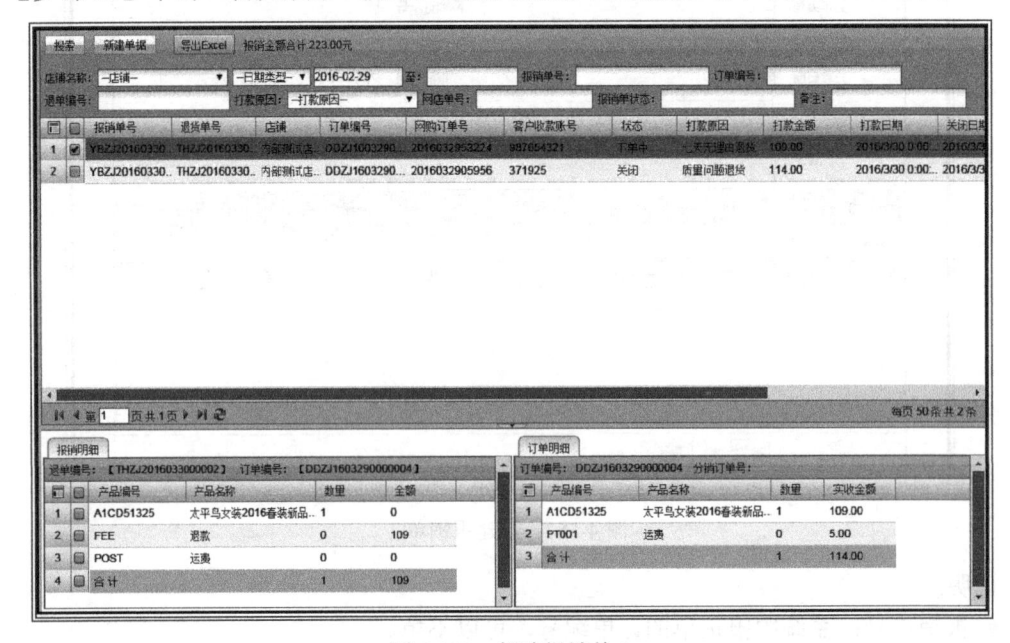

图4-359 新建报销单3

【步骤12】右击订单,在弹出的快捷菜单中依次进行"确认"和"关闭"操作,如图4-360 所示。

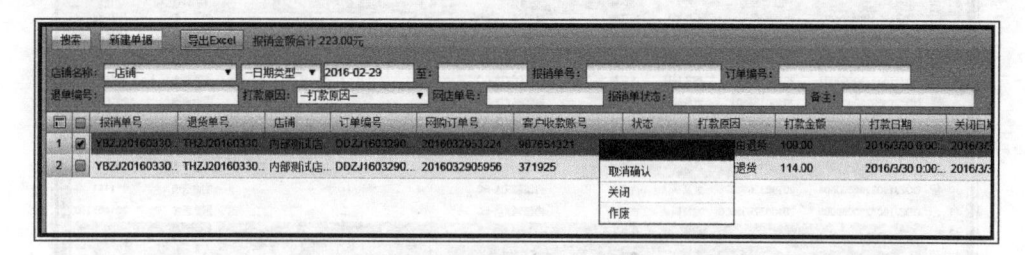

图 4-360　报销单操作

说明:选择"售后管理"→"售后查询",在打开的页面中查询该订单,可以看到退货单和报销单的相关信息,如图 4-361 所示。

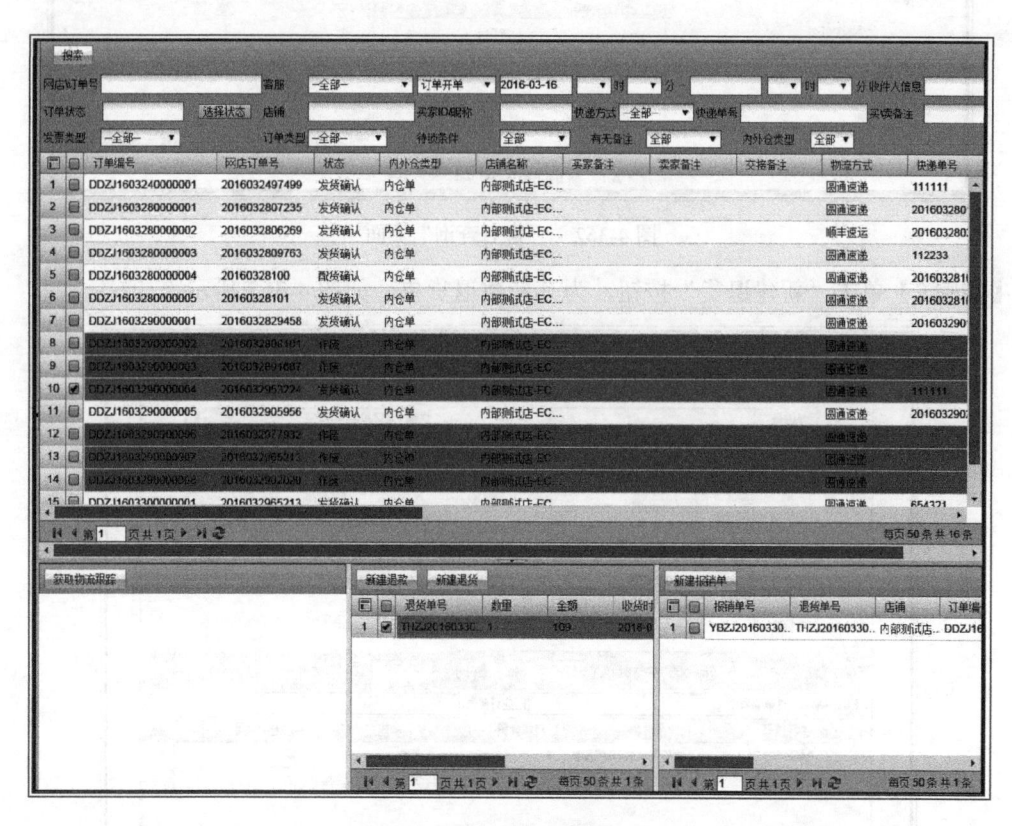

图 4-361　售后查询界面

任务 2:ECSHOP 前台用户 liming 购买的产品因为质量问题要进行换货处理,网店订单编号为"2016033012964",在 ERP 系统中完成退货流程,订单管理手动建单(订单类型选换货)选择换货产品,订单正常流转至发货。

【步骤1】依次选择"售后管理"→"售后查询",打开如图 4-362 所示页面。

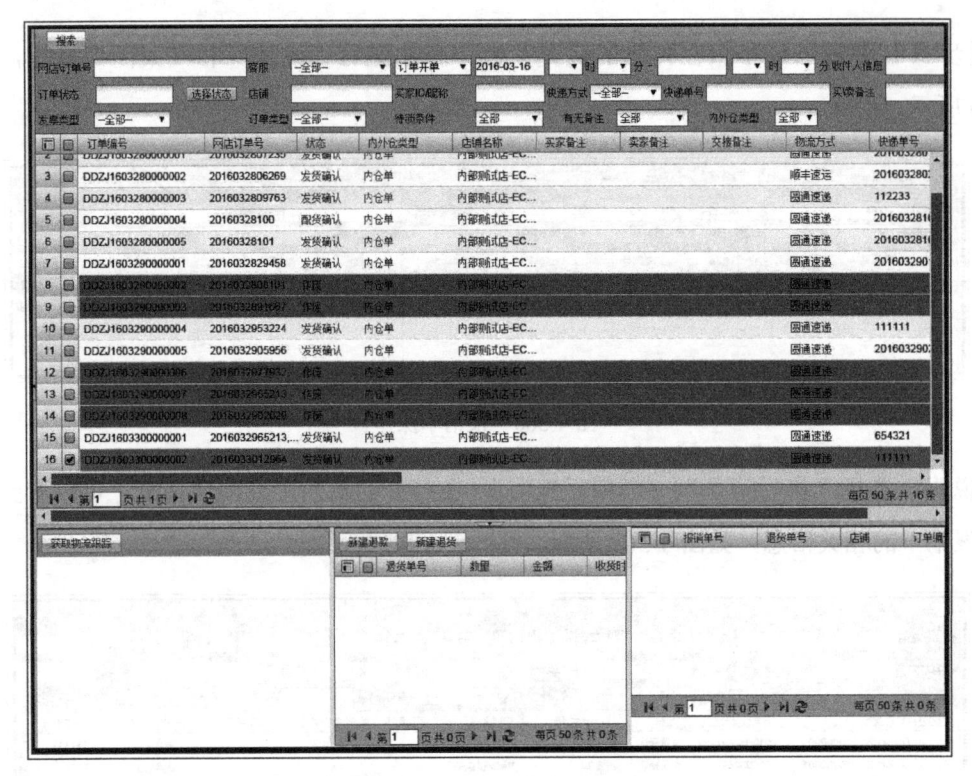

图 4-362 "售后查询"页面

【步骤2】单击"新建退货"按钮,为其新建退货单,如图 4-363 所示。

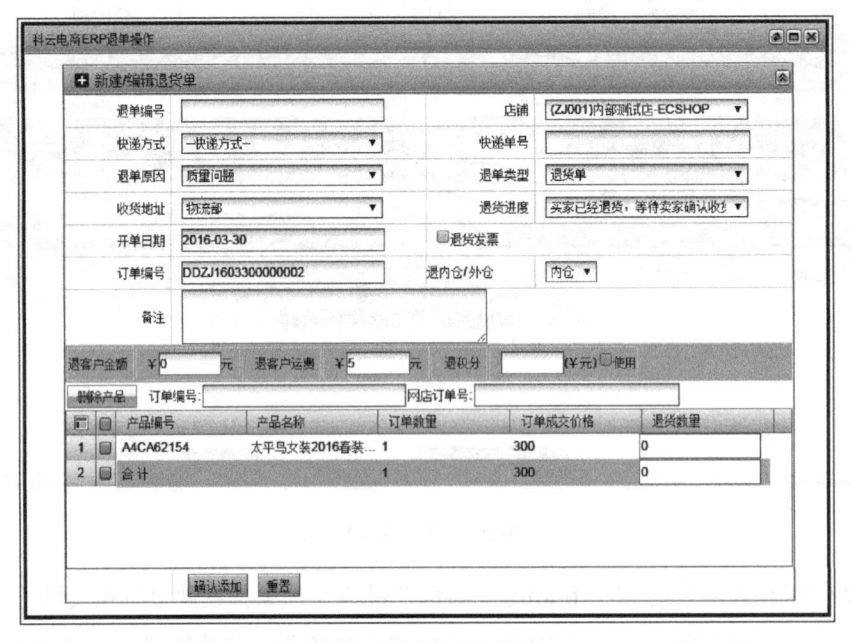

图 4-363 新建退货单

【步骤3】返回到"退货管理"页面,右击该订单,在弹出的快捷菜单中选择"退单流转"→"下单确认"和"收货确认",如图 4-364 所示。

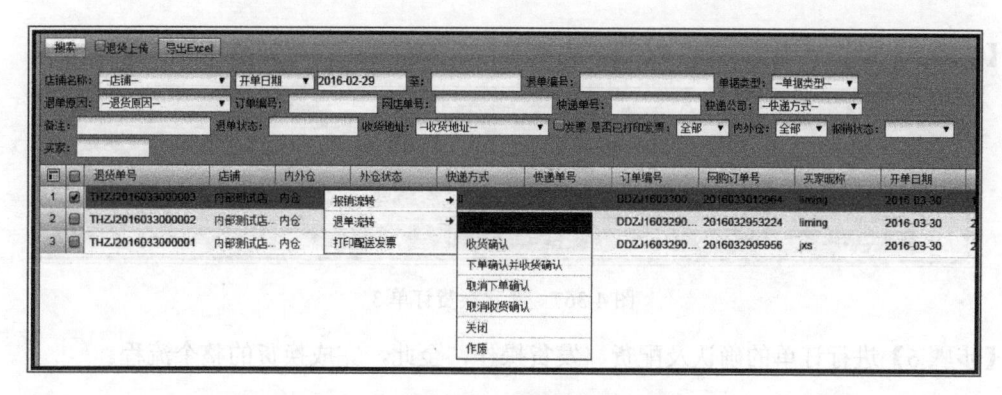

图 4-364 退货单操作

【步骤 4】在订单管理中进行手动建单("订单类型"选"换货"),再选择换货产品,相关设置如图 4-365 和图 4-366 所示。

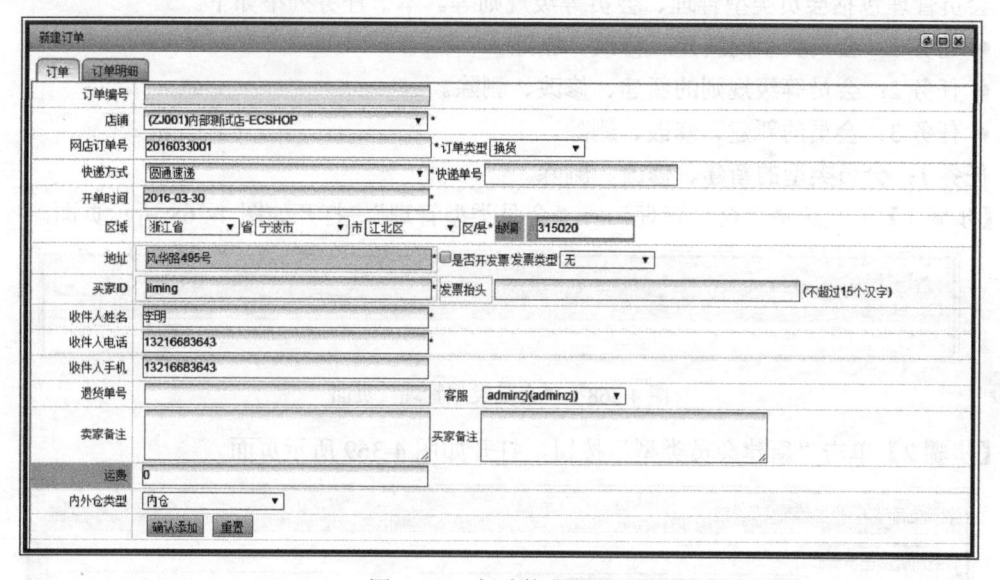

图 4-365 新建换货订单 1

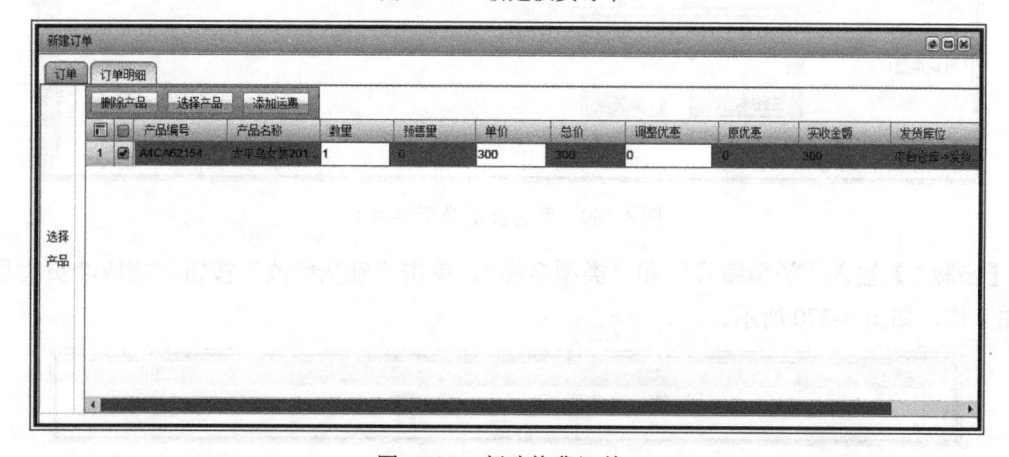

图 4-366 新建换货订单 2

【步骤5】单击"确认添加"按钮,完成对订单的新建工作,如图4-367所示。

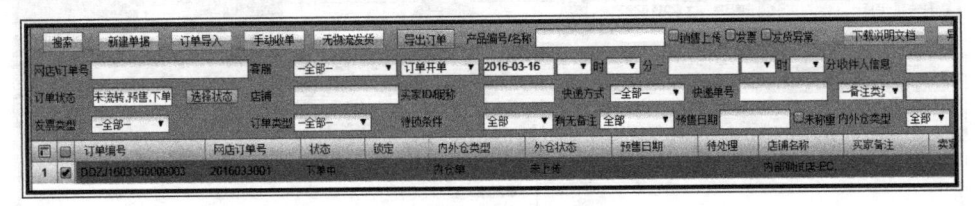

图 4-367　新建换货订单 3

【步骤6】进行订单的确认及配货、发货操作,至此,完成换货的整个流程。

4.8　会员管理

会员管理包括会员类型管理、会员等级规则等。本节任务列举如下。

- 任务1:会员类型的新建、修改、删除。
- 任务2:会员等级规则的新建、修改、删除。
- 任务3:会员的新建、修改、删除。

任务1:会员类型的新建、修改、删除。

【步骤1】依次选择"会员管理"→"会员类型管理",打开如图4-368所示页面。

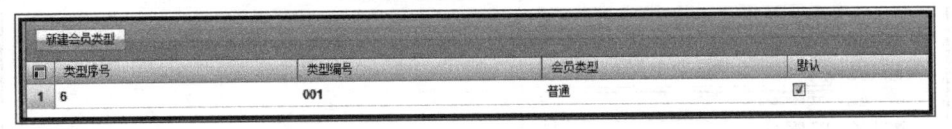

图 4-368　"会员类型管理"页面

【步骤2】单击"新建会员类型"按钮,打开如图4-369所示页面。

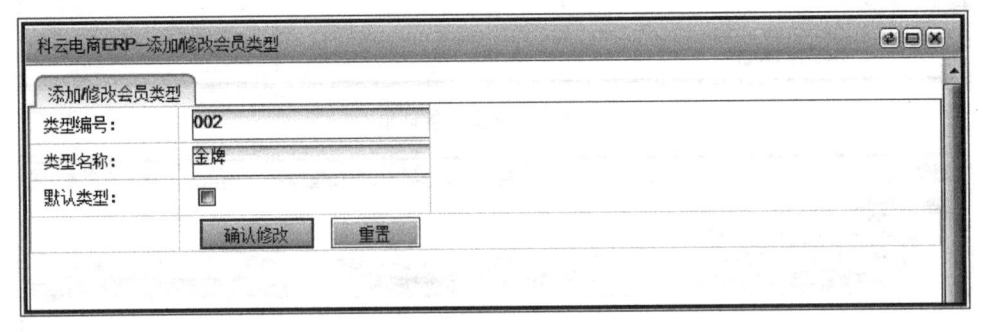

图 4-369　新建会员类型界面 1

【步骤3】输入"类型编号"和"类型名称",单击"确认修改"按钮,完成会员类型的添加工作,如图4-370所示。

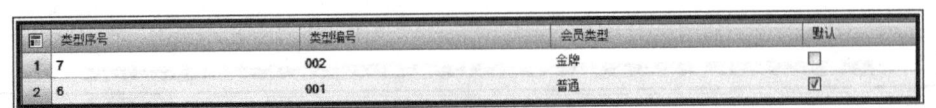

图 4-370　新建会员类型界面 2

【步骤 4】双击需要修改的记录，在打开的页面中可以进行会员类型的修改工作，如图 4-371 所示。

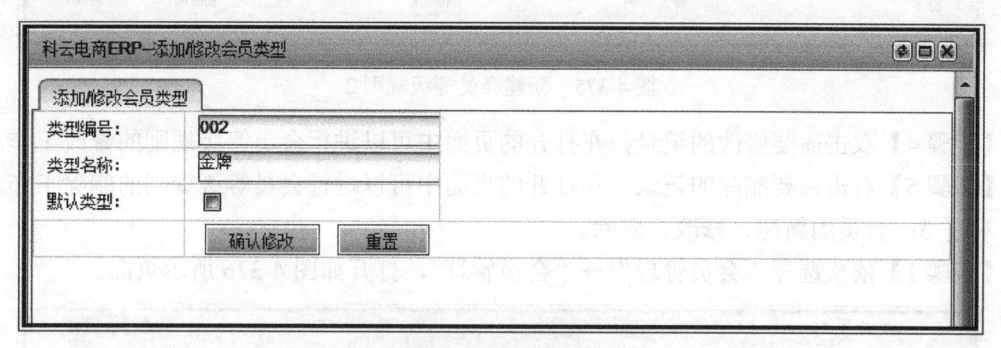

图 4-371　会员类型修改

【步骤 5】在"会员类型管理"页面右击会员类型，在弹出的快捷菜单中可以选择"设置默认"或"删除"操作，如图 4-372 所示。

图 4-372　会员类型操作

任务 2：会员等级规则的新建、修改、删除。

【步骤 1】依次选择"会员管理"→"会员等级规则"，打开如图 4-373 所示页面。

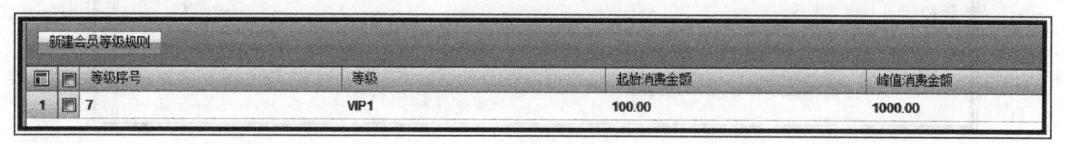

图 4-373　"会员等级规则"页面

【步骤 2】单击"新建会员等级规则"按钮，打开"添加会员信息"页面，输入"等级""起始消费金额""峰值消费金额"，如图 4-374 所示。

图 4-374　新建会员等级规则 1

【步骤 3】单击"确认添加"按钮，完成会员等级规则的添加，如图 4-375 所示。

图 4-375 新建会员等级规则 2

【步骤 4】双击需要修改的记录，在打开的页面中可以进行会员等级规则的修改工作。
【步骤 5】右击需要删除的记录，在打开的页面中可以进行会员等级规则的删除工作。

任务 3：会员的新建、修改、删除。

【步骤 1】依次选择"会员管理"→"会员管理"，打开如图 4-376 所示页面。

图 4-376 "会员管理"页面

【步骤 2】单击"新建会员"按钮，打开如图 4-377 所示页面。

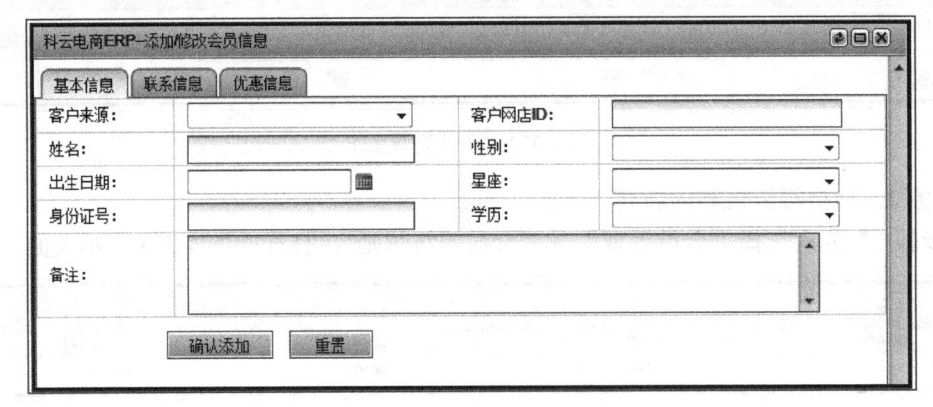

图 4-377 新建会员界面 1

【步骤 3】分别完善"基本信息""联系信息""优惠信息"选项卡，如图 4-378～图 4-380 所示。

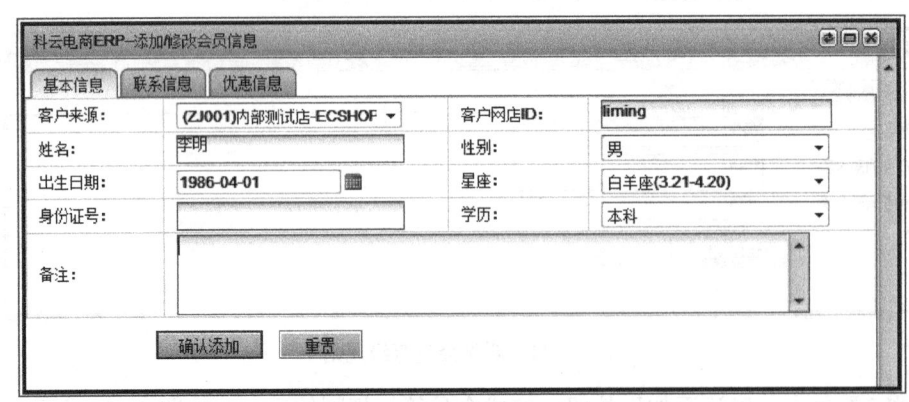

图 4-378 新建会员界面 2

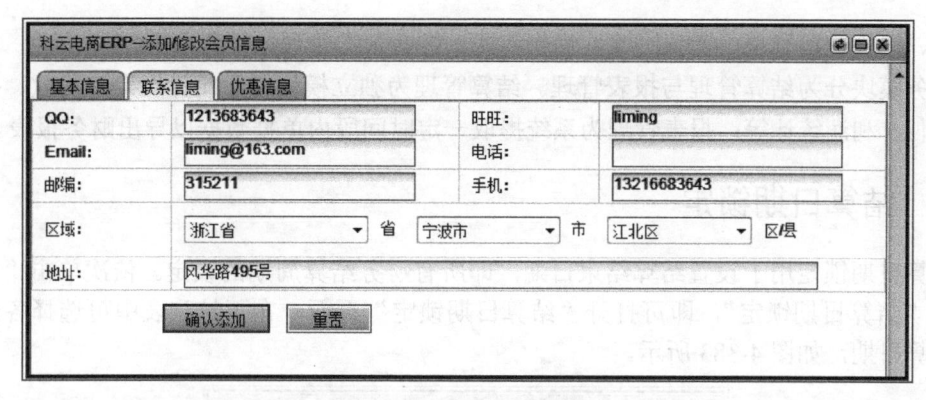

图 4-379　新建会员界面 3

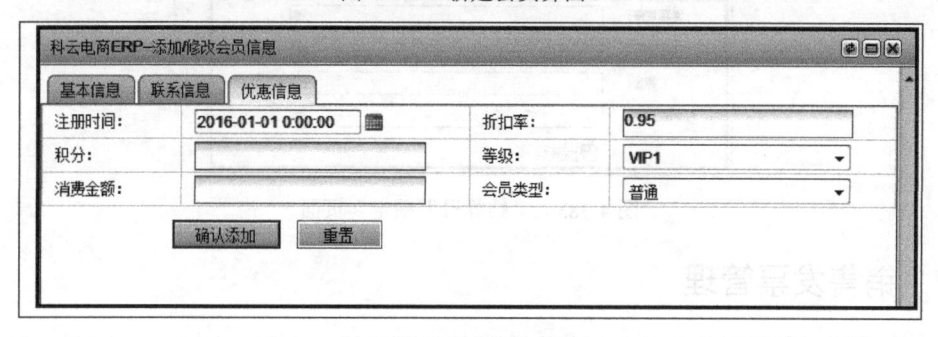

图 4-380　新建会员界面 4

【步骤 4】单击"确认添加"按钮,完成对会员的新建工作,如图 4-381 所示。

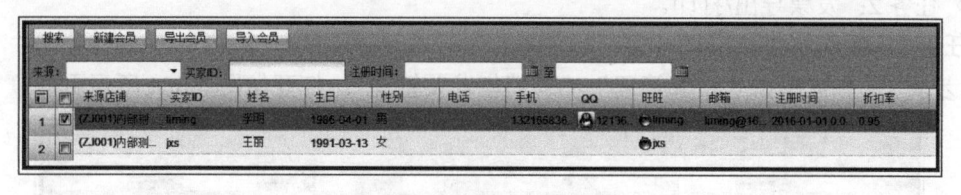

图 4-381　新建会员界面 5

【步骤 4】双击需要修改的记录,在打开的页面中可以进行会员信息的修改工作。
【步骤 5】右击需要删除的记录,在打开的页面中可以进行会员的删除、发送短信、发送邮件的操作,如图 4-382 所示。

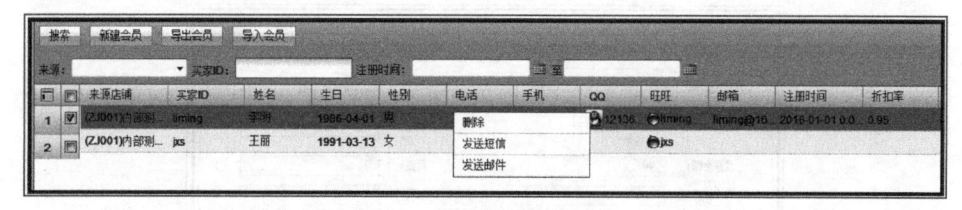

图 4-382　会员操作界面

4.9　结算管理

结算管理属于财务独立模块,用于统计订单销售、货款、发票、押金功能,包括结算日期锁定、销售发票管理、货款回笼、销售入账、押金录入管理、销售清单。

财务模块分为结算管理与报表管理。结算管理为独立模块用于统计发票、货款、押金、应收应付、利润统计等；报表管理为系统提取一定时间段内单据数据以导出财务报表。

4.9.1 结算日期锁定

结算日期锁定用于设置结算结束日期，即所有财务结算周期的设定。依次单击"结算管理"→"结算日期锁定"，即可打开"结算日期锁定"页面，在下拉列表中可选择各结算项目的结算日期，如图 4-383 所示。

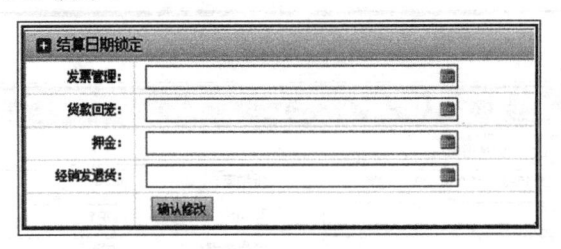

图 4-383 "结算日期锁定"页面

4.9.2 销售发票管理

销售发票管理用于财务人员登记每家店铺的发票记录。本部分任务列举如下。
- 任务 1：新建销售发票。
- 任务 2：发票导出/打印。

任务 1：新建销售发票。

【步骤 1】依次单击"结算管理"→"销售发票管理"，打开如图 4-384 所示页面。

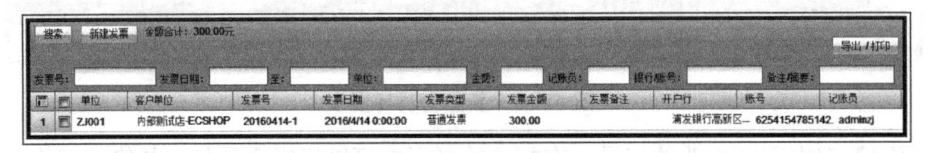

图 4-384 "销售发票管理"页面

【步骤 2】单击"新建发票"按钮，打开如图 4-385 所示页面。

图 4-385 新建发票界面 1

说明：
- 发票类型：有"增值税""普通发票""调整""其他""不开票"几种类型。
- 客户单位：可以单击"选择单位"按钮即会弹出"店铺选择"页面，选择好客户单位后，会自动填上"单位名称"信息。

【步骤3】输入发票相关信息，如图4-386所示。

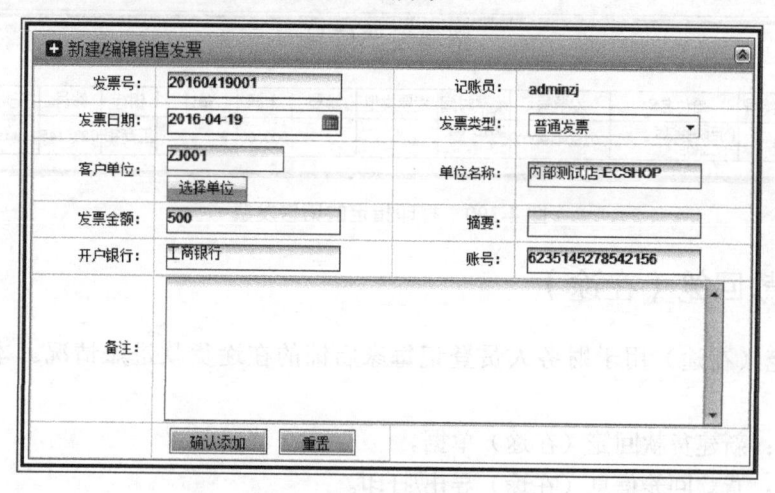

图4-386 新建发票界面2

【步骤4】单击"确认添加"按钮完成对发票的新建操作，如图4-387所示。

图4-387 新建发票界面3

任务2：发票导出/打印。

【步骤】依次单击"结算管理"→"销售发票管理"，在打开的页面中单击右上角"导出/打印"按钮，可导出、打印发票，如图4-388所示。

单位编号	单位名称	发票号	发票时间	发票类型	摘要	金额	备注	银行	账号	记账员
ZJ001	内部测试店-ECSHOP	20160414-1	2016-04-14			300.00		浦发银	6254154	adminzj
ZJ001	内部测试店-ECSHOP	20160419001	2016-04-19			500.00		工商银	6235145	adminzj

日期： 到

销售发票信息

图4-388 打印销售发票

说明：如果想导出/打印指定的发票，比如打印发票号是"20160419001"的发票，则先将该发票搜索出来，然后再单击"导出/打印"按钮，如图4-389和图4-390所示。

图 4-389　销售发票搜索

图 4-390　打印指定的销售发票

4.9.3　货款回笼（在途）

货款回笼（在途）用于财务人员登记每家店铺的在途货款进账情况。本部分任务列举如下。

- 任务 1：新建货款回笼（在途）单据。
- 任务 2：货款回笼信息（在途）导出/打印。

任务 1：新建货款回笼（在途）单据。

【步骤 1】依次单击"结算管理"→"货款回笼（在途）"，打开如图 4-391 所示页面。

图 4-391　"货款回笼（在途）"页面

【步骤 2】单击左上方"新建单据"按钮，打开"新建货款单"页面，输入相关信息，如图 4-392 所示。

图 4-392　新建货款回笼（在途）单据界面 1

【步骤3】单击"确认添加"按钮，完成新建工作，如图4-393所示。

图4-393 新建货款回笼（在途）单据界面2

任务2：货款回笼信息（在途）导出/打印。

【步骤】依次单击"结算管理"→"货款回笼（在途）"，在打开的页面中单击右上角"导出/打印"按钮，可导出、打印发票，如图4-394所示。

图4-394 打印货款回笼信息（在途）

4.9.4 货款回笼

货款回笼用于财务人员登记每家店铺的实际货款进账情况。本部分任务列举如下。
- 任务1：新建货款回笼单据。
- 任务2：货款回笼信息导出/打印。

任务1：新建货款回笼单据。

【步骤1】依次单击"结算管理"→"货款回笼"，打开如图4-395所示页面。

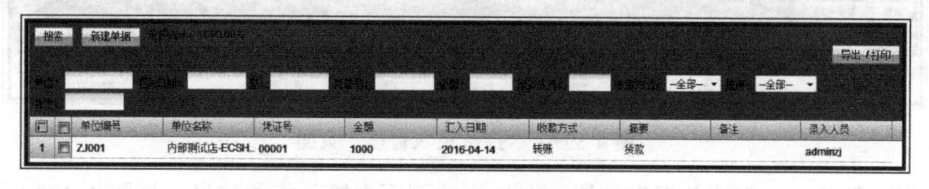

图4-395 "货款回笼"页面

【步骤2】单击"新建单据"按钮，在打开的页面中输入相关信息，如图4-396所示。

图4-396 新建货款回笼单据页面1

【步骤3】单击"确认添加"按钮，完成对货款回笼单据的新建工作，如图 4-397 所示。

图 4-397　新建货款回笼单据页面 2

任务 2：货款回笼信息导出/打印。

【步骤】依次单击"结算管理"→"货款回笼"，在打开的页面中单击右上角"导出/打印"按钮，可导出、打印发票，如图 4-398 所示。

图 4-398　打印货款回笼信息

4.9.5　押金录入管理

押金录入管理用于财务人员登记每家店铺的押金记录。本部分任务列举如下。
- 任务 1：新建押金单据。
- 任务 2：押金信息打印。

任务 1：新建押金单据。

【步骤1】依次单击"结算管理"→"押金录入管理"，打开如图 4-399 所示页面。

图 4-399　"押金录入管理"页面

【步骤2】单击"新建单据"按钮，在打开的页面中输入相关信息，如图 4-400 所示。

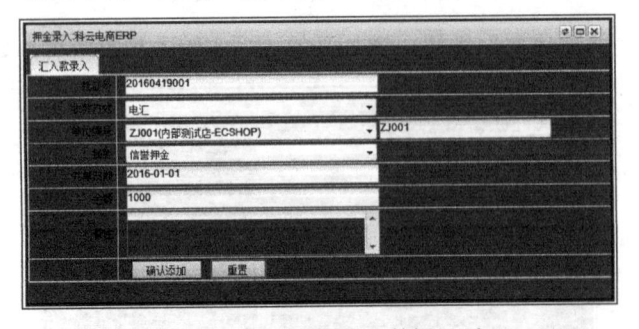

图 4-400　新建押金录入单据界面 1

【步骤3】单击"确认添加"按钮，完成对押金单据的新建工作，如图 4-401 所示。

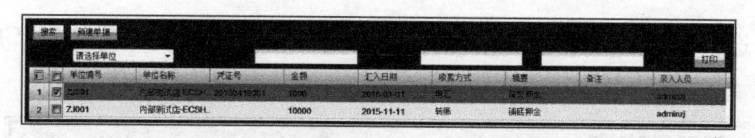

图 4-401　新建押金录入单据界面 2

任务 2：押金信息打印。

【步骤】依次单击"结算管理"→"押金录入管理"，在打开的页面中单击右上角"打印"按钮，可打印发票，如图 4-402 所示。

图 4-402　打印押金信息

4.9.6　销售清单

销售清单用于财务人员统计每家店铺的实际销售数量以及金额，记录财务报表中店铺的销售情况。

1. 待核清单列表

待核清单列表用来提取结算周期内各个店铺每天的销售数据，可批量生成。生成数据会被关联至销售清单列表。本部分任务列举如下：

- 任务：新建待核销售清单。

任务：新建待核销售清单。

【步骤 1】依次单击"结算管理"→"销售清单"→"待核清单列表"，打开如图 4-403 所示页面。

图 4-403　待核销售清单列表

【步骤 2】单击"新建待核销售清单"按钮打开如图 4-404 所示页面。

图 4-404　新建销售清单界面 1

【步骤3】选择好"店铺名称""店铺销售时间""开票时间",再输入"开票金额",如图4-405所示。

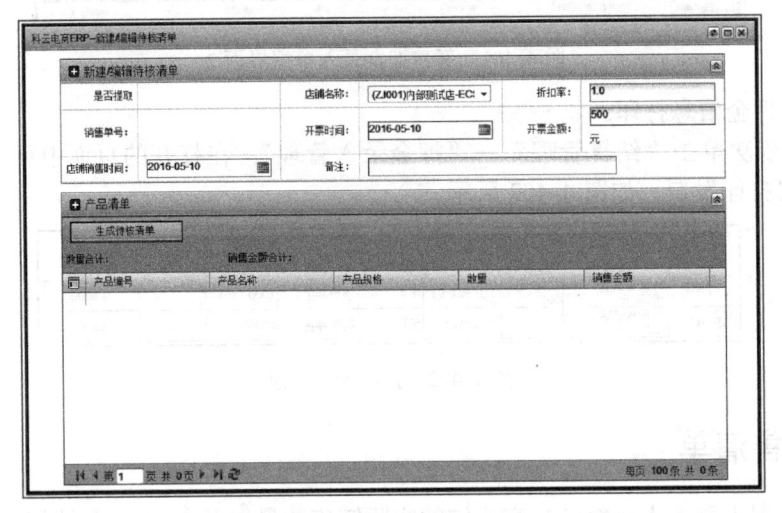

图4-405 新建销售清单界面2

【步骤4】单击"生成待核清单"按钮,ERP自动生成当日销售清单,如图4-406所示。

图4-406 新建销售清单界面3

【步骤5】双击该条单据,可以查看产品清单信息,如图4-407所示。

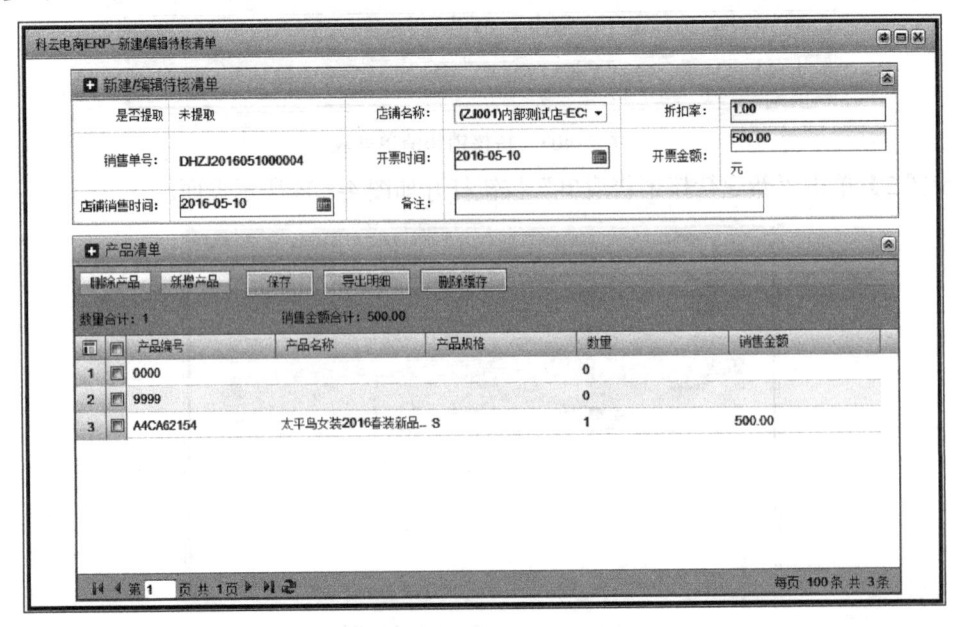

图4-407 查看销售清单详情

说明：SKU 为 0000 代表优惠金额，一般为负数，9999 代表邮费金额。

2. 销售清单列表

销售清单列表可以根据待核销售清单列表，统计结算周期内各店铺销售数据。本部分任务列举如下：

● 任务：新建销售清单并进行确认审核。

任务：新建销售清单并进行确认审核。

【步骤1】依次单击"结算管理"→"销售清单"→"销售清单列表"，打开如图 4-408 所示页面。

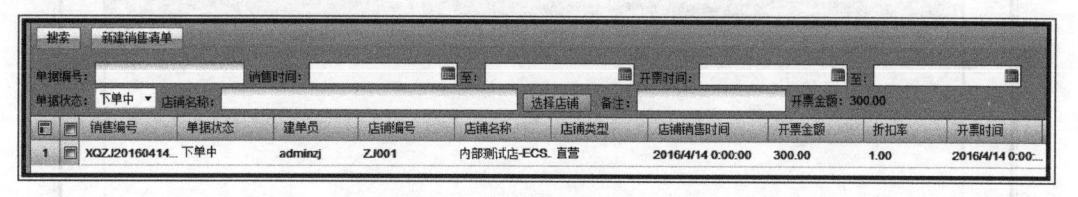

图 4-408 "销售清单列表"页面

【步骤2】单击"新建销售清单"按钮，打开如图 4-409 所示页面。

图 4-409 新建销售清单界面1

【步骤3】选择好"店铺名称""店铺销售时间""开票时间"，再输入"开票金额"，如图 4-410 所示。

【步骤4】单击"确认添加"按钮，系统会自动填上了"销售单号"，如图 4-411 所示。

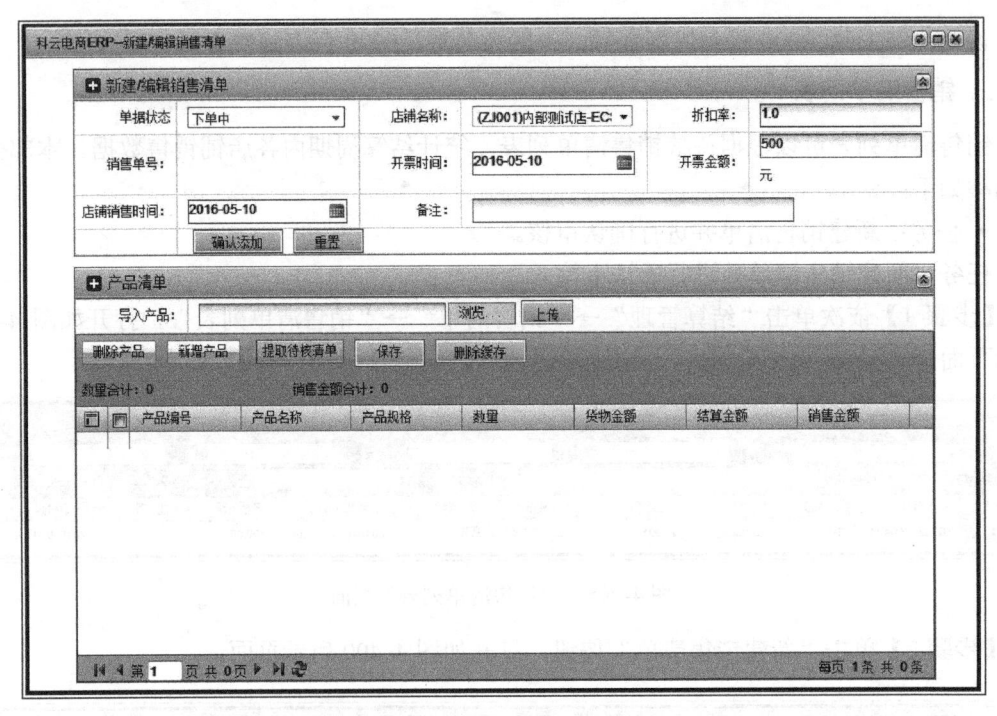

图 4-410 新建销售清单界面 2

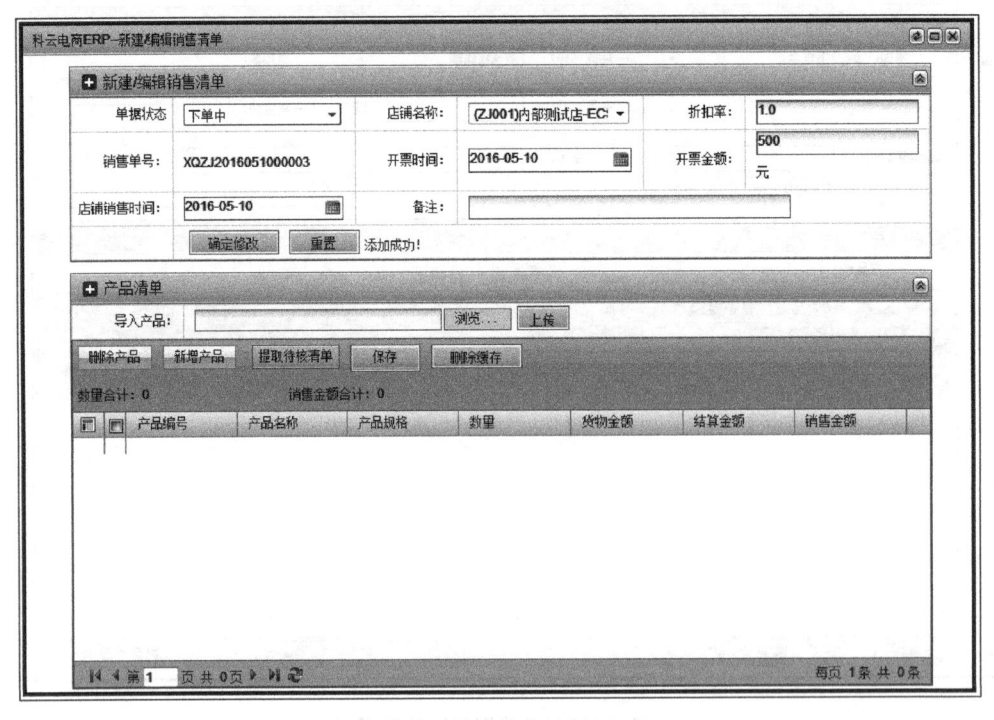

图 4-411 新建销售清单界面 3

【步骤 5】单击"提取待核清单"按钮,然后在"待核清单列表"页面中勾选要提取的单据,如图 4-412 所示。

第 4 章　电子商务 ERP 系统功能介绍

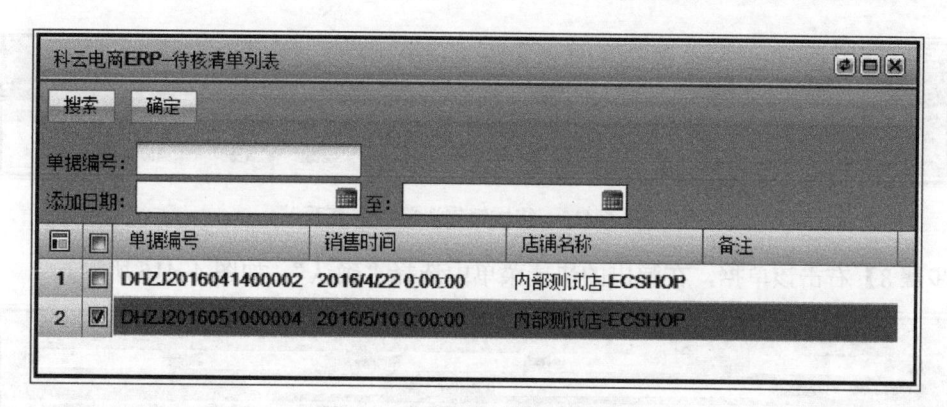

图 4-412　新建销售清单界面 4

【步骤 6】单击"确定"按钮，系统会自动导入产品清单，如图 4-413 所示。

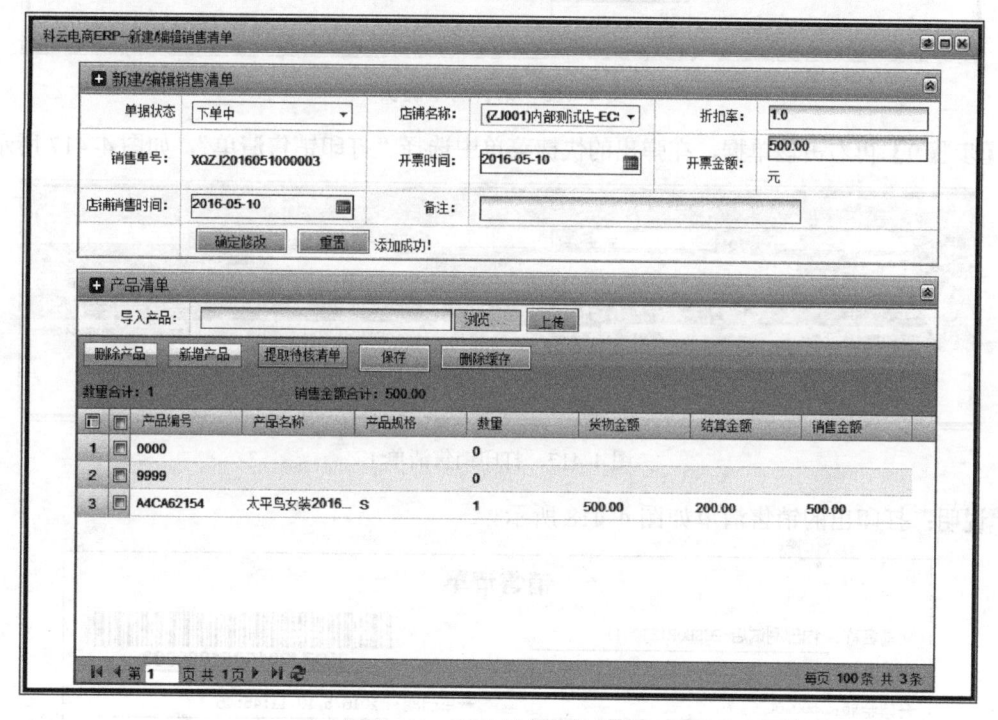

图 4-413　新建销售清单界面 5

【步骤 7】单击"保存"按钮，即可完成对产品清单的添加工作，如图 4-414 所示。

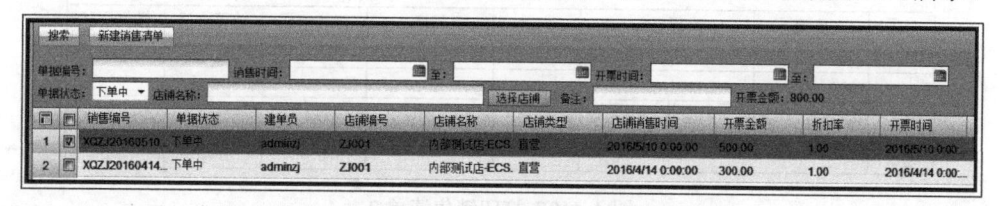

图 4-414　新建销售清单界面 6

说明：此时，待核销售清单中已经被提取的待核销售单的状态变为"已提取"，如图 4-415 所示。

图 4-415 待核销售清单状态查看

【步骤8】右击该单据,在弹出的快捷菜单中选择"确认",如图 4-416 所示。

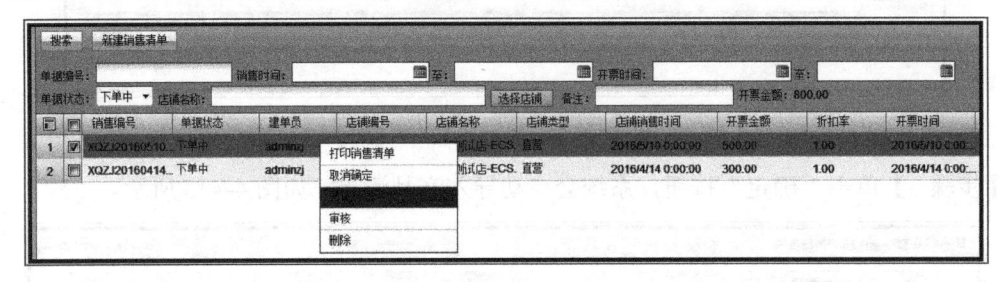

图 4-416 销售清单确认

【步骤9】再右击该单据,在弹出的快捷菜单中选择"打印销售清单",如图 4-417 所示。

图 4-417 打印销售清单 1

说明:打印出的销售清单如图 4-418 所示。

图 4-418 打印销售清单 2

【步骤10】右击该单据,在弹出的快捷菜单中选择"审核",即可完成对销售清单的审核工作,如图 4-419 所示。

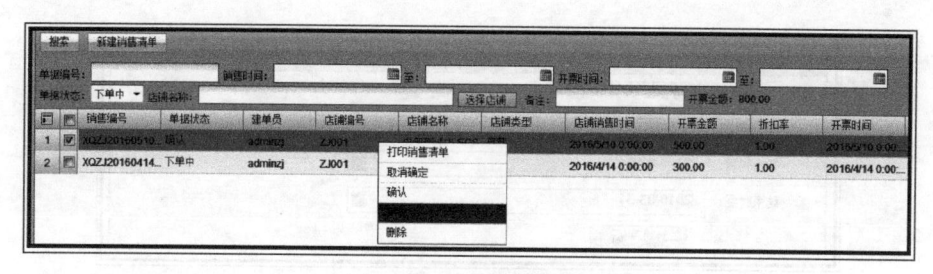

图 4-419 销售清单审核

说明：
- 只有在填写销售清单后才能在子界面产品清单中添加产品，从而可提取待核清单（如果已有同期的销售清单则不能重复提取），单击"保存"按钮完成销售清单自动添加。
- 销售清单具体操作：①新建销售清单→下单中→下单确认→打印销售清单→审核；②新建销售清单→下单中→删除。
- 待核销售清单和销售清单提取时间为近期 3 个月内的销售数据，3 个月前的订单数据会转为历史订单数据不能统计在以上表格中。
- 待核清单数据为当日订单-退单销售量。数据可在"财务查询"的销售清单总汇中查询。
- "待核清单"被统计进"销售清单"后状态会变为已提取，则不能删除。

4.10 报表管理

报表管理功能用于生成各类报表模块，包括报表时间、关闭单据、成本价管理、仓库出入库报表、仓库出入库（渠道）、仓库出入库（渠道汇总）、渠道变更、商场收发存报表、独立考核分公司收发存（渠道/渠道汇总）、仓库出入库（金额）、内销收发存月报表、快递报表时间、快递费用月报表。

4.10.1 报表时间

报表时间用来设定报表统计周期，只有已经设定好报表时间才能生成后面的报表。
本部分任务列举如下。
- 任务 1：新建报表时间。
- 任务 2：报表时间的修改及删除。

任务 1：新建报表时间。
【步骤 1】依次单击"报表管理"→"报表时间"，打开如图 4-420 所示页面。

图 4-420 "报表时间"页面

【步骤 2】单击"新建时间"按钮，在打开的页面中输入相关信息，如图 4-421 所示。

图 4-421 新建报表时间界面 1

【步骤 3】单击"确认添加"按钮,完成对报表时间的新建工作,如图 4-422 所示。

图 4-422 新建报表时间界面 2

任务 2:报表时间的修改及删除。

【步骤 1】依次单击"报表管理"→"报表时间",在打开的页面中双击需要修改的报表,打开如图 4-423 所示页面。

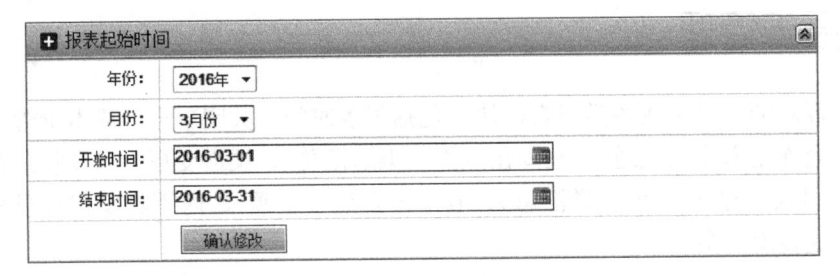

图 4-423 报表时间修改

【步骤 2】修改相应信息,单击"确认修改"按钮,即可完成报表时间的修改。

【步骤 3】右击需要删除的报表时间,在弹出的快捷菜单中选择"删除",即可完成对报表时间的删除操作,如图 4-424 所示。

图 4-424 报表时间删除

4.10.2 关闭单据

关闭单据应用于报表生成前,检查是否有流转中的单据,符合条件的自动关闭单据,否则给出提醒。

(1) 符合条件的单据会自动关闭,如图 4-425 所示。

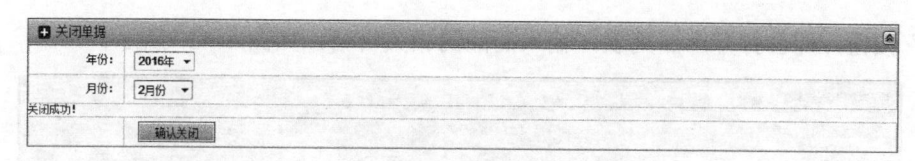

图 4-425 成功关闭

(2) 如果有未关闭的单据,则会给出提示,如图 4-426 所示。

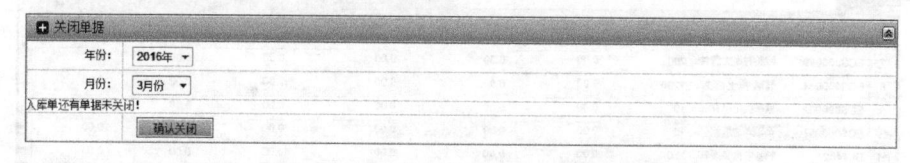

图 4-426 单据关闭失败——有单据未关闭

(3) 如果该月份的报表时间不存在,则会给出提示,如图 4-427 所示。

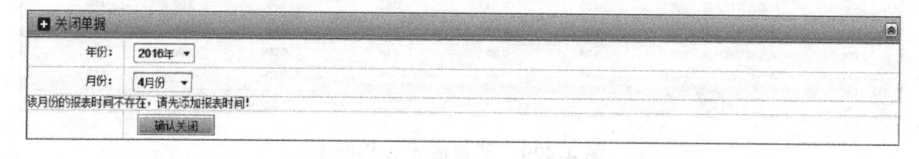

图 4-427 单据关闭失败——报表时间不存在

4.10.3 成本价管理

成本价管理用来统计本品牌,在某年份、月份(参考报表时间)内,入库单(开单日期,状态为"关闭")的汇总数据。

成本表具体操作:

(1) 新建成本管理表→确认

(2) 新建成本表→删除

(3) 新建成本表→确认→取消确认→删除

总成本=原料实际成本+外购成本(外购单价*产品数量)+包装物实际成本+内加工成本。

本部分任务列举如下。

- 任务 1:新建成本表。
- 任务 2:成本表的确认及删除。

任务 1:新建成本表。

【步骤 1】依次单击"报表管理"→"成本价管理",打开如图 4-428 所示页面。

	年份	月份	状态	生成时间
1	2016	1	确认	2016/4/19 15:01:38
2	2016	2	确认	2016/4/19 12:06:22

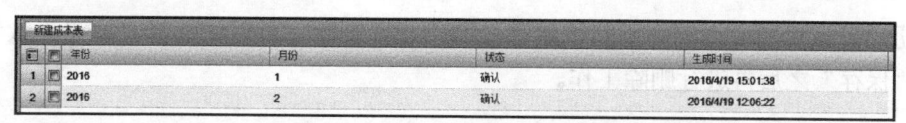

图 4-428 "成本价管理"页面

【步骤 2】单击"新建成本表"按钮,在打开的页面中选择设置的报表时间。单击"生成报表"按钮，即会打开产品列表，输入商品的相关价格，如图4-429所示。

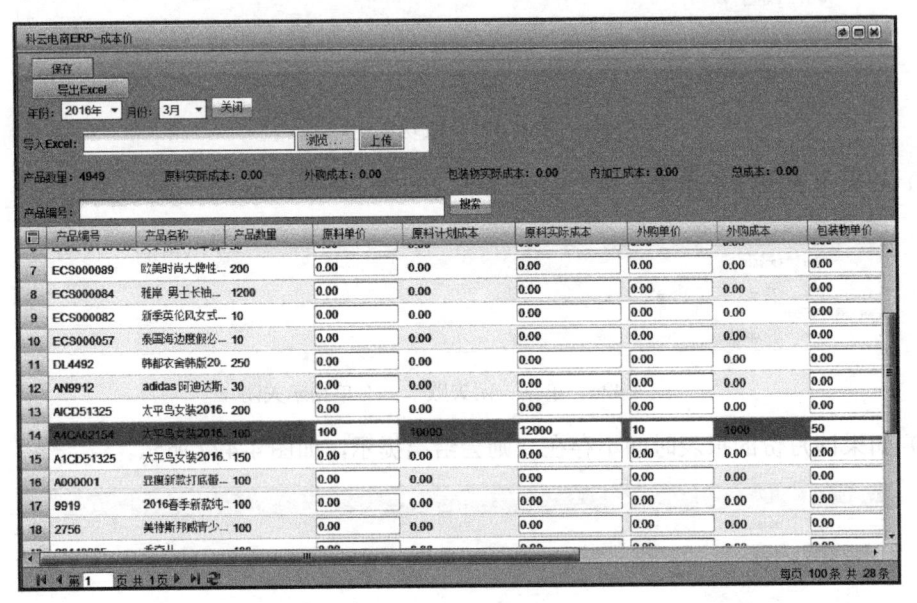

图 4-429　新建成本表界面 1

【步骤3】单击"保存"按钮，即可完成对成本表的新建工作，如图4-430所示。

图 4-430　新建成本表界面 2

任务 2：成本表的确认及删除。

【步骤1】依次单击"报表管理"→"成本价管理"，在打开的页面中右击要操作的成本表，打开如图4-431所示页面。

图 4-431　成本表操作界面

【步骤2】选择"删除"，可以删除成本表，单击"确认"按钮，可以进行成本表的确认工作。

说明：确认后的成本表则不能被删除，如果想要删除，可以先选择"取消确认"，将状态变为"保存"之后再进行删除工作。

4.10.4　仓库出入库报表

仓库出入库报表具体操作：

(1) 新建仓库出入库报表→确认
(2) 新建仓库出入库报表→删除
(3) 新建仓库出入库报表→确认→取消确认→删除

本部分任务列举如下。
- 任务 1：新建仓库出入库报表。
- 任务 2：仓库出入库报表的确认及删除。

任务 1：新建仓库出入库报表。

【步骤 1】依次单击"报表管理"→"仓库出入库报表"，打开如图 4-432 所示页面。

图 4-432 "仓库出入库报表"页面

【步骤 2】单击"新建报表"按钮，打开如图 4-433 所示页面。

图 4-433 新建仓库出入库报表界面 1

【步骤 3】选择年份和月份，单击"生成报表"按钮，打开如图 4-434 所示页面。

图 4-434 新建仓库出入库报表界面 2

【步骤 4】单击"关闭"按钮关闭窗口，查看新生成的仓库出入库报表，如图 4-435 所示。

图 4-435　新建仓库出入库报表界面 3

任务 2：仓库出入库报表的确认及删除。

【步骤 1】依次单击"报表管理"→"仓库出入库报表"，在打开的页面中右击要操作的报表，打开如图 4-436 所示页面。

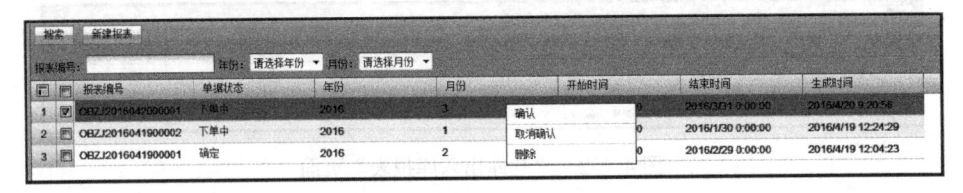

图 4-436　仓库出入库报表操作界面

【步骤 2】选择"删除"，可以删除报表；选择"确认"，则可以进行报表的确认工作。

4.10.5　仓库出入库（渠道）

仓库出入库（渠道）具体操作：
（1）新建仓库出入库（渠道）报表→确认
（2）新建仓库出入库（渠道）报表→删除
（3）新建仓库出入库（渠道）报表→确认→取消确认→删除
本部分任务列举如下。
- 任务 1：新建仓库出入库（渠道）报表。
- 任务 2：仓库出入库（渠道）报表的确认及删除。

任务 1：新建仓库出入库（渠道）报表。

【步骤 1】依次单击"报表管理"→"仓库出入库（渠道）"，打开如图 4-437 所示页面。

图 4-437　"仓库出入库（渠道）"页面

【步骤 2】单击"新建报表"按钮，打开如图 4-438 所示页面。

图 4-438　新建仓库出入库（渠道）报表界面 1

【步骤3】选择年份、月份和渠道,单击"生成报表"按钮,打开如图4-439所示页面。

图4-439 新建仓库出入库(渠道)报表界面2

【步骤4】关闭窗口,然后查看新生成的仓库出入库(渠道)报表,如图4-440所示。

图4-440 新建仓库出入库(渠道)报表界面3

任务2:仓库出入库(渠道)报表的确认及删除。

【步骤1】依次单击"报表管理"→"仓库出入库(渠道)",在打开的页面中右击要操作的报表,打开如图4-441所示页面。

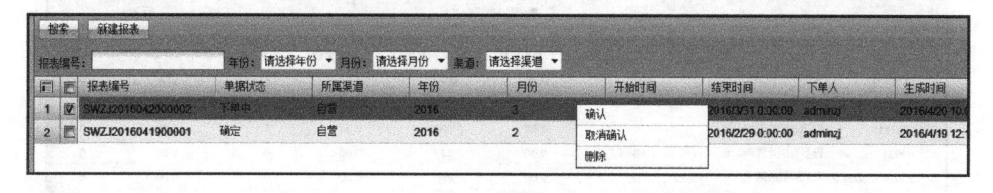

图4-441 仓库出入库(渠道)报表操作界面

【步骤2】选择"删除",可以删除报表;选择"确认",可以进行报表的确认工作。

4.10.6 仓库出入库(渠道汇总)

仓库出入库(渠道汇总)报表具体操作:
(1)新建仓库出入库(渠道汇总)报表→确认

(2) 新建仓库出入库（渠道汇总）报表→删除

(3) 新建仓库出入库（渠道汇总）报表→确认→取消确认→删除

本部分任务列举如下。

- 任务1：新建仓库出入库（渠道汇总）报表。
- 任务2：仓库出入库（渠道汇总）报表的确认及删除。

任务1：新建仓库出入库（渠道汇总）报表。

【步骤1】依次单击"报表管理"→"仓库出入库（渠道汇总）"，打开如图4-442所示页面。

图4-442　"仓库出入库（渠道汇总）"页面

【步骤2】单击"新建报表"按钮，打开如图4-443所示页面。

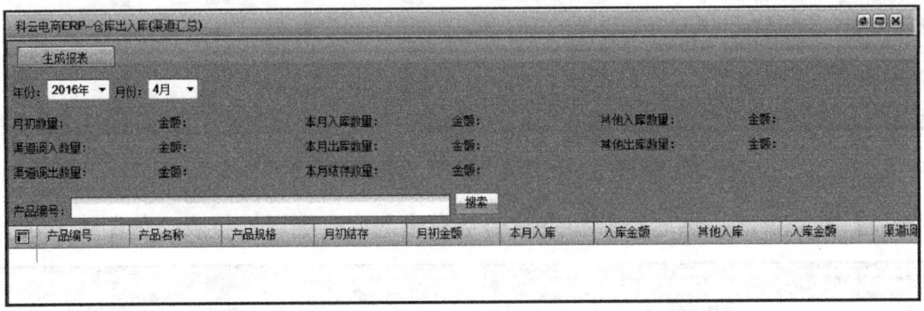

图4-443　新建仓库出入库（渠道汇总）报表界面1

【步骤3】选择年份和月份，单击"生成报表"按钮，打开如图4-444所示页面。

图4-444　新建仓库出入库（渠道汇总）报表界面2

【步骤4】关闭窗口,再查看新生成的仓库出入库报表,如图4-445所示。

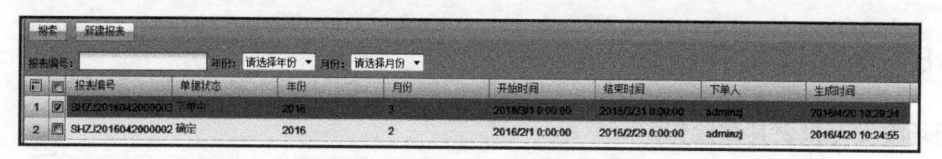

图 4-445　新建仓库出入库(渠道汇总)报表界面3

任务2:仓库出入库(渠道汇总)报表的确认及删除。

【步骤1】依次单击"报表管理"→"仓库出入库(渠道汇总)",在打开的页面中右击要操作的报表,打开如图4-446所示页面。

图 4-446　仓库出入库(渠道汇总)报表操作界面

【步骤2】选择"删除",可以删除报表,选择"确认",可以进行报表的确认工作。

4.10.7　渠道变更

本部分任务列举如下:
- 任务:新建渠道变更。

任务:新建渠道变更。

【步骤1】依次单击"报表管理"→"渠道变更",打开如图4-447所示页面。

图 4-447　"渠道变更"页面

【步骤2】单击"新建渠道变更"按钮,打开如图4-448所示页面。

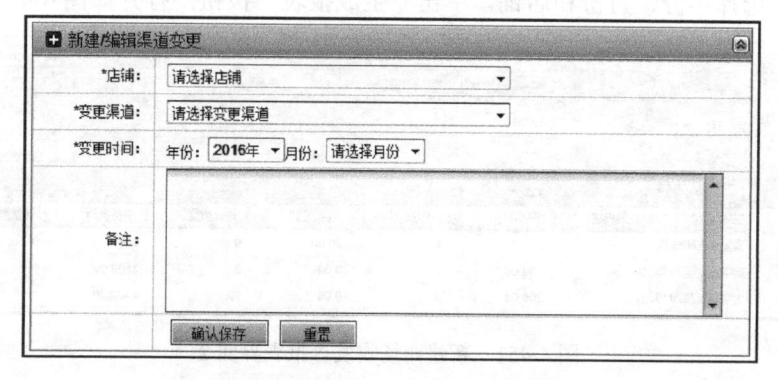

图 4-448　"新建渠道变更"页面

【步骤3】完善上述信息，单击"确认保存"按钮，即可完成渠道变更的新建工作。

4.10.8 商场收发存报表

商场收发存报表具体操作：
（1）新建商场收发存报表→确认
（2）新建商场收发存报表→删除
（3）新建商场收发存报表→确认→取消确认→删除

本部分任务列举如下。
- 任务1：新建商场收发存报表。
- 任务2：商场收发存报表的确认及删除。

任务1：新建商场收发存报表。

【步骤1】依次单击"报表管理"→"商场收发存报表"，打开如图4-449所示页面。

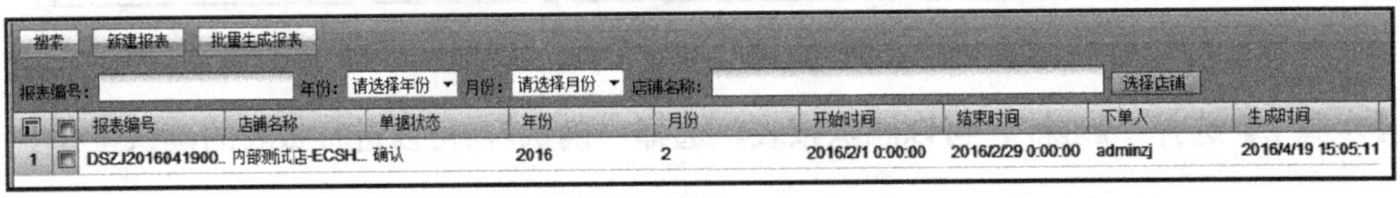

图4-449 "商场收发存报表"页面

【步骤2】单击"新建报表"按钮，打开如图4-450所示页面。

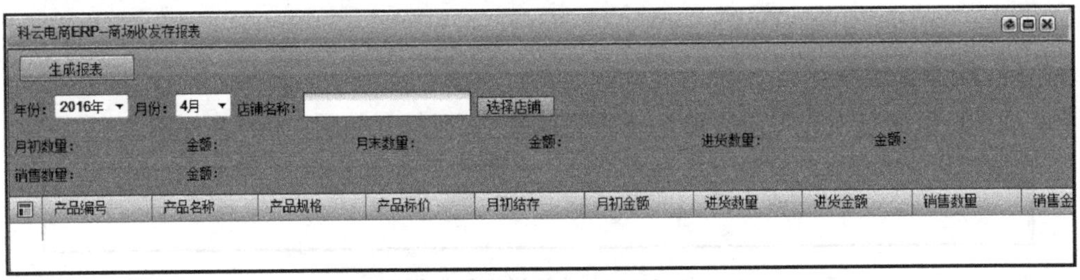

图4-450 新建商场收发存报表界面1

【步骤3】选择年份、月份和店铺，单击"生成报表"按钮，打开如图4-451所示页面。

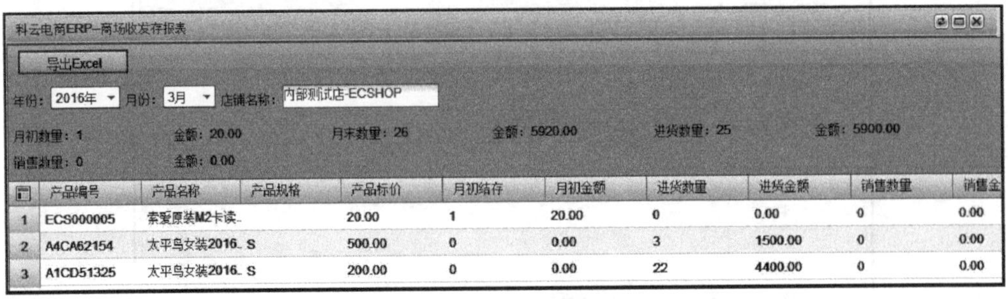

图4-451 新建商场收发存报表界面2

【步骤4】关闭窗口，再查看新生成的仓库出入库报表，如图4-452所示。

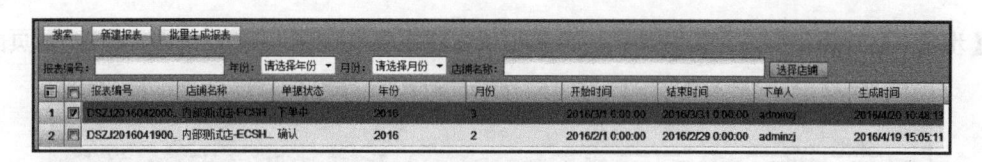

图 4-452　新建商场收发存报表界面 3

任务 2：商场收发存报表的确认及删除。

【步骤 1】依次单击"报表管理"→"商场收发存报表"，在打开的页面中右击要操作的报表，打开如图 4-453 所示页面。

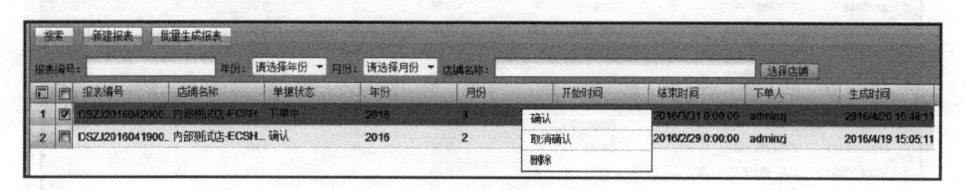

图 4-453　商场收发存报表操作界面

【步骤 2】选择"删除"，可以删除报表；选择"确认"，可以进行报表的确认工作。

4.10.9　独立考核分公司收发存（渠道）

独立考核分公司收发存（渠道）报表具体操作：
（1）新建独立考核分公司收发存（渠道）报表→确认
（2）新建独立考核分公司收发存（渠道）报表→删除
（3）新建独立考核分公司收发存（渠道）报表→确认→取消确认→删除
本部分任务列举如下。
- 任务 1：新建独立考核分公司收发存（渠道）报表。
- 任务 2：独立考核分公司收发存（渠道）报表的确认及删除。

任务 1：新建独立考核分公司收发存（渠道）报表。

【步骤 1】依次单击"报表管理"→"独立考核分公司收发存（渠道）"，打开如图 4-454 所示页面。

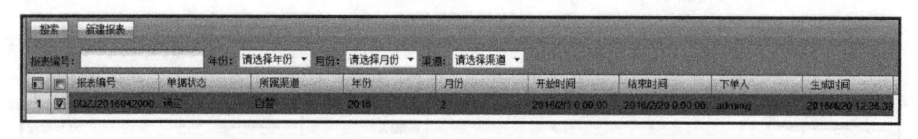

图 4-454　独立考核分公司收发存（渠道）报表界面

【步骤 2】单击"新建报表"按钮，打开如图 4-455 所示页面。

图 4-455　新建独立考核分公司收发存（渠道）报表界面 1

【步骤3】选择年份、月份和渠道，再单击"生成报表"按钮，打开如图 4-456 所示页面。

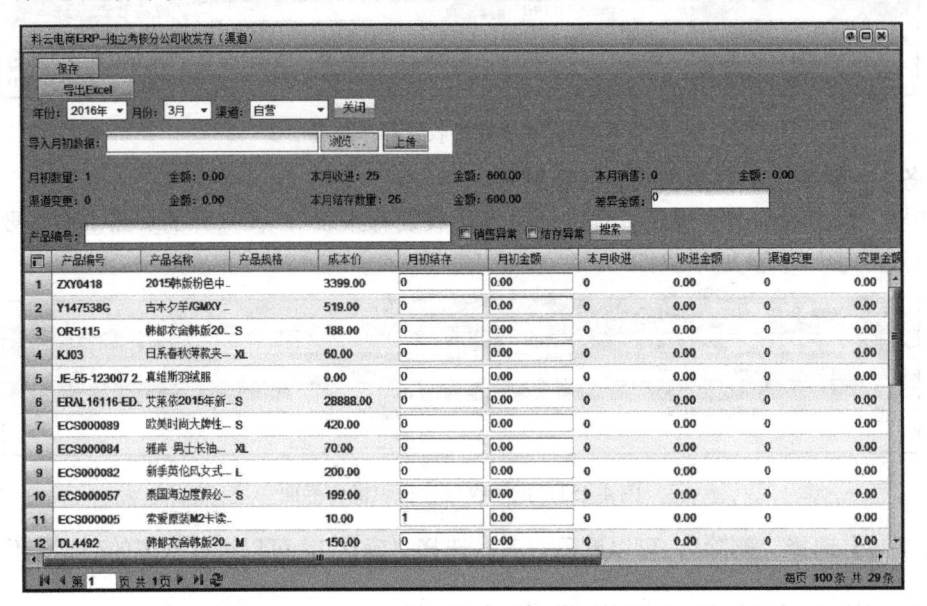

图 4-456　新建独立考核分公司收发存（渠道）报表界面 2

【步骤4】关闭窗口，再查看新生成的独立考核分公司收发存（渠道）报表，如图 4-457 所示。

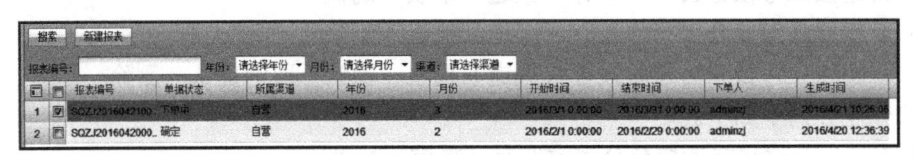

图 4-457　新建独立考核分公司收发存（渠道）报表界面 3

任务 2：独立考核分公司收发存（渠道）报表的确认及删除。

【步骤1】依次单击"报表管理"→"独立考核分公司收发存（渠道）"，在打开的页面中右击要操作的报表，打开如图 4-458 所示页面。

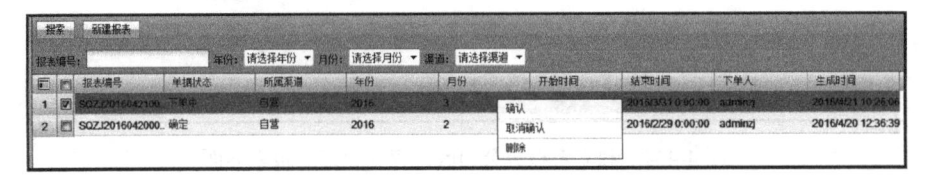

图 4-458　独立考核分公司收发存（渠道）报表操作界面

【步骤2】选择"删除"，可以删除报表；选择"确认"，可以进行报表的确认工作。

4.10.10　独立考核分公司收发存（渠道汇总）

独立考核分公司收发存（渠道汇总）报表具体操作：
（1）新建独立考核分公司收发存（渠道汇总）报表→确认

(2) 新建独立考核分公司收发存（渠道汇总）报表→删除
(3) 新建独立考核分公司收发存（渠道汇总）报表→确认→取消确认→删除

本部分任务列举如下。
- 任务1：新建独立考核分公司收发存（渠道汇总）报表。
- 任务2：独立考核分公司收发存（渠道汇总）报表的确认及删除。

任务1：新建独立考核分公司收发存（渠道汇总）报表。

【步骤1】依次单击"报表管理"→"独立考核分公司收发存（渠道汇总）"，打开如图4-459所示页面。

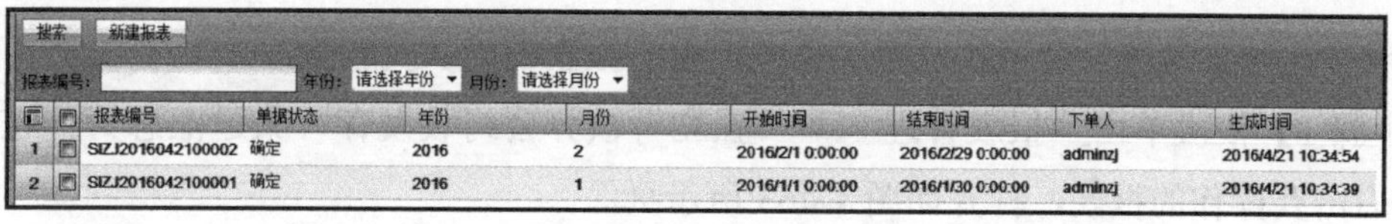

图 4-459　独立考核分公司收发存（渠道汇总）报表界面

【步骤2】单击"新建报表"按钮，打开如图4-460所示页面。

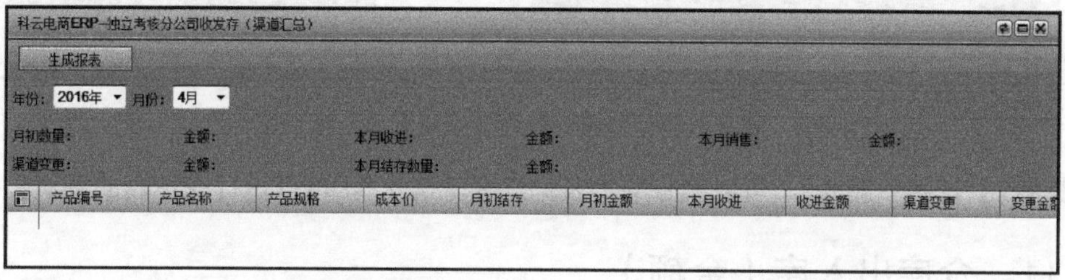

图 4-460　新建独立考核分公司收发存（渠道汇总）报表界面1

【步骤3】选择年份和月份，再单击"生成报表"按钮，打开如图4-461所示页面。

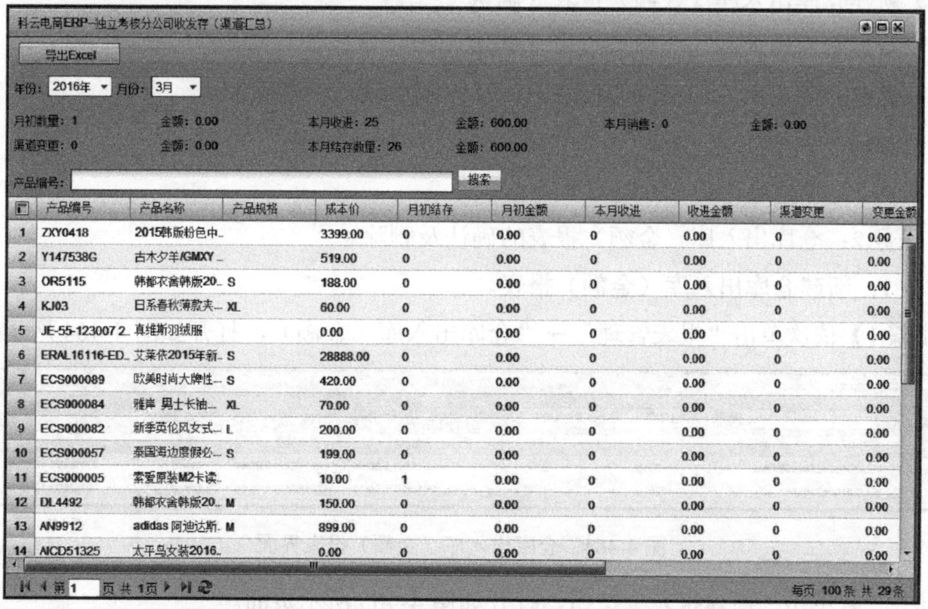

图 4-461　新建独立考核分公司收发存（渠道汇总）报表界面2

【步骤4】关闭窗口，再查看新生成的独立考核分公司收发存（渠道汇总）报表，如图 4-462 所示。

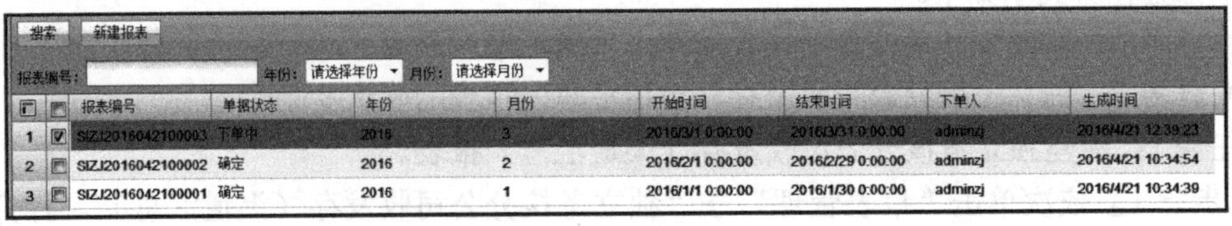

图 4-462　新建独立考核分公司收发存（渠道汇总）报表界面 3

任务 2：独立考核分公司收发存（渠道汇总）报表的确认及删除。

【步骤1】依次单击"报表管理"→"独立考核分公司收发存（渠道汇总）"，在打开的页面中右击要操作的报表，打开如图 4-463 所示页面。

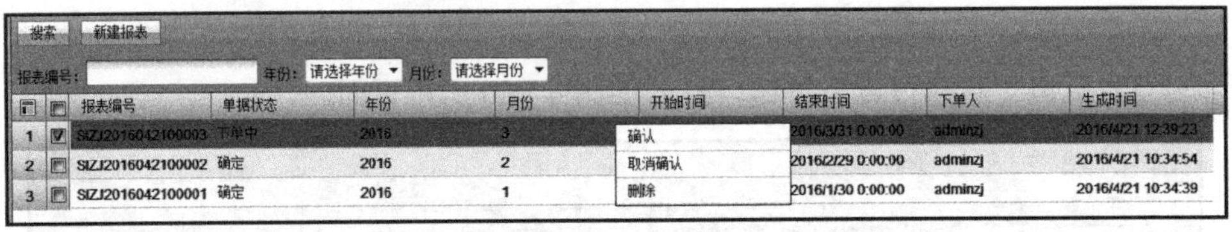

图 4-463　独立考核分公司收发存（渠道汇总）报表操作界面

【步骤2】选择"删除"，可以删除成本表；选择"确认"，可以进行成本表的确认工作。

4.10.11　仓库出入库（金额）

仓库出入库（金额）报表具体操作：

（1）新建仓库出入库（金额）报表→确认

（2）新建仓库出入库（金额）报表→删除

（3）新建仓库出入库（金额）报表→确认→取消确认→删除

本部分任务列举如下。

- 任务 1：新建仓库出入库（金额）报表。
- 任务 2：仓库出入库（金额）报表的确认及删除。

任务 1：新建仓库出入库（金额）报表。

【步骤1】依次单击"报表管理"→"仓库出入库（金额）"，打开如图 4-464 所示页面。

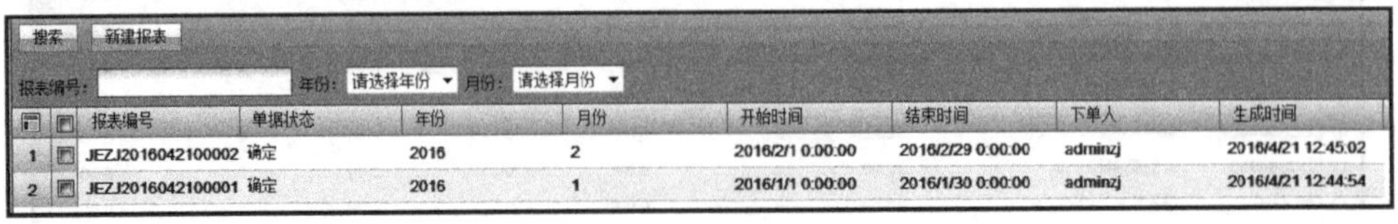

图 4-464　仓库出入库（金额）报表界面

【步骤2】单击"新建报表"按钮，打开如图 4-465 所示页面。

第 4 章　电子商务 ERP 系统功能介绍

图 4-465　新建仓库出入库（金额）报表界面 1

【步骤 3】选择年份和月份，再单击"生成报表"按钮，打开如图 4-466 所示页面。

图 4-466　新建仓库出入库（金额）报表界面 2

【步骤 4】关闭窗口，再查看新生成的仓库出入库（金额）报表，如图 4-467 所示。

图 4-467　新建仓库出入库（金额）报表界面 3

任务 2：仓库出入库（金额）报表的确认及删除。

【步骤 1】依次单击"报表管理"→"仓库出入库（金额）"，在打开的页面中右击要操作的报表，打开如图 4-468 所示页面。

图 4-468　仓库出入库（金额）报表操作界面

- 245 -

【步骤2】选择"删除",可以删除报表;选择"确认",可以进行报表的确认工作。

4.10.12 内销收发存月报表

内销收发存月报表具体操作:
(1)新建内销收发存月报表→确认
(2)新建内销收发存月报表→删除
(3)新建内销收发存月报表→确认→取消确认→删除
本部分任务列举如下。
- 任务1:新建内销收发存月报表。
- 任务2:内销收发存月报表的确认及删除。

任务1:新建内销收发存月报表。

【步骤1】依次单击"报表管理"→"内销收发存月报表",打开如图4-469所示页面。

图 4-469 内销收发存月报表界面

【步骤2】单击"新建报表"按钮,打开如图4-470所示页面。

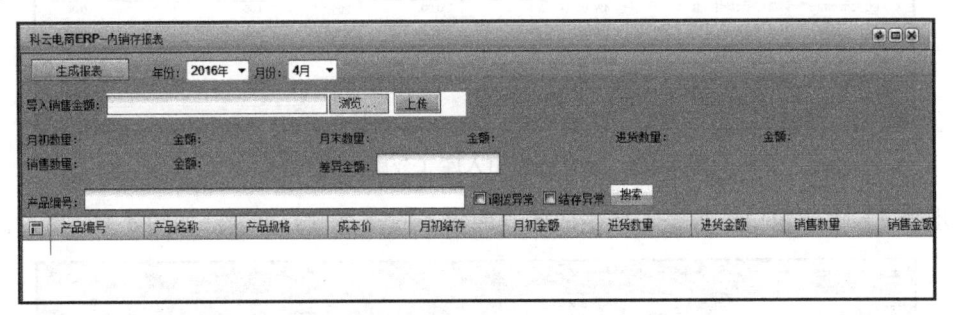

图 4-470 新建内销收发存月报表界面1

【步骤3】选择年份和月份,再单击"生成报表"按钮,打开如图4-471所示页面。

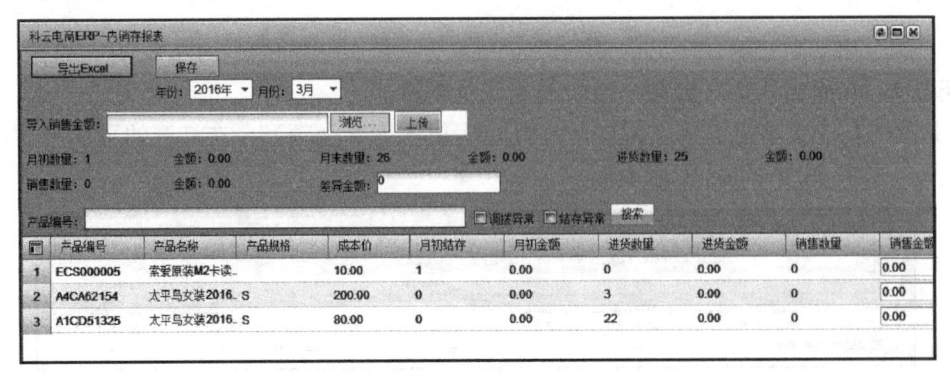

图 4-471 新建内销收发存月报表界面2

【步骤4】关闭窗口，再查看新生成的内销收发存月报表，如图4-472所示。

图4-472　新建内销收发存月报表界面3

任务2：内销收发存月报表的确认及删除。

【步骤1】依次单击"报表管理"→"内销收发存月报表"，在打开的页面中右击要操作的报表，打开如图4-473所示页面。

图4-473　内销收发存月报表操作界面

【步骤2】选择"删除"，可以删除报表；选择"确认"，可以进行报表的确认工作。

4.10.13　快递报表时间

本部分任务列举如下。
- 任务1：新建快递报表时间。
- 任务2：快递报表时间的删除。

任务1：新建快递报表时间。

【步骤1】依次单击"报表管理"→"快递报表时间"，打开如图4-474所示页面。

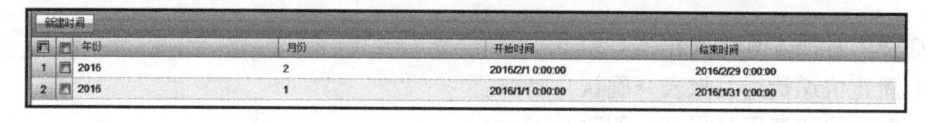

图4-474　快递报表时间界面

【步骤2】单击"新建时间"按钮，打开如图4-475所示页面。

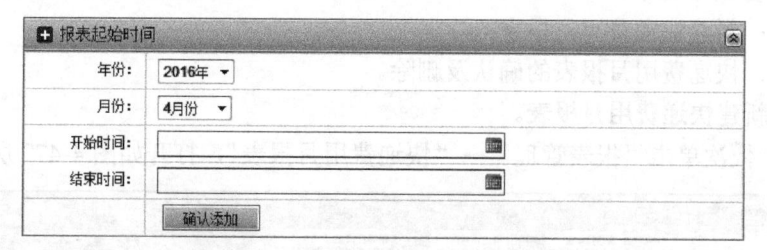

图4-475　新建快递报表时间界面1

【步骤3】选择"年份""月份""开始时间""结束时间"，如图4-476所示。

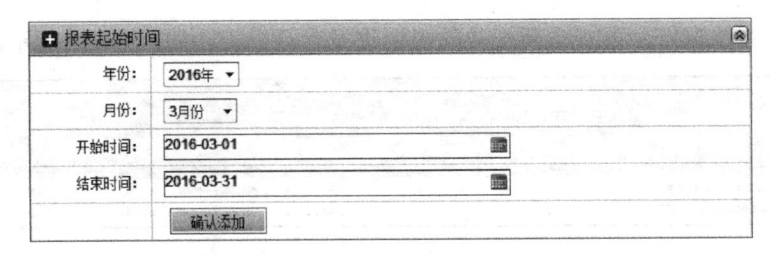

图 4-476 新建快递报表时间界面 2

【步骤 4】单击"确认添加"按钮，即可完成对快递报表时间的添加工作，如图 4-477 所示。

图 4-477 新建快递报表时间界面 3

任务 2：快递报表时间的删除。

【步骤 1】依次单击"报表管理"→"快递报表时间"，在打开的页面中右击要删除的时间，打开如图 4-478 所示页面。

图 4-478 快递报表时间操作界面

【步骤 2】选择"删除"，可以删除快递报表时间。

4.10.14　快递费用月报表

快递费用月报表具体操作：
（1）新建快递费用月报表→确认
（2）新建快递费用月报表→删除
（3）新建快递费用月报表→确认→取消确认→删除
本部分任务列举如下。
- 任务 1：新建快递费用月报表。
- 任务 2：快递费用月报表的确认及删除。

任务 1：新建快递费用月报表。

【步骤1】依次单击"报表管理"→"快递费用月报表"，打开如图 4-479 所示页面。

图 4-479　"快递费用月报表"页面

【步骤2】单击"新建报表"按钮，打开如图4-480所示页面。

图4-480　新建快递费用月报表界面1

【步骤3】选择"年份""月份""快递"，再单击"生成报表"按钮，打开如图4-481所示页面。

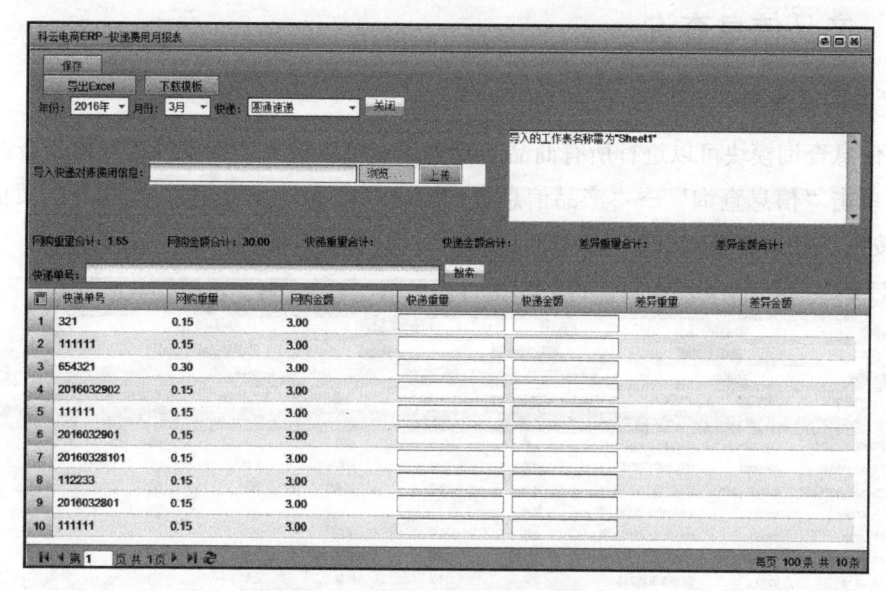

图4-481　新建快递费用月报表界面2

【步骤4】关闭窗口，再查看新生成的快递费用月报表，如图4-482所示。

图4-482　新建快递费用月报表界面3

任务2：快递费用月报表的确认及删除。

【步骤1】依次单击"报表管理"→"快递费用月报表"，在打开的页面中右击要操作的报表，打开如图4-483所示页面。

图4-483　快递费用月报表操作界面

【步骤2】选择"删除",可以删除报表,选择"确认",可以进行报表的确认工作。

4.11 信息查询

信息查询模块可查询所有订单、产品、库存等 ERP 数据信息,查询结果可查看但不能进行修改操作,根据权限设置可导出查询结果。信息查询包括产品信息查询、店铺信息查询、订单查询、快递、称重查询、退单查询、出库单查询、装箱单查询、库存查询、入库单查询、调整单查询、调拨单查询、盘点单查询。

4.11.1 产品信息查询

1. 产品信息查询

产品信息查询模块可以进行所有商品的查询,也可以输入查询条件进行模糊查询。

依次单击"信息查询"→"产品信息查询"→"产品信息查询",在打开的页面中单击"搜索"按钮,打开如图 4-484 所示页面。

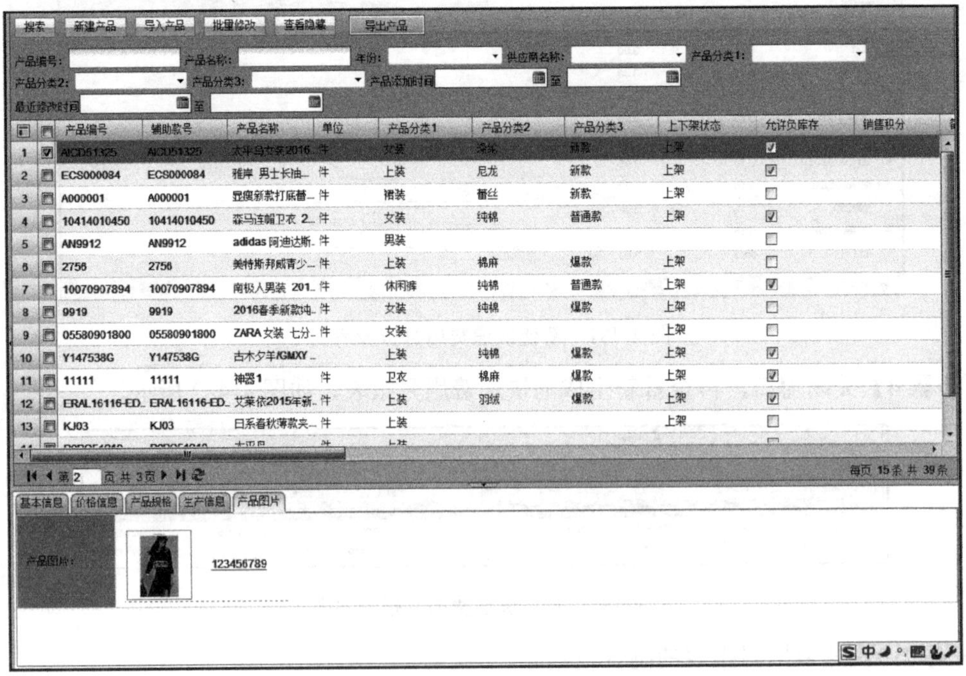

图 4-484 "产品信息查询"页面

2. 产品货架查询

产品货架查询模块可以查询商品所属货架号,也可以输入查询条件进行模糊查询。

依次单击"信息查询"→"产品信息查询"→"产品货架查询",在打开的页面中单击"搜索"按钮,打开如图 4-485 所示页面。

第 4 章　电子商务 ERP 系统功能介绍

产品编号	产品名称	产品规格	所属货架号
1			
ABC	宽松格子衬衫裙女格纹连衣裙女		15
DL4492	韩都衣舍韩版2016春装新款女装打底圆领纯色套头宽松毛衣		88,HJ309,HJ10
1588/8086-74	Paul Frank大嘴猴专柜正品2016春秋女装新款两件套 时尚运动服套装...	M	88,HJ120
01701	韩国代购睡衣女春秋新款Balcony圆领套头长袖棉质家居服套装两件	M	HJ23
ZXY0418	2015韩版粉色中长款茧型毛呢大衣外套女		88,HJ17
034	羊毛衫	L	88,40
JE-55-123007 2901	真维斯羽绒服		
1701	韩国代购睡衣女春秋新款Balcony圆领套头长袖棉质家居服套装两件	M	13,HJ001,16
ECS000089	欧美时尚大牌性感尖头高跟鞋	S	Cid123,88,HJ001
2	(k1mgshop 自制)就爱yellow 精致立体荧泡刺绣字母 拼色轮廓卫衣		88
ECS000082	新季英伦风女式风衣	L	88,16
OR5115	韩都衣舍韩版2016春装新款女装宽松百搭印花打底长袖T恤	S	HJ015
ECS000057	泰国海边度假必备沙滩裙中长款学纺印花海滩裙胖	S	88,HJ07
20140805	香奈儿		88,820820,111
AICD51325	太平鸟女装2016春装新品主题纹样上衣A1CD51325 黑白纹样		HJ02
ECS000084	雅库 男士长袖衬衫 男2016春装春季上新男装春季休闲时尚格子衬衫 XL		06,88
A000001	显瘦新款打底蕾丝公主裙		88,HJ001
10414010450	森马连帽卫衣 2015冬装新款 女士韩版休闲直筒印花套头针织衫韩女...	M	2014080533,88,HJ18
AN9912	adidas 阿迪达斯 三叶草 男子 防风衣	M	HJ20,88

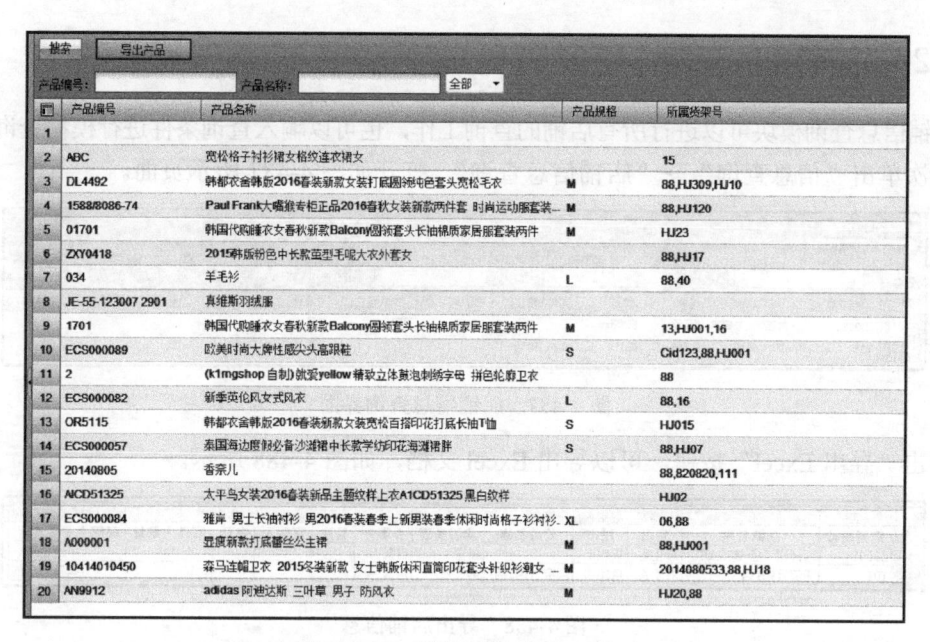

图 4-485　"产品货架查询"页面

单击"导出产品"按钮，可以导出 Excel 文档，如图 4-486 所示。

	A	B	C	D
1	产品编号	产品名称	产品规格	所属货架号
2				
3	01701	韩国代购睡衣女春秋新款Balcony圆领套头长袖棉质家居服套装两件	M	HJ23
4	034	羊毛衫	L	88,40
5	05580901800	ZARA 女装 七分袖运动衫	M	4
6	1	春季白色商务男士长袖衬衫韩版修身职业正装寸衫免烫纯色工装衬衫		
7	10070907894	南极人男装 2016春季新款男士修身时尚长袖衬衫男 休闲商务免烫衬衣	XL	HJ95
8	10101876911	森马水洗牛仔裤	L	F30
9	10414010450	森马连帽卫衣 2015冬装新款 女士韩版休闲直筒印花套头针织衫韩女 酒红7400 M		88,2014080533,HJ18
10	1107515632	有机棉宝宝裤子 婴儿开裆裤 男女童纯棉宝宝开裆裤夏春秋 棕白条 参考身高59cm		
11	11111	神器1		
12	1120335	春装新款印花修身雪纺衫POLO领长袖女衬衫韩版衬衣大码女装潮 图片色 L	S	
13	1588/8086-74	Paul Frank大嘴猴专柜正品2016春秋女装新款两件套 时尚运动服套装休闲卫衣+卫裤 白色/春	M	88,HJ120
14	1701	韩国代购睡衣女春秋新款Balcony圆领套头长袖棉质家居服套装两件	M	16,HJ001,13
15	2	(k1mgshop 自制)就爱yellow 精致立体荧泡刺绣字母 拼色轮廓卫衣		88
16	20140805	香奈儿		88,820,820,111
17	2756	美特斯邦威青少年棒球服男装学生韩版修身卫衣春季针织衫薄款夹克		88,31
18	61L3828	宽松格子衬衫裙女格纹连衣裙女		2014080515
19	9919	2016春季新款纯棉衬衫女打底衬衫时尚修身中长款大码衬衣女上衣	M	GLL36
20	A000001	显瘦新款打底蕾丝公主裙	M	88,HJ001
21	A1CD51325	太平鸟女装2016春装新品主题纹样上衣A1CD51325 黑白纹样	S	HJ01
22	A4CA62154	太平鸟女装2016春装新品连袖衬衫		HJ02
23	ABC	宽松格子衬衫裙女格纹连衣裙女		15
24	AICD51325	太平鸟女装2016春装新品主题纹样上衣A1CD51325 黑白纹样		HJ02
25	AN9912	adidas 阿迪达斯 三叶草 男子 防风衣	M	88,HJ20
26	B2BC51219	太平鸟		
27	DL4492	韩都衣舍韩版2016春装新款女装打底圆领纯色套头宽松毛衣	M	88,HJ309,HJ10
28	ECS000005	索爱原装M2卡读卡器		
29	ECS000032	诺基亚N85		
30	ECS000057	泰国海边度假必备沙滩裙中长款学纺印花海滩裙胖	S	88,HJ07

图 4-486　导出产品货架信息

4.11.2 店铺信息查询

店铺信息查询模块可以进行所有店铺的查询工作,也可以输入查询条件进行模糊查询。

依次单击"信息查询"→"店铺信息查询",打开如图 4-487 所示页面。

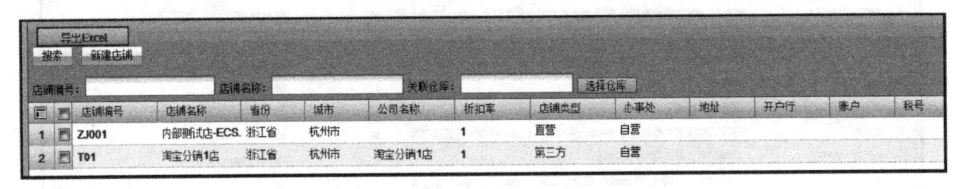

图 4-487 店铺信息查询界面

单击"导出 Excel"按钮,可以导出 Excel 文档,如图 4-488 所示。

图 4-488 导出店铺信息

4.11.3 订单查询

1. 订单查询

依次单击"信息查询"→"订单查询"→"订单查询",在打开的页面中单击"搜索"按钮,打开如图 4-489 所示页面。

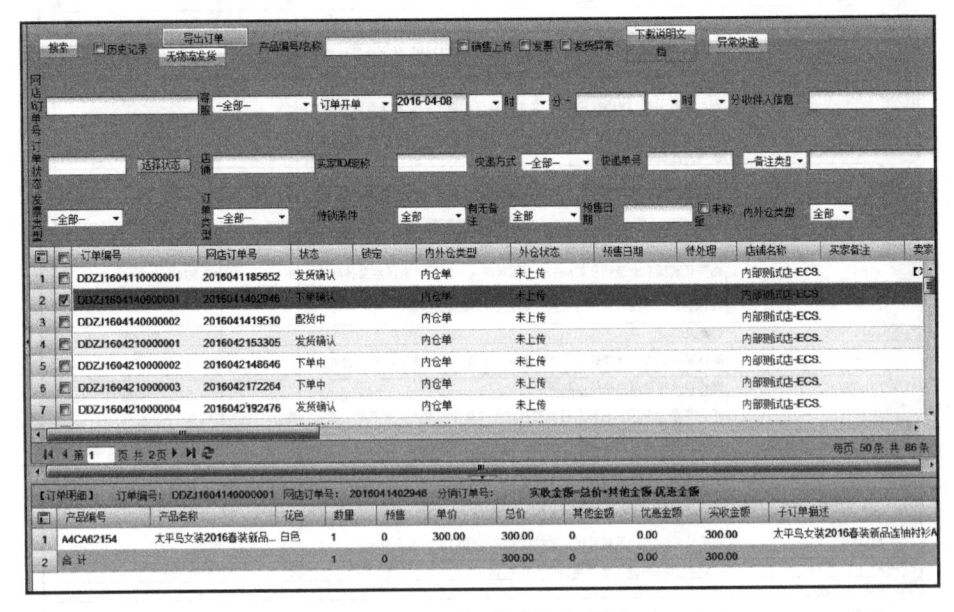

图 4-489 "订单查询"页面

2. 订单日志查询

依次单击"信息查询"→"订单查询"→"订单日志查询",在打开的页面中输入"订单编号",单击"搜索"按钮,打开如图 4-490 所示页面。

图 4-490 "订单日志查询"页面

3. 订单汇总查询

依次单击"信息查询"→"订单查询"→"订单汇总查询",在打开的页面中单击"搜索"按钮,打开如图 4-491 所示页面。

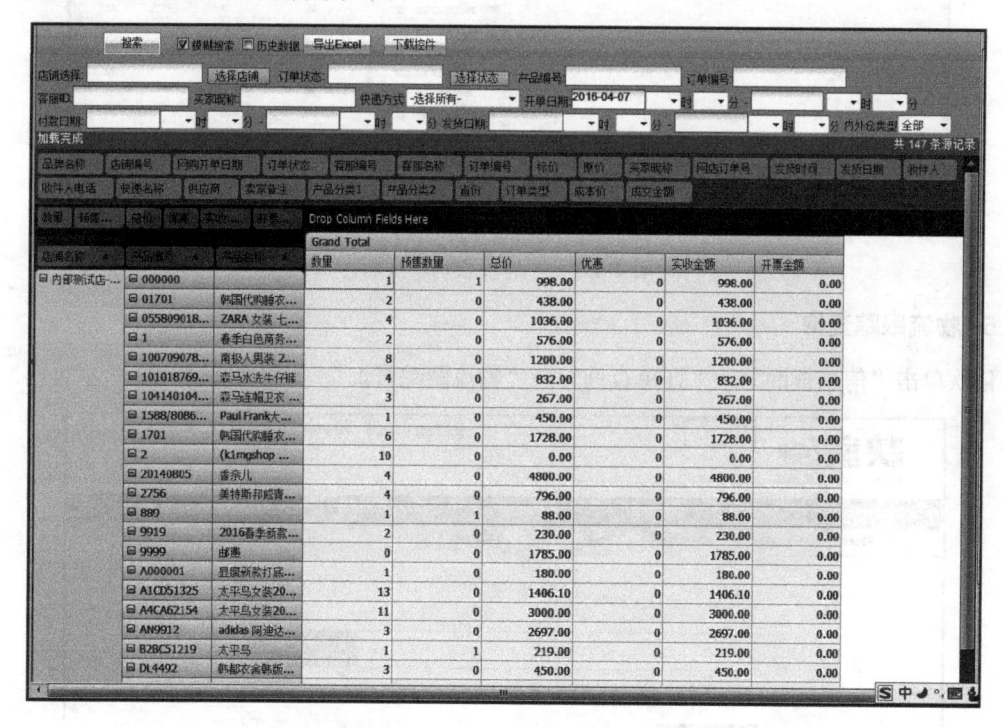

图 4-491 "订单汇总查询"页面

说明:

- 第一次查询时要先安装查询插件,单击界面上方"下载控件"按钮即会弹出控件下载窗口,下载完后即可安装,安装完毕重启浏览器登录系统。
- 在查询条件选择区设定查询条件,单击"搜索"按钮即会显示查询结果。
- 可自由拖曳组合字段,自定义表格内容。
- 单击"导出 Excel"按钮,导出查询结果。

4. 速度查询

依次单击"信息查询"→"订单查询"→"速度查询",在打开的页面中选择起始时间,再单击"查询"按钮,打开如图4-492所示页面。

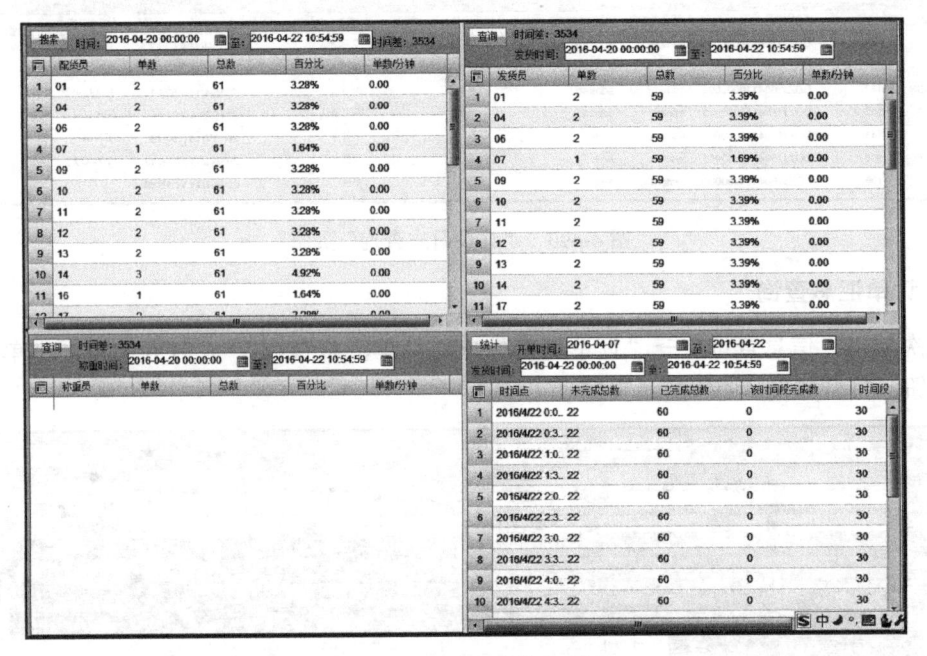

图4-492 "速度查询"页面

5. 物流跟踪查询

依次单击"信息查询"→"订单查询"→"物流跟踪查询",打开如图4-493所示页面。

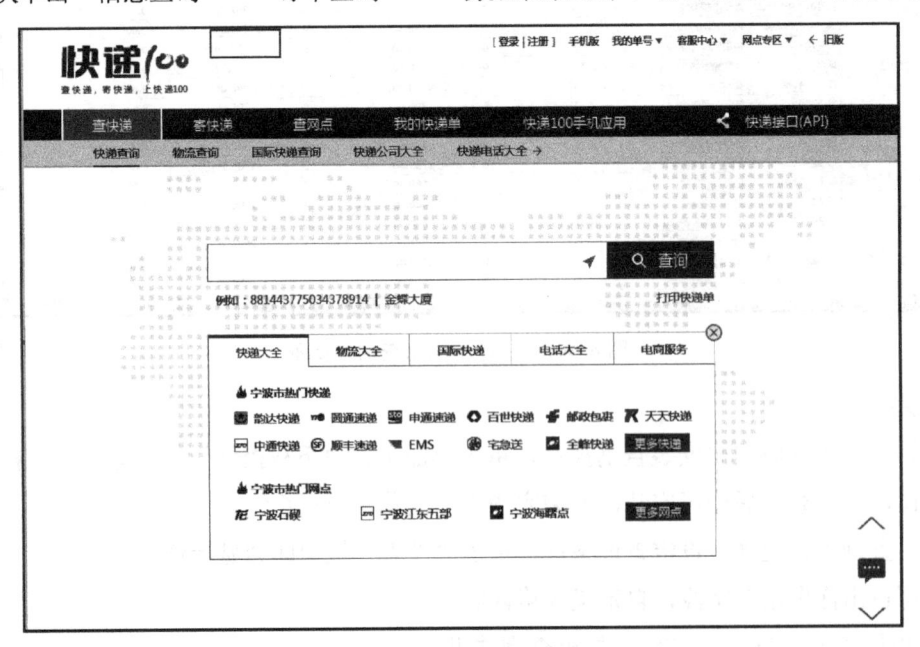

图4-493 "物流跟踪查询"页面

6. 发货进度

依次单击"信息查询"→"订单查询"→"发货进度",在打开的页面中选择起始时间,再单击"搜索"按钮,打开如图 4-494 所示页面。

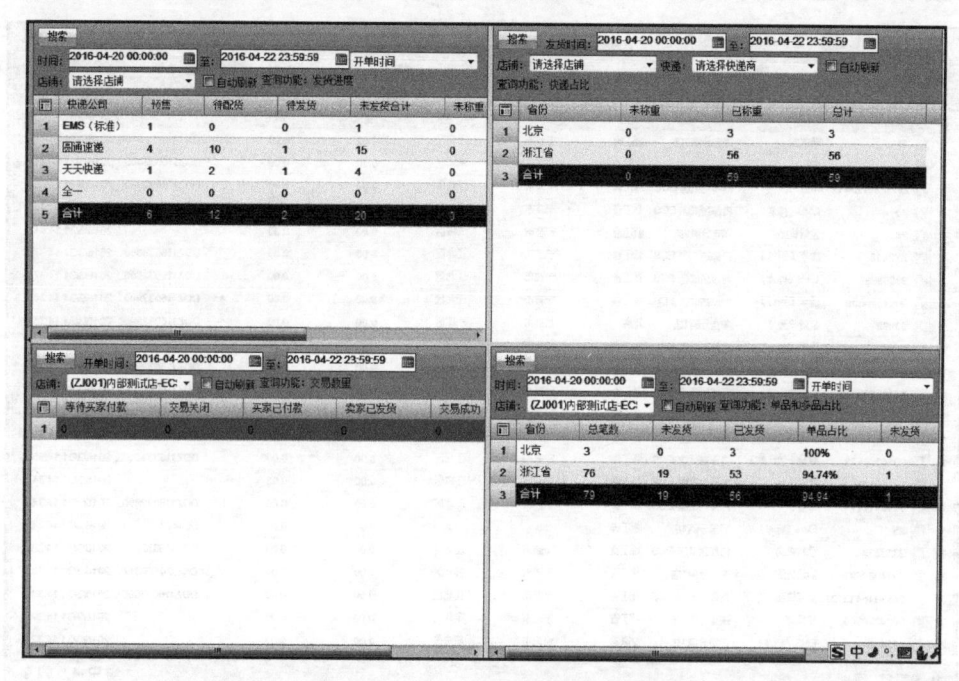

图 4-494 "发货进度查询"页面

4.11.4 快递、称重查询

1. 订单称重查询

依次单击"信息查询"→"快递、称重查询"→"订单称重查询",在打开的页面中单击"搜索"按钮,打开如图 4-495 所示页面。

图 4-495 "订单称重查询"页面

2. 无订单称重查询

依次单击"信息查询"→"快递、称重查询"→"无订单称重查询",在打开的页面中单击"搜索"按钮,打开如图 4-496 所示页面。

图 4-496 "无订单称重查询"页面

3. 称重信息汇总

依次单击"信息查询"→"快递、称重查询"→"称重信息汇总",在打开的页面中单击"搜索"按钮,打开如图 4-497 所示页面。

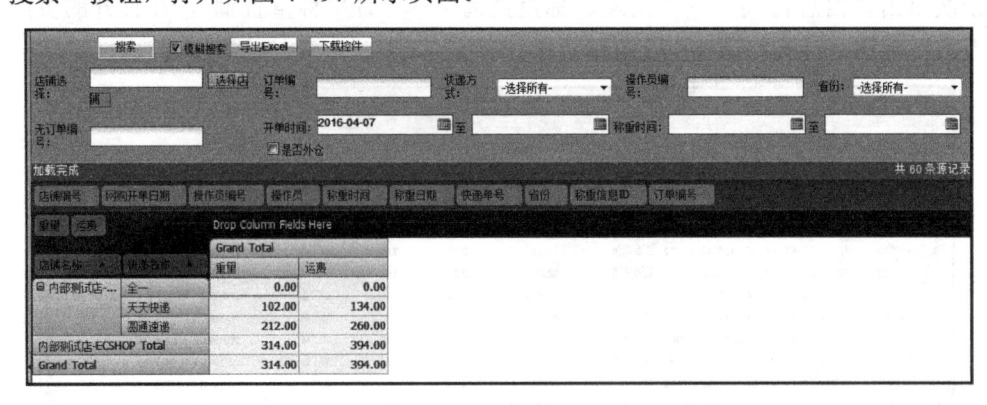

图 4-497 "称重信息汇总"页面

4. 默认快递查询

依次单击"信息查询"→"快递、称重查询"→"默认快递查询",在打开的页面中选择相应的地址,单击"搜索"按钮,打开如图 4-498 所示页面。

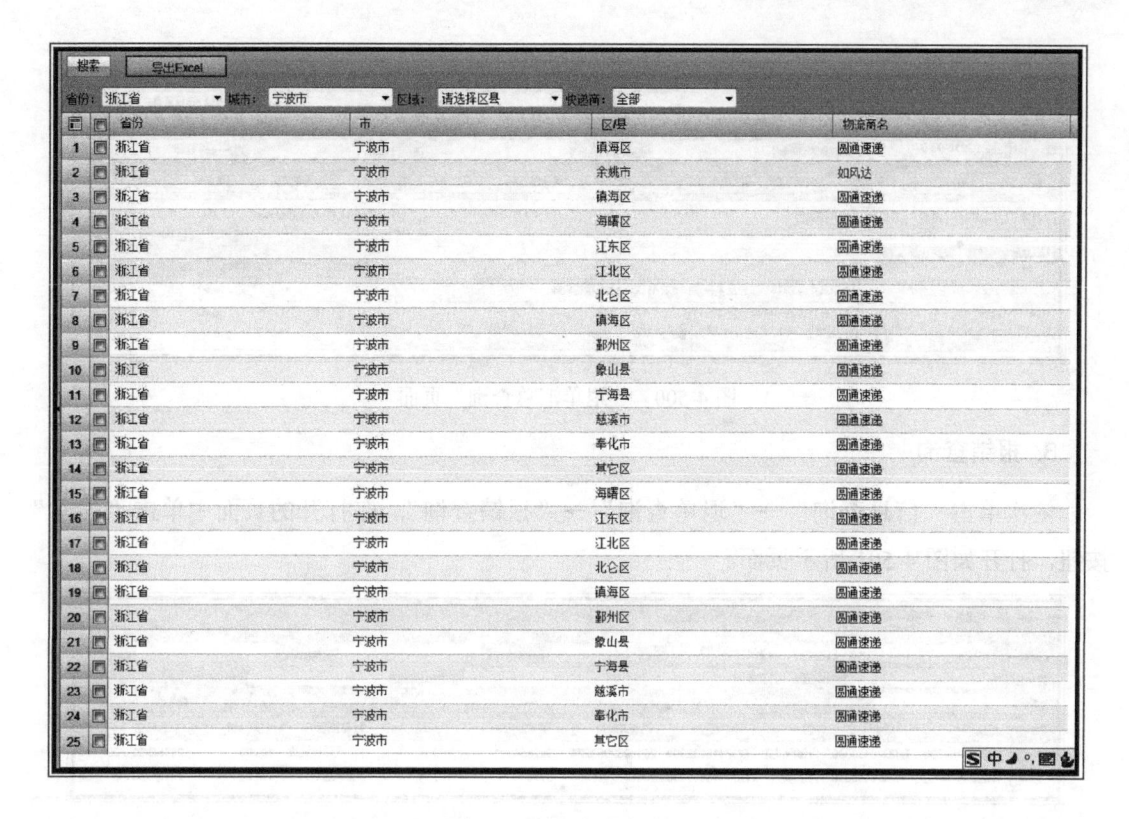

图 4-498 "默认快递查询"页面

4.11.5 退单查询

1. 退单查询

依次单击"信息查询"→"退单查询"→"退单查询",在打开的页面中单击"搜索"按钮,打开如图 4-499 所示页面。

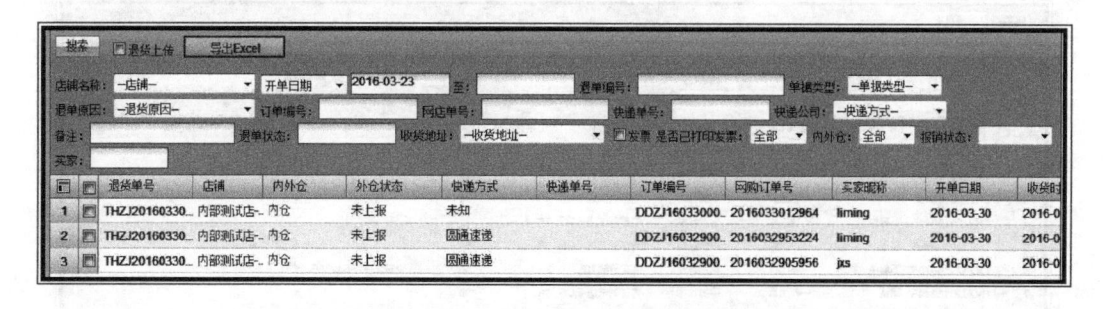

图 4-499 "退单查询"页面

2. 退单汇总查询

依次单击"信息查询"→"退单查询"→"退单汇总查询",在打开的页面中单击"搜索"按钮,打开如图 4-500 所示页面。

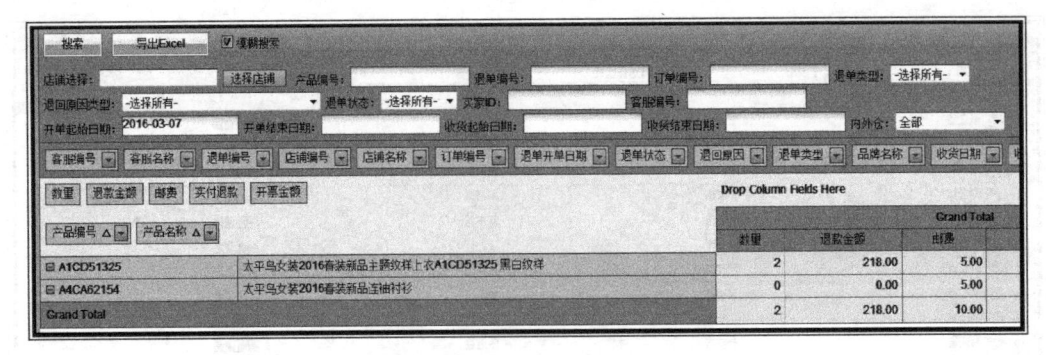

图 4-500 "退单汇总查询"页面

3. 报销查询

依次单击"信息查询"→"退单查询"→"报销查询",在打开的页面中单击"搜索"按钮,打开如图 4-501 所示页面。

图 4-501 "报销查询"页面

4.11.6 出库单查询

1. 出库单查询

依次单击"信息查询"→"出库单查询"→"出库单查询",在打开的页面中单击"搜索"按钮,打开如图 4-502 所示页面。

图 4-502 "出库单查询"页面

2. 出库单汇总查询

依次单击"信息查询"→"出库单查询"→"出库单汇总查询",在打开的页面中单击"搜索"按钮,打开如图 4-503 所示页面。

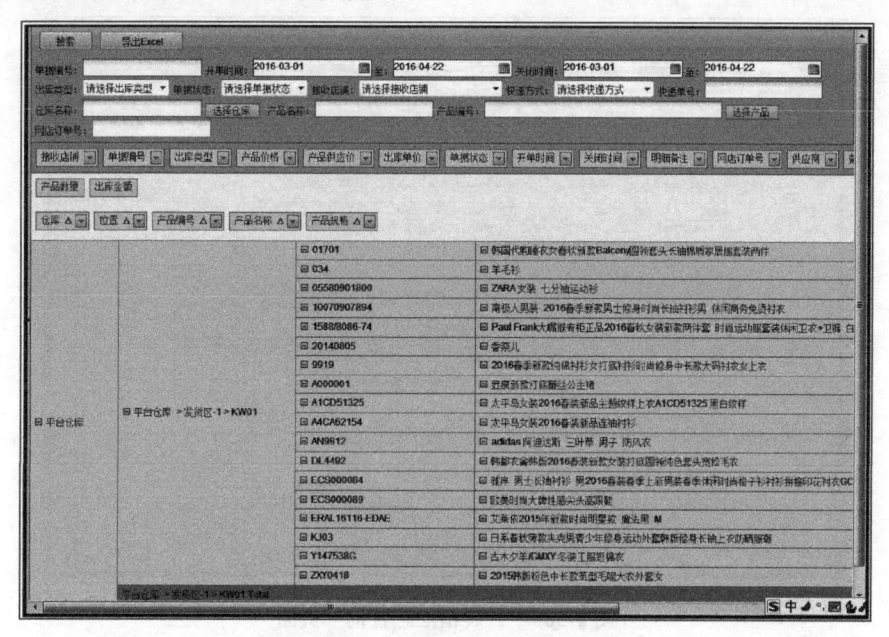

图 4-503 "出库单汇总查询"页面

4.11.7 装箱单查询

1. 装箱单查询

依次单击"信息查询"→"装箱单查询"→"装箱单查询",在打开的页面中单击"搜索"按钮,打开如图 4-504 所示页面。

图 4-504 "装箱单查询"页面

2. 装箱汇总查询

依次单击"信息查询"→"装箱单查询"→"装箱汇总查询",在打开的页面中单击"搜索"按钮,打开如图 4-505 所示页面。

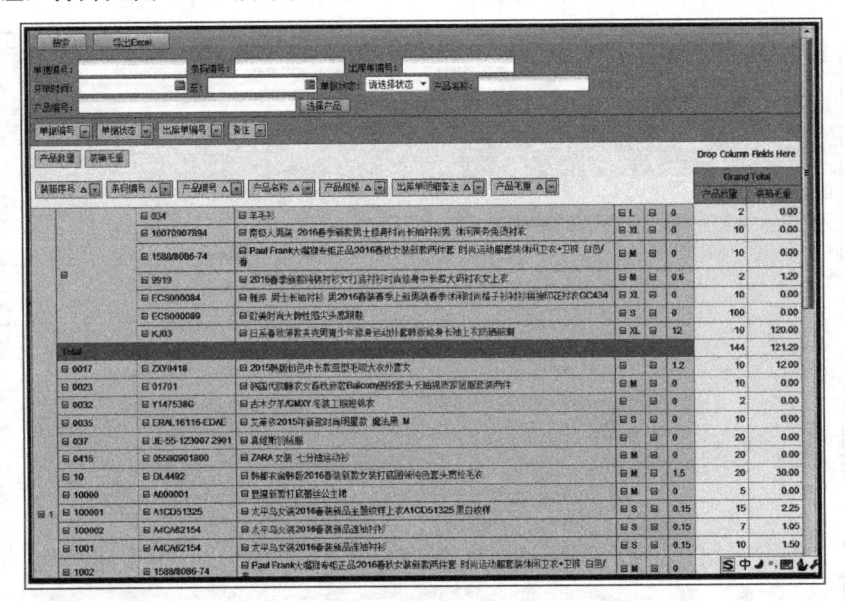

图 4-505 "装箱汇总查询"页面

4.11.8 库存查询

1. 库存信息查询

依次单击"信息查询"→"库存查询"→"库存信息查询",在打开的页面中单击"搜索"按钮,打开如图 4-506 所示页面。

图 4-506 "库存信息查询"页面

2. 库存汇总查询

依次单击"信息查询"→"库存查询"→"库存汇总查询",在打开的页面中单击"搜索"按钮,打开如图 4-507 所示页面。

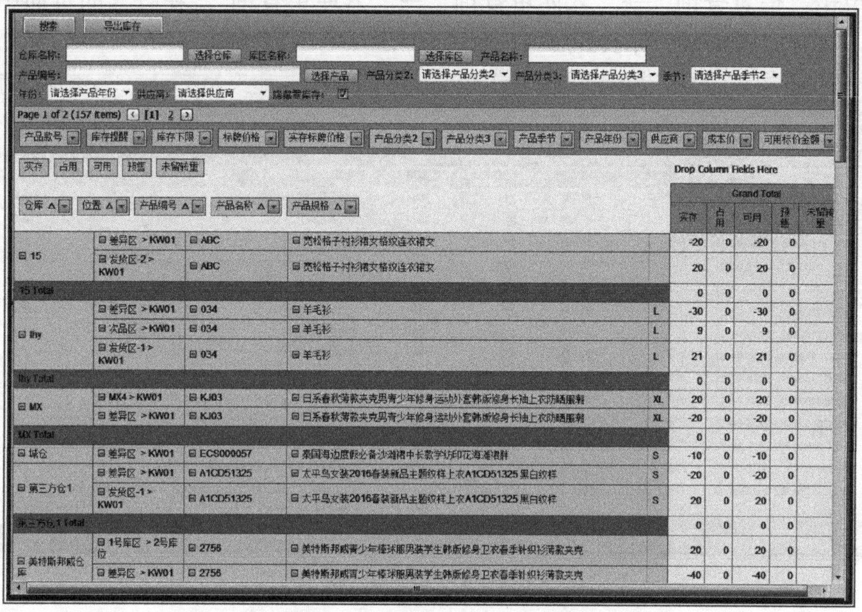

图 4-507 "库存汇总查询"页面

3. 店铺库存查询

依次单击"信息查询"→"库存查询"→"店铺库存查询",在打开的页面中单击"搜索"按钮,打开如图 4-508 所示页面。

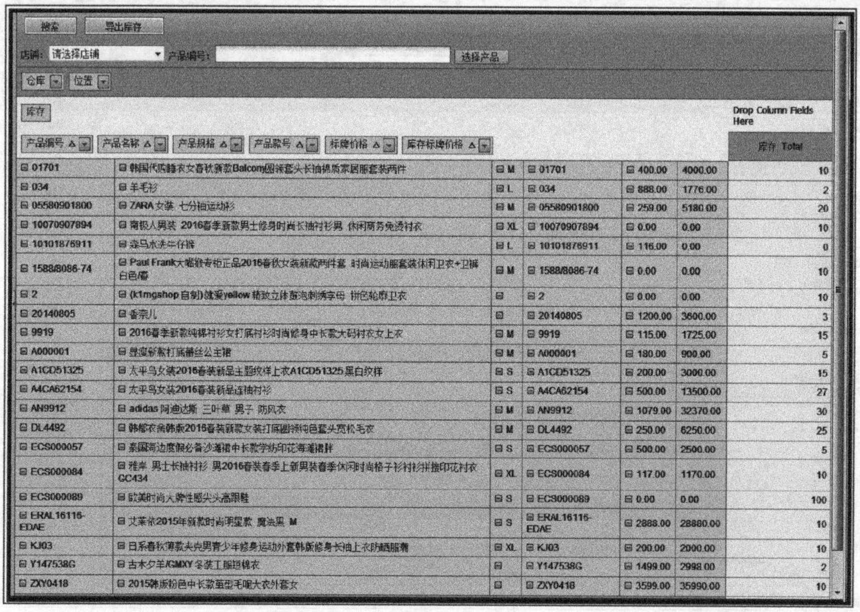

图 4-508 "店铺库存查询"页面

4.11.9 入库单查询

1. 入库单查询

依次单击"信息查询"→"入库单查询"→"入库单查询",在打开的页面中单击"搜索"按钮,打开如图 4-509 所示页面。

图 4-509 "入库单查询"页面

2. 入库单汇总查询

依次单击"信息查询"→"入库单查询"→"入库单汇总查询",在打开的页面中单击"搜索"按钮,打开如图 4-510 所示页面。

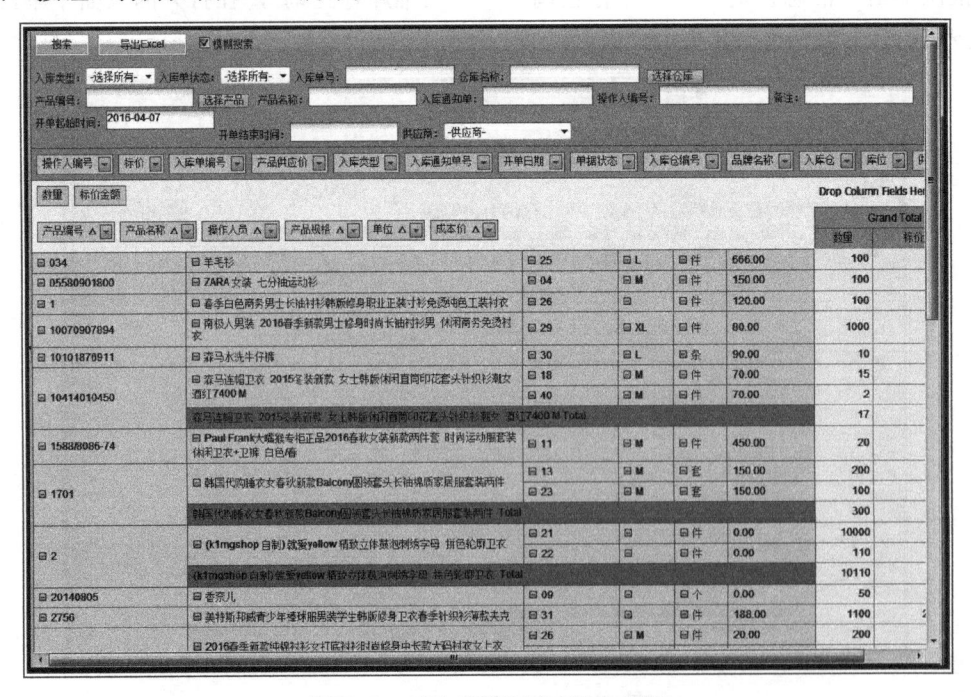

图 4-510 "入库单汇总查询"页面

4.11.10 调整单查询

1. 调整单查询

依次单击"信息查询"→"调整单查询"→"调整单查询",在打开的页面中单击"搜索"按钮,打开如图 4-511 所示页面。

图 4-511 "调整单查询"页面

2. 调整单汇总查询

依次单击"信息查询"→"调整单查询"→"调整单汇总查询",在打开的页面中单击"搜索"按钮,打开如图 4-512 所示页面。

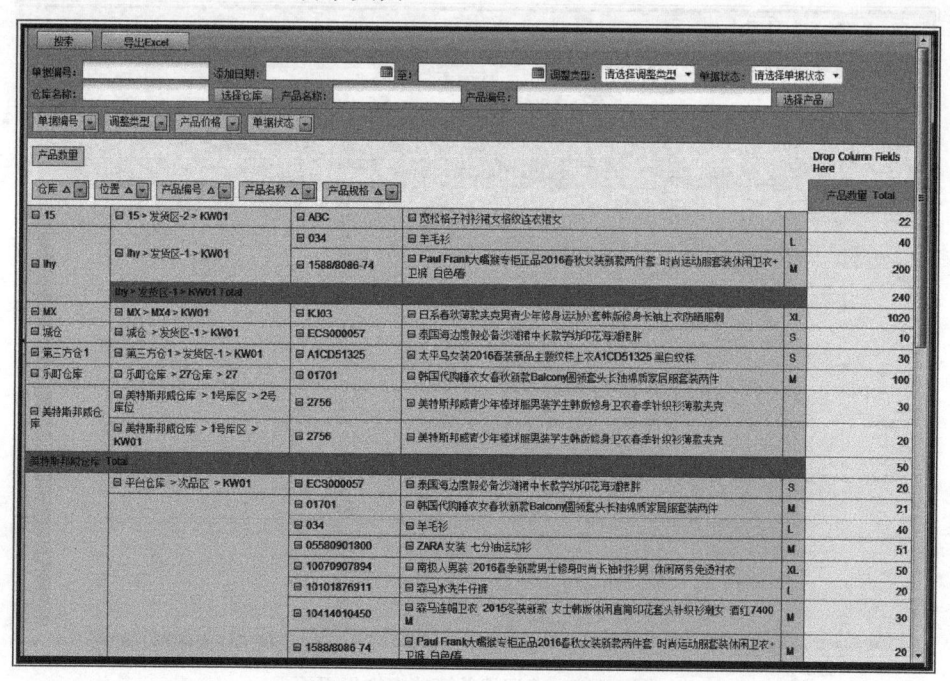

图 4-512 "调整单汇总查询"页面

4.11.11 调拨单查询

1. 调拨单查询

依次单击"信息查询"→"调拨单查询"→"调拨单查询",在打开的页面中单击"搜索"按钮,打开如图 4-513 所示页面。

图 4-513 "调拨单查询"页面

2. 调拨单汇总查询

依次单击"信息查询"→"调拨单查询"→"调拨单汇总查询",在打开的页面中单击"搜索"按钮,打开如图 4-514 所示页面。

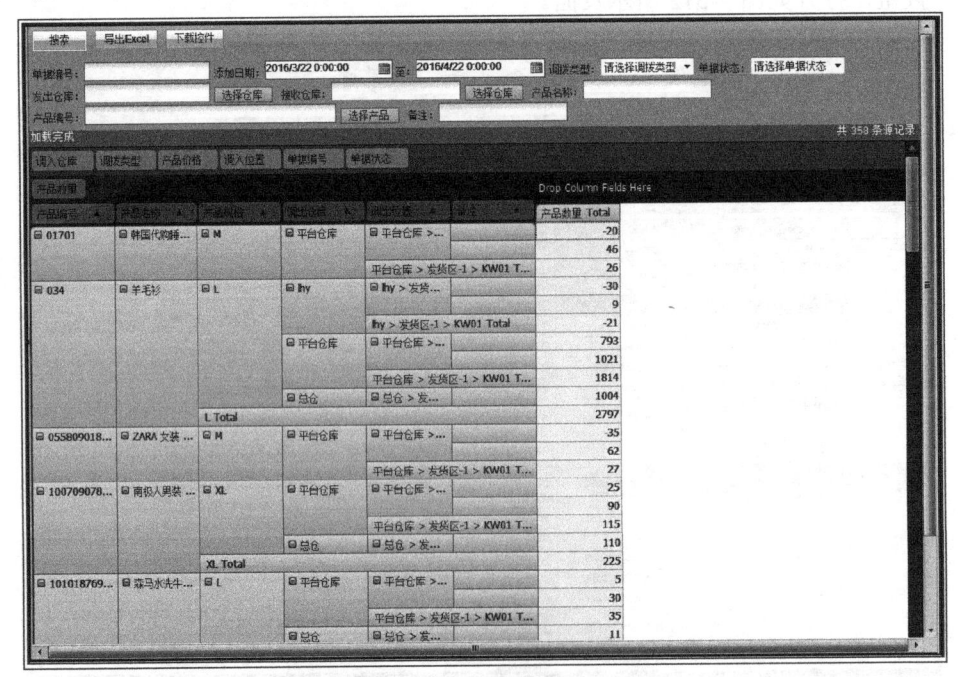

图 4-514 "调拨单汇总查询"页面

4.11.12 盘点单查询

1. 盘点单查询

依次单击"信息查询"→"盘点单查询"→"盘点单查询",在打开的页面中单击"搜索"按钮,打开如图 4-515 所示页面。

图 4-515 "盘点单查询"页面

2. 盘点单汇总查询

依次单击"信息查询"→"盘点单查询"→"盘点单汇总查询",在打开的页面中单击"搜索"按钮,打开如图 4-516 所示页面。

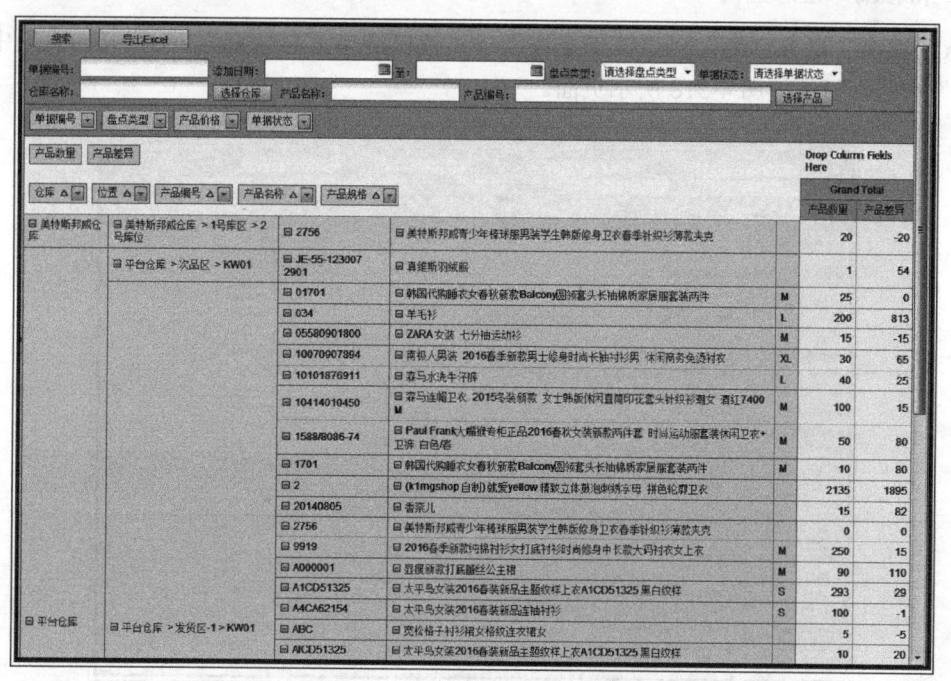

图 4-516 "盘点单汇总查询"页面

4.12 财务查询

财务查询用于对财务报表和结算管理的查询。

4.12.1 销售查询

1. 待核清单查询

依次单击"财务查询"→"销售查询"→"待核清单查询",打开如图 4-517 所示页面。

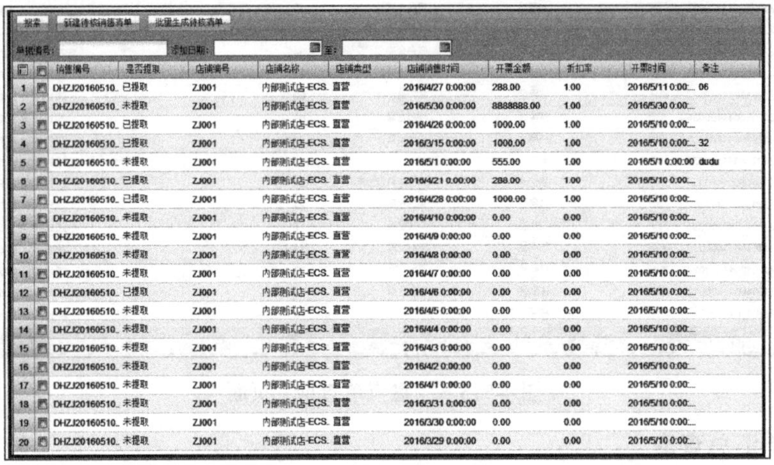

图 4-517 "待核清单查询"页面

2. 待核清单汇总查询

依次单击"财务查询"→"销售查询"→"待核清单汇总查询",在打开的页面中单击"搜索"按钮,打开如图 4-518 所示页面。

图 4-518 "待核清单汇总查询"页面

3. 销售清单查询

依次单击"财务查询"→"销售查询"→"销售清单查询",打开如图 4-519 所示页面。

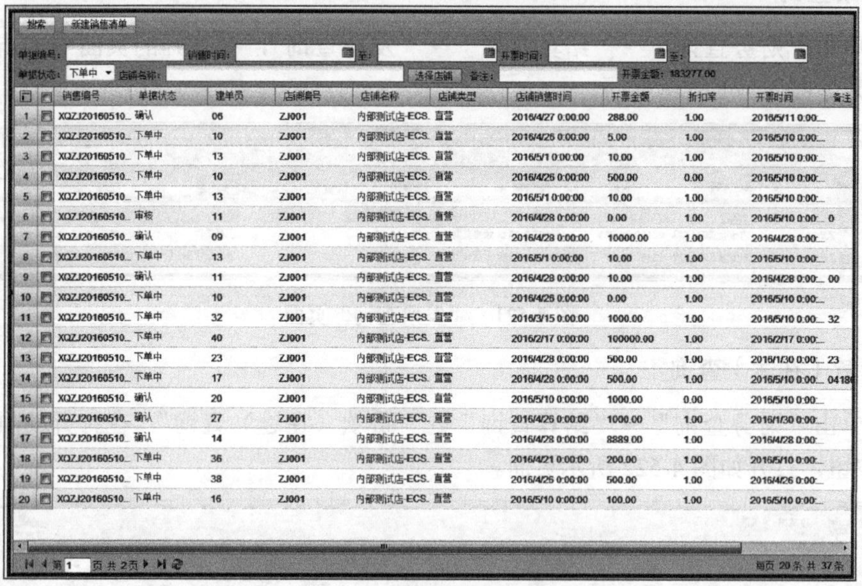

图 4-519 "销售清单查询"页面

4. 销售清单汇总查询

依次单击"财务查询"→"销售查询"→"销售清单汇总查询",在打开的页面中单击"搜索"按钮,打开如图 4-520 所示页面。

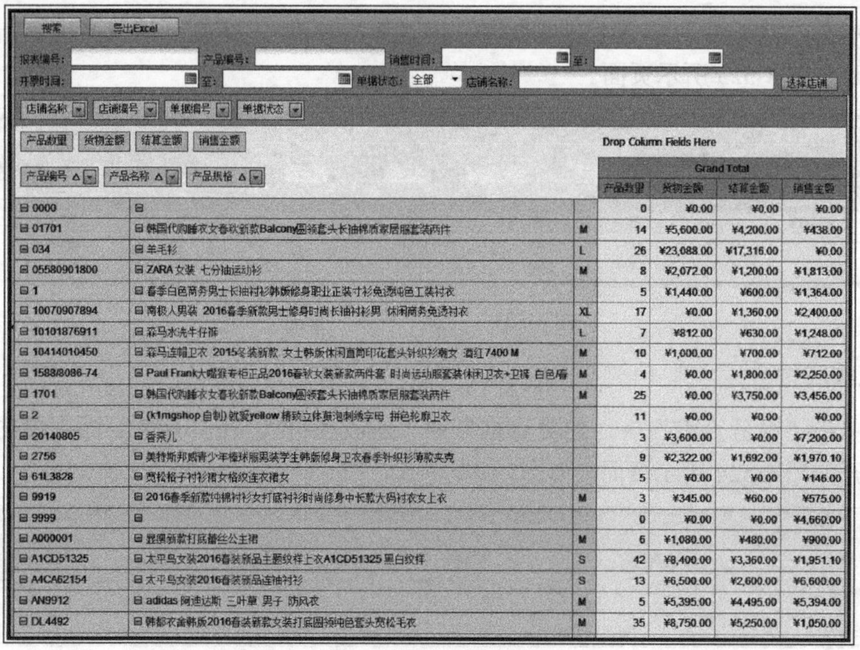

图 4-520 "销售清单汇总查询"页面

4.12.2 结算查询

1. 发票查询

依次单击"财务查询"→"结算查询"→"发票查询",在打开的页面中单击"搜索"按钮,打开如图 4-521 所示页面。

图 4-521 "发票查询"页面

2. 货款(在途)查询

依次单击"财务查询"→"结算查询"→"货款(在途)查询",在打开的页面中单击"搜索"按钮,打开如图 4-522 所示页面。

图 4-522 "货款(在途)查询"页面

3. 货款查询

依次单击"财务查询"→"结算查询"→"货款查询",在打开的页面中单击"搜索"按钮,打开如图 4-523 所示页面。

图 4-523 "货款查询"页面

4. 应收应付

依次单击"财务查询"→"结算查询"→"应收应付",在打开的页面中单击"搜索"按钮,打开如图 4-524 所示页面。

图 4-524 "应收应付"页面

5. 应收应付（按店铺）

依次单击"财务查询"→"结算查询"→"应收应付（按店铺）"，在打开的页面中单击"搜索"按钮，打开如图4-525所示页面。

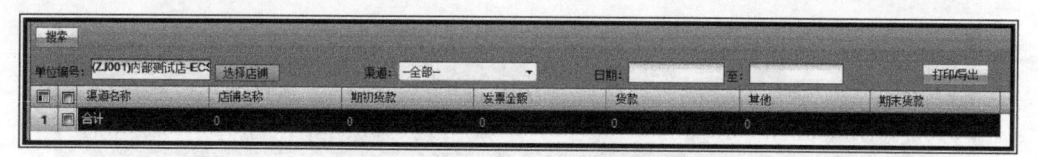

图4-525 "应收应付（按店铺）"页面

6. 押金查询

依次单击"财务查询"→"结算查询"→"押金查询"，在打开的页面中单击"搜索"按钮，打开如图4-526所示页面。

图4-526 "押金查询"页面

4.12.3 报表查询

1. 仓库出入库报表

依次单击"财务查询"→"报表查询"→"仓库出入库报表"，在打开的页面中单击"搜索"按钮，打开如图4-527所示页面。

图4-527 "仓库出入库报表"页面

2. 仓库出入库（渠道）

依次单击"财务查询"→"报表查询"→"仓库出入库（渠道）"，在打开的页面中单击"搜索"按钮，打开如图4-528所示页面。

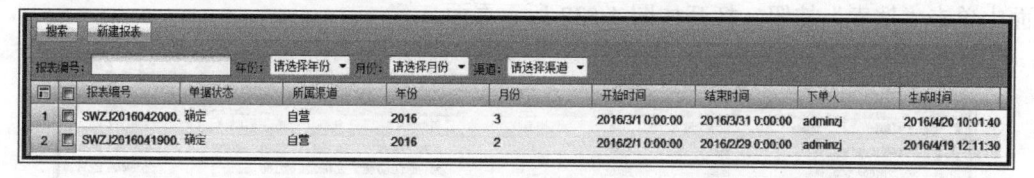

图4-528 "仓库出入库（渠道）"页面

3. 仓库出入库（渠道汇总）

依次单击"财务查询"→"报表查询"→"仓库出入库（渠道汇总）"，在打开的页面中单击"搜索"按钮，打开如图 4-529 所示页面。

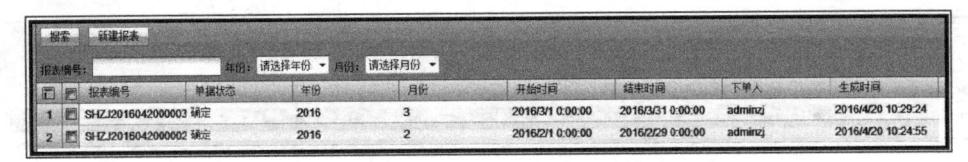

图 4-529　"仓库出入库（渠道汇总）"页面

4. 商场收发存报表

依次单击"财务查询"→"报表查询"→"商场收发存报表"，在打开的页面中单击"搜索"按钮，打开如图 4-530 所示页面。

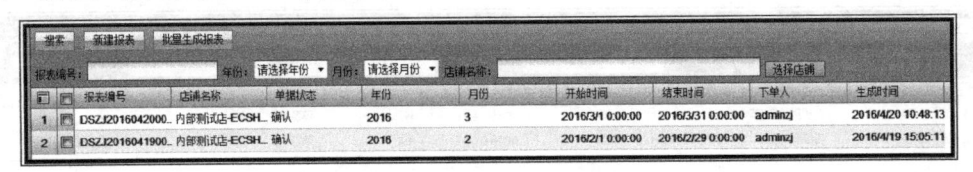

图 4-530　"商场收发存报表"页面

5. 商场收发存汇总

依次单击"财务查询"→"报表查询"→"商场收发存汇总"，在打开的页面中选择"年份"和"月份"，单击"搜索"按钮，打开如图 4-531 所示页面。

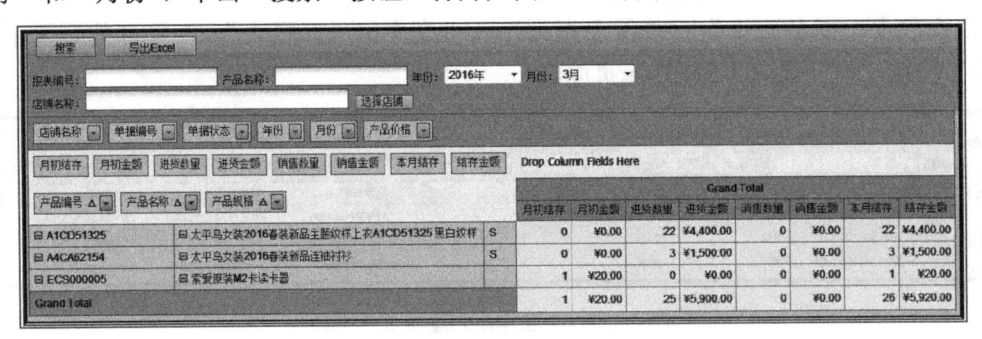

图 4-531　"商场收发存汇总"页面

6. 独立考核分公司收发存（渠道）

依次单击"财务查询"→"报表查询"→"独立考核分公司收发存（渠道）"，在打开的页面中单击"搜索"按钮，打开如图 4-532 所示页面。

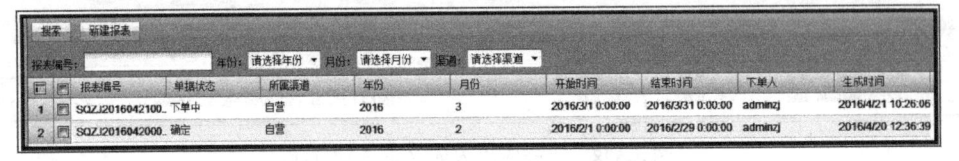

图 4-532　"独立考核分公司收发存（渠道）"页面

7. 独立考核分公司收发存（渠道）汇总

依次单击"财务查询"→"报表查询"→"独立考核分公司收发存（渠道）汇总"，在打开的页面中选择"年份""月份""渠道"，单击"搜索"按钮，打开如图 4-533 所示页面。

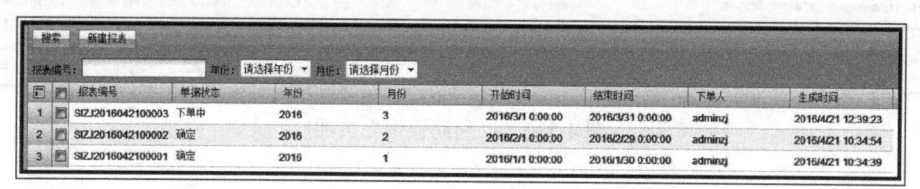

图 4-533　"独立考核分公司收发存（渠道）汇总"页面

8. 独立考核分公司收发存（渠道汇总）

依次单击"财务查询"→"报表查询"→"独立考核分公司收发存（渠道汇总）"，在打开的页面中单击"搜索"按钮，打开如图 4-534 所示页面。

图 4-534　"独立考核分公司收发存（渠道汇总）"页面

9. 仓库出入库（金额）

依次单击"财务查询"→"报表查询"→"仓库出入库（金额）"，在打开的页面中单击"搜索"按钮，打开如图 4-535 所示页面。

图 4-535　"仓库出入库（金额）"页面

10. 内销收发存月报表

依次单击"财务查询"→"报表查询"→"内销收发存月报表",在打开的页面中单击"搜索"按钮,打开如图 4-536 所示页面。

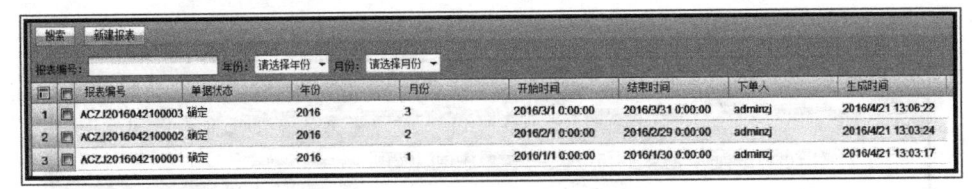

图 4-536 "内销收发存月报表"页面

4.12.4 利润查询

依次单击"财务查询"→"利润查询",在打开的页面中单击"搜索"按钮,打开如图 4-537 所示页面。

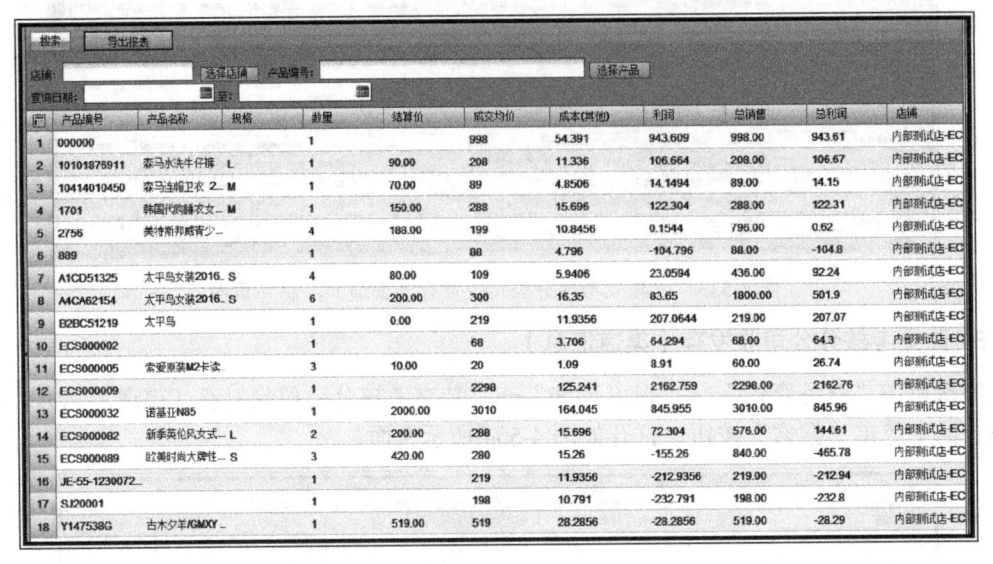

图 4-537 "利润查询"页面

参 考 文 献

[1] 欧阳文霞. ERP 原理及应用. 2 版［M］. 北京：北京大学出版社，2016.
[2] 董志良. 电子商务概论［M］. 北京：清华大学出版社，2014.
[3] 艾瑞学院. 蜕变：传统企业如何向电子商务转型［M］. 北京：清华大学出版社，2012.
[4] 戴建中. 电子商务概论. 3 版［M］. 北京：清华大学出版社，2016.
[5] 方超. 电子商务企业 ERP 应用中的管理问题及其改进［D］. 南昌大学，2014.
[6] 胡倩倩. 电力企业 ERP 系统和电子商务系统集成研究［D］. 山东大学，2012.
[7] 王东岳. 基于电子商务的 ERP 应用研究［J］. 信息系统工程，2017（6）：70-71.
[8] 李鑫. 基于 ERP 系统的电子商务平台整合研究［J］. 电脑编程技巧与维护，2015（19）：44-46.
[9] 李方. 基于 SaaS 的 ERP 与电子商务集成的研究［D］. 安徽农业大学，2011.
[10] 马晓倩. 云计算下电子商务 ERP 系统构建研究［J］. 白城师范学院学报，2017（6）：42-46.
[11] 周贤东. 浅谈电子商务与 ERP 的集成问题［J］. 企业导报，2016（13）：54-55.
[12] 叶晓敏. 某电子商务平台 ERP 系统的设计与实现［D］. 吉林大学，2017.
[13] 李海刚. 电子商务物流与供应链管理［M］. 北京：北京大学出版社，2014.
[14] 彭伟峰. 面向电子商务的移动 ERP 技术研究与应用［D］. 中南大学，2013.
[15] 王宝. 移动互联时代 ERP 与电子商务融合的新模式——企业信息化转型的探讨［J］. 信息化建设，2015（1）46-48.

参考文献

[1] 吴晓波. ERP 财务管理系统上机指南[M]. 北京：电子工业出版社, 2016.
[2] 黄蓉丽. 出纳实务操作[M]. 上海：上海交通大学出版社, 2014.
[3] 文武学院. 东奥会计在线职称考试经典教材[M]. 北京：首都经济贸易出版社, 2017.
[4] 钱爱萍. 电子商务概论与实务[M]. 杭州：浙江大学出版社, 2014.
[5] 王磊. 浅谈新时期企业财务管理中信息化建设实施策略[J]. 中国乡镇企业会计, 2018.
[6] 郭伶俐. 中小企业 ERP 实施风险与对策浅析[J]. 才智, 2017.
[7] 唐春华. 基于 ERP 环境下的企业内控探究[J]. 经贸实践, 2017 (17): 75-76.
[8] 史荣. 关于 ERP 系统在电力企业财务管理中的应用研究[J]. 中国国际财经(中英文), 2018 (5): 44-46.
[9] 李涛, 陆天昱. ERP 的深入浅出——管理子公司财务信息[J]. 大众投资指南, 2018.
[10] 毛筱迪. 国有企业 ERP 上线过程中 ERP 与业务系统整合探讨[J]. 中国乡镇企业会计, 2017 (09): 42-44.
[11] 孟宪章. 浅谈东风 EMS ERP 系统中财务成本管理[J]. 经济师, 1998 (11): 58-59.
[12] 张博. 大数据时代下 ERP 财务管理的创新思路[J]. 时代金融, 2017.
[13] 李晓丽. 企业财务管理信息化建设研究[M]. 北京：冶金工业出版社, 2014.
[14] 李玉洁. 基于 ERP 的财务管理浅谈[J]. 现代经济信息, 2017.
[15] 王玉娟, 郑毅. 基于 ERP 的企业财务管理机制创新——东风乘用车公司实例[J]. 财务与会计, 2015.